AF537473

Mythos Handwerk
Zwischen Ideal und Alltag

Verlag für moderne Kunst

Matthias Wagner K, Grit Weber
Museum Angewandte Kunst in Frankfurt am Main
Thomas A. Geisler, Kerstin Stöver, Ute Thomas
Kunstgewerbemuseum, Staatliche Kunstsammlungen Dresden
Andreas Rudigier, Theresia Anwander
vorarlberg museum, Bregenz

Mythos Handwerk

Zwischen Ideal und Alltag

Verlag für moderne Kunst

5
Handwerk und Industrie
Zwischen Aneignung und Abgrenzung

6
Handwerk und Arbeit
Zwischen Wirtschaft und Konsum

Epilog

Anhang

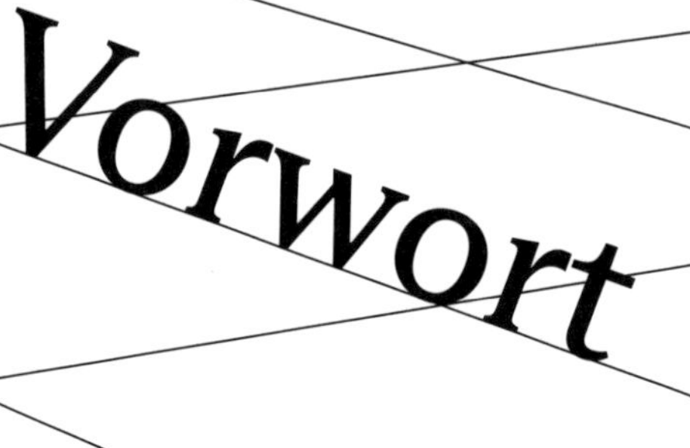

Vorwort

Das Handwerk – Drei Sichtweisen

Matthias Wagner K
Direktor, Museum Angewandte Kunst in Frankfurt am Main

„Jedenfalls möchte ich keinen Unterschied zwischen Künstler und Handwerker machen, was meiner Überzeugung nach identisch ist. Der Künstler ist Handwerker im Ursinne des Wortes, und es wäre besser, wenn die Kunstjünger weniger von Kunst und mehr vom Handwerk sprächen und verstünden."[1]

Dieses Zitat, einem Brief von Walter Gropius (1883–1969) entnommen, den er im März 1919 an den Generaldirektor der Königlich Preußischen Museen in Berlin, Wilhelm von Bode (1845–1929), schrieb, ist aus unserer heutigen Perspektive selbst schon Teil eines Mythos geworden: dem der Gleichstellung von Künstler*innen und Handwerker*innen und somit der sozialen und fachlichen Gleichbehandlung von akademischen und praktisch erworbenen Wissensbeständen.

Gropius schrieb es im Vorfeld der Gründung des Staatlichen Bauhauses und andere schriftliche Zeugnisse beweisen, dass er dabei an die mittelalterlichen Bauhütten dachte, in denen sich zahlreiche artverwandte Werkkünstler – Architekten, Bildhauer und Handwerker aller Grade – zusammenfanden. Hierarchiefrei waren wohlbemerkt schon diese „Arbeitsgemeinschaften" nicht, so wie eine hierarchiefreie Beziehung auch am Staatlichen Bauhaus in Weimar, Dessau und Berlin niemals umgesetzt wurde. Denn natürlich rechnete man das Handwerk „selbstverständlich nicht zu den Künsten, obgleich es damals nach dem Maßstabe unsrer heutigen Beurteilung durchaus Kunsthandwerk war. Vielleicht erschien die besondere Betonung des Künstlerischen in ihm darum gerade überflüssig, weil die Verbindung von Kunst und Handwerk natürlich gewachsen war und darum als organisch unzerlegbar empfunden wurde", schrieb der Architekt Hermann Muthesius (1861–1927) zum gleichen Sachverhalt.[2]

Für das Ausstellungprojekt *Mythos Handwerk. Zwischen Ideal und Alltag* aber, im Rahmen dessen dieses Buch erscheint, ist es ein guter Ansatz, um aus einer Institution heraus zu sprechen, dem heutigen Museum Angewandte Kunst, die sich selbst aus der 1816 gegründeten „Gesellschaft zur Beförderung der nützlichen Künste und ihrer Hülfswissenschaften“, der späteren „Polytechnischen Gesellschaft“ heraus entwickelte, die „zunächst mit der Eröffnung einer Sonntagsschule am 9. November 1817, als erstem Tochterinstitut, Lehrlingen und Gesellen unentgeltlich eine Weiterbildung ermöglicht. Diese Gründung markiert dabei nicht nur den Beginn des Frankfurter Berufsschulwesens, sondern schafft zugleich die Grundlage für die am 1. Februar 1828 eröffnete Gewerbeschule.“[3] Die Wurzeln dieser bürgerlichen Gründung sind praktischer Natur und bildeten sich unter dem Leitbild „Virtus in actione consistit“ heraus, wonach die Tugend im Handeln liege, einem Handeln, welches darauf gerichtet sei, die Eigenverantwortung der Einzelnen auf das zukünftige Gemeinwohl hin zu orientieren. Zunächst ging es den Polytechnikern – damals ausschließlich Männer – um die Aus- und Weiterbildung der Handwerkerschaft, mitfinanziert durch eine eigene Sparkasse. Der damalige Mittelstand sollte in Zeiten der beginnenden Gewerbefreiheit ökonomisch und naturwissenschaftlich besser ausgebildet sein. Und dann war es „um die Mitte des neunzehnten Jahrhunderts, als den Einsichtigen plötzlich die Augen darüber aufgingen, daß das Gewerbe kunstlos geworden war, daß diese Abtrennung des Künstlerischen vom Handwerklichen trotz allem eingetreten war.“[4] Die Weltausstellung in London 1851 hatte dies mehr als sichtbar gemacht und führte nach einem anfänglichen Schock darüber, dass das Handwerk als Kunstgewerbe „aus dem Paradies seiner kindlich-künstlerischen Existenz herausgetrieben [...] seinen Lebenshauch verloren und [...] zur toten mechanischen Herstellung herabgesunken [war].“[5], zur allgegenwärtigen Gründung von Schulen mit dem Zwecke, dem Handwerk wieder künstlerischen Charakter zu verleihen. Die Gründung erfolgte in England schon in den 1850er und 1860er Jahren, in Deutschland in größerer Zahl erst von 1870 an.

Diese später sogenannten „Kunstgewerbeschulen“ entsprachen genau der Bildung des Wortes „Kunstgewerbe“ oder, und wiederum mit den Worten Hermann Muthesius’ gesprochen: „... man behaftete das Gewerbe mit Kunst, d. h. mit dem, was man damals für Kunst hielt.“[6] Dies galt ebenfalls für Frankfurt am Main und mithin gründete sich nach einer sehr erfolgreichen kunstgewerblichen Ausstellung im Jahr 1875[7] der Mitteldeutsche Kunstgewerbeverein (1877), dessen Mitglieder wiederum 1879 das Kunstgewerbemuseum aus der Taufe hoben, das heutige Museum Angewandte Kunst. 143 Jahre später versteht sich das Museum als ein Möglichkeitsraum, indem es vor dem Hintergrund seiner Sammlungen neue Ausstellungs- und Veranstaltungsformate erprobt und gesellschaftliche Strömungen und Phänomene, Diskurse und Transformationsprozesse zum Gegenstand seiner thematischen Aus- und Verhandlungen macht. Die Ausstellung *Mythos Handwerk.*

Zwischen Ideal und Alltag reagiert entsprechend auf das gestiegene gesellschaftliche Interesse am Handwerk. Denn zum einen lässt sich ein quasi neokonservatives Qualitätsbewusstsein festmachen, was mit dem Konsum von gehobenen handwerklichen Gütern einhergeht, zum anderen haben die DIY-Bewegungen wieder die Blicke auf das handwerkliche Selbermachen gelenkt und verbinden mit der handwerklichen Produktion lokale Identifikationen und globale Entwicklungen. Die Bedeutung und Wertschätzung des Handwerks als ein wesentlicher Bestandteil kultureller Identität und das Gemeinschaft stiftende Potenzial von (kunst-)handwerklichen Traditionen ist dabei eine Seite der Medaille, auf der anderen finden sich damit einhergehende gegenwärtige politische Instrumentalisierungen von Volkskultur, Tradition, Heimat und Volkszugehörigkeit, was dem Projekt eine kritische Hinterfragung abverlangt. Ganz grundsätzlich zeigt das Interesse an handwerklichen Verfahren und Fertigungstechniken, an Material und Materialität die Bedeutung und Wertschätzung des Handwerks als wesentlicher Bestandteil materieller Kultur, kultureller Identität und Gemeinschaft. Wie sehr auch im Hier und Heute das Handwerk sich verortet zwischen Ideal und Alltag, zeigt sich in der seit einigen Jahren von der Agentur Scholz & Friends entwickelten Werbekampagne zum Handwerk: „Die kurze Geschichte des Handwerks: Rad erfunden, Pyramiden gebaut, Mars erkundet, Abfluss repariert."

1 Walter Gropius in einem Brief an Wilhelm von Bode, 07.03.1919; in: Wahl: Das Staatliche Bauhaus in Weimar, 2009, S. 67. Zitiert nach Blumenthal: Anspruch und Umsetzung der handwerklichen Ideale am Bauhaus, 2014, S. 65–80.

2 Muthesius: Der Weg und das Endziel des Kunstgewerbes, 1905, S. 181–190, S. 182.

3 Wagner K: Das Kunstgewerbemuseum in Frankfurt am Main, 2019, S. 132 ff.

4 Muthesius: Der Weg und das Endziel des Kunstgewerbes, 1905, S. 181–190, S. 182.

5 Ebd.

6 Ebd.

7 Es handelt sich um die im ehemaligen Bundespalais von Thurn und Taxis ausgerichtete *Historische Ausstellung kunstgewerblicher Erzeugnisse*, zu deren Leihgebern bekannte Frankfurter Privatsammler, der Hochadel und selbst Kaiser Wilhelm I. zählten.

Thomas A. Geisler
Direktor, Kunstgewerbemuseum, Staatliche Kunstsammlungen Dresden

Die vom Zentralverband des Deutschen Handwerks aktuell veröffentlichten Statistiken weisen einen Aufwärtstrend bei der Zahl von Betrieben sowie deren Umsätzen und Beschäftigten aus. Über eine Million Unternehmen mit rund 5,6 Millionen Erwerbstätigen haben demnach etwas über 650 Milliarden Euro Umsatz im Referenzjahr 2020 erwirtschaftet. Für 13 Prozent der Bundesbürger*innen ist das Handwerk Einkommensgrundlage, etwa ein Drittel aller Auszubildenden ist in Deutschland im Handwerk tätig. Nicht statistisch erfasst ist die große Dunkelziffer all jener Hobby-Handwerker*innen, die in ihren Kellern, Garagen und Gärten an Wochenenden und im Feierabend aktiv sind. Für diese Bevölkerungsgruppen ist das Handwerk Realität und Alltag. Warum sprechen wir also von einem Mythos?

Die genannten Zahlen mögen dazu verleiten, dem alten Sprichwort „Handwerk hat goldenen Boden" Glauben zu schenken. Selbst in der derzeit schwierigen wirtschaftlichen Konjunktur, verursacht durch die Pandemie, hört man, dass die Auftragsbücher der Handwerksbetriebe gut gefüllt sind. Ihre regionalen und dezentralen Strukturen scheinen weit weniger von der stockenden globalen Warenwirtschaft betroffen und abhängig zu sein als die Industrie, wenngleich sich auch in manchen Fällen die Verzögerungen in den Lieferketten negativ auf die Verfügbarkeit von Rohstoffen und Materialien auswirken. Mit Agilität und Kreativität haben die hauptsächlich als kleine und mittlere Unternehmen (kurz KMU) organisierten Handwerksbetriebe zudem bewiesen, wie schnell sie zum Beispiel ihre Produktion für den Notbehelf auf Mund-Nasen-Masken oder andere in der Versorgungsmedizin benötigte Artikel umstellen können. Selbst die rasche Entwicklung von Impfstoffen in den heimischen Laboren würde unter der breitgefassten Definition des US-Soziologen Richard Sennett in *The Craftsman* (2009) als handwerkliche Leistung gelten. Interessant auch, dass die Ausnahmeregelungen für Baumärkte und Gartencenter die politisch-strategische Bedeutung dieser Orte zur Befriedigung dilettantischer Bedürfnisse und als beruhigendes Angebot an die Bevölkerung gegen das Nichtstun im Lockdown zeigen.

Bei allem Überschwang und der aktuellen Aufmerksamkeit für das Handwerk – auch als analoge Gegenwelt zum Digitalen – sollten die bedrohlichen Seiten nicht vergessen werden: die teils prekären Lebensverhältnisse, die niedrigen Ausbildungslöhne mancher Sparten, der mangelnde Nachwuchs, die erhöhte Gefahr für Arbeitsunfälle mit körperlicher Versehrtheit oder die drohende Altersarmut bei nicht geregelter Vorsorge. Diese jahrhundertealten Berufsrisiken und Sorgen führten zu Absicherungssystemen, ob in Zünften, Handwerksvereinen und -kammern oder heute zu Versicherungen und privater Vorsorge. Sie form(t)en aber auch einen Typ von Menschenschlag, der bewusst diese Risiken zum Preis der Selbstbestimmtheit und -verwirklichung eingeht. So werben die Handwerkskammern in Deutschland in einer ihrer laufenden Kampagnen mit dem Slogan: „Wer jeden Tag Originale bearbeitet, wird irgendwann selber eins!". Bei so viel Pathos und Selbstbewusstsein ist es schwer nachvollziehbar, weshalb das Image und der soziale Stellenwert des Handwerks nicht nur hierzulande, sondern im ganzen europäischen Raum weit hinter seinen Möglichkeiten und seiner wirtschaftlichen und gesellschaftlichen Bedeutung liegen.

Ausnahmen bestätigen die Regel, wie der Werkraum Bregenzerwald, eine Initiative regionaler Handwerksbetriebe im österreichischen Vorarlberg, der einen interessanten Lernort zur Etablierung einer durch und durch handwerklich geprägten Gesellschaft bietet. Eine kontinuierliche und

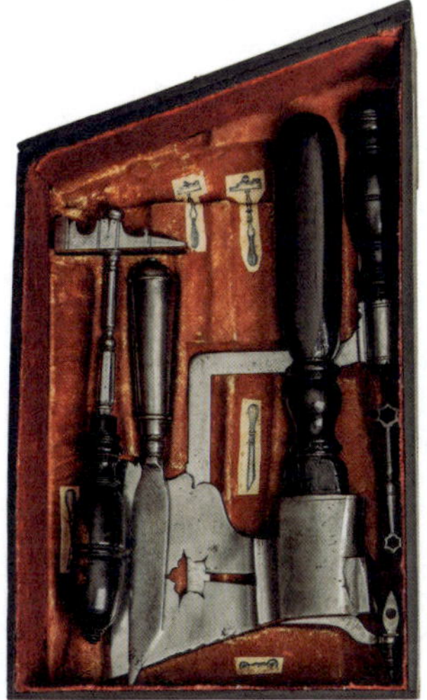

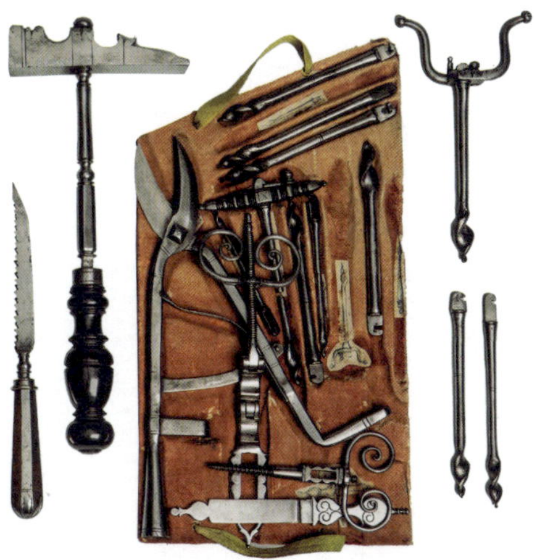

Abb. 1 Werkzeug des Jagd- und Werkzeugtischs von Kurfürst Johann Georg dem I., Tobias Leucker (Goldschmied), Christoph Wild (Goldschmied), 1617–1636, Augsburg, Ebenholz, Eiche, Seide, Silber, furniert, graviert, Dresden, Kunstgewerbemuseum, SKD, Inv.-Nr. 47724

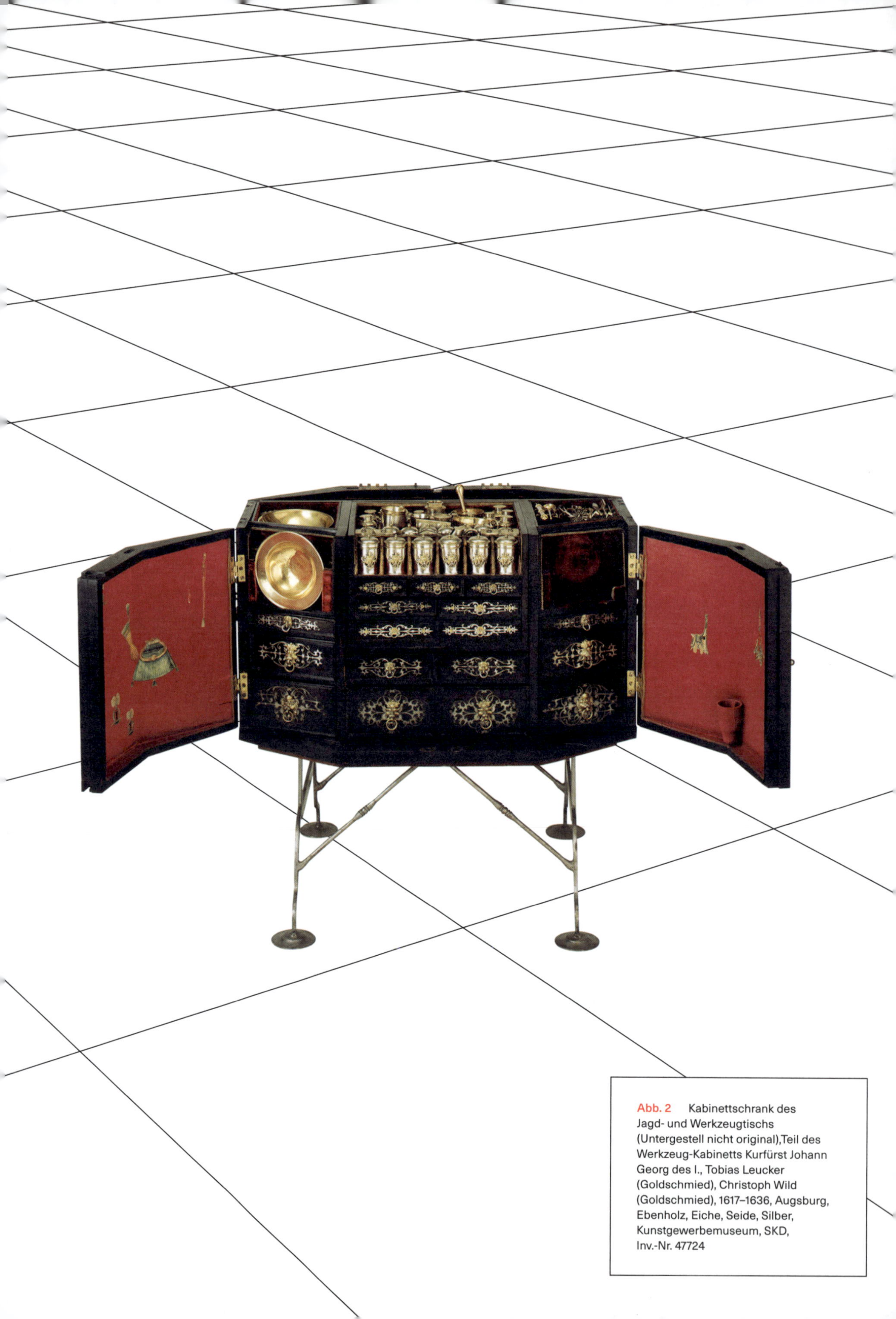

Abb. 2 Kabinettschrank des Jagd- und Werkzeugtischs (Untergestell nicht original),Teil des Werkzeug-Kabinetts Kurfürst Johann Georg des I., Tobias Leucker (Goldschmied), Christoph Wild (Goldschmied), 1617–1636, Augsburg, Ebenholz, Eiche, Seide, Silber, Kunstgewerbemuseum, SKD, Inv.-Nr. 47724

behutsame Transformation von Traditionen unter Einbindung neuer Technologien und die Offenheit für Innovationen haben zu einer Erneuerung im Handwerk geführt – auch in gestalterischer Hinsicht. Katalysator war die Baukultur, sowohl die Denkmalpflege als auch die zeitgenössische Architektur. Das Modell wurde 2017 von der UNESCO in das internationale Register guter Praxisbeispiele für die Erhaltung und Weiterentwicklung des immateriellen Kulturerbes aufgenommen und gilt als prototypisch auch im Kontext der aktuellen Bestrebungen der EU im Rahmen der Initiative *New European Bauhaus*.

Mit der Ausstellung und der begleitenden Publikation *Mythos Handwerk. Zwischen Ideal und Alltag* hinterfragt das Kunstgewerbemuseum der Staatlichen Kunstsammlungen, Dresden (SKD) zusammen mit seinen Partnern, dem Museum Angewandte Kunst in Frankfurt und dem vorarlberg museum in Bregenz, gängige Zuschreibungen an das Handwerk, die wie das eingangs erwähnte Sprichwort eine zumeist idealisierte, romantisierende oder gar falsche Perspektive eröffnen. Mein besonderer Dank gilt dem engagierten Team von Kuratorinnen, die in ihren vielen Recherchen und Interviews diesen Klischees kritisch auf den Grund gegangen sind. Zusammen mit unseren Partner*innen aus Handwerk, Kultur und Gesellschaft konnten so neue Perspektiven auf die Geschichte, Gegenwart und Zukunft des Handwerks entstehen. In Anlehnung an Roland Barthes' (1915–1980) kultursemiotisches Werk *Mythen des Alltags* (1957) sollen die vielschichtigen, sich teilweise auch widersprechenden Botschaften rund um das Handwerk infrage gestellt werden und eine neue Betrachtungsweise eröffnen. Durch die kurfürstliche Kunstkammer mit prunkvollen Werkzeugkabinetten, Geräten und Automaten, wie auch die jahrhundertealte handwerliche Tradition in Sachsen, gehört das Handwerk zur DNA der Staatlichen Kunstsammlungen Dresden und des Kunstgewerbemuseums. Ihm gebührt ein kontinuierlicher und bedeutsamer Stellenwert in der Gesellschaft jenseits von Aufmerksamkeitsökonomien als Gegenströmung zur Industrialisierung, Automatisierung und Digitalisierung. Möge diese Ausstellung samt Publikation einen Beitrag dazu leisten.

Andreas Rudigier
Direktor, vorarlberg museum, Bregenz

Au im Bregenzerwald, ein kalter Winterabend im Januar 1669: Das Sterbebuch nennt Michael Lechleitner (1611–1669), einen in der Bildhauerkunst erfahrenen Lehrer, der hier fern seiner Tiroler Heimat Grins (bei Landeck gelegen) stirbt. Lechleitner hatte die barocke Kanzel für die Pfarrkirche in Au errichtet. Das Sterbebuch ergänzt auch, dass die Kanzel von seinem Sohn fertiggestellt worden war. Eine kleine Episode in der Geschichte, die uns aber von einem authentischen Ort aus direkt zu unserem Thema führt und gleich einige Rahmenbedingungen setzt.

Au im Bregenzerwald ist das Zentrum der Bregenzerwälder Barockbaumeister, das ausgehend von der Gründung der Auer Zunft im Jahre 1657 zu einem Erfolgsmodell barocker Arbeitsmigration werden sollten. Mitglieder der Zunft waren Maurer, Zimmerleute und Steinmetzen, die jährlich über die wärmere Jahreszeit in großer Zahl in Richtung Süddeutschland, Elsass und Schweiz zogen, um dort auf den Baustellen zu arbeiten. Lehre, Wanderschaft und die Erlangung der Meisterschaft waren genau geregelt und wurden von Generation zu Generation weitergegeben. Kirchenbauten waren für die Bregenzerwälder kein Problem, wie viele prominente Werke rund um den Bodensee und darüber hinaus zeigen. Aber ein skulpturales Werk wie eine Kanzel mit vier geschnitzten Evangelisten war nicht ihre Stärke. Sie organisierten einen Bildhauer aus dem Tiroler Oberland, einer Region, die während der gesamten Barockzeit eine Vielzahl mehr oder weniger begabter Bildhauer hervorbrachte. Das Netzwerk funktionierte. Michael Lechleitner ist übrigens der erste bekannte „Künstler“ aus der Region, waren doch die Ausstatter der sakralen Gebäude bis dahin unter die „Handwerker“ gefallen und damit namenlos in den Rechnungsbüchern geblieben. Talent, Kompetenz und ein Gespür für die Nische oder das Alleinstellungsmerkmal, das Gefühl für Materialien, Mobilität, Organisation und Netzwerk und vor allem auch die Weitergabe des Wissens innerhalb ihres (meist familiären) Umfeldes kennzeichnen das Handwerk in den Regionen.

Die musealen Sammlungen legen Zeugnis von dieser Entwicklung ab und sind, Vorarlberg betrachtend, stark historisch orientiert. Die saisonale

Abb. 3 *Architectura civilis* (Frankfurt am Main, 1668) des aus Bezau stammenden Baumeisters und Architekten Johann Wilhelm (1595–1676), Vorarlberger Landesbibliothek

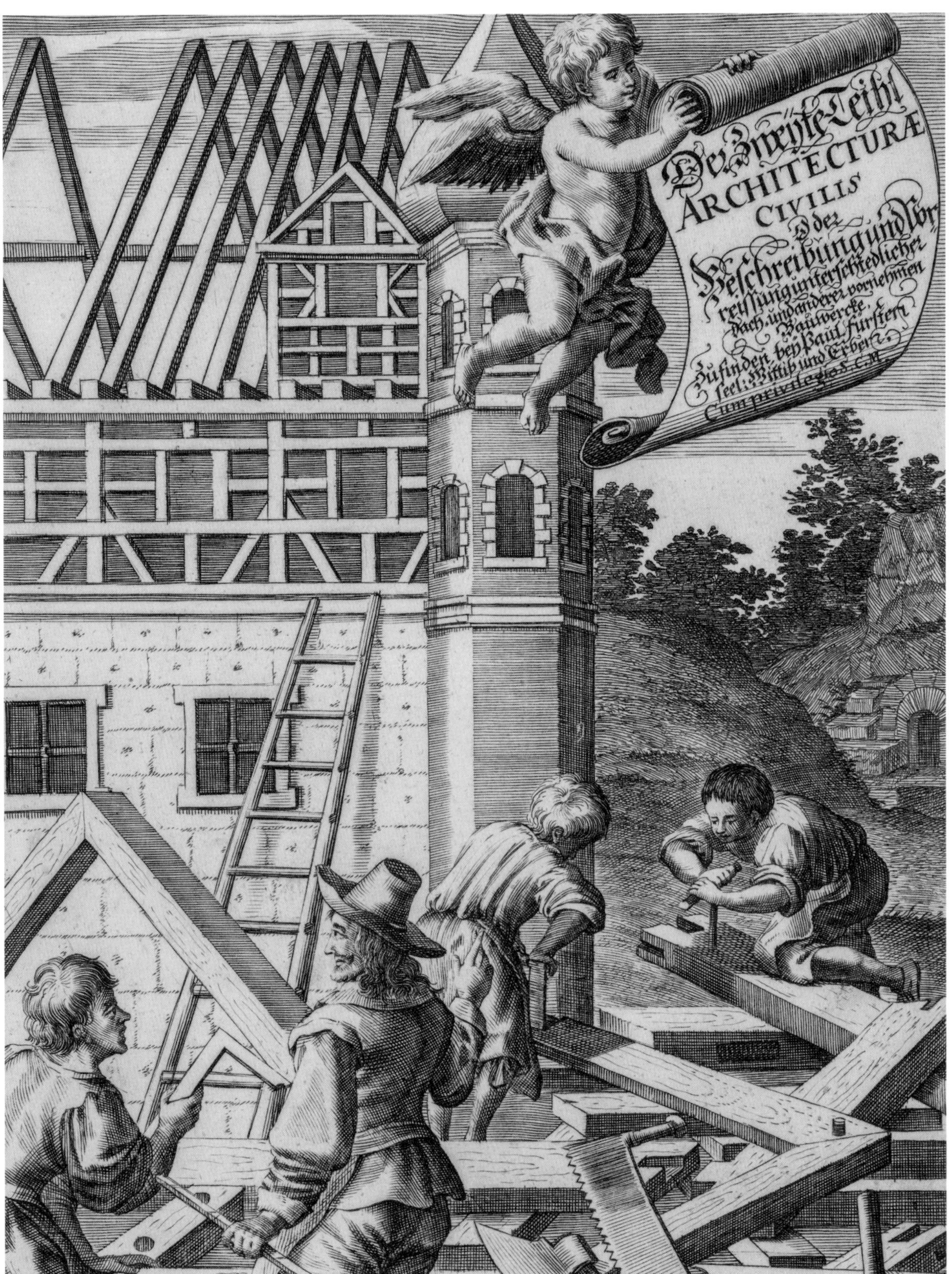

Auswanderung und der damit verbundene und über Jahrhunderte erfolgte kulturelle Austausch erlaubten es auch, dass eine Vielzahl von Ideen beziehungsweise faktischen Objekten Einzug ins Land hielten, die diesen Einfluss von außen zeigen. Trachten, Möbel, Glassammlungen und vieles andere beweisen dies deutlich.

Heute leiden die Museen unter dem Umstand des fehlenden Wissens hinsichtlich ihrer Sammlungen, was eine deutlich geringere Beschäftigung mit dem Handwerk im musealen Kontext mit sich bringt. Das vorarlberg museum kann sich glücklich schätzen, mit dem Werkraum Bregenzerwald einen starken Partner an seiner Seite zu wissen, der mit seiner hohen Qualität und seiner Kompetenz den Bogen leicht in die Gegenwart spannen lässt. Die gemeinsam aufgebaute Sammlung im Werkraumdepot spricht Bände. Unter dem Titel *Sichten* kennt das vorarlberg museum auch seit einigen Jahren ein Format, das es uns ermöglicht, aus dem Museum herauszutreten, Menschen zu suchen und zu treffen, die uns Themen näherbringen, die nicht Teil des traditionellen Museumsalltags sind. Ausstellungen wie *Sein & Mein*, *ganznah* oder *Auf eigene Gefahr* sind Beispiele dafür. Das Handwerk in seinen unterschiedlichsten Facetten steht dabei inzwischen deutlich in der vordersten Reihe. Die Kooperation mit dem Museum Angewandte Kunst in Frankfurt und dem Kunstgewerbemuseum Dresden ist ein weiterer Meilenstein in dieser Entwicklung. Der Dank gilt allen beteiligten Institutionen und Menschen!

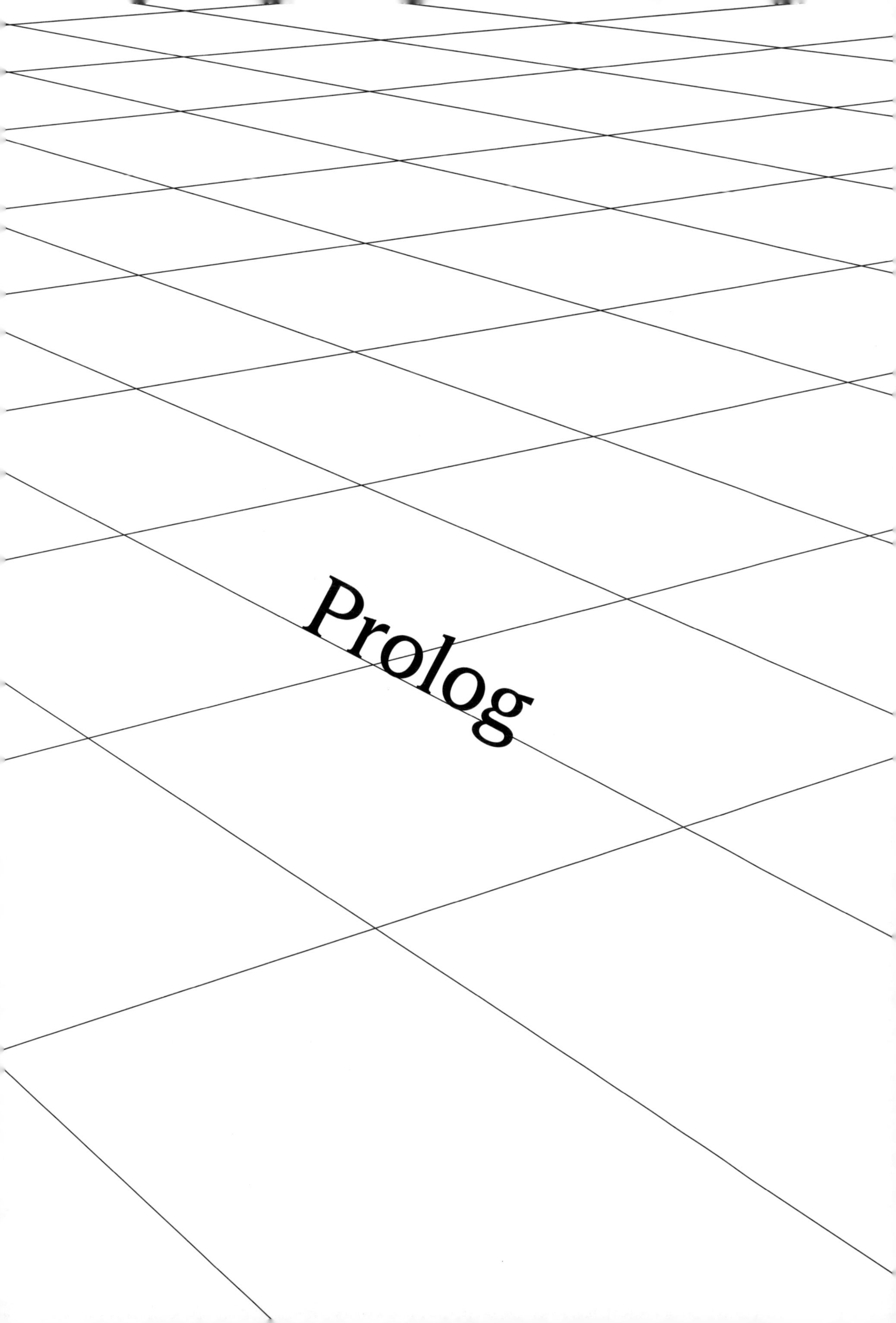
Prolog

Grit Weber

Handwerk und Mythos – Zwischen Ideal und Alltag

Wenn wir von *Handwerk* sprechen, meinen wir meistens eine Abfolge von erlernten Handlungen und Techniken des Herstellens von Dingen, die im Idealfall mit der Hand und dem von der Hand geführten Werkzeug, selten aber mit der Maschine ausgeführt werden. Auch kann mit *Handwerk* ein Beruf, eine gewerbliche Wirtschaftsform oder eine Branche gemeint sein – aber Handwerk als Mythos?

Folgen wir dem französischen Philosophen Roland Barthes (1915–1980) und seinen Thesen über den Mythos[1], so lernen wir, dass ein Mythos eine spezifische Weise des Bedeutens ist. Der Mythos ist demnach eine Form des Sprechens und gehört in das wissenschaftliche Feld der Semiologie. Wenn wir diesen Begriff auf den des Handwerks beziehen, thematisieren wir das Handwerk als eine Botschaft. Mythisch ist dabei also nicht der Gegenstand, über den gesprochen wird, sondern die Form, *wie* wir über diesen Gegenstand sprechen.[2] Übertragen wir dieses *Wie* auf das Handwerk und die händisch ausgeführte Arbeit, thematisieren wir es einerseits in seiner Eindeutigkeit als Beruf und Handlung, andererseits als vieldeutige, zuweilen unklare oder vage Botschaft – als Mythos eben.

Handwerk als Werteversprechen und Botschaft

Das mythische Konstituieren des Gegenstandes oder Sujets *Handwerk* integriert neben dem eigentlichen Sinn eine Fülle zuweilen sich gegenseitig verstärkender, zuweilen sich widersprechender Zuschreibungen von Emotionen, Interpretationen und Wunschvorstellungen. Wenn wir in einer Ausstellung und einem Buch dem *Mythos Handwerk* auf die Spur kommen wollen, so bedeutet dies, sich mit einem ganzen Bündel von Konnotationen zu beschäftigen, die vielfach zirkelschlussartig ineinandergreifen, was wiederum die erstaunliche Wirk- und Verheißungskraft erklärt, die mit dem Handwerk bis in unsere Tage verknüpft wird. So sind beispielsweise nicht nur Herstellungsverfahren und -techniken gemeint, die sich über die Jahrzehnte hin mal weniger, mal mehr verändert haben, sondern diese handwerklichen Verfahren stehen auch für das Weitergeben, das Tradieren von Wissen überhaupt, ja sogar für *das Traditionelle* als einen scheinbar universellen Wert an sich.

Tradition bedeutet im Wortsinne des lateinischen *traditio* zunächst nur das Übergeben oder Ausliefern von etwas (lat. *tradere* über-geben), was zunächst eine Handlung, nicht aber die Bedeutung oder die Botschaft einer Handlung beschreibt. Doch neben den rein praktischen Zielen eines Wissensaustausches geht es um weitertragende Vorhaben, nämlich die Schaffung eines sozialen Raumes, eines Kollektives, innerhalb dessen diese Übergabe von Kenntnissen überhaupt stattfinden soll und ein mehr oder weniger gemeinsames Selbstverständnis darüber erstritten wird, welches Wissen als *traditionell* gelten soll. Tradition wurde und wird also ausgehandelt, mit der Perspektive auf die Schaffung eines kulturellen Gedächtnisses, und kann sich mit dem nötig kritischen Blick auf die Historie immer herausstellen als „eine Erfindung von gestern."[3] Weiter gedacht bedeutet diese Feststellung, dass auch das, was bestimmte Personengruppen heute als Tradition bezeichnen, deren (unser) zeitgenössischer Wunsch ist, wie eine nahe oder ferne Vergangenheit konstruiert werden soll.[4]

Diese Debatten finden alltäglich in Berufs- und Ausbildungsgruppen, in beruflichen oder wirtschaftlichen Interessenvertretungen, in Gewerkschaften und Bildungsgremien, aber auch in kulturellen Institutionen wie Museen, Archiven und Sammlungen statt. Und sie sollen idealerweise über die eigene Lebensspanne derjenigen hinauswirken, die diese Debatten prägen.[5] Doch Traditionen stehen nicht nur mit einem scheinbar vergangenen Erbe in Beziehung, sondern gerade auch mit dem mehr oder weniger vorstellbaren Neuen als einer Perspektive in die Zukunft.

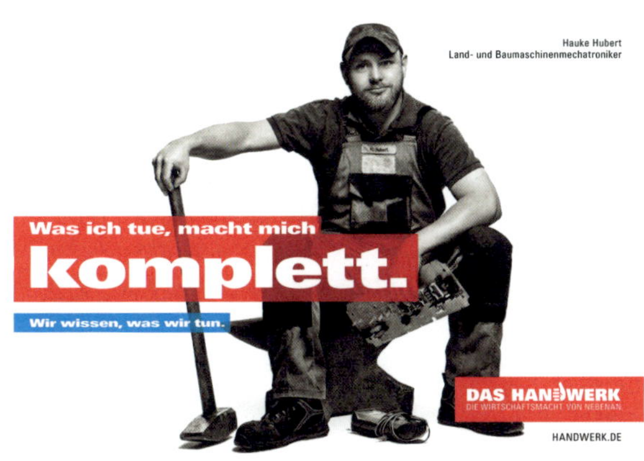

Abb. 1 Werbekampagne der Handwerkskammern in Deutschland

Mit dem Argument auf das Vergangene verschafft sich das Individuum eine Orientierung, verpflichtet sich womöglich für die Umsetzung bestimmter Werte, die „gerade weil sie nicht funktional sind, Zeichencharakter haben und die Zugehörigkeit zu einer überindividuellen Identität stabilisieren".[6] Vor allem dann, wenn die oben erwähnten Gremien in eine Innovationskrise geraten sind, wird nicht selten an Prinzipien und universale Ideen und Ideale appelliert, die als von der Zeit und den Mühen des Alltags unabhängig und konstant angesehen werden.[7] Ist also das Anrufen universeller Werte und abstrakter Grundsätze immer gleich ein Indiz für einen krisenhaften Zustand im Handwerk? (Abb. 1)

Vielfach ist mit dem Traditionsbegriff auch das Versprechen verbunden, den Wissensaustausch möglichst konkurrenz- und konfliktfrei zu gestalten, sodass der soziale Raum insofern befriedet ist, indem er für so manche diskursiven Akteur*innen und allzu progressive Gedanken verschlossen bleibt. Denn Tradition setzt auch eine gewisse Beständigkeit, Belastbarkeit und Kontinuität von Kenntnissen voraus, Kenntnisse also, die dem Modernisierungsdruck etwas entgegensetzen und auch in Zukunft Gültigkeit haben sollen. *Tradition* entsteht also auf der Ebene kommunikativer Aushandlungsprozesse in der Gegenwart, und zwar nicht in einer Einbahnstraße von Alt nach Jung, sondern im intergenerativen und interkulturellen Austausch und ist, wenn alles gut läuft, auch Ergebnis einer kollektiven Übereinkunft.

Der Prozess einer kollektiven Übereinkunft schlägt sich auch in einem weiteren Begriff nieder, der immer wieder mit dem Handwerk in Verbindung gebracht wird, nämlich dem der *Authentizität*. In der Wahrnehmung eines Objektes werden immer zwei Aspekte transportiert – ein Ding hat eine unmittelbare Präsenz, im Sinne einer wahrnehmbaren Erscheinung, und es hat ein eigentliches Sein, im Sinne seiner örtlichen oder zeitlichen Herkunft. Ein Gegenstand wird dann als authentisch bezeichnet, wenn zwischen seinem Schein und seinem Sein weitestgehend Übereinstimmung besteht (er stellt das dar, was er ist). So wird von einem Stollenschrank, der mit einer im 18. Jahrhundert üblichen Technik und Gestaltung hergestellt wurde, auch erwartet, dass er tatsächlich im 18. Jahrhundert gefertigt wurde; Ähnliches gilt für die im Mittelalter in Deutschland verbreiteten Nuppen- oder Krautstrunkbecher aus Waldglas. Auch Schmuckstücke, die in Technik und Material vorgeben, sie seien aus Grünstein geschnittene Schmuckanhänger der neuseeländischen Maori, werden an der Erfüllung ihrer Authentizität gemessen (siehe Beiträge S. 56 und S. 226). Klaffen hier die Aspekte Schein und Sein auseinander, spricht man vom Nicht-Authentischen, auch Nicht-Originalen, wenigstens von einer Kopie, wenn das Auseinanderklaffen nicht verschleiert wird. Im kritischsten Falle aber ist die Rede von einer mutwilligen Fälschung.

Beim Begriff des Authentischen, oder auch der Tradition, handelt es sich also um „bestreitbare Vorstellungen, die in einem dynamischen Spannungsverhältnis stehen".[8] Darüber hinaus werden sie häufig als Qualität und Wert an sich manifestiert, ohne dabei etwas über die eigentliche handwerkliche Qualität als Verfahren oder Fertigkeit auszusagen. Gerade weil es zuweilen nicht schwer ist, mit dem gewissen Know-how und dem gültigen Material ein Objekt handwerklich zu jeder Zeit an jedem Ort herzustellen, haben sich spezifische Kommunikationspraktiken entwickelt, die die Authentizität „mit Brief und Siegel" belegen und eben durch eine Kultur des Nachweises mittels Zeugnissen, Urkunden oder Herkunftslabels beglaubigen sollen. Diese Belege sollten jedoch ebenfalls, so die kollektive Übereinkunft, authentisch sein.

Schon diese beschriebenen Konnotationen – das Traditionelle und das Authentische – machen deutlich, dass das Handwerk ein recht vielstimmiger Bedeutungsraum ist, welcher sich für das mythische Aufladen ausgesprochen gut zu eignen scheint. Ein weiterer Aspekt, der hier nicht unerwähnt bleiben soll, ist die Vorstellung, dass ein handwerkliches Produkt mit körperlichem Einsatz (weniger mit Einsatz einer automatisierten Maschine) hergestellt wird und somit mit dem menschlichen Körper, seiner Muskelkraft und/oder den taktilen und sensorischen Fähigkeiten der menschlichen Hand realisiert wird. Diese Mensch-Körper-Tat-Beziehung eignet sich besonders für die bildhafte Umsetzung ansonsten recht abstrakter oder komplexer und sich lang hinziehender kollektiver Vorgänge.

So erlebte die Figur der griechischen Gottheit Hephaistos, der in die historische Mythologie als Schmied und Bezähmer des Feuers Eingang gefunden hat, nicht zufällig im 19. und 20. Jahrhundert eine kraftvolle, zuweilen aberwitzige Auferstehung: Otto von Bismarck (1815–1898) wird vor allem in den 1870er Jahren im Zuge der deutschen Reichsgründung als muskulöser Schmied dargestellt, wobei der eher altväterliche Politikerkopf und die durch schwere Arbeit gestählten Arme eine widersprüchliche Allianz eingehen.

Dies scheint jedoch insofern hinnehmbar, wenn vor allem der eigentlich komplizierte kollektive Prozess der Nationsbildung einem einzigen Autor, ja Schöpfer zugeschrieben werden soll. (Abb. 2) Dagegen findet sich in politischen Plakaten sowohl der SPD als auch der NSDAP aus den 1920er und 1930er Jahren wiederholt ein anonymer Arbeitertypus mit athletischem Rumpf und muskulösen Armen, der eine ganze politische Masse verkörpern soll.[9] Und auch in unseren Tagen arbeiten so unterschiedliche Firmen wie Coca-Cola, Hornbach oder Carhartt mit dem eher konservativen Bild des sichtbar kraftvoll tätigen Mannes (kaum der Frau), der typologisch auf Hephaistos zurückgeht, um ihrem diffusen Markenimage Sexappeal, Kraft und Attraktivität zu geben. Und auch die DIY-Bewegung mit ihren zahlreichen Ausformungen, internationalen wie lokalen Zirkeln nutzt einen zur Arbeit bereiten kraftvollen Arm, der seine Emblematik eindeutig aus dem Klassenkampf der politischen Linken bezieht. (Abb. 3)

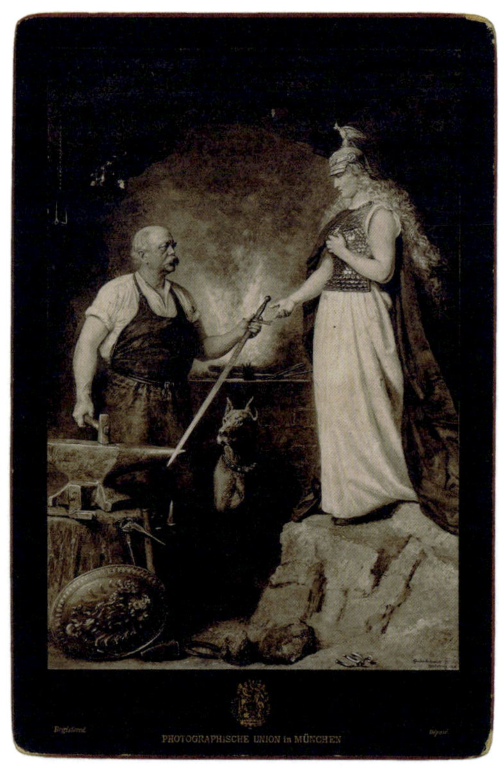

Abb. 2 *Bismarck. Schmied der deutschen Einheit*, Guido Philipp Schmitt, 1895, Fotografie, Museum Wolmirstedt, Inv.-Nr. 3026a

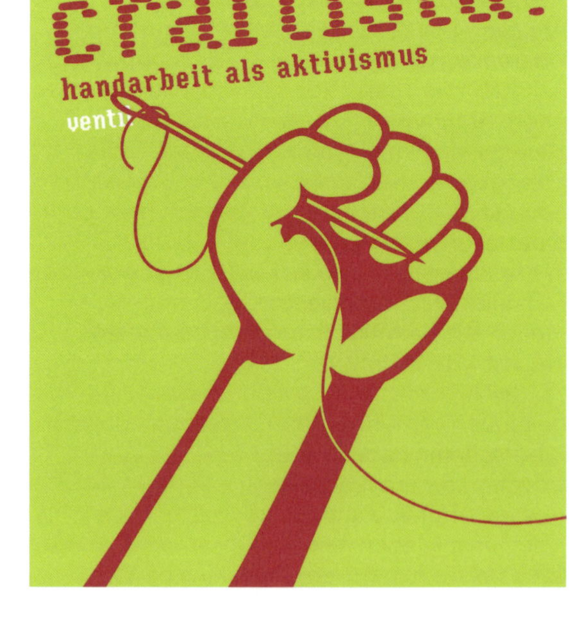

Abb. 3 Buchcover von Eismann/Gaugele/Kuni: craftista! handarbeit als aktivismus, 2011

In vielen weiteren Narrativen ist das Handwerk als Tätigkeit, Beruf und gewerbliche Form des Wirtschaftens wie auch das handwerklich hergestellte Ding scheinbar reibungslos anschlussfähig für universelle Werte wie Ehrlichkeit, Kraft, Einfachheit, Regionalität, Könnerschaft, Authentizität, Beständigkeit. In ihnen werden immer Bewältigungsgesten, Hierarchien, Begehrensmuster und Normvorstellungen repräsentiert und verteidigt, mal offen, vielfach aber indirekt oder gar subtil. So wundert es kaum, dass das Handwerk oft für ideologische, raumpolitische oder ökonomische Interessen instrumentalisiert wird. Die Attraktivität von Handwerk und Handarbeit für unterschiedliche politische Kräfte hat dabei wenig mit den Themen beruflicher Bildung und Spezialisierung, mit der Produktion und dem Vertrieb handwerklich hergestellter Dinge, mit Material, Verfahrenstechniken und Werkzeugen oder den Fragen nach Selbst- und Fremdausbeutung zu tun. Vielleicht liegt die Attraktivität des Handgemachten gerade auch darin, dass es scheinbar außerhalb der abstrakten Begrifflichkeiten wie Professionalisierung, Spezialisierung, Autor*innenschaft oder Akademismus stand und stehen soll.[10]

Dem Handwerk wird vor allem ab dem Moment ein mythischer Charakter zugesprochen, als es im Zuge der Industrialisierung in eine ökonomische und ideologische Krise gerät. Die Nationalstaaten des 19. Jahrhunderts sind per se als sehr fleißige Symbol- und Traditionserfinder tätig, die Autoritäten, Wertstrukturen und Institutionen nicht nur gründen, sondern symbolkräftig ins kollektive Bewusstsein zu etablieren wissen.[11] Auch im Kontext der vielfältigen Aktivitäten der bürgerlichen, urbanen und nationalen Kultur sind die Gründungen der verschiedenen Museumstypen zu verstehen (siehe Beitrag S. 154), die nun das gesellschaftliche Verständnis dessen prägen, was mit dem Handwerk im Industriezeitalter (und darüber hinaus im heutigen digitalen Umfeld) anzufangen ist, und nach und nach ein Narrativ konstruieren, in dem es vor allem um das ästhetische Urteil geht, weniger um das praktische Tun. Museen haben also an den mythischen Charakteren des Handwerks – wie selbstverständlich auch am Mythischen im Design und in der Kunst – tatkräftig mitgearbeitet.

In der Ausstellung *Mythos Handwerk. Zwischen Ideal und Alltag*, in deren Rahmen dieses Buch erscheint, haben wir uns entschieden, neben Werken zeitgenössischer Künstler*innen auch jene Artefakte und Sammlungsobjekte zu betrachten, die eben nicht in Ausübung eines selbständigen Gewerbes gefertigt wurden, sondern lohnabhängig in einer Fabrik oder unentgeltlich im privaten Haushalt. Diese Öffnung soll nicht nur die Leistungen der Arbeiterinnen aus dem Schatten holen (so beherbergen alle drei Museen eine beachtliche Anzahl von Web-, Stopf- und Stickarbeiten, die ausdrücklich aufgrund ihrer handwerklichen Qualität Eingang in die jeweiligen Sammlungen gefunden haben), sondern den Blick auf die vielen in der Praxis zu beobachtenden Überlappungen, Übergänge und hybriden Tätigkeitsformen lenken, die in den begrifflichen Räumen zwischen Kunst und Design, Handwerk und Handarbeit munter existieren und die es wert sind, besprochen zu werden. Facettenreiche Fragen zum Handwerk durchziehen also sowohl die Ausstellung und finden sich auch im Katalog wieder. Sie sind ein Stilelement des gesamten Projektes und entstehen aus der Haltung heraus, vielfältige Antworten zu suchen. In diesem Sinne ist auch der Fragenkatalog im Epilog zu verstehen, der als anregender Blick in die Zukunft des Handwerks verstanden werden kann.

Dem Handwerk, gleich ob in seiner realen oder mythischen Dimension, bleibt uns noch eine beachtenswerte Lebendigkeit und Aktualität zu bescheinigen, die einerseits mit der faktischen Anpassungsfähigkeit an gesellschaftliche Veränderungsprozesse innerhalb moderner und gegenwärtiger Produktions- und Marktprozesse zu tun hat, andererseits auch auf das mythische Sprechen über das Handwerk selbst zurückzuführen ist: seinem dynamischen Oszillieren zwischen dem sachlichen und dem mit Bedeutung aufgeladenen Sprechen. Innerhalb dieser klangvollen Botschaften (auch der zeitgenössischen) für einen erweiterten Blick zu sorgen, ist den Kurator*innen der Ausstellung sowie den Autor*innen des Buches ein Anliegen.

1 Vgl. Barthes: Mythen des Alltags, 2015, S. 251.
2 Nicht jede Botschaft ist mythisch. Inhalte, die über eindeutige Zeichen innerhalb eines Sprachsystems kommuniziert werden, sind nicht mythisch. Aber ein Inhalt, der zwischen zwei verschiedenen Sprachsystemen hin und her wechselt, oszilliert zwischen einem mal zeichenhaften und einem mal bedeutungshaften Bewusstsein. Dieses Oszillieren charakterisiert Roland Barthes als typisch für mythische Botschaften in modernen Gesellschaften. Ebd., S. 258–259.
3 Thapar, Romila: Tradition, 1998, S. 265–277, hier S. 267. Zitiert nach Weiler: Lebendige Handwerkstraditionen, 2013, S. 247.
4 Ebd., S. 247.
5 Vgl. Assmann: Zeit und Tradition, 1999, S. 84.
6 Ebd., S. 72.
7 Vgl. Groys: Über das Neue. Versuch einer Kulturökonomie, 1992, S. 23.
8 Weiler: Lebendige Handwerkstraditionen, 2013, S. 243.
9 Vgl. Kurz: Handwerk oder Design, 2015, S. 88.
10 Vgl. Greenhalgh: The History of Craft (1987), 2010, S. 331.
11 Vgl. Assmann: Zeit und Tradition, 1999, S. 85–86.

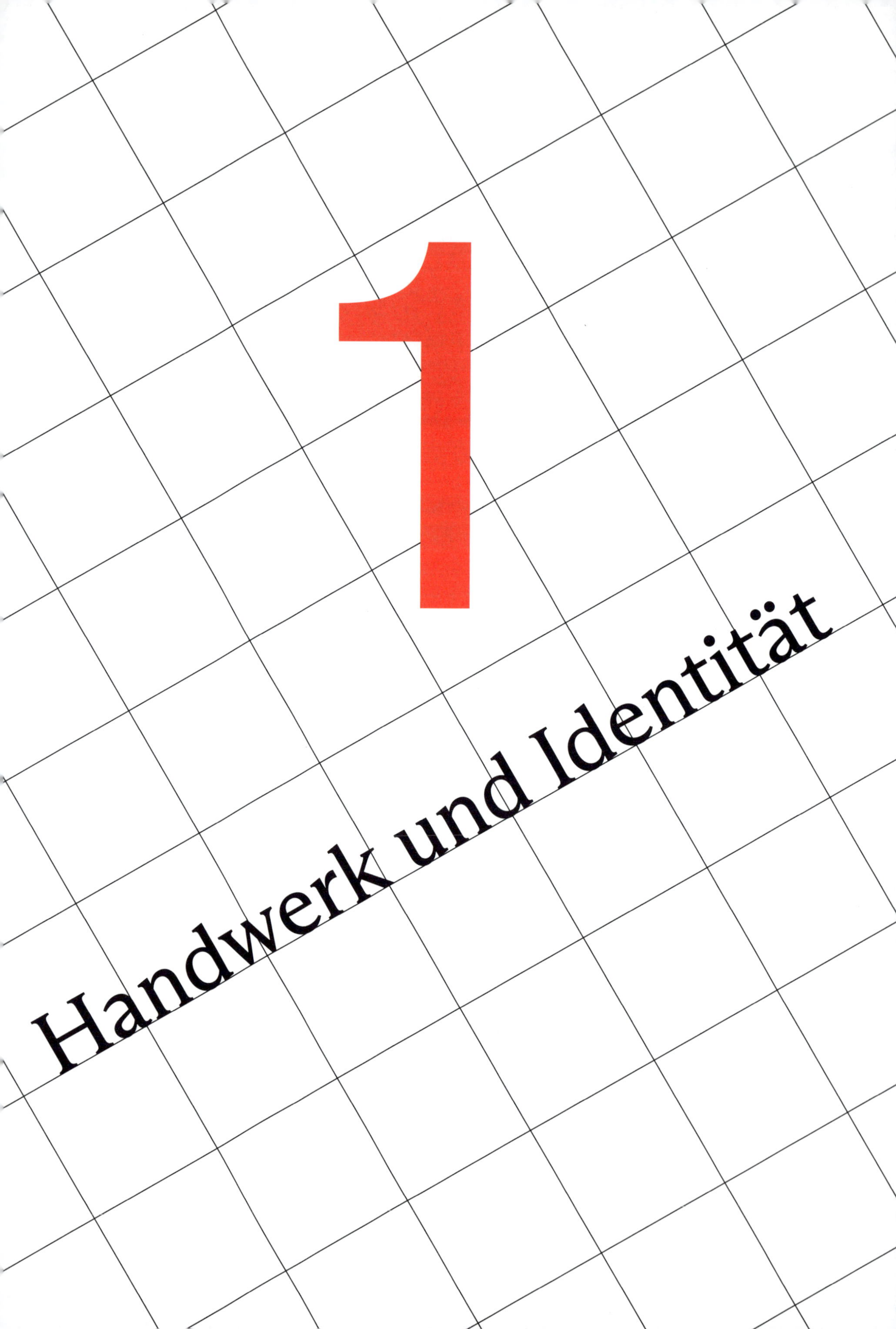

1 Handwerk und Identität

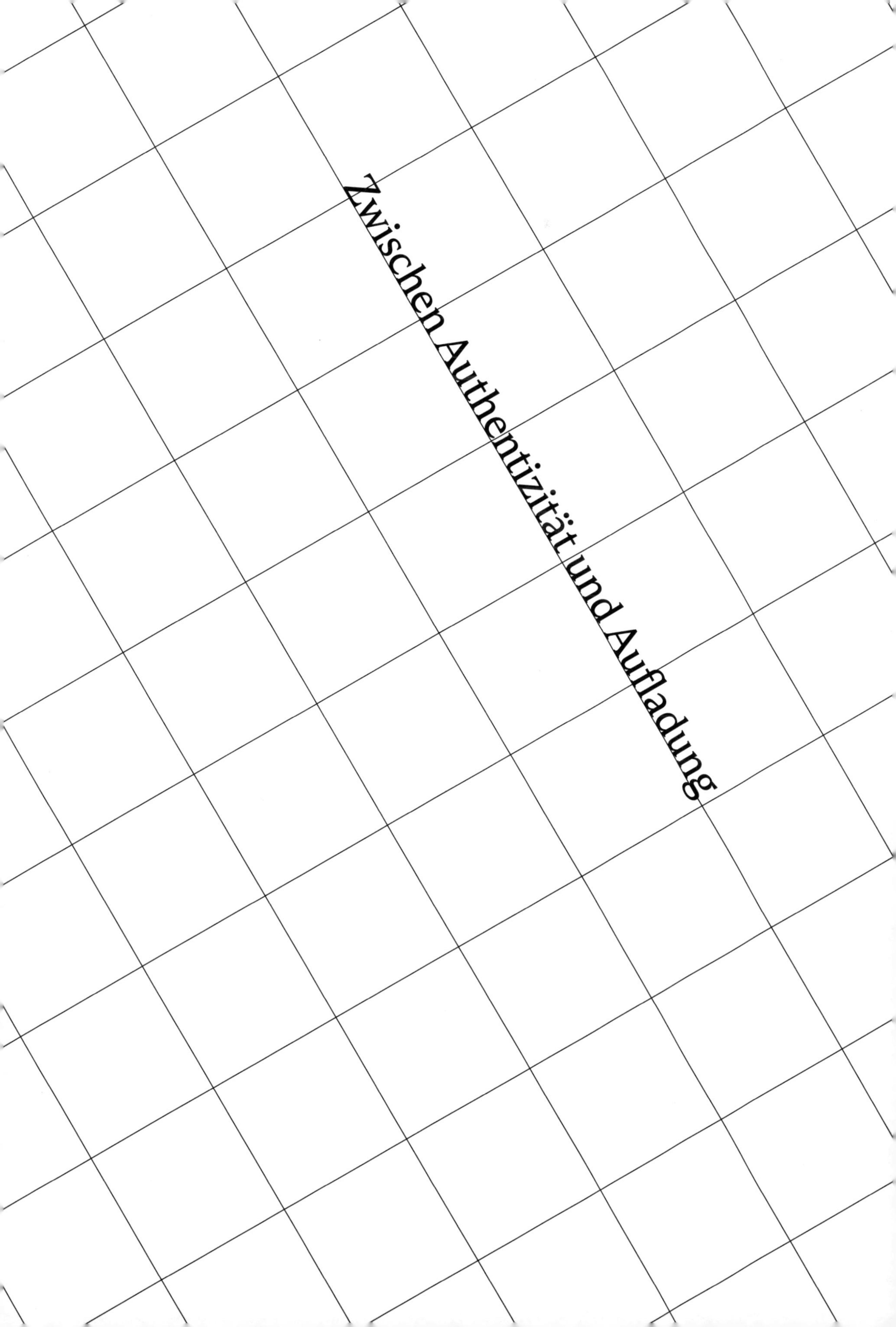
Zwischen Authentizität und Aufladung

1.1 Bernd Holtwick

Auf der Suche nach sich selbst – Definition und normative Aufladung des Handwerksbegriffs in Deutschland

Wer ist ein (selbständiger) Handwerker? Wer ist eine (selbständige) Handwerkerin? Die Frage liegt nahe und klingt einfach. Die Antwort aber ist überaus schwierig. Mit Blick auf das Heilige Römische Reich Deutscher Nation vor 1806 etwa „lassen sich allenfalls einige Merkmale, jedoch keine scharfen Abgrenzungskriterien benennen“[1]. Deshalb erscheint es sinnvoll, zunächst einmal danach zu fragen, wann und wozu die Definition einer Person als Handwerker*in überhaupt wichtig war. Die Reichshandwerksordnung von 1731 beispielsweise benötigte eine solche abstrakte Bestimmung nicht, sondern bezog sich auf diejenigen, die sich als Handwerker organisiert hatten.[2] Mit den Umbrüchen zu Beginn des 19. Jahrhunderts, darunter die Auflösung der Zünfte in Preußen 1810, verlor sich dieser Bezug auf bestehende Organisationen.

Die Gewerbefreiheit hatte die Rechtsbarriere beseitigt, die bisher die zünftigen Handwerker in den Städten von den unzünftigen und auf wenige Berufe beschränkten auf dem Lande getrennt hatte.[3] Auch für Frauen stand die Selbständigkeit im Handwerk nun grundsätzlich offen.[4] Damit verschwanden aber keineswegs alle faktischen Benachteiligungen für sie. Die Selbständigkeit wurde auch zu einer Option für alle, die über wenig Startkapital verfügten und das Handwerk vielleicht nur vorübergehend oder nebenbei betreiben wollten.[5] Auf der anderen Seite war auch eine kapitalistische „Wirtschaftsgesinnung“ möglich, bei der es ganz um die Gewinnmaximierung ging.[6] Zwischen diesen beiden Polen der dürftigen Kleinsthandwerker*innen und der expansiven Handwerksunternehmer blieb weiterhin ein breites Spektrum erhalten, in dem sich wohl der größte Teil der selbständigen Handwerker*innen verorten lässt.

Nur wenig verband diese Männer und Frauen, ganz sicher nicht mehr die alten zünftischen Begriffe von Ehre oder Nahrungssicherung. Diese Traditionen waren spätestens mit dem Ende der Zünfte abgerissen.[7] Es war offen, ob der Begriff des Handwerks lediglich eine statistische Kategorie sein sollte oder sich normativ aufladen ließ. Die Handwerker*innen zu Beginn des 20. Jahrhunderts waren zweifellos „anders“ als hundert Jahre zuvor.[8]

Angesichts dieser Voraussetzungen ist die Neuformierung des Handwerks in Deutschland überraschend und bemerkenswert. Sie begann im letzten Drittel des 19. Jahrhunderts, und es war zunächst noch offen, ob sie gelingen und unter welchen Vorzeichen sie sich vollziehen würde. Viele Handwerker*innen interessierten sich überhaupt nicht für einen Zusammenschluss. Und wenn doch, dann dominierte zum Beispiel in Süddeutschland das Modell der liberalen Gewerbevereine.[9] In den preußischen Westprovinzen bestanden bei der Gründung des Kaiserreichs 1871 nur noch vereinzelte Innungen, die eher protektionistisch ausgerichtet waren.[10]

Als folgenreich erwies sich, dass die Handwerkspolitik von Konservativen, Nationalliberalen und der Zentrumspartei aufgegriffen wurde. Sie präsentierten die selbständigen Handwerker als gefährdet und sich selber als Beschützer. Das passte zum Programm eines übergreifenden wirtschaftlichen Protektionismus. Innenpolitisch verband sich damit der Kampf gegen die Sozialdemokratie. Schon das *Kommunistische Manifest* prophezeite den Untergang des Handwerks, und das Erfurter Programm, als Ergebnis des Parteitages der SPD, nahm das 1891 an prominenter Stelle auf.[11] Daraus ließ sich leicht der Vorwurf ableiten, die Sozialdemokraten seien die Feinde des Mittelstandes und wollten das Handwerk beseitigen. Dagegen wurde das Handwerk zum politischen, sozialen und ökonomischen Bollwerk aufgebaut.[12]

Der Untergang des Handwerks rückte dadurch ins Zentrum der Aufmerksamkeit. Er prägte auch die wissenschaftliche Debatte, denn das Schicksal der Handwerker*innen zeigte, ob das sozialistische Geschichtsmodell korrekt war. Damit gewann jede wissenschaftliche Aussage sogleich eine eminente politische Bedeutung.[13]

Hierdurch erstarkten innerhalb des Handwerks die konservativen und protektionistischen Kräfte. Sie griffen die Verknüpfung von „Untergangsdrohung“ und „Schutzwürdigkeit“ erfolgreich auf.[14]

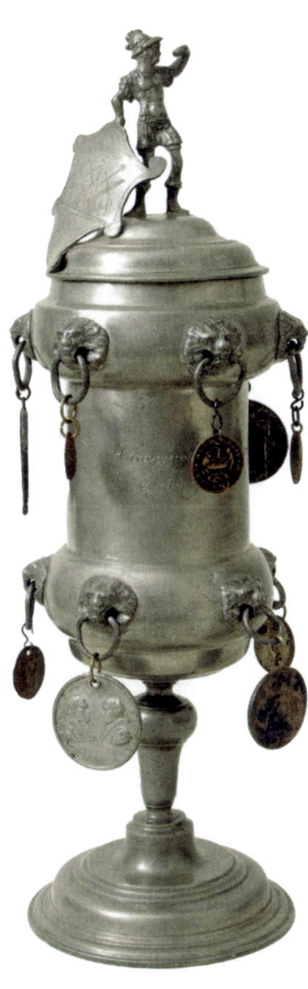

Abb. 1 Zunftpokal der Maurer, Christian August Heydenreich (Zinngießer), Pirna 1793, Bronze, Messing, Silber, Zinn, Kunstgewerbemuseum, SKD, Inv.-Nr. 30482

Auch der Rückgriff auf die mittelalterliche Handwerksgeschichte stützte die Sichtweise. Wilhelm II. (1859–1941) wünschte beispielsweise 1890 einer Handwerkerdeputation, „daß das Handwerk wieder zu der Blüte gelangen möchte, in der es bereits im vierzehnten Jahrhundert gestanden habe".[15] Neben der Zunft als Vorbild ging es auch um ein vermeintlich traditionelles Modell der Handwerkswirtschaft. Propagiert wurde eine lebenslange Selbständigkeit, vorbereitet durch eine gründliche Ausbildung, ausgerichtet auf qualitativ hochwertige Arbeit und Stabilität in der Betriebsführung.[16] Einen handwerklichen Beruf entweder nur vorübergehend, womöglich gar als Notlösung zu betreiben, oder den Betrieb auf ein möglichst schnelles Wachstum und hohen Ertrag hin auszurichten, wurde dagegen als anrüchig bewertet. Gerade die Kleinsthandwerker*innen wurden abgewertet als „Auchhandwerker"[17], „Dunkelmänner", „Schädlinge", „Schmutzkonkurrenz"[18] oder „Pfuscher".[19]

Auf der individuellen Ebene war die handwerkliche Selbständigkeit sicherlich immer wieder mit Erfahrungen von Unsicherheit verbunden. Der geforderte staatliche „Schutz" schien daher auch dem Einzelnen bei der Bewältigung der alltäglichen Herausforderungen von Konkurrenz und ökonomischem Wandel zu helfen. Der Rückgriff auf die Zunftgeschichte diente auch dem Kampf gegen Konkurrenten, die vom Idealbild handwerklicher Selbständigkeit abwichen. Im Kern handelte es sich um die „Erfindung" von Traditionen, aber sie wirkte.

Die Gesetzgebung belohnte diese Sichtweise und novellierte seit 1878 schrittweise die Gewerbeordnung. Die Innungen erhielten immer mehr Befugnisse und konnten so gegen unliebsame Handwerker*innen vorgehen.[20] Die „zünftlerische" Prägung der Handwerkerbewegung verbreitete und verstärkte sich schrittweise in enger Wechselwirkung zu den politischen Anreizen. Alternative Ansätze, wie etwa das Gewerbevereinsmodell, verloren dadurch an Boden.[21]

Im Jahr 1900 wurden die Handwerkskammern gegründet, die jeweils für einen Regierungsbezirk zuständig waren. Ihnen mussten alle selbständigen Handwerker*innen angehören und Beiträge zahlen. Das brachte organisatorische Stabilität, aber auch neue Konflikte und erhöhte die Bedeutung der Frage, wer als Handwerker*in zu betrachten war. Darüber mussten nicht selten die Gerichte entscheiden. Die Kammern wollten größere Betriebe nicht verlieren und wehrten sich konsequent dagegen, die Anzahl der Beschäftigten zum zentralen Kriterium zu erheben.[22] Diese Strategie war letztlich erfolgreich. 1929 erhielten die Kammern sogar das Recht, die Handwerksrolle zu führen und damit über die Zugehörigkeit jedes einzelnen Betriebes zu entscheiden.[23]

Die Nationalsozialisten warben systematisch unter den selbständigen Handwerker*innen um Stimmen und versprachen ihnen Schutz gegen Konkurrenz und die Rückkehr der „glänzenden Vergangenheit".[24] Nach 1933 wurde das Handwerk öffentlich gefeiert, wobei die imaginierte mittelalterliche Blütezeit Pate stand (siehe Beitrag S. 39). Lehrlinge erhielten ihre Gesellenbriefe nun in feierlichen Inszenierungen, Innungen bauten sich Zunftladen und bekamen Innungszeichen, die sich an zünftischen Vorbildern orientierten.[25]

Neue Rechtsnormen begleiteten das: 1934 wurde die Mitgliedschaft in den neu strukturierten und „gleichgeschalteten" Innungen für alle verpflichtend. Seit 1935 konnte sich im Handwerk nur noch selbständig machen, wer seine Meisterprüfung absolviert hatte. Bisher hatte nur etwa ein Drittel der Handwerker*innen den Meistertitel getragen.

Die Phase einer protektionistischen Handwerkspolitik war kurz. Spätestens seit 1936 zeigte sich, dass es dem NS-Regime vor allem darum

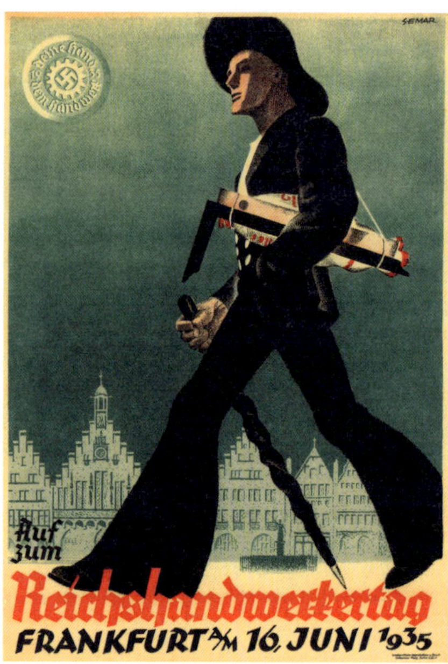

Abb. 2 Plakat *Auf zum Reichshandwerkertag* am 16. Juni 1935, Sepp Semar, Institut für Stadtgeschichte, Frankfurt am Main

ging, die Leistungsfähigkeit der Wirtschaft zu steigern, um einen Krieg vorzubereiten.[26] Trotzdem wirkten die rechtlichen Regelungen weiter, auch über das Ende des Nationalsozialismus hinaus.

Die Besatzungsmächte waren uneinig, wie sie die Wirtschaft Deutschlands nach dem Krieg organisieren sollten. Die US-amerikanische Verwaltung setzte in ihrer Zone eine weitgehende Gewerbefreiheit durch und kassierte die obligatorische Meisterprüfung.[27] In der britischen Zone dagegen gelang es den Handwerksvertretern, den sogenannten Großen Befähigungsnachweis von 1935 zu verteidigen und damit auch die Gründung neuer Betriebe rein aus der Not heraus einzuschränken. Sie setzten ebenso die verpflichtende Kammermitgliedschaft durch und mussten lediglich die Innungen künftig auf Freiwilligkeit gründen.[28] Die Handwerksordnung der Bundesrepublik basierte 1953 auf dem Modell der britischen Zone,[29] das im Kern bis heute fortbesteht.

In den 1950er Jahren griffen die Handwerksvertreter*innen im öffentlichen Auftreten massiv auf die angeblich alten Traditionen zurück. Dass die meisten erst wenige Jahren zuvor erfunden worden waren, trat nicht in den Blick.[30] Hier zeigten sich also Kontinuitäten.

Anderes veränderte sich: Die lange beschworene Untergangsdrohung büßte durch den wirtschaftlichen Aufschwung und den allgemein wachsenden Wohlstand in der Bundesrepublik an Dramatik ein. Auch verlor die SPD ihre Rolle als Schreckgespenst.

Seit den 1950er Jahren warben die Handwerksvertreter*innen immer stärker für die Rationalisierung und Leistungssteigerung der Betriebe und wollten „den Schritt von der reinen Handwerks-Werkstatt zum Handwerksunternehmen [...] fördern".[31] Es war nicht notwendig, dafür die gepriesenen „Traditionen" und alle Forderungen nach Schutz und Unterstützung radikal über Bord zu werfen, sie rückten einfach allmählich in den Hintergrund.

Die Öffentlichkeitsarbeit des Handwerks bewegte sich jahrzehntelang in den eingefahrenen Gleisen. Die Veränderungen betrafen eher Nuancen wie etwa das Logo der Handwerkskammern. Anfang der 1980er Jahre verschwanden Ring und Hammer, die aus dem Jahr 1935 stammten. Sie ersetzte ein Sechseck mit der Inschrift „Das Handwerk. Deutschlands vielseitigster Wirtschaftsbereich", das keine historisierenden Anklänge mehr transportierte. Die selbständigen Handwerker*innen in der DDR hatten ohnehin nicht die Vergangenheit beschwören dürfen (siehe Beitrag S. 254). Die Impulse aus den neuen Bundesländern richteten sich nach der Wiedervereinigung schon deshalb eher in die Zukunft.

Erst 2011 aber entwickelte die Agentur Scholz & Friends im Auftrag der Handwerksorganisationen den Slogan „Die Wirtschaftsmacht. Von nebenan". Darin fehlt jeder auch nur entfernte oder indirekte Bezug auf eine Bedrohung und Schutzbedürftigkeit. Die Veränderung drückte wohl auch aus, dass sich die mehr als hundert Jahre wiederholten Narrative endgültig abgeschliffen hatten. Die Handwerksbetriebe beweisen ihre Zukunftsfähigkeit ohnehin jeden Tag, indem sie sich am Markt behaupten.

Abb. 3 Graffiti in Offenbach, 2022

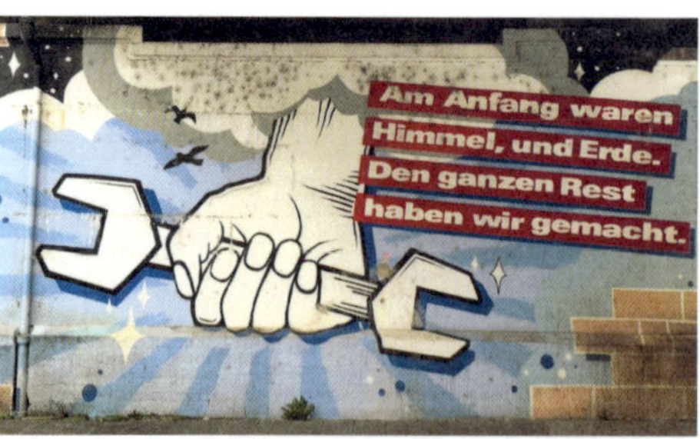

1 Reith: Lexikon des Alten Handwerks, Einleitung, 1991, S. 10.
2 Vgl. Reichshandwerksordnung 1731. Die Handwerkerbewegung des 19. und frühen 20. Jahrhundert marginalisierte Frauen in jeder Hinsicht. Es gab darin auch Handwerkerinnen, aber es war keinesfalls eine Handwerker*innenbewegung.
3 Nipp: Kapitalausstattung im ländlichen Kleingewerbe, 1981, S. 17 f.
4 Vgl. allg. Stockmann: Gewerbliche Frauenarbeit in Deutschland, 1985, S. 449, 459 f.; Gaebel: Die Frau im Handwerk, 1931; Becker: Frauenberufe des Handwerks, 1956.
5 Vgl. Geiger: Statistische Analyse der wirtschaftlich Selbständigen, 1933.
6 Zur Definition der „Wirtschaftsgesinnung" Sombart: Der moderne Kapitalismus, Bd. 1/1, 1902, S. 13; allg. Grünberg: Mittelstand, 1932, S. 74.
7 Reininghaus: Von der Gilde zur Innung? 1984, S. 401.
8 Sombart: Der moderne Kapitalismus, Bd. 3/2, 1955, S. 963, 965; vgl. relativierend dazu Lenger: Sozialgeschichte der deutschen Handwerker, 1988, S. 13–15, 21–28.
9 Gimmler: Die Entstehung neuzeitlicher Handwerkerverbände, 1972; Reininghaus: Von der Gilde zur Innung?, 1984, S. 139–144.
10 Vgl. Roehl: Beiträge zur preußischen Handwerkerpolitik, 1990, S. 183; Kaufhold: Auswirkungen der Einschränkung der Gewerbefreiheit in Preußen, 1975, S. 114; Deter: Zwischen Gilde und Gewerbefreiheit, Bd. 1, 2015, S. 123–130.
11 Karl Kautsky begann seinen populären Kommentar mit dem „Untergang des Kleinbetriebes", von wo aus er die erwartete gesellschaftliche Entwicklung erläuterte. Kautsky: Erfurter Programm, 1892, S. 1–30; ausführlich unter Berücksichtigung der innerparteilichen Debatten, Reinhold: Haltung und Politik von SPD und USPD, 1990, S. 1–8.
12 Vgl. Schmoller: Die Reform der Gewerbeordnung, 1890, S. 163.
13 Vgl. Wernet: Die Existenzfrage des Handwerks, 1928, S. 25 f.
14 Zu den Zielen der handwerklichen Zentralverbände im Kaiserreich: Georges: Handwerk und Interessenpolitik, 1993, S. 140–147, 181–191.
15 Böttger: Geschichte und Kritik des Neuen Handwerkergesetzes, 1898, S. 47.
16 Das sagt noch nichts aus über die Realität der Handwerker, aber es war bis in die 1960er Jahre hinein sicher auch keine exotische Vorstellung. Vgl. Sack: Integration und Anpassung des Handwerks in der industriellen Gesellschaft, 1966, S. 62; Schöber: Wirtschaftsmentalität der westdeutschen Handwerker, 1968, S. 195.
17 9. Verbandstag des Verbandes westdeutscher Schmiedemeister [...] in Elberfeld, in: Westdeutsche Schmiedezeitung 10 (1928), Nr. 27, S. 411–420.
18 Schädlinge des Schneidergewerbes; in: Mitteilungsblatt des Westdeutschen Schneider- und Schneiderinnen-Innungs-Verbandes 2 (1927), H. 2, S. 2.
19 Schienbein: Welche Maßnahmen muß eine Berufsorganisation ergreifen, um der Entfremdung der Berufskollegen untereinander entgegen zu wirken?; in: Tischlergewerk 1927, S. 227.
20 Gimmler: Die Entstehung neuzeitlicher Handwerkerverbände, 1972, S. 59–61; Georges: Handwerk und Interessenpolitik, 1993, S. 123, 216, zur Novelle von 1897: S. 251–266.
21 Vgl. Lang: Stellungnahme zum neuen Handwerkergesetz, 1900, S. 52 f., 56; Böttger: Geschichte und Kritik des Neuen Handwerkergesetzes, 1898, S. 54.
22 Deutscher Handwerks- und Gewerbekammertag: Fabrik oder Handwerk, 1926, S. 7, 12, 20.
23 Kattentidt: Der Einfluß der Handwerksnovelle, 1934, S. 11 f.
24 Beispielhaft Deutsches Handwerk 1932, S. 15; allg. Unterstell: Mittelstand in der Weimarer Republik, 1989, S. 106–108.
25 Deutsches Handwerk 1935, S. 241; Kuzaj: Bedeutung der Handwerks- und Innungszeichen, 1990.
26 Vgl. dazu Winkler: Zur Mittelstandspolitik im „Dritten Reich", 1977.
27 Im Überblick vgl. Boyer: Das Bayerische Handwerk und seine Berufsordnung, 1997.
28 Perner: Die „Reorganisation" der Handwerkskammern in der britischen Besatzungszone, 1984.
29 Scheybani: Handwerk in der Bundesrepublik Deutschland, 1996, S. 248–262.
30 Als Beispiel statt vieler: Ehrt eure deutschen Meister; in: Westfälische Zeitung, 03.04.1950; in: Westermann-Sammlung, Bd. W 50, Stadtarchiv Bielefeld.
31 Etwa: Mit frischer Kraft und neuer Zielsetzung; in: Tischlergewerk 1954, S. 271.

1.2 Agnes Matthias

Bilder des Vergangenen – Zum Verhältnis von Fotografie und Handwerk

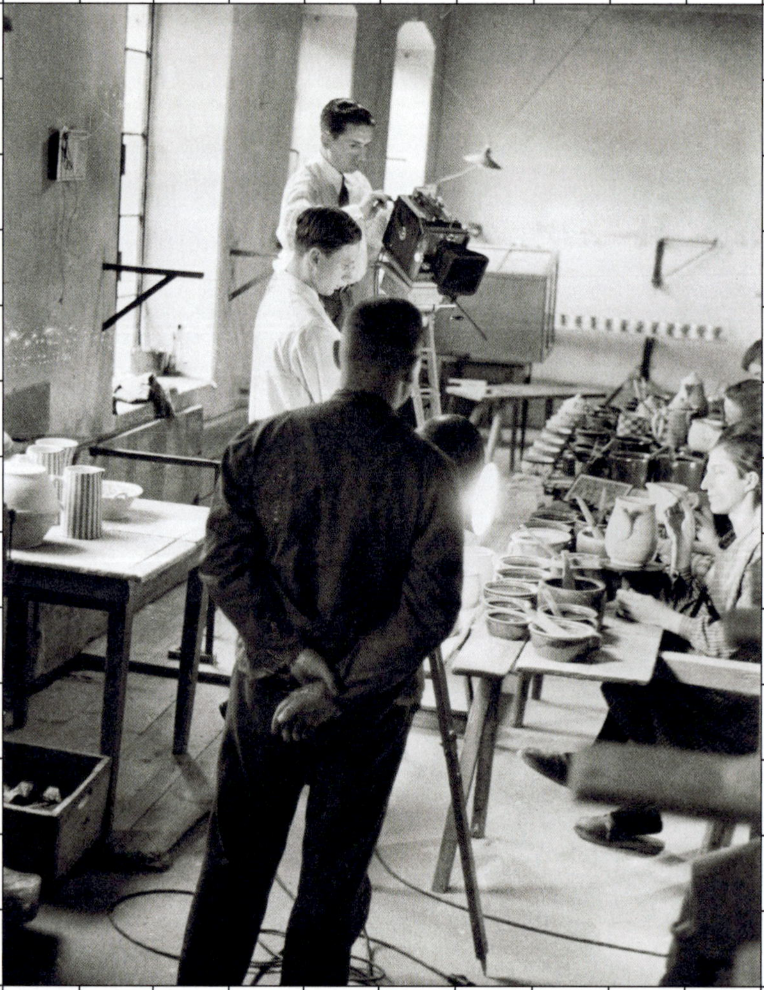

Abb. 1 Filmaufnahmen der Sächsischen Landesbildstelle in der Töpferei Paul Mirisch in Pulsnitz, Hans Kammerer (Fotograf), 1933, S/W-Kleinbildnegativ, SLUB / Deutsche Fotothek, Dresden

Mitarbeitende der Sächsischen Landesbildstelle in Dresden haben 1933 für den Lehrfilm *Wie ein Tontopf entsteht* ihre Kamera in einem Werkstattraum der Pulsnitzer Töpferei Paul Mirisch, in dem die Tongefäße bemalt wurden, aufgestellt. (Abb. 1) Diese Szene ist als „Making-of" von einem Fotografen, der auf der Tasche des entsprechenden Negativs im Bestand der Deutschen Fotothek als „H. Kammerer" angeführt wird, festgehalten worden. Die Identität des Fotografen konnte erst kürzlich geklärt werden. Es handelt sich um Hans Kammerer (1897–1967), einen Fotografen, Fachbuchautor für Fotolehrbücher und Verleger.[1] Die Aufnahme gehört zu einer 32-teiligen gleichnamigen Diaserie, die, wie es im Verzeichnis der von der Sächsischen Landesbildstelle für den Schulunterricht und die Erwachsenenbildung herausgegebenen Materialien heißt, „zur Vorbereitung" des Films hergestellt wurde.[2]

Kammerers eigenes Tun spiegelt sich in dem wider, was er festhält: Wenn auch nicht bekannt, ob er in eigenem oder im Auftrag Dritter fotografierte, ist seine Intention wie auch die der hier filmenden Kollegen deutlich auszumachen: die konkreten Schritte der in einer Töpferei anfallenden Tätigkeiten festzuhalten, und zwar in Dokumentation eines Handwerks, das zum Zeitpunkt der Aufnahmen vor dem Hintergrund der längst vollzogenen Industrialisierung und der damit verbundenen Massenproduktion in der Keramikherstellung bereits im Verschwinden begriffen war. Wenn der Fotograf und Fototheoretiker Allan Sekula (1951–2013) der Fotografie, die zur Analyse und Optimierung von Arbeitsprozessen herangezogen wurde, eine „Komplizenschaft mit den Kräften

1 Genaue Angaben zur Biografie von Hans Kammerer unter: http://www.deutschefotothek.de/documents/kue/90078152. 1930 erschien zum Beispiel, Kammerer: Winterphotographie, 1930.

2 Vgl. Nachtrag zur vierten Ausgabe (1933) des Verzeichnisses der Lichtbildreihen der Landesbildstelle Sachsen, Dresden 1936, S. 4. Die Serie mit der Nummer 1465 umfasste insgesamt 32 Aufnahmen, von denen sich 31 in Form von Kleinbildnegativen im Bestand der Deutschen Fotothek / Sächsische Landesbibliothek – Staats- und Universitätsbibliothek Dresden befinden. Die Sächsische Landesbildstelle ist die Vorgängereinrichtung der heutigen Deutschen Fotothek.

der Industrialisierung“[3] attestiert, so zeichnet die aus dem volkskundlichen Kontext stammenden Fotografien wie die Kammerers eher ein Anachronismus aus. Mit modernen technischen Mitteln wird eine aussterbende Kulturpraktik festgehalten. So ist trotz des sachlichen Aufnahmemodus diesen Bildern schon im Augenblick der Aufnahme ein nostalgisch grundiertes, bewahrendes Moment eigen.

Viele Darstellungen handwerklicher Praxis sind, wie generell fotografische Dokumentationen von Arbeitsprozessen, seriell angelegt. Ein Ablauf wird von der Kamera in Einzelschritte zerlegt, um wiederum in der Betrachtung gedanklich zu Handlung synthetisiert zu werden. Dabei ist – und das häufig unabhängig vom zeitlichen Entstehungskontext – oft ein Widerspruch auszumachen. Geht es inhaltlich und ideologisch in Abgrenzung zur industriellen, maschinellen Fertigung explizit um den Menschen und sein handwerkliches Können, ist dieser selbst jedoch selten das eigentliche Bildsujet, was sich insbesondere im Blick über die Schulter einer Person auf das, was sie tut, manifestiert. (Abb. 2) Das Individuum tritt nicht nur durch Anschnitt der Figur oder eine Seiten- oder Rückenansicht hinter die von ihm ausgeführte Tätigkeit zurück, manchmal sind es tatsächlich allein die Hände, die zu sehen sind, so wie beim Töpfer, den Hans Kammerer an der Drehscheibe fotografierte.[4] (Abb. 3) Akzentuiert durch das hereinfallende Sonnenlicht, ist das „Wissen der Hände“[5] ins Bildzentrum gerückt. Ihre Verbundenheit mit dem Material, das sie geschickt vom Tonklumpen in ein Gefäß verwandeln, steht hier sinnbildlich wider die entfremdete Arbeit für die Einheit von Mensch und seinem Tun.

3 Sekula: Der Handel mit Fotografien, 2002, S. 259.

4 Das vierte Foto der Bildzusammenstellung zeigt bei genauem Hinsehen eine andere Situation.

5 So der Titel einer Studie zu den Filmen der Schweizerischen Gesellschaft für Volkskunde: Saini/Schärer: Das Wissen der Hände, 2019.

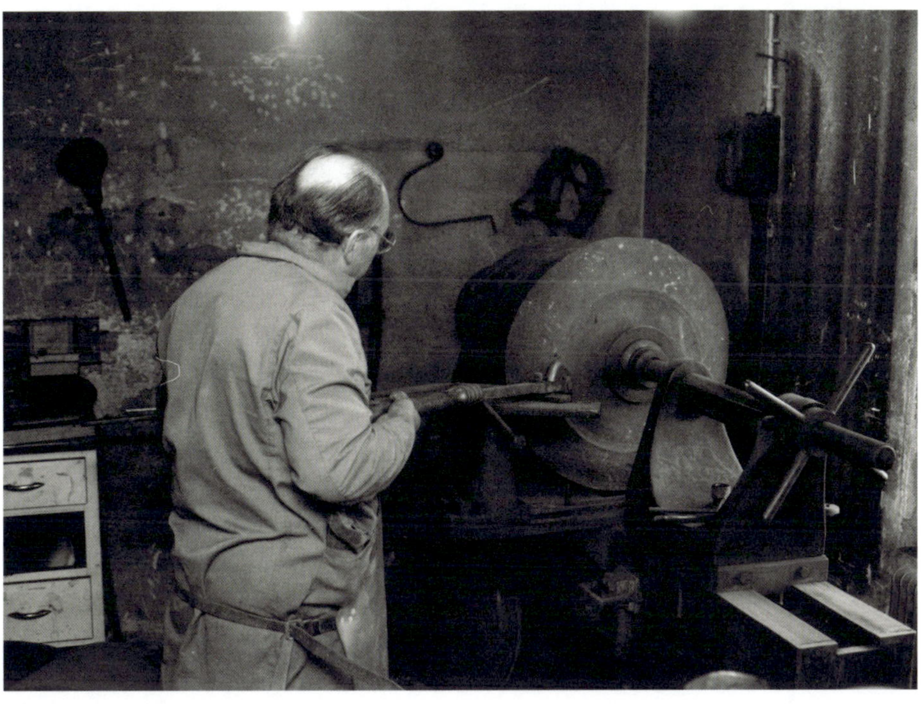

Abb. 2 *Altes Handwerk in Vorarlberg: Kupferschmied (Werner Wehinger)*, Oliver Benvenuti (Fotograf), 1991, S/W-Negativ, Vorarlberger Landesbibliothek, Bregenz

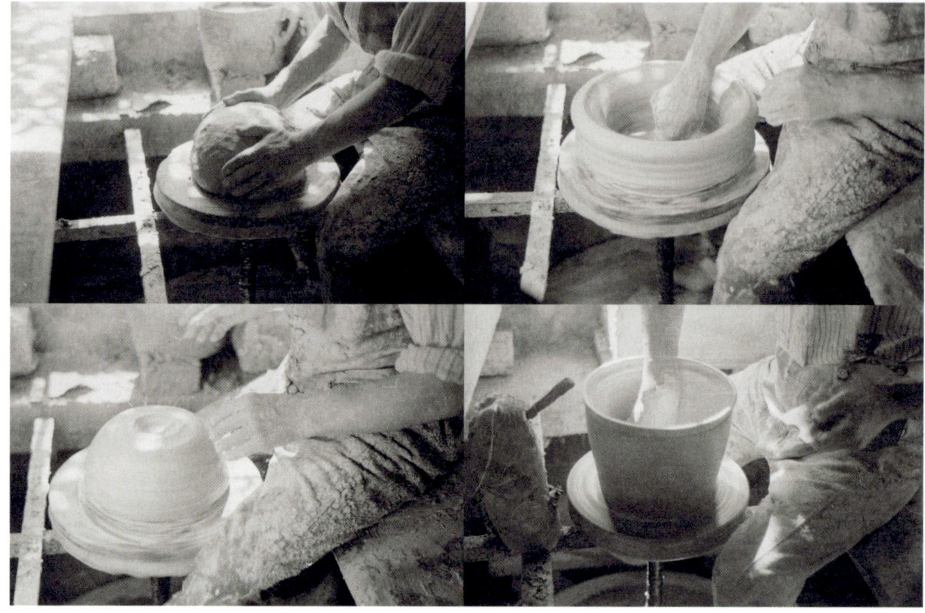

Abb. 3 Formen eines Tongefäßes an der Drehscheibe, Töpferei Paul Mirisch in Pulsnitz, Hans Kammerer (Fotograf), 1933, 4 S/W-Kleinbildnegative montiert auf Glasplatte, SLUB/ Deutsche Fotothek, Dresden

Das Narrativ dieser Serie spannt den Bogen von der Gewinnung des Materials in einer Tongrube über die verschiedenen Schritte der Bearbeitung bis hin zur Aufstellung der Keramik zum Verkauf im Geschäft. Als pädagogisches Lehrmittel gedacht, stehen diese Bilder exemplarisch für eine Ethnografie nicht des „Anderen", sondern des sich im Handwerk manifestierenden „Eigenen", das es zumindest visuell zu bewahren und zu überliefern gilt – mit dem Entstehungsjahr der Serie, 1933, unter neuen ideologischen Vorzeichen im Kontext eines „völkischen" Heimatgedankens.

1.3 Annika Sellmann im Gespräch mit Gerhard Vinken

Über Heritage, Instandbesetzung und fiktive Heimaten

„Wenn die Leute beginnen, sich für historische Architekturen zu interessieren – und das ist am Anfang nicht ganz leicht – wenn man dann doch irgendwann sieht, dass ein Fenster zum Beispiel vernünftig gebaut ist, und ob das eine handwerklich gemachte Tür ist oder ob das eine aus dem Baumarkt ist, wo man mit der Faust hindurch kann – das setzt tatsächlich ein Wechselspiel in Gang. Das habe ich jedenfalls oft erlebt", erzählt mir Gerhard Vinken, Professor und Inhaber des Lehrstuhls für Denkmalpflege an der Universität in Bamberg. „Menschen, die sich intensiv mit alten Häusern beschäftigen, bekommen natürlich einen riesigen Respekt vor der Fähigkeit, so etwas herzustellen. Mir geht das auch so, wenn ich mich etwa in einem mittelalterlichen Dachstuhl befinde: Die Materialien und Techniken des handwerklichen Bauens, die man ja häufig noch gut ablesen kann, erwecken zumindest Respekt und teilweise durchaus so etwas wie Ehrfurcht."

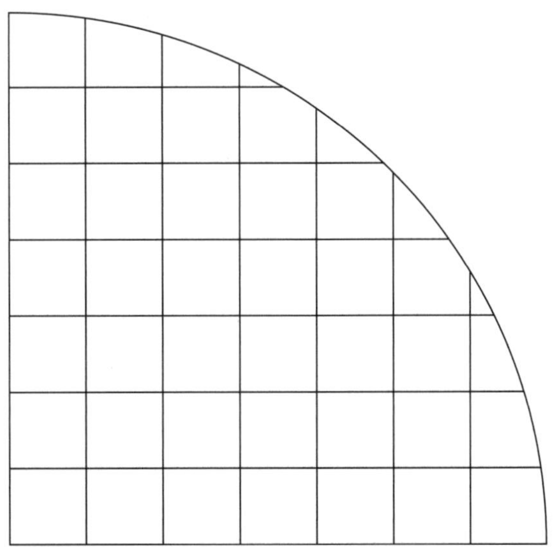

Als Kunsthistoriker ist Gerhard Vinken Experte für historische Baukultur, zudem setzt er Schwerpunkte in Stadt- und Raumforschung und leitet seinen Blick auf Prozesse des *Heritage-making*, das heißt, er stellt Fragen dazu, wie Kulturerbe in unserer Gesellschaft verhandelt wird. Die Ausstellung betrachtet das Handwerk als Mythos, als Erzählform, und in diesem Verständnis ist Handwerk auch als *Erbe* anzusprechen. Sehnsuchtsvolle Zuschreibungen wie traditionell, authentisch und regional haften nicht nur dem Handwerk an, sie haben auch große Bedeutung in der Auseinandersetzung mit ortsgebundenen Zeugnissen früherer Handwerks- und Baukunst, wie sie uns in Form von Bauwerken vielzählig in Deutschland und Österreich begegnen, also dem, was man ebenda Denkmal nennt.

Neue Potentiale im Alten

Ich frage mich, was handwerkliches Handeln für die Gestaltung des unmittelbaren Lebensumfeldes und darüber hinaus bewirken kann, inwieweit solche Aktivitäten als politisch verstanden werden können, und möchte die „Rettung" von Altstädten und Altbauvierteln genauer betrachten. Darum habe ich Gerhard Vinken um ein Gespräch gebeten. Nach 1968 stellten sich von Bürger*innen getragene lokale Initiativen nicht nur, aber auch, an vielen Orten Europas der bis dahin verbreiteten Abriss- und Neubaupraxis einer modernen Stadtplanung entgegen. Dass diese nach 1945 in Österreich, Ost- und Westdeutschland ihren Schwerpunkt auf einen zügigen Wiederaufbau gelegt hatte, prägte auch die Handwerkspraxis. Gestiegene Arbeitslöhne und technische Innovationen machten es im Westen zudem wirtschaftlicher, Maschinen und Fertigprodukte einzusetzen. Statt zu reparieren und fachgerecht auszubessern, war es üblich geworden, auszuwechseln, abzureißen

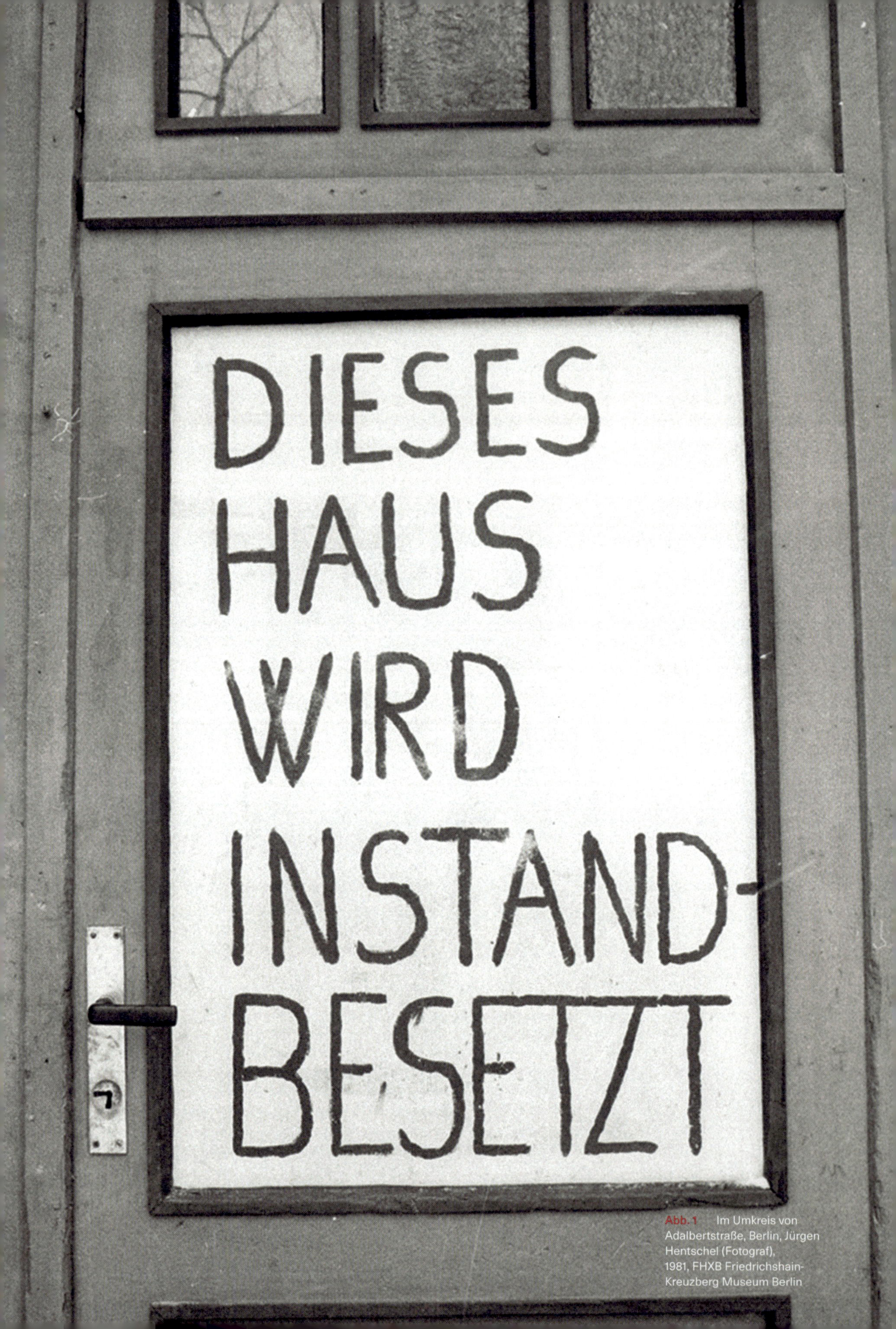

Abb. 1 Im Umkreis von Adalbertstraße, Berlin, Jürgen Hentschel (Fotograf), 1981, FHXB Friedrichshain-Kreuzberg Museum Berlin

und neu zu bauen. In den 1960er und 1970er Jahren setzte, zumindest für ausgewählte Bauten und Gebiete, ein gesellschaftliches Umdenken ein. 1980 war *Instandbesetzer* unter den Wörtern des Jahres in der Bundesrepublik. „Der Begriff kommt aus der Besetzer*innenszene", erläutert Vinken, „als man anfing, sich Leerstand widerrechtlich anzueignen, um die Gebäude wieder bewohnbar zu machen. Das ist ein nicht zu unterschätzender Beitrag gewesen zur Stadtsanierung, zumindest in Berlin kann man das sehr gut sehen, weil es im Rahmen der Internationalen Bauausstellung 1987 aufgenommen wurde. Der Beitrag dieser Besetzer*innen war in der Regel handwerklich, und der Deal war, du darfst wohnen und du bekommst Subventionen, wenn du dich ganz konkret praktisch beteiligst an der Instandsetzung dieser zum Teil völlig verwahrlosten Gebäude", so Vinken.

„Man kann sich den Umschwung nicht drastisch genug vorstellen. Städtebau hieß vorher Modernisierung, eine Erhöhung des Lebensstandards durch bessere Luft und schnelleren Verkehr, klassische Planungsparameter im Glauben, dass man eine den technologisch messbaren Bedürfnissen gerechte Stadt der Zukunft bauen kann. Aus dieser Perspektive ist die historische Stadt ein Hindernis, das möglichst schnell beseitigt oder zumindest aufgelockert, entkernt und durchlüftet werden muss. Diese technologische Planung hat sehr schnell ihre Defizite offenbart, und es hat sich vor allen Dingen gezeigt, dass eine ganz andere Qualität von Stadt radikal unterschätzt worden ist, die wir heute als ‚Lebensraum' fassen. Da spielt zum Beispiel das Potenzial einer Stadt, Identifikationsanker bei ihren Bewohner*innen zu schaffen, eine Rolle. Sich wohlfühlen, das heißt, wie es Kevin A. Lynch (1918–1984) in seinem Buch *The Image of the City* 1960 dargestellt hat, auch orientiert sein. Und dieses Orientiertsein bedeutet mehr als ein Zurechtfinden, es bildet einen Gegensatz zu verloren sein, im Sinne von bei sich sein, zu Hause sein. Die Stadt als komplexer Lebensraum hat Vorzüge, die die neuen, auf dem Reißbrett geplanten Viertel nicht so leicht reproduzieren können. Ihre Kleinteiligkeit etwa, oder ihre Belastbarkeit für Funktionswandel, auch in den öffentlichen Räumen. Alexander Mitscherlichs (1918–1982) Buch, *Die Unwirtlichkeit unserer Städte. Anstiftung zum Unfrieden* beschreibt 1965 die angebliche Unfähigkeit der Moderne, identitätsstiftende Plätze von räumlicher Qualität zu bauen. Die benennbaren Defizite vieler funktionalistischer Planungen und die Ablösung von einer handwerklich-traditionellen und an lokale Materialien gebundenen Architektur durch das industrielle Bauen haben eine nostalgisch aufgeladene Modernekritik popularisiert; letztlich eine der großen Erzählungen, aus der die Denkmalpflege bis heute ihre Kraft schöpft."

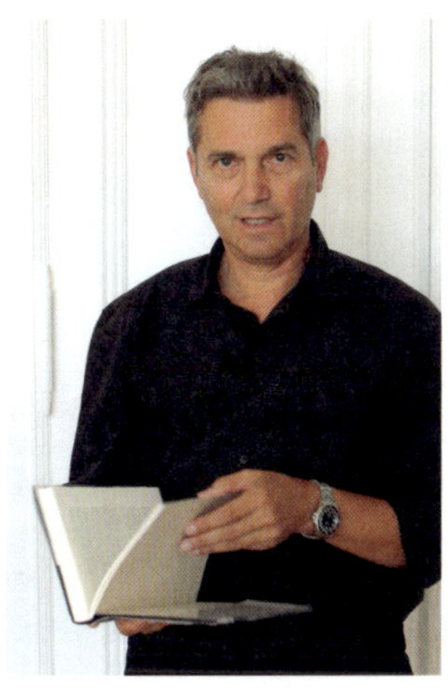

Abb. 2 Prof. Dr. Gerhard Vinken, Lehrstuhl für Denkmalpflege, Universität Bamberg

Der Vergangenheit eine Zukunft

Über Altstädte hat Gerhard Vinken viel geforscht und geschrieben, „insofern fällt mir die Antwort auf die Frage ‚Was ist eine Altstadt?' vermutlich schwerer als den meisten anderen Leuten", gesteht er lachend. „Worauf ich in meinen Publikationen hingewiesen habe, ist, dass natürlich auch diese angeblich aus einer weit zurückliegenden Vergangenheit überkommenen Altstädte durch vielfältige Produktionsprozesse geformt sind, die man als *Heritage-making* fassen kann. Aber die Grundbehauptung der Altstadt, nämlich, dass sie ein historisch gewachsenes, in diesem Sinne ‚altes' städtisches Zentrum ist, wird ja von den meisten Altstädten eingelöst."

Das vom Europarat ausgerufene *Europäische Denkmalschutzjahr* 1975 und seine zahlreichen Begleitausstellungen standen ganz im Zeichen der Altstadtsanierung, ihr Leitspruch lautete *Eine Zukunft für unsere Vergangenheit*. „Das Neue daran war", so Vinken, „dass man die Vergangenheit, sprich, das Historische wieder als einen wichtigen Maßstab überhaupt in den Städtebau eingeführt hat. Damals fanden tatsächlich große Teile der Gesellschaft, bis weit über das linke Spektrum hinaus, dass eine technoide Planung der deutlichste Ausdruck für eine fehlgeleitete, nämlich menschenfeindliche Politik ist, und es ist kein Zufall, dass gleichzeitig auch der Umweltschutz große Bedeutung erlangt hat. Der Bericht des Club of Rome über die

Grenzen des Wachstums aus den frühen 1970er Jahren war ein Buch, das wirklich in vielen Haushalten im Regal stand. Der Hauptunterschied zu heute ist, dass das Sprechen über ‚unsere' Vergangenheit damals sehr unschuldig verstanden werden konnte – so als ob die Bürger*inneninitiativen tatsächlich für uns als Gesellschaft sprechen können. Dieses Gefühl hat ihnen eine enorme politische Durchschlagskraft gegeben. Wenn man das heute anguckt, ist wohl eine der Herausforderungen vieler emanzipatorischer Bewegungen, dass dieses ‚uns' seine Unschuld verloren hat, und wir glauben, oft mit gutem Grund, dass jede Gruppe nur das Recht hat, für sich selbst zu sprechen. Und das ist eines der Themen, über das ich in Bezug auf Heritage in meinem neuen Buch nachdenke: Wenn kulturelles Erbe einerseits nur in Bezug auf gesellschaftliche Kollektive Sinn macht, und diese andererseits zunehmend durch kleinteilige Zuordnungen zu ‚*Race*', *Class* und *Gender* fraktioniert sind, wie können wir dann Themen setzen und Koalitionen schmieden, um den Anliegen der Denkmalpflege wieder eine breitere gesellschaftliche und politische Relevanz zu verschaffen?"

Wir, vor Ort

Die enge Verbindung zwischen Protestbewegung und städtischer Denkmalpflege zeigt das Beispiel des Häuserkampfes in Frankfurt am Main seit den 1960er Jahren. Bürger*inneninitiativen und Hausbesetzer*innen protestierten gegen eine Verdrängung der ansässigen Bewohner*innen im Stadtteil Westend. Sie lehnten sich auf gegen eine gezielt herbeigeführte Verwahrlosung des Villenviertels, für das, als „Cityerweiterungsgebiet" ausgewiesen, bereits eine Hochhausbebauung angedacht war. Erst das 1974 erlassene Hessische Denkmalschutzgesetz konnte den Erhalt des historisch wertvollen Stadtraumes langfristig sichern – auch mithilfe einer von der Aktionsgemeinschaft Westend (AGW) erstellten Liste denkmalschutzwürdiger Häuser. Heute ist das Viertel allerdings vollständig gentrifiziert und eines der teuersten der Stadt. „Positionen, wie ‚ich wohne hier, das ist meine Stadt', ‚anonyme Investoren' – und beispielsweise – ‚„reiche", „westliche" oder „migrantische" Zugezogene haben hier nichts zu suchen' – halte ich für gefährlich", erklärt Vinken. „Zu beobachten ist ein Wiederaufleben von exkludierenden Diskursen, auch im Namen der Heimat. *Deutschland. Aber normal* war der Slogan der AfD zur Bundestagswahl 2021, mit dem sie an exkludierende Figuren wie eine homogen gedachte Mehrheitsgesellschaft oder Leitkultur anschließt, und den in diesem Sinne ‚Anormalen' das Mitspracherecht bestreitet."

„Wohin ein Kult des Homogenen, Gewachsenen und Natürlichen führen kann", knüpft er an, „sieht man an der Entwicklung der Heimatschutzbewegung, deren Gruppierungen, aus der Reformbewegung der Jahrhundertwende kommend, sich in den 1930er Jahren auf breiter Front den Nationalsozialisten anschlossen. Global und lokal, beides sind in der Denkmalpflege wirksame Pole. Bewertungsmuster in Bezug auf Erbe sind durchaus globalen Konjunkturen unterworfen. Andererseits sind alle denkmalpflegerischen Aktionen ‚local'; es ist das lokale Umfeld, in dem sie sich bewähren müssen und das dem Engagement Glaubwürdigkeit verleiht. Anstatt den Heimatbegriff durch eine Scheidung von ‚Alteingesessenen' und ‚Reingeschmeckten' zu korrumpieren, spreche ich allerdings lieber von fiktiven Heimaten, von Orten, die man durch persönliche Erlebnisse oder Erinnerungen, vielleicht auch durch die spezielle Färbung des Himmels oder den Dialekt als resonanzfähig erlebt." Das Greifbare, das Nachvollziehbare, das Vertraute des Handwerks mögen ebenfalls eine Rolle darin spielen. Kulturelles Erbe bezeichnet dabei nicht nur Werkstücke und Bauten, sondern auch und gerade das zeitgemäße Fortführen, das Zukunftsfähigmachen der Techniken, die diese hervorbringen. Die spezifische Ausstrahlung von historischer Architektur wiederum ist zweifellos geeignet, die gesellschaftliche Akzeptanz für das Handwerk zu vergrößern, zumal Werte wie Nachhaltigkeit und Ressourcenschonung hier wie dort weiterhin an Bedeutung gewinnen werden.

1.4 Grit Weber

Frankfurt am Main als „Stadt des deutschen Handwerks“

Image-Wandel einer Stadt

Der ab 1933 regierende Oberbürgermeister Friedrich Krebs (1894–1961)[1] nennt als wesentliches Ziel für das erste Jahr seiner nationalsozialistischen Stadtpolitik „die restlose Ausschaltung jedes undeutschen, liberalistischen und marxistischen Einflusses“.[2] Der personelle Umbau der Institutionen mithilfe des „Gesetzes zur Wiederherstellung des Berufsbeamtentums“ (April 1933), die strukturelle Gleichschaltung sowie die Anbindung an die Reichsministerien in Berlin waren begleitet von diversen Anstrengungen, Frankfurts Ruf als Zentrum für Handel und Banken sowie einer selbstbewussten jüdischen Einwohnerschaft vergessen zu machen und in einen „völkisch-deutschen“ Ort zu verwandeln. Das „Handwerk“ schien das geeignete Feld, diesen Image-Wechsel zu vollziehen. Dies geschah durch die erzählerische Anknüpfung an das „Handwerkerparlament“ von 1848 oder an die 1863 in Frankfurt erarbeitete Handwerkergesetzgebung.[3] Häufiger aber begegnen uns in damaligen Schriften über das Handwerk diffuse Zeit- und Raumvorstellungen, die mit dem Begriff des „Ewigen“ verbunden wurden und so auch gut zu den pseudoreligiösen Ankündigungen des „tausendjährigen Reiches“ zu passen scheinen. Handwerk steht nicht für „Tradition“ und das tradierte Wissen, sondern es wirkt als etwas Überzeitliches, zuweilen Wesenhaftes und unbestimmt Energetisches. In dieser spiritistischen Rhetorik treten häufig Begriffe wie die der „ehrlichen“, vor allem „schlichten“ Arbeit auf, die im nächsten Schritt mit dem „deutschen Volk“ verbunden werden, um die „deutsche Volksgemeinschaft“ gegenüber anderen „Volksgemeinschaften“ moralisch zu überhöhen. Das Handwerkliche dient darüber hinaus als Gegenspieler des „Maschinenzeitalters“ , wo der „gesunde [...] Instinkt des schöpferischen Menschen“ waltet, „der sich gegen die ‚Entseelung‘ der Welt, gegen die Mechanisierung unseres Lebens und seiner Formen auflehne“.[4] Das „Handwerk“ wird einerseits als ein geschützter Sozialraum vorgestellt, in den sich der von den fordernden Veränderungen der Moderne erschöpfte Mensch zurückziehen kann; andererseits kann es als ein Instrument gedeutet werden, mit dem sich der unter ökonomischen Druck geratene Mittelstand ideologisch sowohl gegen die voranschreitende Konzentration der Großindustrie stemmte als auch gegen eine wirtschaftliche und geistige Stadtelite aufbegehrte.

Die symbolische Aufladung und Überfrachtung der „Werkhand des Menschen“,[5] also der mit der Hand ausgeführten Arbeit, scheint dabei am wirksamsten, je abstrakter und unbestimmter diese formuliert wird. Hingegen scheinen die Produkte des Handwerks entweder lieblich schmückend oder platt ideologiedienend. Auch lassen sich Beispiele finden, die eine solide Ausführung mit zurückhaltendem Dekor versehen, eine Ästhetik, die uns ohne Bruch bis weit in die 1950er Jahre hinein begleiten wird. (Abb. 1 u. 2)

Abb. 1 Abbildungen aus dem Buch *Gestaltendes Handwerk*, 1940: Jaquard-Leinengewebe mit Frankfurter Stadtwappen, Richard Lisker (Entwurf), Webabteilung der Frankfurter Kunstschule, Frankfurt am Main

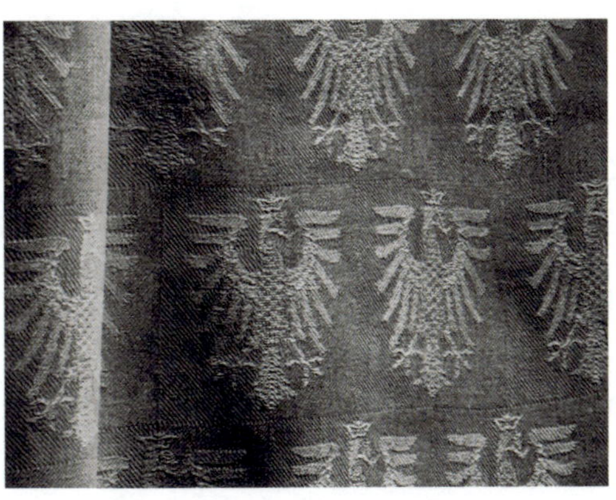

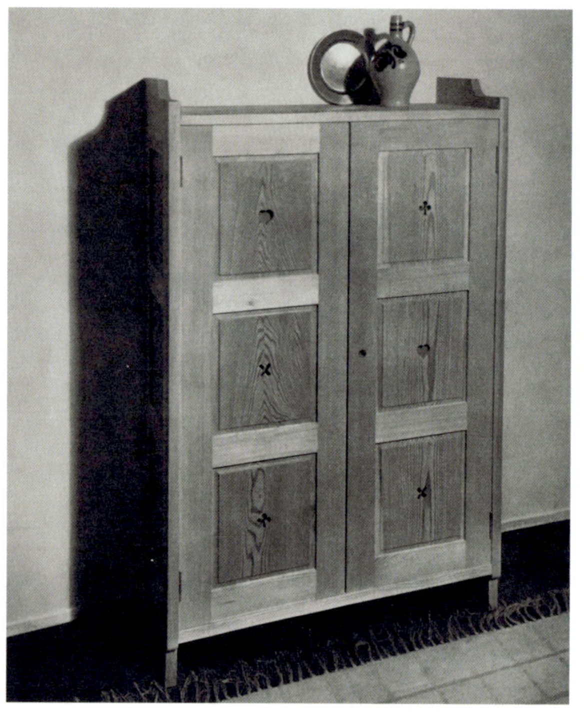

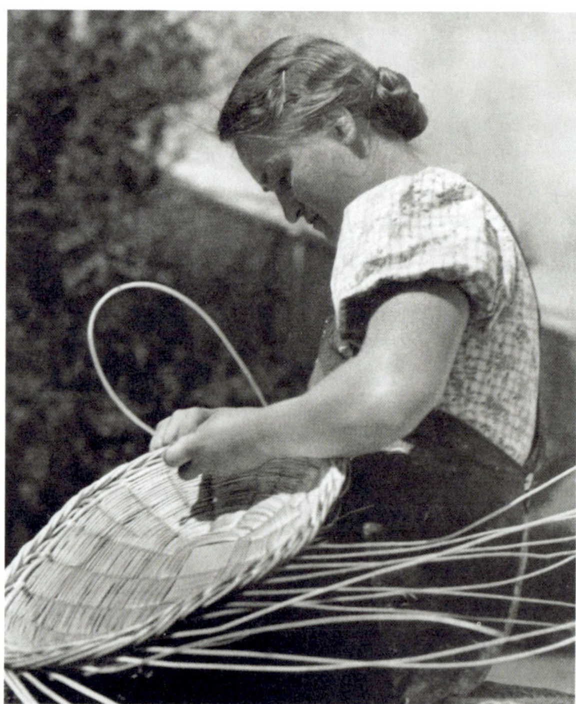

Abb. 2 Abbildungen aus dem Buch *Gestaltendes Handwerk*, 1940: Küchenschrank, A. Salver, Stuttgart (Entwurf), für Architekt Rudolf Frank, Stuttgart; Korbflechterin aus dem Frankenwald beim Flechten mit geschälten Weiden

Das Handwerk als „Kulturträger“ der Ideologie

Zunächst erhielt Frankfurt 1935 den Beinamen „Stadt des deutschen Handwerks“. Anlass war die Abhaltung des ersten Reichshandwerkertages, der bis zum Ausbruch des Krieges jährlich hier stattfinden sollte. Für diese Massenveranstaltung wurden volksfestartige Umzüge abgehalten. Auch eine Stiftung zur Förderung der Handwerkerausbildung installierte die Stadt aus ihren Haushaltsmitteln, die Ausbildungsstipendien und Studienreisen für junge Handwerker finanziell fördern sowie Meister- und Gesellenwerke auszeichnen sollte. Darüber hinaus förderte sie den Ankauf und das öffentliche Ausstellen eben jener Stücke.[6] Ein weiterer Akt der städtischen Image-Verschiebung ist die Umbenennung des Kunstgewerbemuseums in Museum für Kunsthandwerk 1937.[7] Viele Ausstellungen des Hauses entsprachen in den 1930er und 1940er Jahren weitestgehend diesen neuen nationalsozialistischen Interessen.[8] Nicht nur das Museum für Kunsthandwerk richtete Ausstellungen mit dem Fokus auf das Handwerk – beziehungsweise die nationalsozialistische Vorstellung davon – aus. Auch in dem historischen Gebäude der „Mehlwaage“ inmitten der Frankfurter Altstadt wurde ab 1940 eine ständige Ausstellung unter dem Titel *Der Handwerker als Kulturträger* eingerichtet, die die „Reichssiegerarbeiten“ aus den verschiedenen Handwerkszweigen zeigen sollte.[9] Diese Präsentation wurde vom „Fachamt Handwerk“ organisiert, einer Abteilung der Deutschen Arbeitsfront (DAF).[10]

Im Zuge der antijüdischen Exzesse des Novemberpogroms 1938 kam das Museum für Kunsthandwerk in Frankfurt in den Besitz bedeutender, vor allem privater jüdischer Kunstsammlungen, von welchen hier die Sammlungen Maximilian von Goldschmidt-Rothschilds und Joseph Pinkus’ hervorgehoben werden sollen.[11] Bis 1944 dauerte diese emsige „Objektbeschaffung“ an, von der auch andere Museumssammlungen in Frankfurt profitierten und die ihre Spuren in den Inventarbüchern und zahlreichen Akten des Instituts für Stadtgeschichte hinterlassen hat.[12] Diese systematischen Beschaffungen wurden offiziell begründet mit den politisch bedingten „günstigen Gelegenheiten“ und der „Fürsorge“ um den kulturellen Wert der Objekte. Motor dieser Bereicherung sind dabei nicht nur die Gier nach materiellen Werten, sondern auch die connaisseurhafte Beschäftigung mit dem künstlerisch-handwerklichen Kulturerbe, mit der auch Mitglieder bürgerlicher Kreise ihre Mittäterschaft umflorten.

Die Politik der Ausplünderung und Ausblendung demokratischer und jüdischer Strukturen der Frankfurter Stadtgeschichte wurde ergänzt um Aktionen für die Positionierung Frankfurts innerhalb NS-Deutschlands sowie seiner verbündeten und von ihm kontrollierten europäischen Staaten. So gab es Pläne, den Hauptsitz des deutschen Handwerks nach Frankfurt zu verlegen. Hierfür erhielt der Architekt Clemens Klotz (1886–1969)[13] den Auftrag, ein gigantisch anmutendes „Haus des Deutschen Handwerks“ prominent direkt am Mainufer (heute Untermainkai) zu planen, das neben Schulungsräumen, Werkstätten auch ein Museum aufnehmen und das in Berlin 1934/35 umgebaute Haus gleichen Namens an Größe bei Weitem übersteigen sollte.[14] Es kam jedoch nie zur Ausführung. (Abb. 3)

Abb. 3 Modell des Hauses des Deutschen Handwerks, Frankfurt am Main, 1937

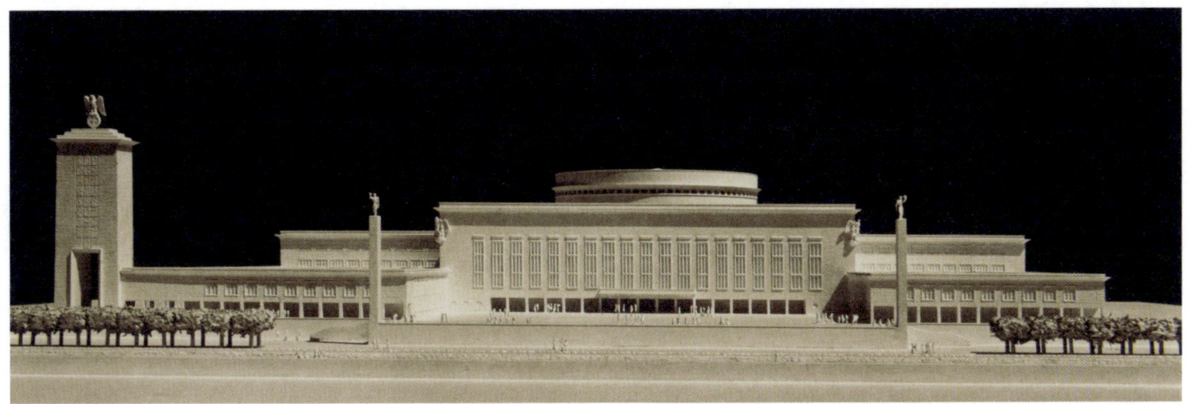

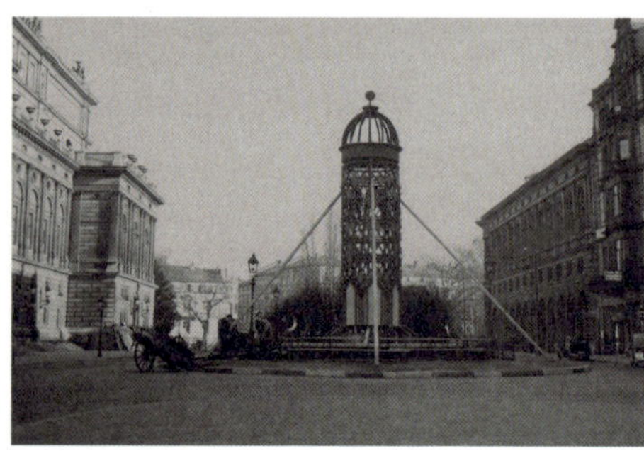

Abb. 4 Das probeweise aufgerichtete Modell des Frankfurter Handwerkerbrunnens

Ein aus heutiger Sicht fast kurios anmutendes Thema ist der Versuch, in Frankfurt einen Handwerkerbrunnen zu errichten. (Abb. 4) Der in Berlin ansässige Künstler Max Esser (1885–1945)[15], von dem auch das Museum Angewandte Kunst mehrere Tierplastiken besitzt, erhielt für das Brunnenprojekt über mehrere Jahre üppige Gelder aus der Stadtkasse, doch zur Aufstellung gelangte der Brunnen nie. Esser wandte sich schon am 25. Juni 1935 direkt an Friedrich Krebs und gab seiner „Bewerbung" für einen öffentlichen Auftrag auch einige Werkbeispiele mit, die sein Schaffen ab 1933 dokumentieren.[16] Krebs, dem wenig Kunstverständnis zuzuschreiben ist, war offensichtlich von der schwülstigen Emblematik angetan und gab positive Signale, ohne mit Esser Details vertraglich zu regeln. Der Künstler arbeitete über einen Zeitraum von etwa sieben Jahren an diesem überbordenden Monument, das aus einer etwa elf Meter hohen Gitterkonstruktion bestehen sollte, in die zunächst 265, später 126 bronzene und teilvergoldete Handwerkerembleme, 33 Meisterzeichen, Wappen, Eichenblätter und das Hakenkreuz als sogenanntes Hoheitszeichen eingebracht werden sollten. Zu aller Übertreibung sollte der aufragende Zylinder von vierzehn Figuren, Darstellungen der Meister und Gesellen verschiedener Berufe, umstellt werden.[17] (Abb. 6) Da Esser auch ohne vertraglich abgesicherte Zusage weiterarbeitete, brachte er indirekt Friedrich Krebs und die Stadtverwaltung in eine moralische Zwickmühle, denn nach wohlfeilen Berichten und propagandawirksamen Bildreportagen, die den Künstler mit dem Gipsmodell des Brunnens in seinem Berliner Atelier zeigen,[18] war ein offizielles Zurücktreten vom Projekt schwierig geworden. Mehrere fotografische Bilddokumente der Modellentwürfe tragen rückseitig den Stempel der DAF-Propagandaabteilung, doch ist die Existenz eines Dokumentarfilmes nicht belegt. (Abb. 5) Möglicherweise gab es Pläne dafür, die aber genau wie die Aufstellung des Brunnens selbst – er sollte zwischen Alter Oper und Kulissenhaus errichtet werden – scheiterten. Die Fortentwicklung des Krieges, zunehmende Materialknappheit und eine dahinbröckelnde Begeisterung für den Brunnen innerhalb der Frankfurter Stadtregierung ließen die Umsetzung schließlich scheitern. Das einzige materielle Zeugnis sind insgesamt 92 Handwerkerembleme, die nach dem Krieg nach Frankfurt und schließlich ins Historische Museum gelangten.

Wissenschaft im Dienste der NS-Politik: Zwei Handwerksinstitute in Frankfurt

Schon Ende der 1920er Jahre waren an der Wirtschaftswissenschaftlichen Fakultät der Frankfurter Universität Seminare und Vorlesungen abgehalten worden, die sich vornehmlich auch den Fragen des Mittelstandes und der handwerklichen Kleinbetriebe widmeten.[19] Ab 1935 erhielt dieses Interesse einen deutlichen Schub, wohl auch deshalb, weil die Universität in der kulturpolitischen Interessenlenkung auf das Handwerk für sich die Möglichkeit sah, ihre bis dahin eher informell agierende „Abteilung Handwerk" durch die Einreihung in die Riege der Institutsneugründungen[20] aufzuwerten und so zusätzliche finanzielle Zuschüsse von der Stadt zu erhalten: So geht aus einem Schreiben an die Stadtkämmerei hervor, dass die Fakultät „es für ihre vordringliche Aufgabe [hält], der Handwerksforschung [...] eine allgemein anerkannte und vorbildliche Pflegestätte zu schaffen, nach dem Ffm [sic] zur Reichsstadt des Deutschen Handwerks bestimmt worden ist."[21] Der Autor erörtert auch sogleich den Bedarf, den seine Fakultät hierfür benötigt, und mahnt auch Eile an, damit

Abb. 5 Rückseitiger Stempelvermerk auf einzelnen Fotografien

Bei Veröffentlichung Vermerk:
D. A. F. Propagandaamt,
aus dem Film:

Belegexemplar erbeten
Propagandamt der D. A. F.
Abteilung Film
Berlin W 50, Rankestraße 4
Telefon 91 91 31

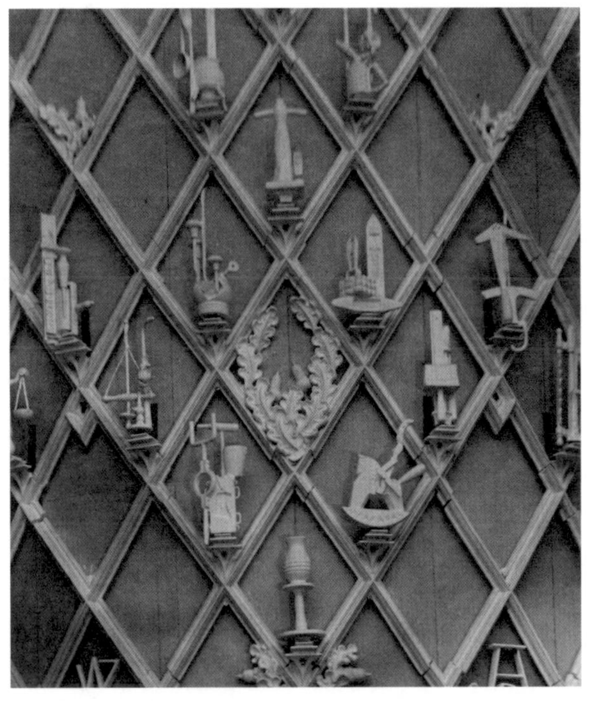

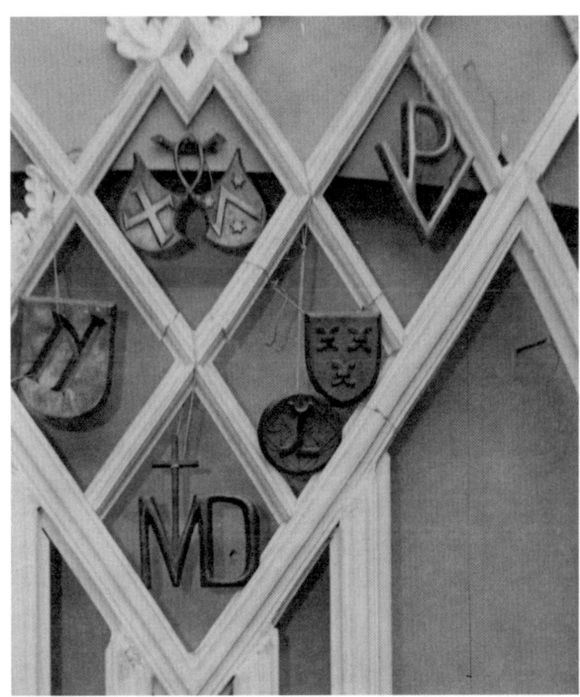

Abb. 6 Details des Handwerkerbrunnens als Modell; neben den Handwerkeremblemen und den Gipsfiguren sind Firmenzeichen, Künstlersignaturen, Eichenlaubdekorationen sichtbar

nicht andere Städte Frankfurt zuvorkommen.[22] „Zu diesem Zweck muss die ‚Abteilung Handwerk des Instituts für Wirtschaftswissenschaften' so untergebracht sein, dass ein Archiv und eine Bibliothek, ein Lese- und Seminarraum eingerichtet werden können." Alles müsse den „gehobenen Ansprüchen der Wissenschaft und der Praxis genügen" und mache „in der Hauptsache Neuanschaffungen" nötig.[23] Als einmalige Kosten für die Einrichtung der Räume, des Archivs und der Bücherei nennt Ruberg 4.000 RM, im Folgenden seien jährlich 3.000 RM zu bestreiten. Außerdem bedürfe es der Neuschaffung eines „Extraordinariats" – also eines Lehrstuhls.[24]

Die Frage, inwieweit dieses Institut der verlängerte Arm des nationalsozialistischen Politprogramms war, lässt sich nur indirekt anhand der Korrespondenzen, der Vorlesungsverzeichnisse und Promotionsarbeiten beantworten: So ging es auf inhaltlicher Ebene einerseits um die akademische Ausbildung im Bereich der Mittelstandsforschung (Probleme des Handwerks, Beschaffung, Absatz und Rechnungswesen im Handwerk) sowie andererseits auch um eine Einwirkung auf die Aus- und Weiterbildung der Handwerksmeister in Zusammenarbeit mit der Handwerkskammer in Form von Vorträgen.[25] Die Promotionsarbeiten ab 1940, die der seit April 1936 berufene Emil Wehrle (1891–1962)[26] als Inhaber des Lehrstuhles am Institut für Handwerksforschung betreute, gehen auf die Situation diverser Handwerksbranchen ein, mit dem inhaltlichen Schwerpunkt auf dem Rhein-Main-Raum als zusammenhängendem Wirtschaftsstandort. Sie behandeln Fragen des Exports oder der Abwanderung aus dem Handwerk und drehen sich allgemein um die Schwierigkeit der organisatorischen Abgrenzung zwischen handwerklicher und industrieller Produktion.[27]
Die Themen bewegen sich also im fachwissenschaftlichen Sektor zwischen Betriebs- und Volkswirtschaftslehre.

Die politische Ausdeutung und Inbetriebnahme der internationalen Handwerksbranche sollte hingegen ab 1940 ein anderes Organ übernehmen: das Europäische Handwerksinstitut (EHI), welches seinen deutschen Ableger ebenfalls in Frankfurt haben sollte und in der Trägerschaft der DAF, des Reichsstands des Deutschen Handwerks sowie des Frankfurter Oberbürgermeisters stand. Dieses Institut sollte als wissenschaftlicher Teil des Centro Internazionale Artigiano (CIA) in Rom die wissenschaftliche Erforschung des europäischen Handwerksstandes und dessen wirtschaftliche, politische und kulturelle Bedeutung untersuchen.[28] Neben der Verbindung nach Rom, Berlin und zum Verkehrs- und Wirtschaftsamt der Stadtverwaltung Frankfurt gab es auch jene in die Wirtschaftswissenschaftliche Fakultät der Universität hinein. So waren Wehrle und Boller bis 1942 Mitglieder des Kuratoriums, und mit Kurt Badow wurde ein akademischer Zögling Wehrles als stellvertretender Geschäftsführer dieses Instituts durch Friedrich Krebs eingestellt.[29] Zudem musste sich das EHI interimshalber die gleichen Räume in der Schumannstraße 58 mit dem Handwerksinstitut der Wirtschaftsfakultät teilen. Die wissenschaftliche Arbeit kam mit dem fortschreitenden Kriegsverlauf ins Stocken. Das Institut verlegte man 1944 mitsamt der drei Mitarbeiter*innen nach Rudolstadt in Thüringen, wo es schließlich von der Sowjetarmee besetzt wurde. Die wissenschaftliche Bibliothek konnte mit einiger Anstrengung nach Frankfurt rückgeführt werden und ging 1952 an die Handwerkskammer, der kleinere „Handapparat" musste in Thüringen verbleiben und ging wie die Sachakten, Möbel und ein Federbett verloren.[30] Das Europäische Handwerksinstitut wurde 1957 offiziell abgewickelt, während das Handwerksinstitut der Wirtschaftswissenschaftlichen Fakultät kein offizielles Ende erfuhr, sondern erst mit dem Ableben seines Leiters Emil Wehrle Anfang der 1960er Jahre verschwand.

1 Friedrich Krebs (1894–1961), Studium der Rechts- und Staatswissenschaften in Straßburg, nach dem Kriegsdienst 1919 Staatsexamen in Frankfurt am Main und 1922 Promotion in Gießen; 1923 bis 1933 Tätigkeit als Richter an verschiedenen Gerichten; ab 1929 Mitglied der NSDAP; 1933 bis 1945 Oberbürgermeister der Stadt Frankfurt am Main.

2 Krebs im Verwaltungsbericht der Stadt 1933/34, S. 46, ISG, Akte SD 1/96 (S. 5/125).

3 Schreiben von den Vertretern des „Reichsstands des Deutschen Handwerks" in Berlin an Friedrich Krebs vom 02.11.1936, mit Verweis auf die Beschlüsse des 2. Deutschen Handwerkertages von 1863, ISG, Akte Nachträge Sig. 60.

4 Liesker: Webarbeiten, Spitzen, Stickereien, Leder, 1940, S. IV 2.

5 Lindner: Künstler schaffen für das Dritte Reich, 1938, S. 158.

6 ISG, Akte Stiftungsabteilung III/42–79 Sig. 170.

7 Diesen Namen behielt das 1879 auf Initiative des Mitteldeutschen Kunstgewerbevereins gegründete Museum bis zum Jahr 2000, als es in Museum für angewandte Kunst umbenannt wurde und seit 2013 Museum Angewandte Kunst heißt.

8 *Hundert Handeinbände zu Hitlers „Mein Kampf"* im März 1934; *Ewiges Deutschland*, veranstaltet von der Reichsstelle zur Förderung des deutschen Schrifttums Berlin im Juli 1935; *Handwerkliche Töpfereien aus Hessen-Nassau, Bayerische Ostmark und Baden* im Juni 1938 oder einen Monat später die Wanderlehrschauen des Reichsausschusses für volkswirtschaftliche Aufklärung über *Deutsche Werkstoffe* und *Deutsche Textilstoffe*; ISG, Stadtchronik, URL: https://www.stadtgeschichte-ffm.de/de/stadtgeschichte/stadtchronik (zuletzt 20.10.2021).

9 Aus: Niederschrift über die Beratung in den Gemeinderäten vom 27.02.1841; ISG, Magistratsakte 145, § 96, S. 43.

10 Einladung zur Eröffnung der Ausstellung *Das deutsche Töpferhandwerk* vom 23.11.1940, ISG, Akte 8.602.

11 Weiler/Weber: Geraubt. Gesammelt. Getäuscht, 2018, S. 46–53.

12 Zuletzt waren es sogenannte Auslandsankäufe, die im besetzten Frankreich und Holland den Verfolgten des Regimes abgenommen wurden. Ebd. S. 44.

13 Clemens Klotz (1886–1969), vor allem in Köln tätiger Architekt, der ab 1933 auch an Projekten der NS-Ordensburgen in Vogelsang und Crössinsee sowie am KdF-Seebad in Prora auf Rügen mitarbeitete. Ab 1936 plante Klotz den Umbau des Gutes Rottland bei Köln, welches der DAF-Leiter Robert Ley zuvor erworben hatte.

14 ISG, Magistratsakte 7.527 zum Haus des Deutschen Handwerks, Berlin.

15 Max Esser (1885–1945), deutscher Künstler und Kunsthandwerker, der vor allem durch seine naturalistischen Tierplastiken bekannt wurde. Ausbildung in Berlin; Heirat der Tochter des ebenfalls auf Tierdarstellungen fokussierten Bildhauers August Gaul. Esser arbeitete unter anderem für die Meißner Porzellanmanufaktur. Ab 1933 realisierte er Werke auch im Auftrag des nationalsozialistischen Regimes: einen Wisent für Hermann Göring, *Motorradfahrer* für den Berliner AVUS oder *„Drei fliegende Möwen"* für die Kieler Woche.

16 Drummer: Der „Brunnen des deutschen Handwerks", Nr. 2, 1995, S. 58.

17 Ebd., S. 62.

18 Lindner: Künstler schaffen für das Dritte Reich, 1938, S. 158.

19 Denkschrift der Herren Schmidt, Henzel, Ruberg vom 15.12.1935, UAF, Akte Abt. 50, Nr. 2205.

20 So wurden ein Institut für Kolonialwissenschaft, ein Institut für Quellenforschung und Bäderlehre, ein Institut für angewandte Kochwissenschaft sowie ein Rundfunkwissenschaftliches Institut neu gegründet, vgl.: UAF, Akte Abt. 1, Nr. 218.

21 Carl Ruberg (Fakultät der Wirtschaftswissenschaften der Frankfurter Universität) an Friedrich Lehmann (Kämmerer der Stadt Frankfurt) vom 12.11.1935, UAF, Akte Abt. 50, Nr. 2205.

22 So gab es Handwerksinstitute bereits in Göttingen, Breslau und München.

23 Carl Ruberg (Fakultät der Wirtschaftswissenschaften der Frankfurter Universität) an Friedrich Lehmann (Kämmerer der Stadt Frankfurt) vom 12.11.1935, UAF, Akte Abt. 50, Nr. 2205.

24 Schreiben vom 15.12.1935, ebd.

25 Denkschrift der Herren Schmidt, Henkel, Ruberg als Mitglieder der Fakultät vom 15.12.1935, ebd.

26 Emil Wehrle (1891–1962), geboren in Freiburg i. B., Studium und Promotion in Köln und Freiburg, 1923 Habilitation an der Universität Heidelberg, 1921–1925 Direktor des badischen Landesarbeitsamtes, Ordinarius an der Handelshochschule Nürnberg, ab 1933 Lehrtätigkeit an der Universität Marburg, ab 1936 an der Universität Frankfurt, emeritiert 1961. 1960 Ehrenplakette der Handwerkskammer Frankfurt.

27 Vgl. Promotionsaufstellung des Fachbereiches Wirtschaftswissenschaften, betreut durch Prof. Emil Wehrle ab 1940 bis 1958, im Universitätsarchiv. Die Aufstellung enthält neben den auf das Handwerk bezogenen Promotionsarbeiten auch wissenschaftliche Untersuchungen der Automobil- und Textilindustrie oder die Situation der Lichtspieltheater. Eine weitere inhaltliche Analyse konnte im Rahmen dieses Textes nicht vorgenommen werden.

28 Vgl. Satzung des „Europäischen Handwerksinstituts", ISG, Akte Sig. 8.603; Präsident: H. Sehnert; Kuratoriumsvorsitzender: F. Krebs; Kuratoriumsmitglied: Lingnau; wissenschaftlicher Leiter: E. Wehrle; Geschäfts-führer: Boller (beide bis 1942) und sein Stellvertreter: K. Badow.

29 Dienstvertrag vom 1.9.1940 bis 30.9.1941, ISG, Akte Sig. 8.603.

30 Schreiben zur Abwicklung des Europäischen Handwerksinstituts, OVD Appel, vom 17.8.1957, ISG, Akte Stiftungsabteilung III/42–79 Sig. 171.

Abkürzungen

- Institut für Stadtgeschichte Frankfurt am Main (ISG)
- Universitätsarchiv Frankfurt am Main (UAF)

1.5 Kerstin Stöver

Sternstunden – Von Herrnhut in die Welt

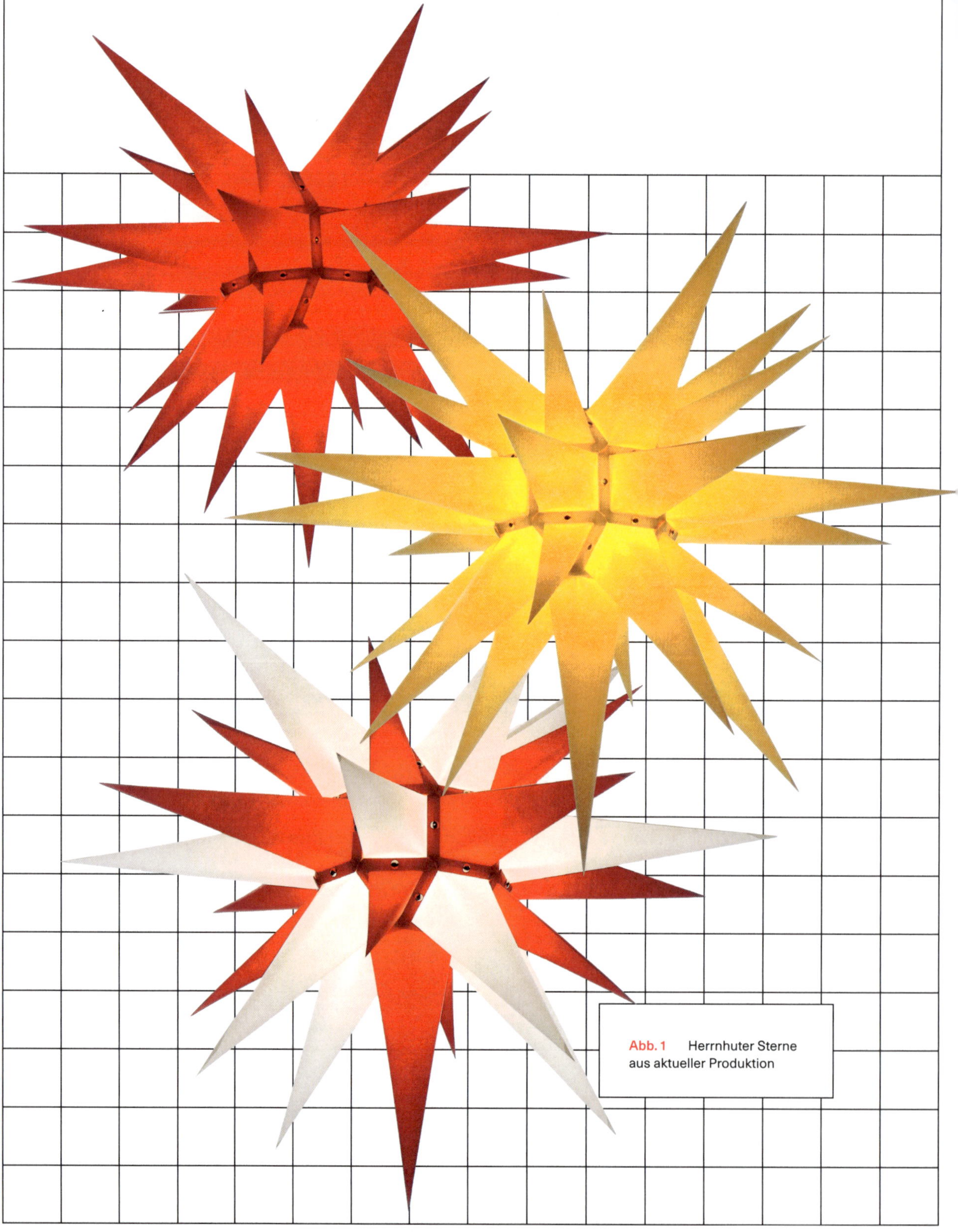

Abb. 1 Herrnhuter Sterne aus aktueller Produktion

2022 feiert Herrnhut, ein durch Graf Nikolaus Ludwig von Zinzendorf (1700–1760) 1722 in der Oberlausitz für protestantische Glaubensflüchtlinge aus Böhmen gegründeter Ort, sein 300-jähriges Bestehen. Im Mittelpunkt steht die sich 1727 zusammengefundene Gemeinschaft der Erneuerten Brüder-Unität. Ihre wichtigste Aufgabe sahen die Mitglieder – Männer und Frauen – in der Missionsarbeit, anfangs vor allem bei indigenen Völkern. Die ab 1732 ausgesandten Missionare der Gemeine, fast ausschließlich ausgebildete Handwerker, sahen ihr Wirken vor allem im Lernen der jeweiligen Sprache sowie im gemeinsamen Arbeiten und Austauschen von Fertigkeiten mit den zu missionierenden Völkern. Dies bildete die gemeinsame Grundlage für Glaubensgespräche und erklärt vielleicht auch die heute noch aktive und erfolgreiche Arbeit der Kirche in über 40 Ländern.

Während die Eltern im Dienste der Kirche weltweit unterwegs waren, wurden die Kinder in der Heimat in eigenen Internaten betreut. Dabei musste vor allem in der Adventszeit der Trennungsschmerz von Eltern und Kindern aufgefangen werden. Der Mathematiklehrer eines Internates soll – so die Überlieferung – die Idee gehabt haben, den Stern von Bethlehem der biblischen Weihnachtsgeschichte aufzugreifen, die Grundformen für den Unterricht aufzubereiten und damit das geometrische Verständnis der Kinder zu fördern. 1821 wurden die ersten Sterne in den Farben Weiß und Rot gefaltet: Weiß für die Reinheit und Rot für das Blut Christi. Sie wurden zu den in aller Welt weilenden Eltern verschickt und damit als ideelle Bindung über Kontinente hinweg in die Familien getragen. Von da an hatte das Sternebasteln zum 1. Advent einen festen Platz in den Schulen der Brüdergemeine, nicht nur in Herrnhut, sondern in allen Ortsniederlassungen der Gemeinschaft in Deutschland.

1897 entwickelte der Herrnhuter Buchhändler Pieter Hendrik Verbeek (1863–1935) eine robuste und vor allem zerlegbare Version des Sterns, bestehend aus einem gelochten Metallkörper mit Schienen, auf den die Zacken mit Metallrahmen aufgeschoben wurden. Zulieferer war hier ein ortsansässiger Klempnermeister. Der Vertrieb der handgefertigten Sterne erfolgte anfänglich über die Herrnhuter Missionsbuchhandlung. Der Stern wurde nun per Hand in Serie produziert. Der erste Großauftrag kam aus den USA von Herrnhuter Einwanderern in Bethlehem, Pennsylvania. Zudem führten die Herrnhuter Missionare den Stern auf ihren Glaubensreisen als Zeichen für das Licht, für Hingabe, Gemeinschaft und Schutz in ihrem Gepäck.

Bereits 1898 wurde der Stern in zwei Größen: 56 und 80 cm und fünf untereinander kombinierbaren Farben angeboten: Rot, Gelb, Blau, Grün und Weiß; auf Wunsch komplettiert mit einer schmiedeeisernen Aufhängung.

In den Jahren darauf erfolgte, wenn auch keine optische, so doch eine konstruktive Weiterentwicklung des Sterns. 1925 meldete Verbeek seinen aus 17 viereckigen und acht dreieckigen Zacken und nun ohne Grundkonstruktion bestehenden Papierstern zum Patent an, zugelassen und eingetragen unter der Nummer 7536. Bald wurde die metallene Rahmung der Sterne durch Pappe ersetzt. Das Zusammensetzen erfolgte durch Druckknopfklammern. Einer international erfolgreichen Vermarktung stand nichts mehr entgegen.

Im Jahr der Patenterteilung gründete Verbeek die Stern-Gesellschaft mbH Herrnhut mit der Firma Abraham Dürninger & Co. sowie der Missionsanstalt der Brüder-Unität als Gesellschafter.

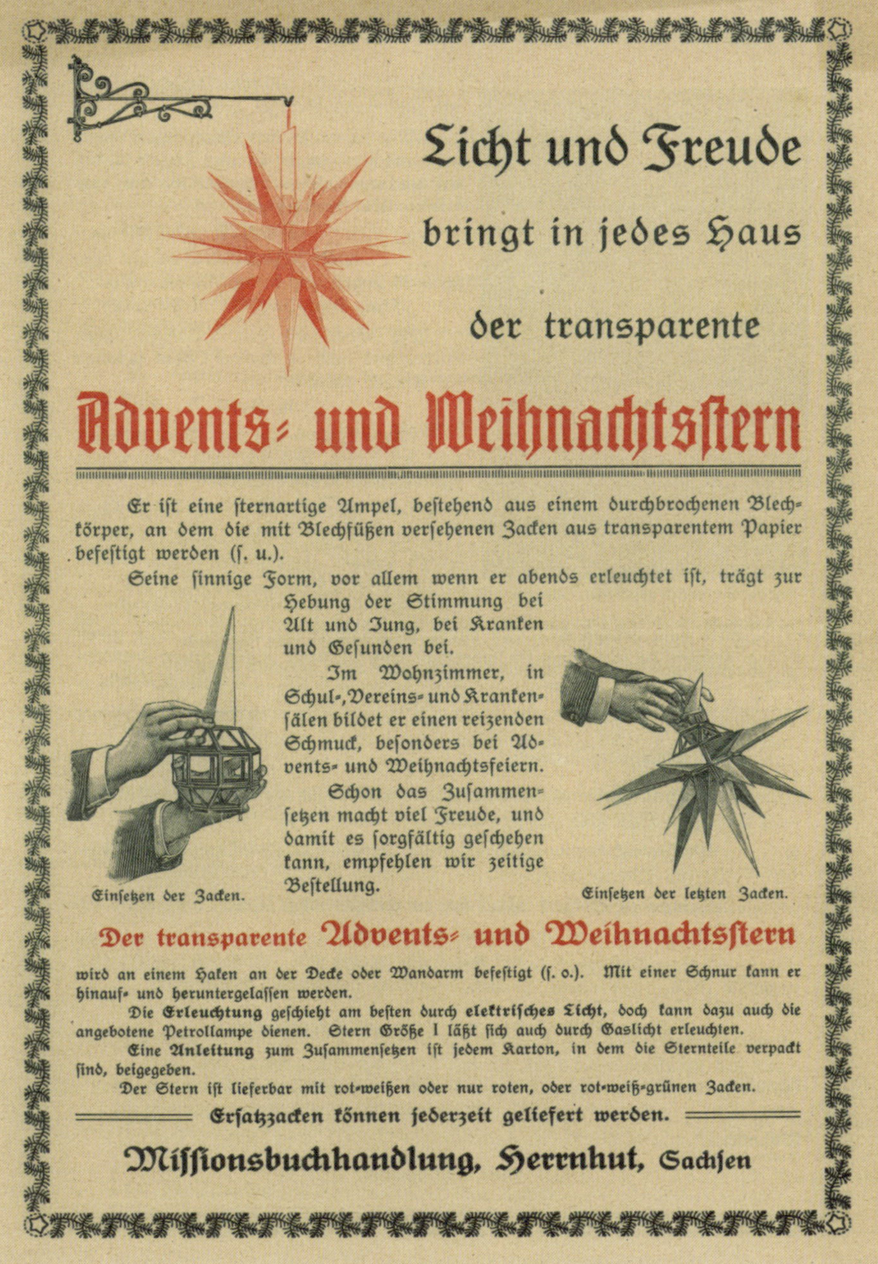

Abb. 2 Aufbauanleitung eines Herrnhuter Sterns, 1898

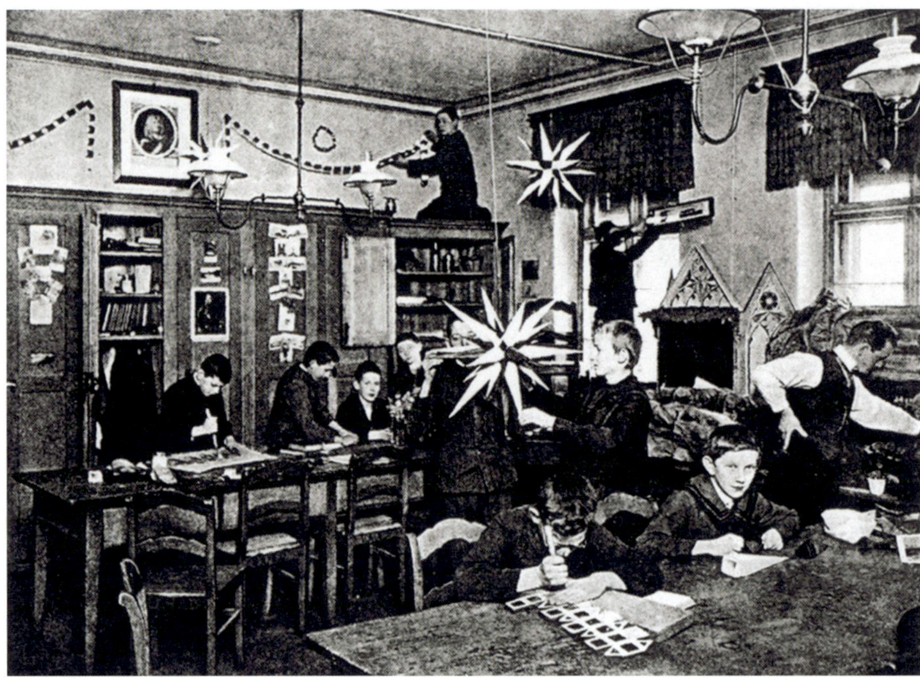

Abb. 3 Schulklasse beim Schmücken der Internatsstube, 2. Hälfte 19. Jh.

Nach dem Zweiten Weltkrieg wurde 1950 das Unternehmen verstaatlicht und firmierte von nun an unter dem Namen VEB Oberlausitzer Stern- und Lampenschirmfabrik, bis es – ein wohl einmaliger Vorgang in der DDR – an die Brüder-Unität zurückübertragen wurde.

Mit den politischen und damit verbundenen wirtschaftlichen Umwälzungen stand der Betrieb 1990 vor der Herausforderung, sich den neuen und schwer kalkulierbaren Bedingungen zu stellen. Ein Neuanfang – wieder als GmbH – wurde 1991 mit 23 Angestellten gewagt. Neben der Neustrukturierung der Arbeitsabläufe musste auch über Materialien und die Erweiterung der Produktpalette nachgedacht werden, ohne die Identität der Anfänge aufzugeben.

Heute werden nach wie vor die weißen, gelben, roten, rot-gelben und rot-weißen Papiersterne wie ab 1925 in Handarbeit in fünf Größen von ca. 165 Mitarbeiter*innen hergestellt. Ergänzt wird dieser Produktzweig bereits seit 1982 durch wetterfeste Kunststoffsterne, die vor allem im Außenbereich eingesetzt werden können. Von 40 bis 130 cm Durchmesser waren und sind sie erhältlich, Sonderanfertigungen für den öffentlichen Raum sogar bis 190 cm. Eine Neuheit ist seit 2018 die Fertigung von kleinen, acht cm im Durchmesser zählenden Sternen ausschließlich in Weiß. Hinzu kommen Sondereditionen mit jährlich wechselnden Farben, 2021 zum Beispiel Rosa, und Sternenketten. Seit 2016 entstehen in Kooperationen mit Holzkunstfirmen in Kleinserien traditionelle erzgebirgische Motive, die dem Herrnhuter Stern einen neuen Rahmen geben. Insgesamt verlassen mehr als 780 000 Sterne aus Papier und Kunststoff pro Jahr die Firma in Herrnhut.

In der 2018 eröffneten „Entdeckerwelt" können die kleinen Kund*innen von morgen wie die Herrnhuter Kinder im 19. Jahrhundert ihre Fingerfertigkeit üben, selber einen individuellen Stern fertigen und damit den Brauch des „Sternelns" erleben und erhalten.

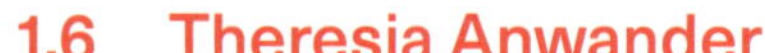

1.6 Theresia Anwander

Die Löffelmacher von Sterzing

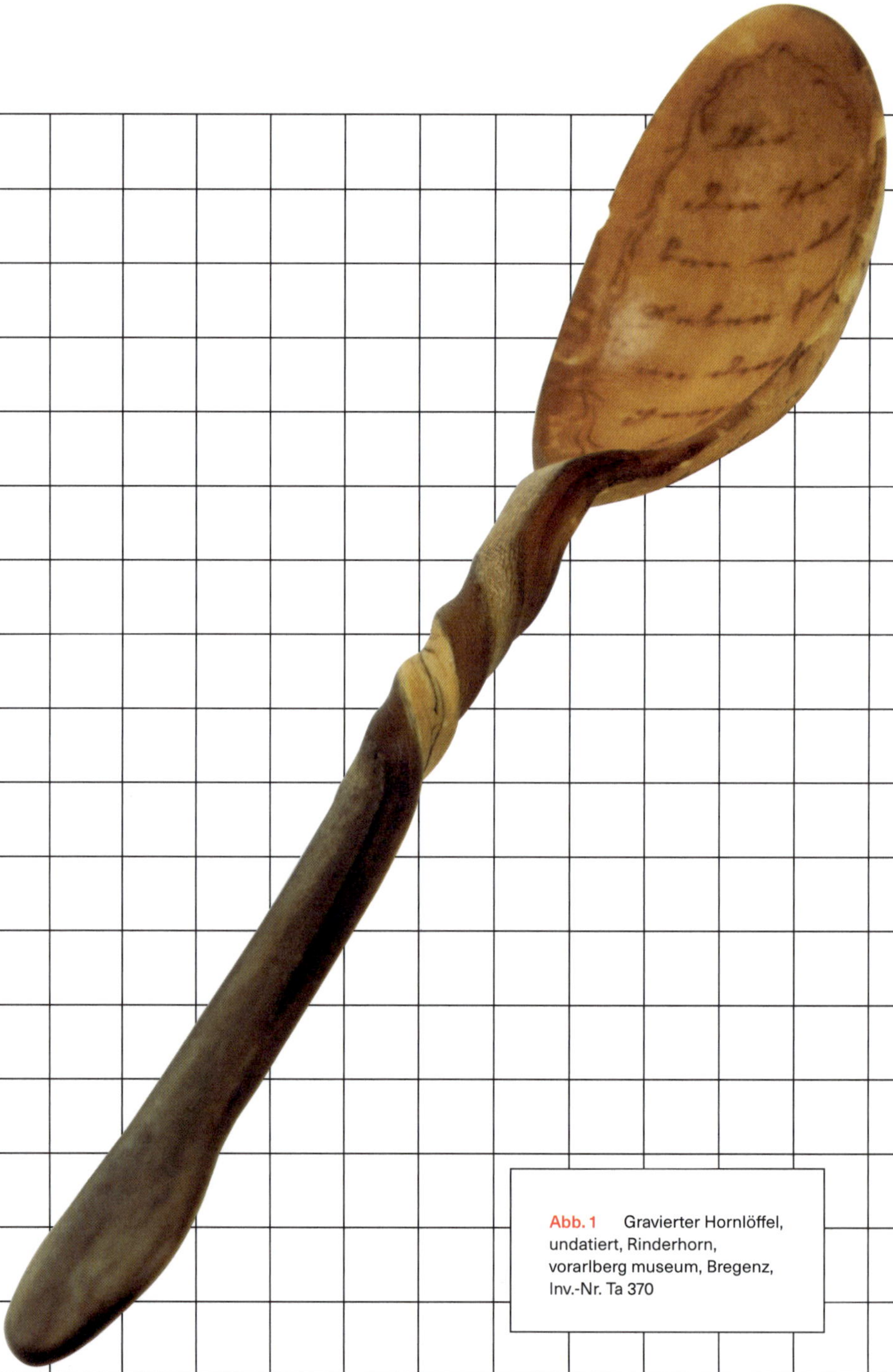

Abb. 1 Gravierter Hornlöffel, undatiert, Rinderhorn, vorarlberg museum, Bregenz, Inv.-Nr. Ta 370

Eigentlich ist der „Löffel" ein Paradebeispiel für gelungenes Produktdesign. Seine genial einfache Form macht ihn zum universell nutzbaren Esswerkzeug und zum präzisen Messgerät von unterschiedlichen Ingredienzien. Doch der Löffel kann mehr, bewegt er sich doch im kulturgeschichtlich interessanten Spannungsfeld zwischen funktionalem Alltagsobjekt und kostbarem Kultgegenstand. Die deutsche Sprache kennt eine Reihe von Redensarten, in denen der Löffel eine wichtige Rolle einnimmt: So wird die Suppe ausgelöffelt, die man sich eingebrockt hat, und am Lebensende den Löffel abzugeben, bleibt niemandem erspart.
Als Alltagsgegenstand wurde der Löffel in den bäuerlich dominierten Regionen der Alpen bis in das 20. Jahrhundert hinein als das zentrale Essgerät verwendet. Viele Löffel waren selbst hergestellt, aus Holz geschnitzt oder aus Horn geformt und teilweise reich verziert. Sterzing in Südtirol, an der Brennerroute, der wichtigsten Nord-Süd-Verbindung über die Alpen, gelegen, galt besonders im 18. und 19. Jahrhundert als ein wichtiges Zentrum der sogenannten Hornindustrie, eines Gewerbezweigs, der fast ausschließlich in kleinbäuerlichen Betrieben als Heimarbeit ausgeführt wurde.[1] Umgangssprachlich wurden die Produzenten von Hornobjekten als „Löffelmacher" bezeichnet.[2] Das Rohmaterial für Hornlöffel, das Rinderhorn, war in der Region leicht verfügbar. Es wurde nach individuellen Rezepturen weichgekocht und somit formbar gemacht, anschließend in Löffelform geschnitten und gepresst. Die Oberfläche wurde poliert und mit unterschiedlichen Sticheln kunstvoll graviert, dann geschwärzt. Auch die in Sterzing ansässigen Gold- und Silberwerkstätten Oberretl und Girtler führten Gravuren aus,

1 Vgl. dazu: Meighörner: Tiroler Volkskunstmuseum, 2010, S. 11/12. Die Bevölkerung in den alpinen Berggebieten Tirols fand sich in früher Neuzeit in einer prekären Wirtschaftslage. Formen von Hausgewerbe, das sich an der Verfügbarkeit von Rohstoffen wie Horn, Holz, Wolle, Stroh, Flachs orientierte, sicherten zumindest ein kleines Zusatzeinkommen. An der Produktion waren Kinder und Frauen mitbeteiligt, die Produkte orientierten sich am Kundengeschmack.

2 Kofler: Die Sterzinger Hornindustrie, 1924, S. 222.

diese Artefakte wurden sogar signiert.[3] Um 1870, dem wirtschaftlichen Höhepunkt der Verarbeitung, stellten die Löffelmacher jährlich rund 24.000 Hornobjekte her, neben Löffeln waren das etwa Tabakdosen und Zündholzbehälter, Pulverhörner, Pfefferbüchsen, Eierbecher, Haarstecker, Messer- und Gabelgriffe.[4] Die strategisch wichtige Lage von Sterzing an einer Hauptverkehrsroute kurbelte im aufkommenden Fremdenverkehr den Absatz von Horngegenständen stark an. Eine Vielfalt an eingravierten Motiven und Sinnsprüchen, darunter Herzsymbole, Marien- und Heiligendarstellungen oder etwa Darstellungen von Fuhrwerken[5], machten die Löffel zu symbolisch aufgeladenen Präsenten unter Liebenden, für Hochzeiten, Taufen oder Primizfeiern und zu begehrten Erinnerungsstücken an Reisen oder Wallfahrten. Die grafische Gestaltung orientierte sich treffsicher an unterschiedlichen Zielgruppen. Vielleicht provozierte der Erfolg des Löffels als Gebrauchsgut seinen Funktionswandel zum Souvenir, zum Präsent, zur Liebesgabe und in letzter Konsequenz zum musealen Sammlungsobjekt?[6] Zwei Hornlöffel aus der Sammlung des vorarlberg museums in Bregenz sind jedenfalls schöne Beispiele für die Transformation eines Gebrauchsgegenstandes zu einem „Luxusartikel", dessen Attraktion auf der Erschließung einer eigenen Klientel basiert.

3 Weber: Sterzinger Hornarbeiten, 2012, S. 40/41.
4 Ebd., S. 8.
5 Fuhrleute transportierten Wein über die Brennerroute nach Nordtirol.
6 Vgl. dazu: Kramer: Chronik von Sterzing, 1951, S. 481. Zu Beginn des 20. Jahrhunderts wurden Hornarbeiten erfolgreich auf Gewerbeausstellungen präsentiert, erlesene Stücke an das Tiroler Landesmuseum übergeben.

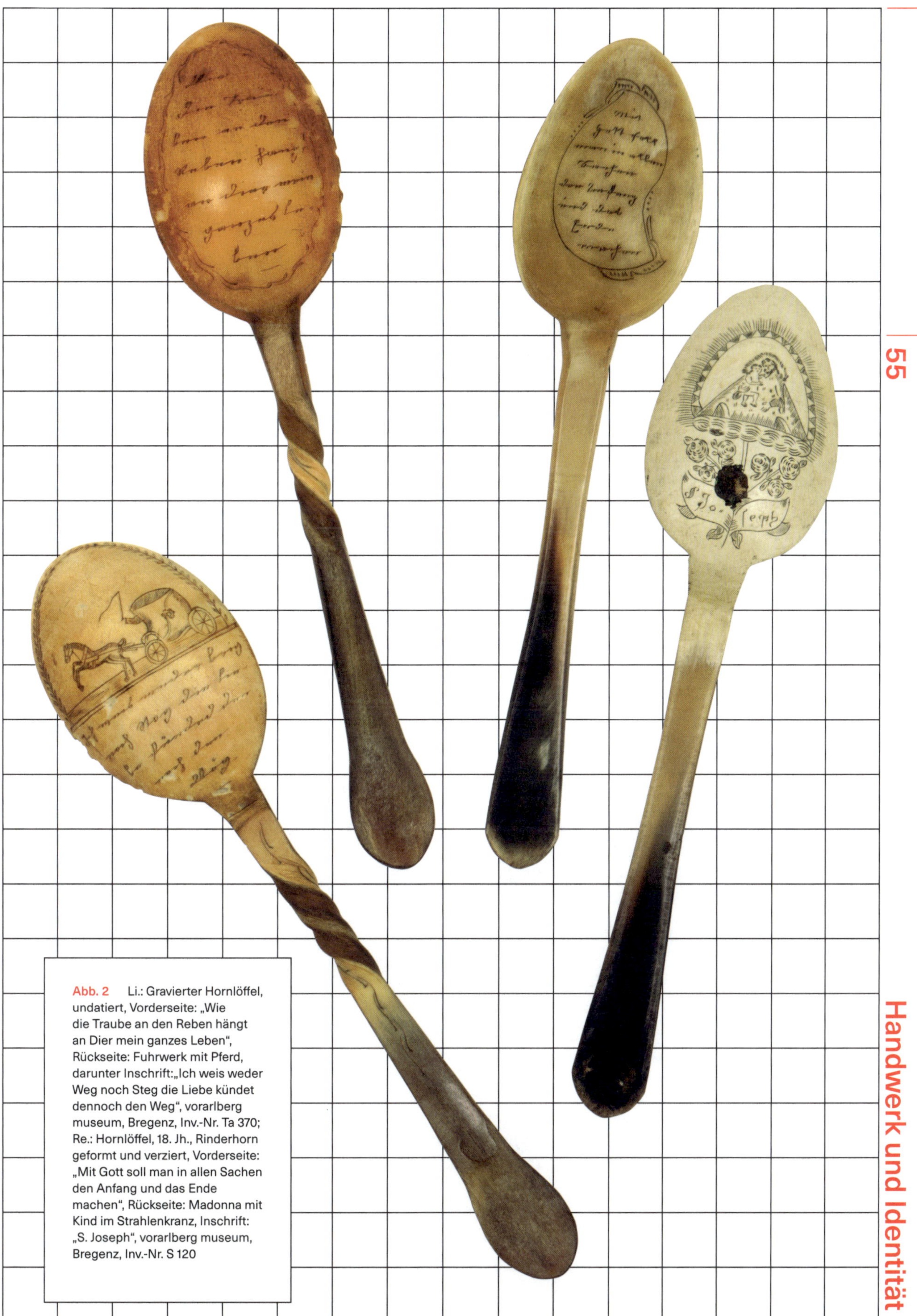

Abb. 2 Li.: Gravierter Hornlöffel, undatiert, Vorderseite: „Wie die Traube an den Reben hängt an Dier mein ganzes Leben“, Rückseite: Fuhrwerk mit Pferd, darunter Inschrift:„Ich weis weder Weg noch Steg die Liebe kündet dennoch den Weg“, vorarlberg museum, Bregenz, Inv.-Nr. Ta 370; Re.: Hornlöffel, 18. Jh., Rinderhorn geformt und verziert, Vorderseite: „Mit Gott soll man in allen Sachen den Anfang und das Ende machen“, Rückseite: Madonna mit Kind im Strahlenkranz, Inschrift: „S. Joseph“, vorarlberg museum, Bregenz, Inv.-Nr. S 120

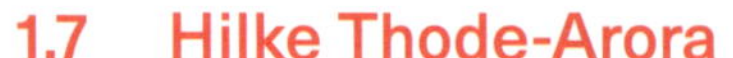

1.7 Hilke Thode-Arora

Hei-Tiki: Wertobjekt und Souvenir

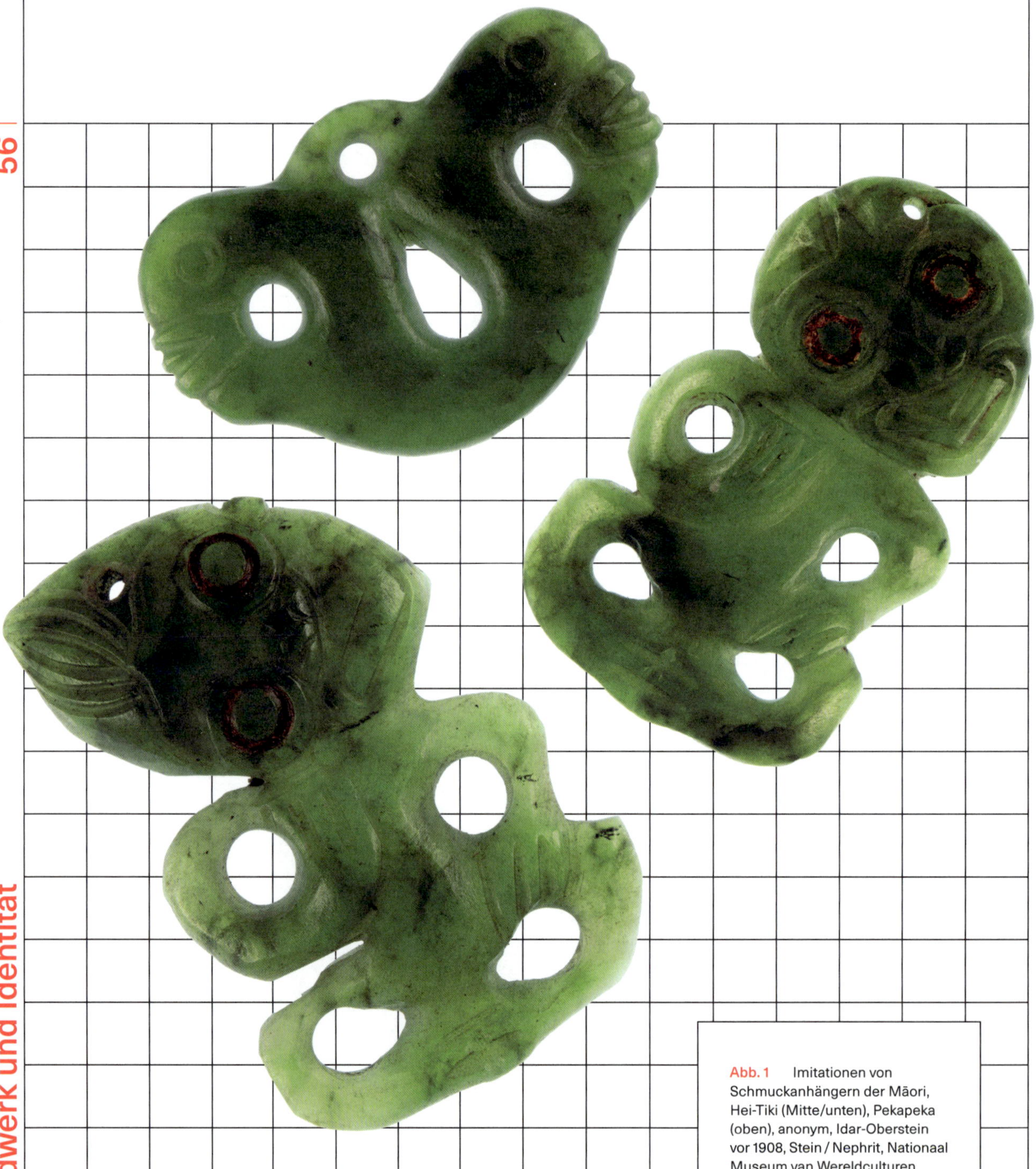

Abb. 1 Imitationen von Schmuckanhängern der Māori, Hei-Tiki (Mitte/unten), Pekapeka (oben), anonym, Idar-Oberstein vor 1908, Stein / Nephrit, Nationaal Museum van Wereldculturen, Leiden, Inv.-Nr. RV-1640-4–7

Hei-Tiki[1] bezeichnet einen Typ von Schmuckanhängern der Māori – eine anthropomorphe Gestalt mit großem, auf die Seite geneigtem Kopf, runden Augen und angewinkelten Gliedern. Hei-Tiki sind meist aus Grünstein (*pounamu*), das heißt Nephrit oder Bowenit gefertigt.

Māori lebten bis zum europäischen Kontakt in einer Kultur ohne Metall und schätzten das harte, ästhetisch ansprechende Material; es wurde zu Keulen, Klingen sowie Schmuckgegenständen, oft Ohrhängern und Anhängern, verarbeitet, welche zugleich Wertobjekte meist ranghoher Personen waren. Grünstein wurde aus dem Geröll der Flüsse gesammelt; die Herstellung eines Hei-Tiki mit Steinwerkzeugen umfasste etwa dreihundert Arbeitsstunden[2]. *Pounamu* und fertige Hei-Tiki verhandelte man von den Fundgebieten der Südinsel nach ganz Neuseeland.[3]

Noch selten im 17. Jahrhundert, wurden ab Ende des 18. Jahrhunderts Hei-Tiki von vielen Männern und Frauen getragen. Europäische Metallwerkzeuge waren guten Klingen aus *pounamu* nicht unbedingt überlegen, ersetzten aber als Massenartikel allmählich Grünsteinwerkzeuge. Ein starker Anstieg der Hei-Tiki-Herstellung im frühen 19. Jahrhundert beruht wohl auf dieser Entwicklung. Sie ging Hand in Hand mit einer vermehrten Nachfrage von Māori-Seite. Zudem wurden viele der nun nutzlosen, aber wertvollen *pounamu*-Klingen zu Hei-Tiki umgearbeitet.[4]

Als Erinnerungsstück an geliebte Vorfahr*innen, die sie am Körper getragen hatten, wurden Hei-Tiki über Generationen vererbt. Dadurch wuchs ihr *mana*, eine besonderen Gegenständen, etwa auch „erfolgreichen" Waffen und Werkzeugen, innewohnende übernatürliche Kraft, welche für die Träger*innen

1 Hei = um den Hals legen/tragen. Tiki steht für die menschliche Gestalt und einen Ahnen/eine Ahnin oder Kulturheroen, der/die die natürlich-soziale Welt (mit)gestaltete. (Te Aka Maori Dictionary; Thode-Arora: Tikimania, 2020, S. 9).
2 Austin: Hei tiki, 2014, S. 78.
3 Herzog: Tiki. Über Originale und Imitationen, 1990, S. 61–64.
4 Austin: Hei tiki, 2014, S. 31–35.

Schutzcharakter besaß. Nicht so lange mit der eigenen Ahnenreihe verknüpfte Hei-Tiki gab man als Tauschobjekt oder wertschätzendes Geschenk jedoch durchaus an Europäer*innen weiter.[5]

Neuseelands Goldrausch brachte ab 1861 neue Abbaumethoden und damit die Verfügbarkeit großer Grünsteinblöcke, welche auch in Europa Aufmerksamkeit erregten. Hei-Tiki und andere Grünsteinobjekte galten jetzt als begehrte, typisch neuseeländische Souvenirs.

Ab den 1860er Jahren verlegten sich viele der in Idar und Oberstein ansässigen Edelsteinschleifereien auf den Import großer Grünsteinblöcke, die nach Originalvorbildern und Holzmodellen zu Hei-Tiki geschnitten wurden: Allein einer der zahlreichen Betriebe exportierte über drei Generationen etwa 50.000 bis 100.000 Hei-Tiki für den neuseeländischen Markt. Obwohl es auch in Neuseeland Schleifereien gab, darunter einige in Māori-Hand, stammte wohl der größte Teil von um 1900 in neuseeländischen Souvenirläden erhältlichen Hei-Tiki aus Deutschland. Europäische Fachgelehrte warnten inzwischen, dass von Māori-Hei-Tiki nicht zu unterscheidende Anhänger den neuseeländischen Markt fluteten und durch Reisende und Sammler*innen schließlich in die westlichen Museen gelangten: Tatsächlich finden sich unter den Hunderten von Hei-Tiki in den Sammlungen nur wenige, deren Provenienz eindeutig auf Tausch- oder Geschenktransaktionen mit Māori zurückgeht.[6]

Auch Māori erwarben die in Deutschland und Neuseeland kommerziell geschnittenen Grünsteinobjekte. Zum Teil wurden sie als qualitätvolles, wenn wohl auch wenig *mana*-trächtiges Geschenk an Europäer*innen gegeben, so war etwa

5 Ebd., S. 35–38.

6 Herzog: Tiki, 1990, S. 65–85, 100. Das Te-Papa-Tongarewa-Museum in Wellington beherbergt etwa 200 Hei-Tiki; in 47 europäischen Museen befinden sich einer Schätzung zufolge mindestens 250 (ebd., S. 33).

eine als Auftragsarbeit bestellte Grünsteinkeule ein Geschenk an den Prince of Wales.[7] Ob in Deutschland gefertigte Hei-Tiki von Māori erworben und durch generationenübergreifendes Tragen wieder zu Stücken mit *mana* wurden, ist nicht bekannt, aber durchaus denkbar.

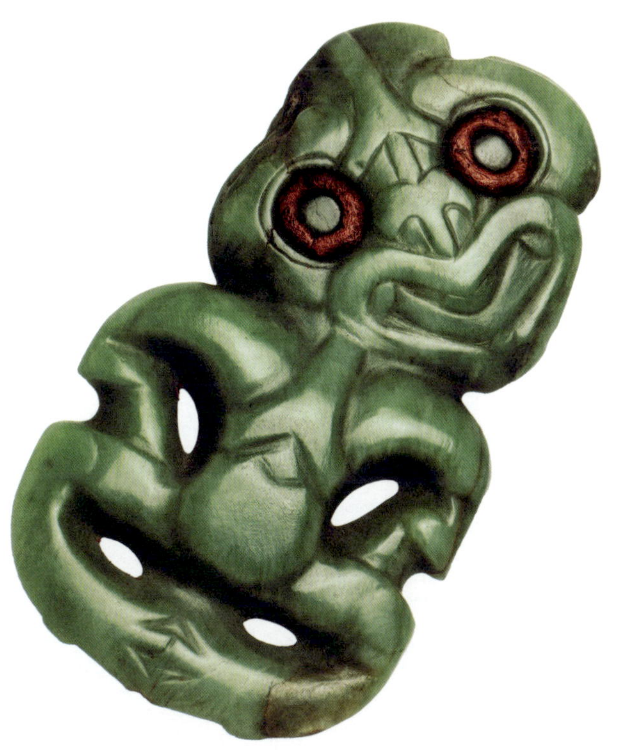

Abb. 2 Hei-Tiki, anonym, vor 1841, Grünstein und Siegellack, Museum Fünf Kontinente, München, Inv.-Nr. L-893, Kauf von Christophe-Augustin Lamarepicquot 1841

7 Ebd., S. 96–97.

1.8 Kerstin Stöver im Gespräch mit Siegfried Werner und der DENKSTATT ERZGEBIRGE

„Erzgebirgische Volkskunst“ – Zwischen Tradition und Zukunft

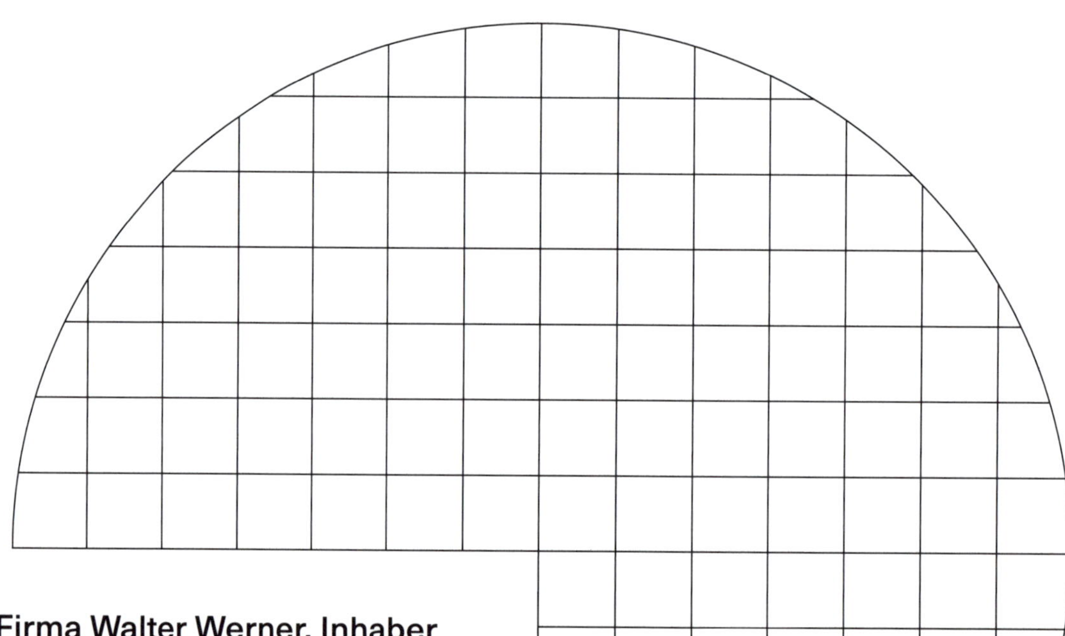

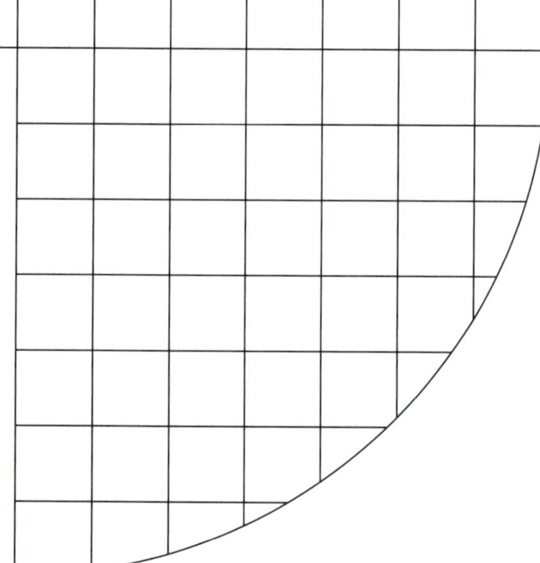

Die Firma Walter Werner, Inhaber Siegfried Werner, ist ein traditioneller Seiffener Spielzeughersteller, der als klassischer Familienbetrieb arbeitet. Er steht stellvertretend für zahlreiche ähnliche Unternehmen an diesem Ort, aber auch im gesamten Erzgebirge. Im nachfolgenden Gespräch möchten wir die Historie der Spielzeugherstellung betrachten und den persönlichen Blick Siegfried Werners auf die Zukunft dieser Branche erfragen.

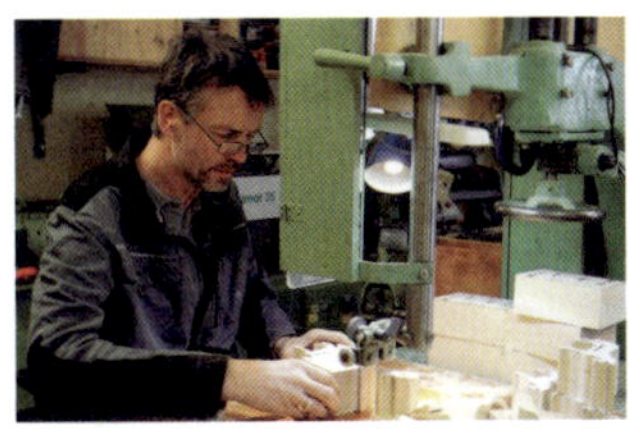

Abb. 1 Siegfried Werner beim Aussägen von Schnitzrohlingen für Pferde

Kerstin Stöver: Bitte erzählen Sie etwas zur Entwicklung Ihres Familienbetriebes und Ihrem persönlichen beruflichen Werdegang.

Siegfried Werner: Es gab bereits bei unseren Vorfahren Spielzeughersteller, schon unser Ur-Ur-Großvater hat hauptberuflich als Tischler Schaukelpferde gebaut. Auch mein Opa väterlicherseits war Spielwarenhersteller. Mein Vater hatte in der Fachgewerbeschule Seiffen gelernt und anschließend noch eine Zimmermannslehre absolviert. Die Firma, die ich heute noch führe, hat mein Vater 1957 gegründet und er führte sie immer mit vier bis fünf Mitarbeitern. Zur Firmengründung schenkte ihm mein Großvater eine Charge (200 Satz à 16 Figuren) fast fertiger Figuren und übergab sie ihm mit den Worten: „Da hast du nicht mehr viel dran zu machen und kannst schon mal eine Rechnung stellen." Eine großzügige Geste! Diese Figuren laufen mir heute bei Kund*innen noch manchmal über den Weg. Die Produktion dieser Figuren ist später an die Schwester meines Vaters gegangen. Ihr Sohn (mein Cousin) Peter Ulbricht fertigt sie heute noch. Es gab darüber hinaus eine klare Familienansage meines Vaters an seine Schwester, die Bestand hat: „Ihr fertigt Schneeberger Bergleute mit gelben Oberschenkeln, ich mache Freiberger Bergleute mit Weiß."

Anfang der 1970er Jahre griff auch in unserer Branche die Verstaatlichung der Betriebe durch. Mein Vater hatte immer Wert darauf gelegt, dass keine Kredite aufgenommen werden, um keine Druckmittel zu bieten.

Von uns drei Brüdern (Christian, Wolfgang und mir) hat keiner beim Vater gelernt. Er meinte: „Das, was hier in der Werkstatt passiert, könnt ihr immer noch lernen, geht erstmal woanders hin und lernt dazu." Das bedeutete, dass meine beiden großen Brüder im Kombinat VERO[1] lernten. Für mich war es dann nicht einfach, einen Lehrplatz zu finden, da man unterdessen wusste, dass ein Handwerkersohn nach der Lehre nicht lange im Betrieb bleibt, wie sie es bei meinen Brüdern erlebt hatten. So bin ich dann 1981 durch Beziehungen beim Spielzeugmacher Richard Glässer in Seiffen in die Lehre als Facharbeiter für Holzspielzeug genommen worden. Die Fachgewerbeschule war in Neuhausen. Da ich, wie meine Brüder, den Wehrdienst verweigert hatte und als Bausoldat gemustert wurde, absolvierte ich nach der Lehre ein diakonisches Jahr als Krankenpfleger in den Hoffnungstaler Anstalten Lobetal[2] bei Berlin, da, wo Erich Honecker zum Schluss gelebt hat. Mein Vater hatte Sorge, dass es mir zu gut gefällt und ich nicht zurückkomme, denn ich hatte unterdessen eine Verlobte mit einer heilpädagogischen Ausbildung und wir wären perfekte Hauseltern in der Einrichtung geworden. Aber ab 1985 habe ich in der elterlichen Werkstatt gearbeitet und sofort die Meisterausbildung, die staatlicherseits gefördert wurde, begonnen. 1988 war ich Meister.

Mein Bruder Wolfgang hatte ein paar Jahre nach der Lehre bei meinem Vater gearbeitet, aber sich 1985 selbständig gemacht. So übernahm ich 1999 die Firma. Nur 20 Tage danach hatte meine Mutter einen Schlaganfall und meine Frau musste sich von heute auf morgen in die Buchhaltung einarbeiten. Heute habe ich vier Mitarbeiter*innen (einen männlichen, drei weibliche) und meine Frau, die mir den Rücken freihält.

KS Schon ab der zweiten Hälfte des 18. Jahrhunderts wurden in Seiffen Spielwaren produziert, hauptsächlich gedrechselt, mit einem unverkennbar eigenen Duktus, in sehr guter Qualität und damit guten Absatzmöglichkeiten. Um 1820 gab es bereits weltweiten Handel mit „Seifener Waare"[3]. Traditionell werden damit figürliche Holzschnitz- und Drechselarbeiten verbunden: Pyramiden, Bergmann und Engel, Räuchermänner, Nussknacker. Können Sie die Entstehung dieser unterdessen zum heimischen Brauch gehörenden Produkte kurz historisch einordnen?

SW Die Vorfahren der Spielzeugmacher waren fast alle Bergleute oder arbeiteten in der Land- und Forstwirtschaft. Die Familien haben ihren Kindern die Spielzeuge traditionell selbst gebaut: Figuren, Tiere, ganze Dörfer. Dort, wo der Erzabbau zurückging, wurde unter anderem aus dem Bergmann der Spielzeugmacher. Der Nussknacker ist eine typische Figur der ironischen Darstellung der herrschenden Klasse, immer etwas bärbeißig. Der Räuchermann ist das Gegenstück, die Darstellung des eigenen Umfelds der Spielzeugmacher. Es werden die „kleinen Leute" wie Handwerker, fahrende Händler, Nachtwächter oder Förster gefertigt.

Mit der Figur des Bergmannes stellte sich dieser selber dar, ihm zur Seite der Engel als Ausdruck des religiösen Lebens. Licht ist nicht selbstverständlich und besonders wichtig unter Tage und ein Sehnsuchtspunkt in der dunklen Jahreszeit. Deshalb tragen beide Figuren Lichter.

Zum Schwibbogen gibt es mehrere Erzählungen, in unserem Umfeld und der Familie zum Beispiel diese: Am Heiligen Abend feierte der Bergmann die Mettenschicht – die letzte Schicht vor Weihnachten. Das Mundloch, durch das er täglich ein- und ausstieg, wurde mit den Grubenlampen geschmückt. Das Bild stand für die Hoffnung, bei der Einfahrt immer fündig zu werden und auf dem Rückweg gesund wieder nach oben zu kommen. Dieses geschmückte Mundloch wird in Form des Schwibbogens mit Szenen aus dem täglichen Umfeld dargestellt. Die aufgesetzten Lichter strahlen nach außen in die Welt und rahmen gleichzeitig das innere Bild. Andere Theorien möchte ich aber nicht infrage stellen.

Die Pyramide geht auf die Bergparade im Dresdner Plauenschen Grund zu Ehren der Heirat des Sohnes Augusts des Starken mit der österreichischen Kaisertochter Maria Josepha 1719 zurück. Da wurden Schaupyramiden in Form von Erzstufen und Darstellungen des Lebens unter Tage mit beweglichen Figuren mitgeführt.

KS Was ist Ihrer Überzeugung nach „echt erzgebirgische Handwerkskunst“? Sehen Sie sich als einen typischen Vertreter dieser „Etikettierung“? Es gibt heute zertifizierte Labels. Welche sind es und wie werden sie vergeben?

SW Wir haben viele Jahre unsere Produkte mit dem Logo der DREGENO vermarktet, haben uns damit identifiziert, uns heimisch und aufgehoben gefühlt. Sie übernahm den Vertrieb, auch den (Übersee-)Export und die Werbung. Die Mitgliedschaft war für Familienbetriebe Pflicht. Jeder Artikel musste durch die Genossenschaft abgenommen werden. Anfang der 1980er Jahre bildete sich mit dem *Verband Erzgebirgischer Volkskunst*, dem Wettbewerb *Tradition und Form* unter der Bezeichnung *expertic*[4] eine zweite Plattform. Mein Vater entschied, bei DREGENO zu bleiben und arbeitete mit „WERNER Figuren, Reifentiere und Spielzeug“ als Produktkennzeichnung.

Es gibt heute weitere geschützte Markenzeichen. *Tradition und Form* hat sich Schlagworte wie „echt Erzgebirge“ gekauft. Wir, die wir nicht Mitglied sind, dürfen diese Worte bzw. Wortgruppe nicht verwenden. Unterdessen habe ich auch die Etikettierung der DREGENO herausgenommen. Ich werbe nur noch mit meinem Label.

KS Ich würde gern auf das Thema Plagiate eingehen, da gibt es eine kuriose Geschichte!

SW 2006 hatte sich eine westdeutsche Firma in einem Seiffener Ladengeschäft niedergelassen, die in China 800 Mitarbeiter*innen zur Herstellung „Seiffener Produkte“ beschäftigte. Aus allen Teilen Deutschlands kamen Besucher*innen und wollten sich dieses Kuriosum anschauen. Anfangs liefen die Geschäfte gut, bald erkannten die Kund*innen im direkten Vergleich doch, dass die Originale qualitativ besser sind. Der Inhaber kam einmal zu mir und sagte: „Herr Werner, Sie brauchen vor mir keine Angst haben, Ihre Produkte sind viel zu aufwendig und kompliziert, als dass ich sie herstellen lassen könnte.“ Nach drei Jahren war der Spuk vorbei.

KS Welche Ausbildungsmöglichkeiten für den Nachwuchs gibt es heute?

SW Seit 1995 gibt es die Ausbildung zum Holzspielzeugmacher in Seiffen in der Holzspielzeugmacher- und Drechslerschule. Jedes Jahr werden zwölf Bewerber*innen aufgenommen, meist sind es Mädchen. Die Ausbildung dauert drei Jahre. Im Gegensatz zu meiner Ausbildungszeit findet sowohl der theoretische als auch der praktische Unterricht vor Ort statt. Trotzdem benötigen alle einen Ausbildungsbetrieb.

KS Wie sieht es in Ihrem Betrieb mit Neuentwicklungen aus?

SW Mein Problem ist, dass ich zu viele neue Ideen im Kopf habe, die ich gar nicht alle umsetzen kann. In diesem Jahr möchte ich 20 neue Figuren in vier Kategorien aufnehmen und mehr über das Erzgebirge hinaus auf ganz Sachsen blicken. Außerdem gab und gibt es immer wieder Bestellungen zu Figuren in Sonderanfertigung, so zum Dresdner Stollenanschnitt 2006 oder zum Metzgerumzug Salzburg 2008.

KS Wie lange benötigen Sie für die Entwicklung einer Figur?

SW Manchmal brauche ich nur wenig Zeit, zum Beispiel zum Jubiläum der TU Bergakademie Freiberg 2015. Im Januar kam die Anfrage, bis Juni 15 unterschiedliche Persönlichkeiten umzusetzen, die an der Bergakademie gelehrt oder gelernt haben. Eine Hauruck-Aktion. Die Entwicklung einer Figur kann aber auch bis zu einem Jahr dauern – bis sie mir selber gefällt.

KS Wie vertreiben Sie heute Ihre Figuren?

SW Über Zwischenhändler wie DREGENO kann ich es mir nicht mehr leisten. Das Messegeschäft ist schwierig, im Frühjahr 2000 waren wir das letzte Mal als Familie Werner mit den drei Firmen in Leipzig. Derzeit beliefere ich 50 Einzelhändler in Deutschland direkt. Wir drei Brüder haben in Japan eine Handelsvertretung in Tokio, die direkt bei uns Bestellungen aufgibt und den Vertrieb für das Inland, Geschäfte und Sammler*innen übernimmt. Mein Bruder hat vor einigen Jahren Japan besucht und an verschiedenen Orten Lehrvorführungen gegeben. Das Internetgeschäft ist vor allem seit Corona überlebenswichtig. Ursprünglich wollte ich aber nicht in großem Maße online handeln, sondern lediglich die Preispolitik meiner Produkte regulieren. Grund war der Besuch eines Kunden aus den

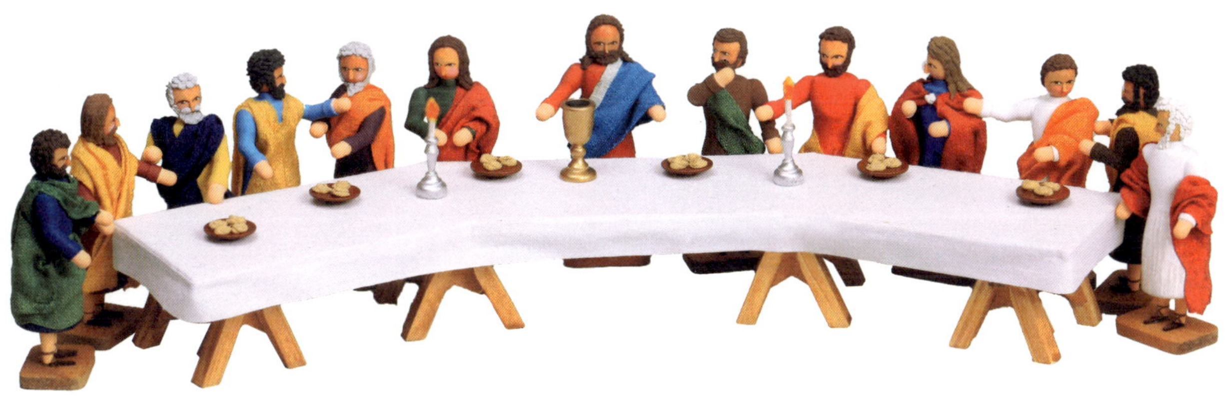

Abb. 2 Das große Abendmahl, Werner-Figuren

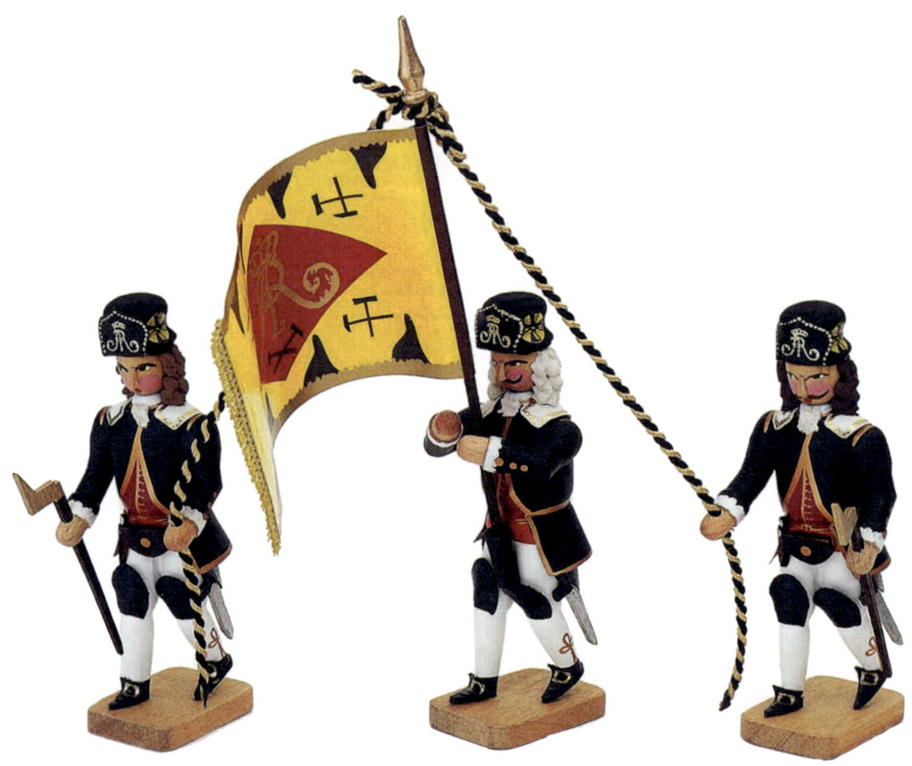

Abb. 3 Fahnengruppe, Barockbergleute um 1719, Werner Figuren

alten Bundesländern, der antiquarisch überteuert für 2.000 Euro eine Pyramide aus meinem Sortiment mit der Information gekauft hatte, dass sie ein Einzelstück sei und es die Firma nicht mehr gebe. Solche oder ähnliche Geschichten sind mir mehrfach begegnet. Das ist mehr als ärgerlich, denn wir haben tausende Sammler*innen, die wir immer in unserer Firma und bei mir in der Werkstatt begrüßen durften. Das ist eine persönliche Bindung und Vertrauen in unsere Produkte!

KS Wie sieht es in Ihrer Firma mit der Nachfolge aus?

SW Mit meinen 57 Jahren bin ich noch nicht an dem Punkt, dass ich über Rente nachdenke, sondern bin noch mit Freude an der Arbeit, habe ein Superteam. Ob es eine Nachfolge aus der Familie geben wird, steht nicht fest, bisher gehen die Kinder ihre eigenen Wege.

KS Wie sieht die Zukunft der Seiffener Spielzeugherstellung aus?

SW Die frisch ausgebildeten jungen Leute sagen durchaus, dass sie sich vorstellen könnten, dazubleiben. Die Frage ist, ob der Enthusiasmus und die Freude an der Arbeit die schlechten finanziellen Möglichkeiten überwiegen. Drei bis vier bleiben im Höchstfall. Meist jene, die eine Firma übernehmen und nicht von außerhalb herziehen. Außerdem nimmt die Bürokratie zu, fast die Hälfte eines Arbeitstages ist Büroarbeit.

Kleine Familienhandwerksbetriebe mit zwei bis drei Mitarbeiter*innen hören deshalb auf. Die Prognose von DREGENO ist, dass in fünf Jahren ein Drittel der Betriebe nicht mehr existiert. Aber wir wollen nicht die ewigen Pessimisten sein. Wir drei Brüder könnten in unseren Firmen je zwei neue Arbeitskräfte gebrauchen.

Wir haben gemeinsam die Walter-Werner-Stiftung gegründet, um mit unseren Möglichkeiten die Seiffener Handwerkskunst zu fördern und vor allem junge Leute für das Handwerk zu begeistern. Dazu sind wir als Stiftung Mitbegründer der DENKSTATT ERZGEBIRGE, einem staatlich geförderten Projekt in Seiffen, das sich mit den Themen der Zukunft beschäftigt: Wie kann Neues entstehen? Wie sehen Gestaltung, Herstellung und Vertrieb von morgen aus?

KS Herzlichen Dank für das Gespräch.

Anschließendes Telefonat mit den beiden Projektleitern der DENKSTATT ERZGEBIRGE, Wolfgang Braun und Markus Weber:

KS Herr Braun, können Sie bitte kurz skizzieren, wie es zur Entstehung der DENKSTATT gekommen ist und worin Sie Aufgaben und Ziele sehen?

WB Die DENKSTATT entstand auf Initiative des Kurortes Seiffen und mit finanzieller Unterstützung des Freistaates Sachsen. Wir bewarben uns beim *simul+Mitmachfonds*, einem vom Sächsischen Landeskuratorium Ländlicher Raum e.V. ausgelobten Wettbewerb, und wurden für unsere Projektidee prämiert. Unser Ziel ist es, Räume zu schaffen, um die Tradition der Spielzeugherstellung mit innovativen Ideen in die Zukunft zu tragen. Wir suchen nach neuen Konzepten in der Gestaltung, aber auch im Marketing und Vertrieb. Wir organisieren Workshops, Vorträge und haben auch einen Stammtisch für alle interessierten Seiffener*innen. Untergebracht sind wir in einem Vierseithof, einem der ältesten Gebäude in Seiffen, und bieten ausreichend Platz zum Denken, Entwickeln oder praktischen Arbeiten in unserem Maschinenraum. Ich bin selbst Spielzeugmachermeister mit eigener Werkstatt.

KS Herr Weber, Sie sind der zweite Projektleiter der Werkstatt, erzählen Sie bitte ein wenig über Ihren Werdegang und über die Möglichkeiten, die Sie in der DENKSTATT sehen.

MW Ich bin zwar kein gebürtiger Seiffener, komme aber auch aus dem Erzgebirge, habe Spielzeugmacher gelernt und anschließend Produktgestaltung an der Hochschule für Angewandte Kunst in Schneeberg studiert. Gemeinsam mit Freunden betreibe ich eine eigene Werkstatt im alten Pochwerk in Schneeberg. Meine Aufgabe hier sehe ich unter anderem darin, angewandte Hochschulen und Handwerker*innen im Holzbereich – nicht nur Spielzeughersteller*innen – zusammenzubringen. Studiengruppen, wie zum Beispiel vergangenen November von der Burg Giebichenstein Kunsthochschule Halle, haben im Rahmen von Semesterprojekten die Möglichkeiten, kreativ in der Werkstatt, aber auch in ansässigen Betrieben für eine befristete Zeit zu arbeiten. In unterschiedlichen Formaten kann gemeinsam über Möglichkeiten, Chancen, aber auch Einschränkungen diskutiert werden. Aber es soll auch ganz konkret an neuen Produkten gearbeitet werden. Ein Beispiel sind Bergmann und Engel zum selber Zusammenbauen. Für alle Interessierten offen sind das Spielzeugmacherfestival und die DENKSTATTabende. Außerdem möchten wir einen Spielzeugpreis ausloben.

1 Das Kombinat VERO entstand 1972 als Zusammenschluss verschiedener Spielwarenbetriebe der DDR.

2 1906 von Pastor Friedrich von Bodelschwingh (1831–1910) gegründete Einrichtung der Diakonie zur Alten- und Behindertenbetreuung.

3 Siehe auch: https://www.spielzeugmuseum-seiffen.de.

4 expertic® ist der Markenname eines Warenzeichenverbandes in der DDR zum Vertrieb von Produkten der Kunsthandwerkbetriebe.

Handwerk und Gestaltung

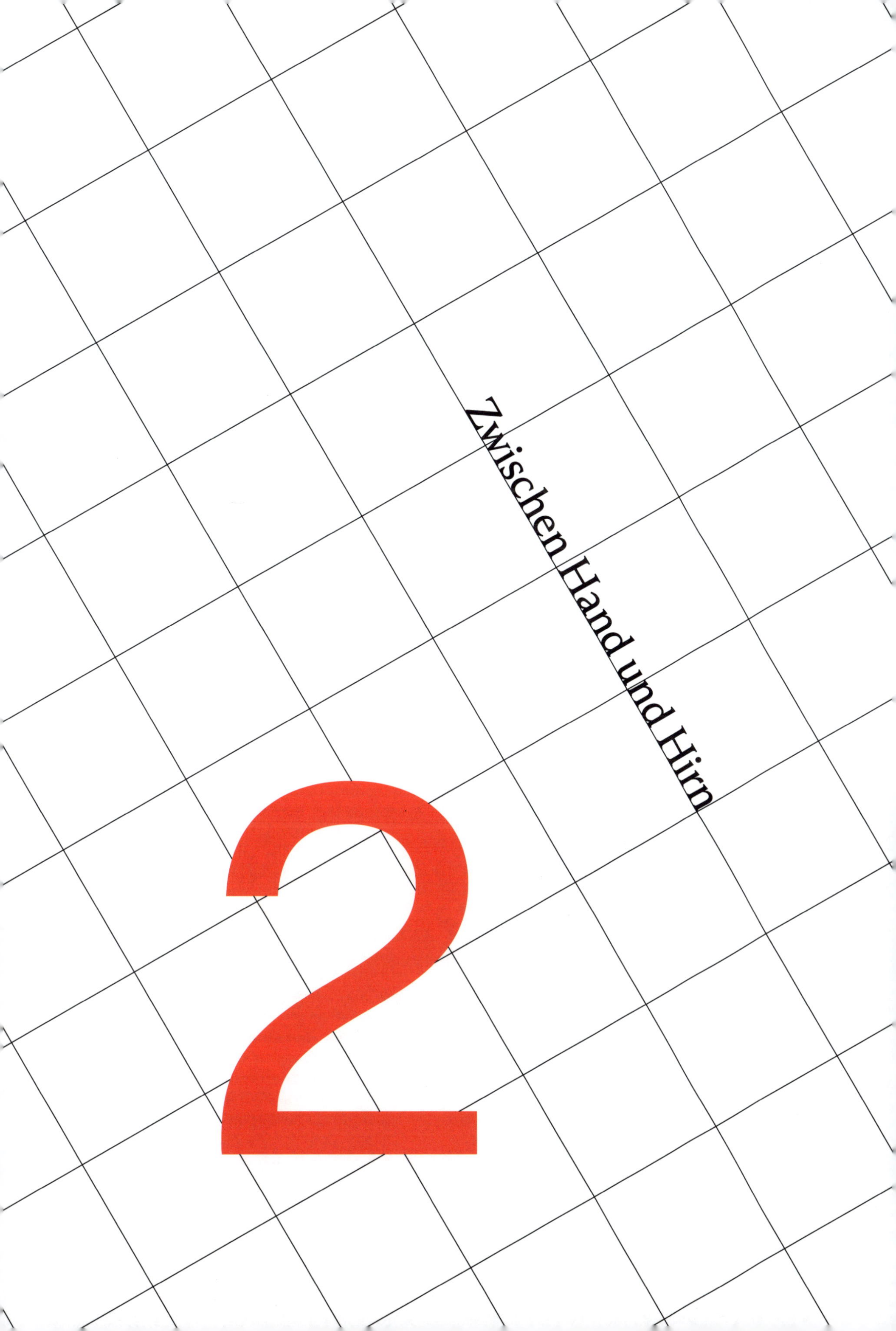
2
Zwischen Hand und Hirn

2.1 Martin Bleif

Hand und Hirn

Kein Gehirn ist eine Insel. Gehirne sind mit Welt *und* Körper vernetzt. Was ein Gehirn wahrnimmt, denkt und tut, ist nicht nur von „persönlichen" Erfahrungen abhängig. Schon bei der Geburt ist das Gehirn mehr als ein „weisses, unbeschriebenes Blatt Papier"[1], frei von allen Ideen, eine Tabula rasa, in die Sinneseindrücke eingegraben werden wie in eine Wachstafel, auch wenn uns der Philosoph John Locke (1632–1704) genau das weismachen wollte.

Gehirn und Körper haben eine Geschichte, die Millionen Jahre zurückreicht. Die Stammesgeschichte eines Lebewesens, die Phylogenese, prägt Wahrnehmen, Denken und Handeln genau wie die individuelle Entwicklung, die Ontogenese. Meistens fließt die Evolution wie ein langer ruhiger Fluss. Ein Dreiklang aus Mutation, konsekutiver (*phänotypischer*) Varianz und der Selektion der fitten Varianten ist der Motor, der sie vorantreibt. Manchmal aber führen Veränderungen der evolutionären Landschaft dazu, dass dieser Fluss abknickt oder gar ein Seitenarm entsteht. Lassen Sie es mich im Folgenden anschaulich erklären:

Vergleichen wir Gehirne und Gliedmaßen von Maus, Schimpanse und Mensch. „Pfoten" und Gehirne weisen eklatante Unterschiede auf. Mäuse sind – wie die meisten Säugetiere – Vierfüßler. Quadrupedie, das Gehen auf vier Füßen, ist eine Anpassung an die Anforderungen der Bewegung in der Ebene.

Mit der Eroberung der Bäume durch die Primaten änderten sich die Rahmenbedingen. Klettern wurde wichtig. Eine Gruppe von Primaten, darunter die Vorfahren der Menschenaffen, modifizierte vor etwa zehn Millionen Jahren ihre Fortbewegungsweise: Die zuvor vorwärts geneigte und vierbeinig über Äste schreitende Bewegung wurde „suspensorisch" (unter den Ästen hangelnd). Eine Metamorphose von Händen und Füßen war die Folge. Effiziente Greifhände wurden unverzichtbar. Der Symmetrieverlust von Hand und Fuß war der erste Schritt. Vor etwa sechs Millionen Jahren gingen dann auch die Vorfahren von Mensch und Schimpanse getrennte Wege. Unsere Ahnen verließen die Wälder und entwickelten eine zweibeinig-aufrechte Fortbewegungsweise. Die Greifhand brachten sie mit. Die Symmetrieverletzung – die funktionale Differenzierung von Händen und Füßen – im Verein mit dem bipedalen (zweifüßigen) Gang waren allerdings *Gamechanger*. Nach Ansicht des Paläoanthropologen Richard Leakey (1944–2022) war die Entwicklung der Zweibeinigkeit derart fundamental, „dass wir berechtigt sind, alle Arten von zweibeinigen Menschenaffen als menschlich zu bezeichnen".[2] Für die Hände bedeutete der aufrechte Gang ein Universum neuer Freiheiten und Möglichkeiten. Anatomie ist das Eine, zur Funktion gehört aber mehr. Um Tasten, Greifen, Manipulieren und zielgerichtetes Werfen zu perfektionieren, brauchte es entsprechende neuronale Programme. Tastsinn und Motorik der menschlichen Hand gehören zu den evolutionsgeschichtlich jüngsten und bemerkenswertesten Entwicklungen des Nervensystems. Diese Steuerungsprogramme stehen in der Hierarchie motorischer Verantwortlichkeiten ganz weit oben.

Hände sind auch Instrumente der Wahrnehmung. Tastsinn ist kein Privileg der Hand, und doch gibt es zwei Gründe, warum die Berührungssinne der Hände eine entscheidende Bedeutung für die menschliche Entwicklung hatten. Der erste Grund ist quantitativer Natur. Fast nirgendwo sonst auf der Körperoberfläche hat der Tastsinn ein ähnlich hohes räumliches Auflösungsvermögen wie im Bereich der Hände. Diese hohe Rezeptordichte ist ein phylogenetisch recht junges Phänomen und spiegelt sich in der überdimensionierten Repräsentation der sensorischen Handareale im Großhirn wider. Der zweite Grund hängt mit den feinmotorischen Qualitäten der Hand zusammen. Die Verbindung von empfindlichem Tastsinn und motorischer Präzision und Autonomie der Bewegung ermöglicht das aktive Abtasten und Manipulieren von Gegenständen und macht so die Hand nicht nur zum bedeutendsten taktilen Werkzeug des Menschen, sondern auch zum wichtigsten Instrument, um seine Umgebung zu gestalten. Die Entwicklung zum Homo sapiens wurde geprägt durch die Koevolution von Hand *und* Hirn.[3]

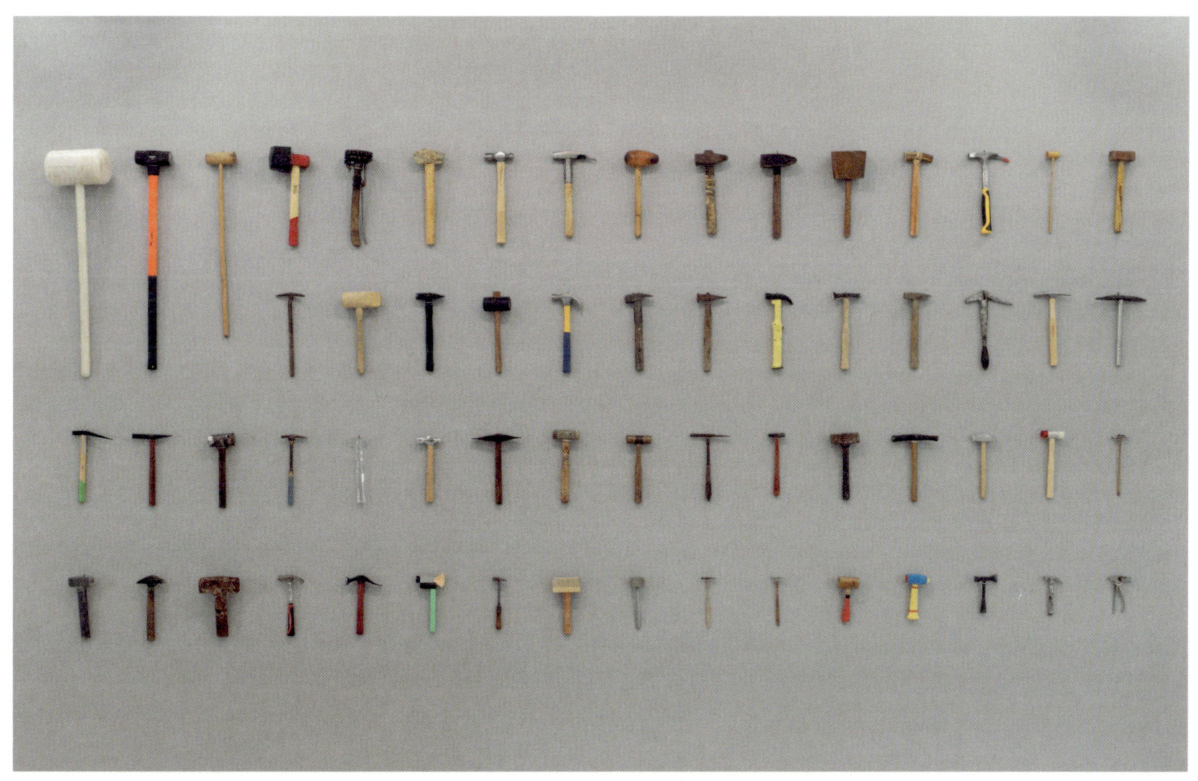

Abb. 1 *Hommage an Hans Hollein,* Oskar Mahler, 2014, Holz, Metall, Kunststoff, Installation des Frankfurter Hammer Museums

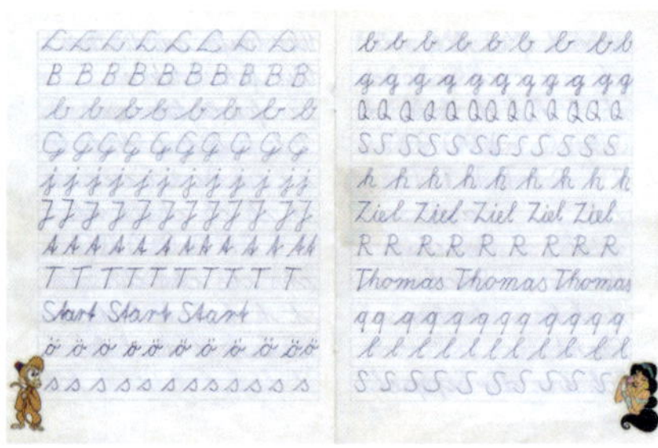

Abb. 2 Das Erlernen des Schreibens erfordert das Zusammenspiel von Hand und Hirn, Schreibheft Luisa Leuner, 1. Klasse, 1994/95

Dieser interdependente Prozess bescherte uns am Ende ein erstaunliches Instrument, das uns im Alltag aber selbstverständlich geworden ist. Dass die Hand mehr ist als ein schlichtes Greifwerkzeug, sondern vielmehr ein „handelndes Sinnesorgan", ein „Hand-Hirn", eine „Hirn-Hand", das wird oft erst offensichtlich, wenn uns einzelne Komponenten dieser funktionellen Einheit abhanden kommen: Blind geborene Menschen müssen sich ihre räumlichen Vorstellungen von der Welt fast ausschließlich mit Hilfe ihres Tastsinns erarbeiten. Dieses „Bild" der Welt ist uns Sehenden ähnlich rätselhaft wie die Sinneswelt der Fledermäuse, die ihr Raumkonzept beim Flug durch lichtlose Höhlen durch Ultraschallortung entwickeln. Der Philosoph Thomas Nagel machte die exotische „Bilderwelt" der Fledermaus zum Kronzeugen seiner These, dass unserem Bewusstsein eine höchst subjektive Erfahrung und eine objektive Beschreibung von außen kaum zugänglich sei.[4] Ganz unrecht hat er mit seiner These nicht. Und doch existieren Hintertürchen ins Subjektive. Im Gegensatz zur Fledermaus können Blinde zeichnen und uns so an ihren Bildern der Welt teilhaben lassen. Diese Zeichnungen sind deshalb so aufschlussreich, weil hier nicht-visuell erworbene Konzepte von Raum und Perspektive visuell reproduziert werden. Der Psychologe John M. Kennedy nutzte dieses Türchen, um mehr über die subjektive Konstruktion räumlicher Eindrücke mithilfe taktiler Wahrnehmung zu erfahren. Blinde können Umrissformen vertrauter Objekte und geometrischer Körper nicht nur ertasten und erkennen, sie können sie auch zeichnerisch wiedergeben und schneiden dabei kaum schlechter ab als Sehende. Erstaunlicherweise wenden sie bei der Übersetzung von 3D-Objekten in 2D-Zeichnungen dieselben Kniffe perspektivischer Darstellung an wie die Sehenden. Ein anderes Problem ist die Darstellung von Bewegung. Schon Wilhelm Busch (1832–1908) bediente sich dazu oft schwungvoller Linien innerhalb des kreisrunden Rades, um die drehenden Räder einer Kutsche anzudeuten. Kennedy war erstaunt, als er genau diesen Trick in einer spontanen Zeichnung einer seiner Probandinnen wiederentdeckte.

Die Entwicklung räumlicher Vorstellungen ist also nicht zwingend an das Sehen gekoppelt. Es handelt sich um eine höhere Ebene der Wahrnehmung, die haptischen und visuellen Input verarbeiten und integrieren kann. Dieser Prozess scheint auch dann noch recht gut zu funktionieren, wenn einer der Sinne ausfällt. Nichts macht das deutlicher als die erstaunliche Geschichte von Helen Keller (1880–1968). Helen war in frühester Kindheit taub und blind geworden. Derart abgeschnitten von der Welt, schien sie für immer in Dunkelheit und Stille gefangen zu sein. Es war ihre Hand, die ihr das Tor zur Welt einen Spalt weit aufstieß: „Während der kühle Strom über die eine meiner Hände sprudelte, buchstabierte sie [meine Lehrerin] mir in die andere das Wort ‚w-a-t-e-r' […]. Mit einem Male durchzuckte mich […] ein Blitz des zurückkehrenden Denkens, und einigermaßen offen lag das Geheimnis der Sprache vor mir. Ich wußte jetzt, daß ‚water' jenes wundervolle kühle Etwas bedeutete, das über meine Hand hinströmte."[5]

Dieser Spalt sollte sich nie wieder schließen. Mithilfe der Brailleschrift lernte Helen mehrere Fremdsprachen. Sie besuchte das Radcliffe College und machte dort 1904 ihren Abschluss. Später wurde sie Schriftstellerin.

1 Locke: Versuch über den menschlichen Verstand, 1872/73.
2 Leakey: The origin of humankind, 1995, S. 13.
3 Wehr/Weinmann (Hg.): Die Hand, 1997.
4 Nagel: What Is It Like to Be a Bat?, 1974.
5 Keller: Die Geschichte meines Lebens, 2022 (1921).

2.2 Julia Psilitelis im Gespräch mit Martin Bereuter und Kai Linke

Das Grid – Ein handwerkliches Exponat wird Ausstellungsarchitektur

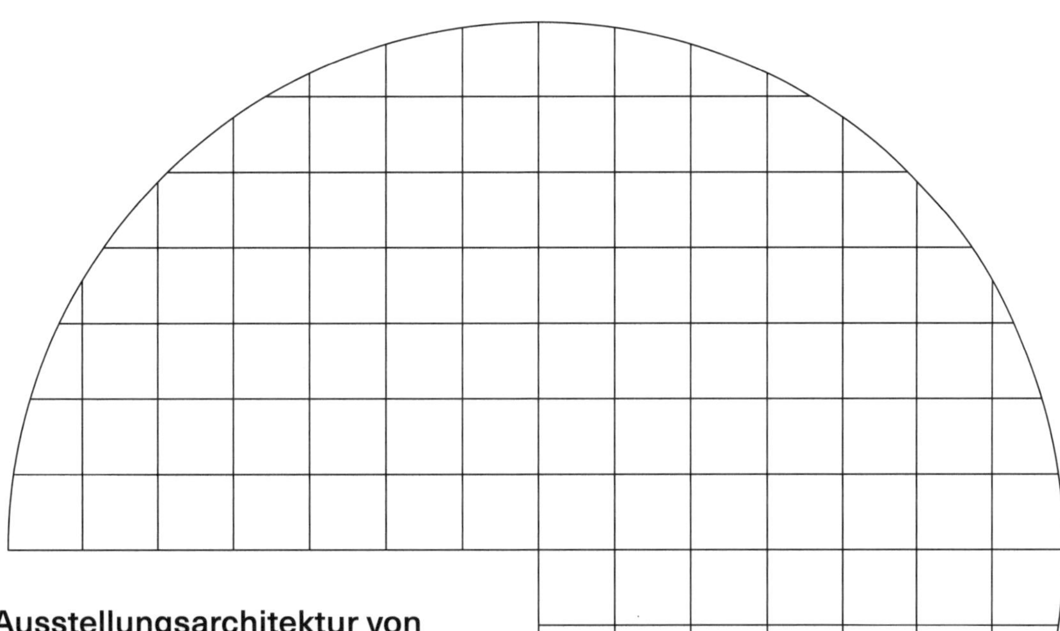

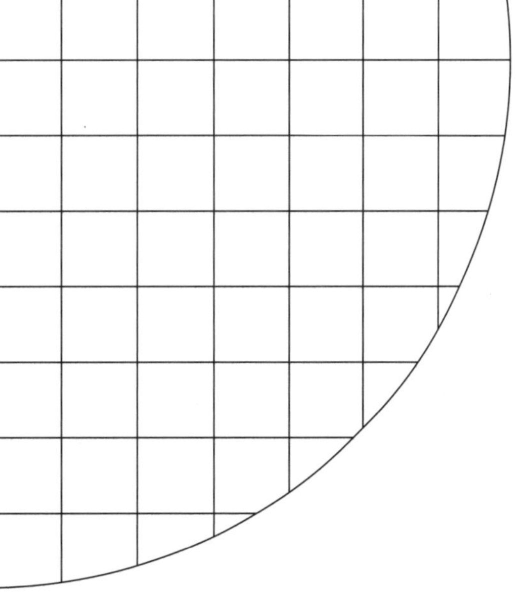

Die Ausstellungsarchitektur von *Mythos Handwerk* basiert auf dem *Grid,* entwickelt von Wolfgang Fiel und Martin Bereuter. Die Holzkonstruktion wurde 2021/22 vom Studio Kai Linke angepasst und für die Objektpräsentation weitergedacht. In einem Gespräch mit Martin Bereuter, Architekt und Leiter der Tischlerei Bereuter, und Kai Linke, Produkt- und Ausstellungsdesigner, wurde am Beispiel des *Grids* das Arbeiten mit Hand und Kopf besprochen.

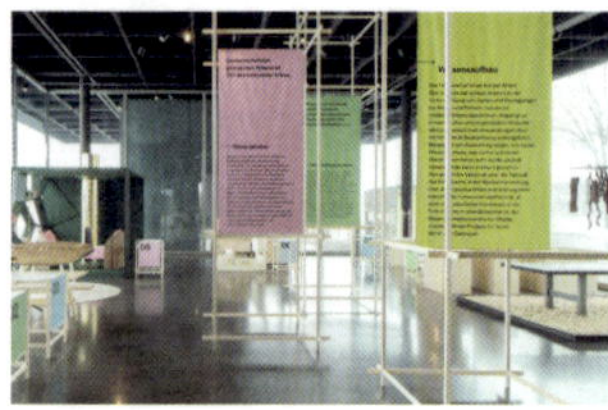

Abb. 1 Verwendung des *Grids* in der Ausstellung *Vom Schaufenster zum Wissensfenster*, 2021, Werkraum Bregenzerwald

Julia Psilitelis: Martin, was war die Genese des *Grids*?

Martin Bereuter: Das *Grid* ist als Weiterentwicklung der Wanderausstellung *Getting Things Done* (2014–2019) entstanden. Diese Ausstellung hatte ein faltbares lineares Regal, bei dem der Kurator Wolfgang Fiel und ich mit dem gleichen Holz und einer ähnlichen Thematik gearbeitet haben. Das *Grid* war ein ganz abstrakter Wettbewerbsbeitrag für *Handwerk + Form.* Da haben wir mit demselben Querschnitt und denselben Dimensionen gearbeitet und uns gefragt, wie wir die lineare Struktur in eine räumliche, dreidimensionale Struktur bringen können. Wir waren selbst verblüfft von der Gesamtstabilität des Ganzen. Es war kein Möbel, es war keine Ausstellungsarchitektur, es war ein Konzept, welches wir im Maßstab skalieren wollten – in Anlehnung an das USM Möbelbausystem Haller[1], welches in mehreren Größen geplant worden war. Dadurch, dass wir selten Flächen in das *Grid* einbauen, hilft es, den Raum zu vermessen, zu strukturieren, ohne dass man sagen kann, ob es ein Regal ist oder ein Objekt.

JP Was sind die drei prägnantesten Charakteristika des *Grids*?

MB Das eine sind die technischen Dimensionen des Koordinatensystems xyz, die technische Vermessung des Raums, dann die unglaubliche Materialqualität von Holz, welches man extrem minimieren kann, und das andere ist die Serienfertigung, also die technologische Fertigung – es ist eine Transformation eines Naturmaterials in einen technischen Raum, denn der Knoten ist ein Maschinendrehteil, das man in der Handarbeit nie so fertigen würde, der Knoten kommt wirklich aus der Automation – und der Kombination der genannten Dinge.

JP Das Holz zu minimieren, bedeutet, die Dicke anzupassen, sodass es immer noch stabil bleibt?

MB Genau, es funktioniert wirklich nur mit einem Hartholz, mit der Hartholzfaser, in diesem Fall der Esche, das Ganze zu reduzieren.

JP Kai, wir sind mit der konkreten Idee an dich herangetreten, eine Ausstellungsarchitektur mit dem *Grid* zu entwickeln. War das ungewöhnlich?

Kai Linke: Es ist nicht gewöhnlich, aber an sich bin ich immer dankbar, wenn da schon die ersten Impulse kommen, da man auf jeden Gedanken gut aufbauen kann. Ich finde das *Grid* spannend und war total happy, als ich den ersten Knoten in den Händen hielt. Es hat schon etwas Magisches an sich, wenn man es nur auf dem Foto sieht und nicht genau versteht, wie es gemacht ist. Ich mag die Vielseitigkeit und den klaren Aufbau des *Grids* und finde, dass man dadurch, dass es etwas Skulpturales, Raumgreifendes, aber auch Raumgliederndes hat, sehr gut auf eine Ausstellungsarchitektur hinarbeiten kann. Es ist ein gutes Modul, um damit Ausstellungen aufzubauen.

JP Wie entsteht die Ausstellungsarchitektur?

KL Das ist an sich immer gleich. Du hast den Raum, du hast die Objekte, du hast das Licht und du hast die Besuchenden, und erst durch die Besuchenden entsteht auch die Architektur. Es gibt immer eine Wechselwirkung zwischen der Architektur, den Objekten im Raum und den Benutzenden.

Das *Grid* führt die Besuchenden sehr gut durch den Raum, es ist ein Wegbegleiter durch die Ausstellung. Es schafft eine Verbindung zwischen Architektur und Objekt, indem es auf dem Boden steht und an der Wand andockt. Dafür bin ich dankbar, da man oft erst nach so einem Element sucht, das als Display und/oder Raumstruktur genutzt werden kann. Zusätzlich erlaubt die Variabilität des *Grids* einen Freiraum, mit dem man gestalten kann.

JP Als allererstes hast du das *Grid* recherchiert, geschaut, wie es eingesetzt wurde. Dann hast du dir unsere Museumsräume angeguckt, die Grundrisse der Ausstellungshäuser bekommen und darauf basierend Anpassungen erarbeitet. Findet diese Arbeit zunächst auf dem Papier oder dem Computer statt? Wie gehst du vor?

KL Am Anfang stehen Gedanken und Gespräche, mit den Projektteams in Frankfurt und in Dresden und mit Martin. Dann starte ich meistens mit Blatt und Papier und einer Skizzenrolle, also richtig oldschool. Man ist mit der Hand irgendwie immer am schnellsten und kann seine Gedanken direkt skizzenhaft ausdrücken.

Der nächste Schritt ist detaillierter. Am Computer wird die Struktur im richtigen Maßstab in den Raum gesetzt. Dann entstehen natürlich auch mehr Fragen. Das ist aber auch das Spannende, im Prozess genauer zu definieren.

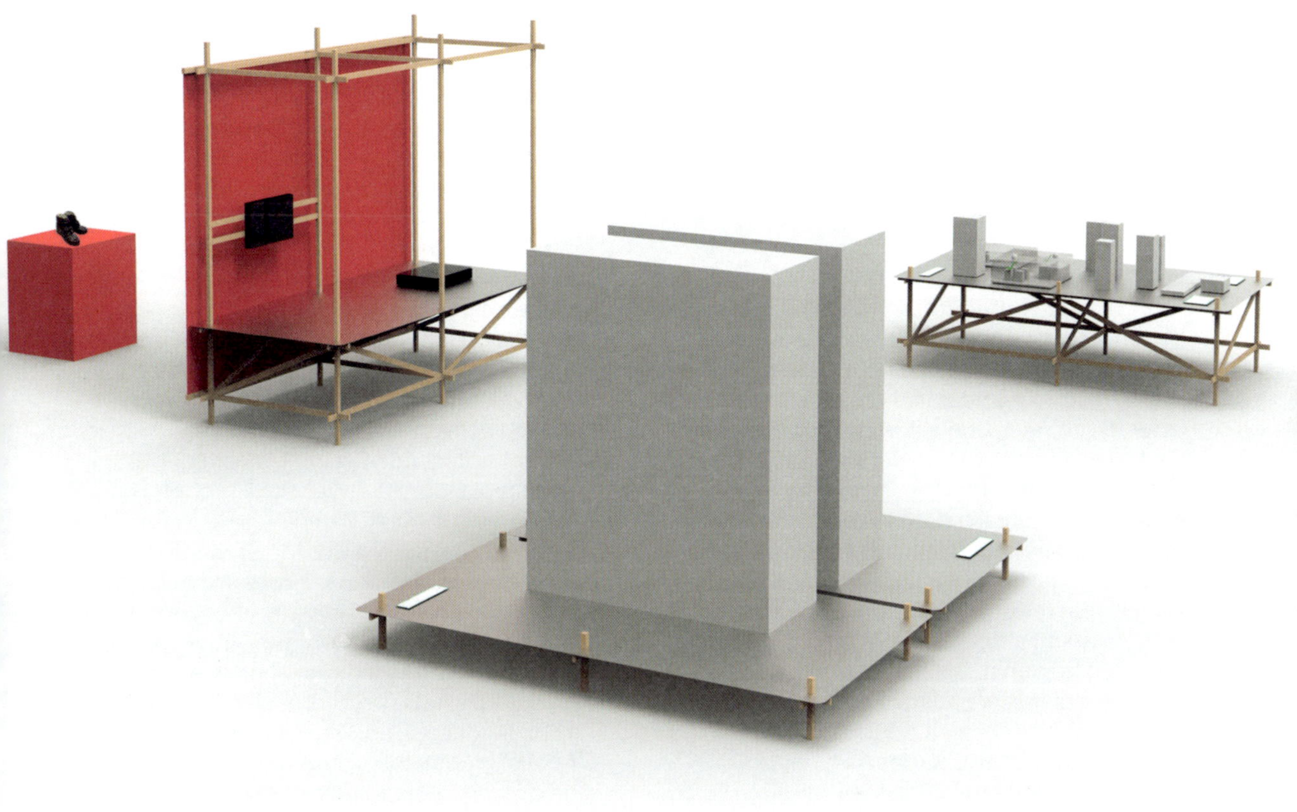

Abb. 2 Visualisierung des *Grids* für die Ausstellung *Mythos Handwerk. Zwischen Ideal und Alltag*, 2022, Ausstellungsstation Museum Angewandte Kunst in Frankfurt am Main, Studio Kai Linke

JP Martin, wie war dein und Wolfgangs Entwicklungsprozess beim *Grid*?

MB Es gab den Wunsch, ein flexibles Modul zu bauen, das in der Ausstellungspraxis selbst bei einer großen Anzahl von Objekten keine große Materialmenge verbraucht, die man dann nicht weiterverwenden kann. Wahrscheinlich ist ein Grund, warum das *Grid* eine Raumstruktur ohne Flächen ist, weil ich durch die Addition von Flächen eine Individualisierung schaffe. Die Wiederverwertbarkeit geht jetzt in unserem Fall so weit, dass man, wenn die Stäbe in der Länge nicht reichen, das Holz neu machen kann und den Knoten wiederum weiterverwendet. So habe ich relativ wenig Materialeinsatz.

JP Habt ihr Zeichnungen angefertigt oder direkt mit dem Holz gearbeitet?

MB Wolfgang arbeitet viel mit 3D-Illustrationen, aber eher technisch, und baut im Computer Räume auf. Ich selbst gehe sehr schnell an die Musterfräse. Die Dimensionen versuche ich, mit Handskizzen rauszufinden. Also: von Hand skizzieren, abmessen und dann direkt in diesem Fall für den Knoten überlegen, wie fräse ich den? Wie programmiere ich den? Wie spanne ich den auf die Maschine auf? Schlussendlich ist es das 3D-Modell am Computer plus das Eins-zu-eins-Modell, mit dem man dann ganze Räume aufbaut. Das heißt, klassisch ausgefertigte Pläne und Details gibt es relativ wenig. Die maximalen Längen der Achsen probieren wir aus. Da geht man in die Werkstatt, schneidet sich die Latte runter und dann biegt man und schaut, ob das hält.

JP Ich würde gerne versuchen, mit euch herauszufinden, welche Aspekte des Handwerks und des Designs in dem *Grid* zusammenspielen. Welche handwerklichen Fähigkeiten stecken im *Grid*?

Abb. 3 Kai Linke, Produkt- und Ausstellungsdesigner

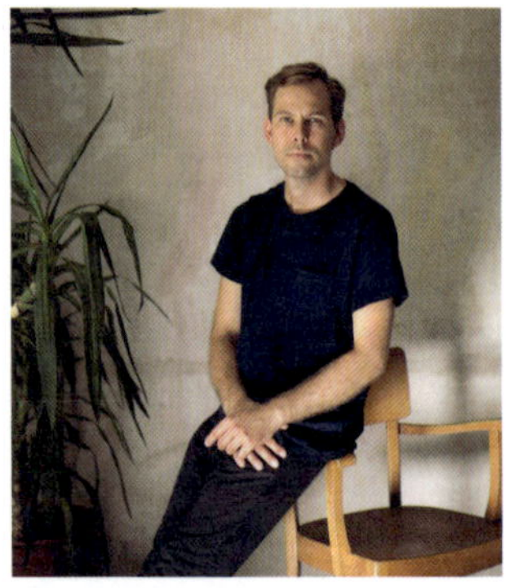

MB Bei der Frage geht es immer um diese Arbeitsteilung zwischen denen, die die Arbeitshose anhaben, und denen, die am Rechner sitzen ... also ich kann mich nicht trennen.

Was man vielleicht machen kann, ist die Überlegungen über die Materialien anzugehen. Ich glaube, dass Holz ein Material ist, das sich unglaublich eignet, um eben handwerklich zu arbeiten, und zwar aus dem Grund, weil es bei uns in der Region Bregenzerwald einfach überall verfügbar ist. Ich sehe den Baum da draußen stehen, es gibt ein Sägewerk, ich habe das Material in der Werkstatt liegen, und ich habe es dann auch als fertiges Produkt. Für mich ist Handwerk auch immer eine Möglichkeit, ein breites Spektrum an Themen abzudecken, und das kann ich mit Holz sehr gut. Für die Industrie ist es weniger geeignet, da es kein standardisiertes Material ist. Aus einem Baum bekomme ich, je nachdem wie ich das Brett, die Leisten herausschneide, unterschiedliche Qualitäten, und die kann ich schwer standardisieren.

Der Knoten, das Drehteil, das in den Ecken des *Grids* steckt, der ist etwas sehr Technisches. Da muss ich die ganzen Werkzeuge kennen, ich muss wissen, wie lange ein Bohrer ist, wie tief ich in so ein Holzteil reinbohren kann, was das Holz aushält, was vom Metallbearbeiter kommt, und dann muss ich in die Kommunikation gehen. Vielleicht ist die Kommunikation wieder etwas, was dem Design zuzuordnen ist. Dann gibt es den Konstruktionsteil, und den mache ich mit einem CAD-Programm am Computer, um da die Präzision des Metallbearbeiters wirklich reinzubringen. Da ist mir der Bleistift zu dick.

KL Ich finde das *Grid* ein schönes Beispiel für die Verzahnung von Handwerk und Design. Ich erlebe es als Designer oft, dass man sich etwas überlegt, was dann gar nicht umsetzbar ist vom Handwerk her, weil man natürlich gar nicht dieses Know-how hat, weil man nicht weiß, wie das Material arbeitet. Und dieser Dialog mit den Handwerker*innen ist ganz wichtig, weil beide ein Fachwissen haben und das dann im Dialog zusammenzubringen. Beide Seiten müssen Kompromisse eingehen, aber eben auch über ihre Grenzen springen, sich gegenseitig locken und selbst aufgebaute fachliche Mauern einstürzen lassen, damit etwas Neues entstehen kann. Oft ist man als Designer*in sehr festgefahren in eigenen ästhetischen Vorstellungen, und manchmal sind auch Handwerker*innen total festgefahren, wenn sie etwas nur auf eine Art kennen und sich dann nichts anderes vorstellen können. Und in dem *Grid* sieht man, finde ich, beides: einmal die handwerkliche Qualität, man sieht, wie gut das gefertigt ist, aber auch eine gestalterische Raffinesse, die mich, als ich sie das erste Mal auf einem Foto gesehen habe, direkt als Gestalter gelockt hat.

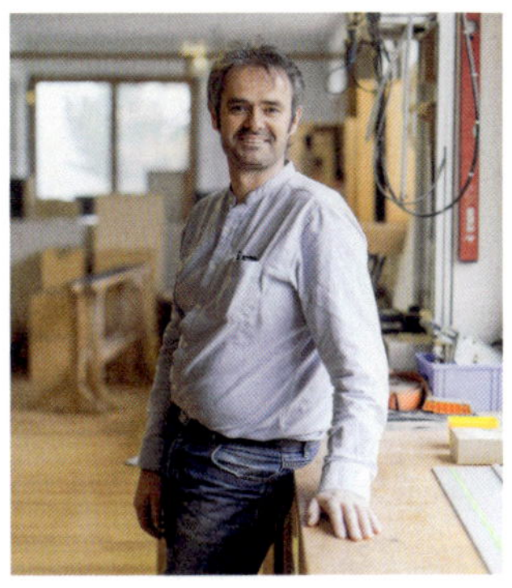

Abb. 4 Martin Bereuter, Architekt und Inhaber der Tischlerei Bereuter

MB Eine andere handwerkliche Dimension ist der Zusammenbau. Um das *Grid* wirklich flüssig und stabil in der Präzision zusammenzubauen, braucht es gelernte Hände. Es hält keine großen Toleranzen aus, anders als im Möbel- oder Gerüstbau. Für einen geübten Möbeltischler ist das eine schöne Arbeit. Dieses Gefühl, wenn zwei Teile zusammenpassen, wenn sie gerne zusammengehen, sich die Fugen schließen, das hat man beim Aufbau x-mal.

JP Martin, arbeitest du noch regelmäßig handwerklich in der Werkstatt?

MB Kaum. Was ich nach dem Architekturstudium gemacht habe, war, auf Montage zu gehen. Ich persönlich glaube, ich habe das Handwerk dort gelernt, habe aber keine klassische Gesellen- oder Meisterprüfung abgelegt. Ich habe mein Gesellenzeugnis mit der Matura an der Höheren Technischen Lehranstalt [Imst (Tirol), Österreich] bekommen und habe ein Architekturstudium abgeschlossen. Ich führe als Architekt eine Tischlerei [Lingenau (Vorarlberg), Österreich].

JP Kai, arbeitest du viel mit den Händen?

KL Als ich mit dem Studium fertig war, hatte ich leider nicht so gute Computerprogramme, ich habe aber auch schon während des Studiums immer so entworfen, dass ich die Sachen selbst produzieren konnte. Mit der Zeit hat sich das gewandelt. Inzwischen entwerfe ich mehr mit dem Computer. Dadurch verändert sich natürlich auch die Gestaltung der Dinge ein bisschen. Ich habe wahrgenommen, dass mir die Arbeit mit den Händen fehlt. Durch ein Stipendium der Akademie Schloss Solitude habe ich die Reihe *By Hands* (2016) initiiert, in der ich selbst wieder nur mit den Händen gearbeitet und gestaltet habe. Obwohl ich länger in einer Schreinerei gearbeitet habe, hätte ich großen Respekt, jetzt bei Martin in der Tischlerei zu arbeiten, vor allem mit den Maschinen. Es ist die Routine, die mir fehlt. Da merke ich oft, dass ich das Wissen habe, aber gar nicht mehr die Sicherheit und das Vertrauen in meine eigenen Fähigkeiten. Ich gehe dann lieber zu Handwerker*innen und sage, bitte mach du das.

MB Den Unterschied macht die Erfahrung, und die bekommt man nur mit der Zeit, die verliert man aber auch wieder. Die wirkliche Umsetzung, die auch in einem wirtschaftlichen Kontext funktioniert, braucht viel Zeit, und ich muss mich wirklich auf das Ganze einlassen. Meister*in zu sein, ist zum Beispiel nicht davon abhängig, ob er/sie auf dem Papier Meister*in ist oder nicht, sondern wie viel Zeit man mit der Sache verbracht und wirklich praktiziert hat.

KL Gute Sachen entstehen immer im Dialog, und man kann gar nicht alleine die Welt retten oder irgendetwas Gutes gestalten. Ich brauche immer den Austausch mit den Leuten, die die Sachen benutzen, und mit den Leuten, die sie bauen und fertigen. Nur so kann man dazulernen und seine eigenen Fähigkeiten kalibrieren, zusammen mit dem Gegenüber.

MB Ich glaube, dass man Dinge nicht parallel machen kann. Ohne die Zeit am Anfang, die ich in der Tischlerei verbracht habe, im Maschinenraum war und zum Beispiel die CNC-Maschine eingeführt habe, wäre die Arbeit, die ich heute mache, nicht möglich. Das heißt, man kann unterschiedliche Tätigkeiten zu unterschiedlichen Zeiten machen, und die Erinnerung und die Erfahrung nehmen wir mit und verbinden sie dann.

1 Siehe: https://www.usm.com/de-de/office/produkte/usm-haller-kollektion/usm-moebelbausystem-haller/ (zuletzt 28.01.2022).

2.3 Marco Wehr

Das Handwerk – Der gordische Knoten der KI-Forschung

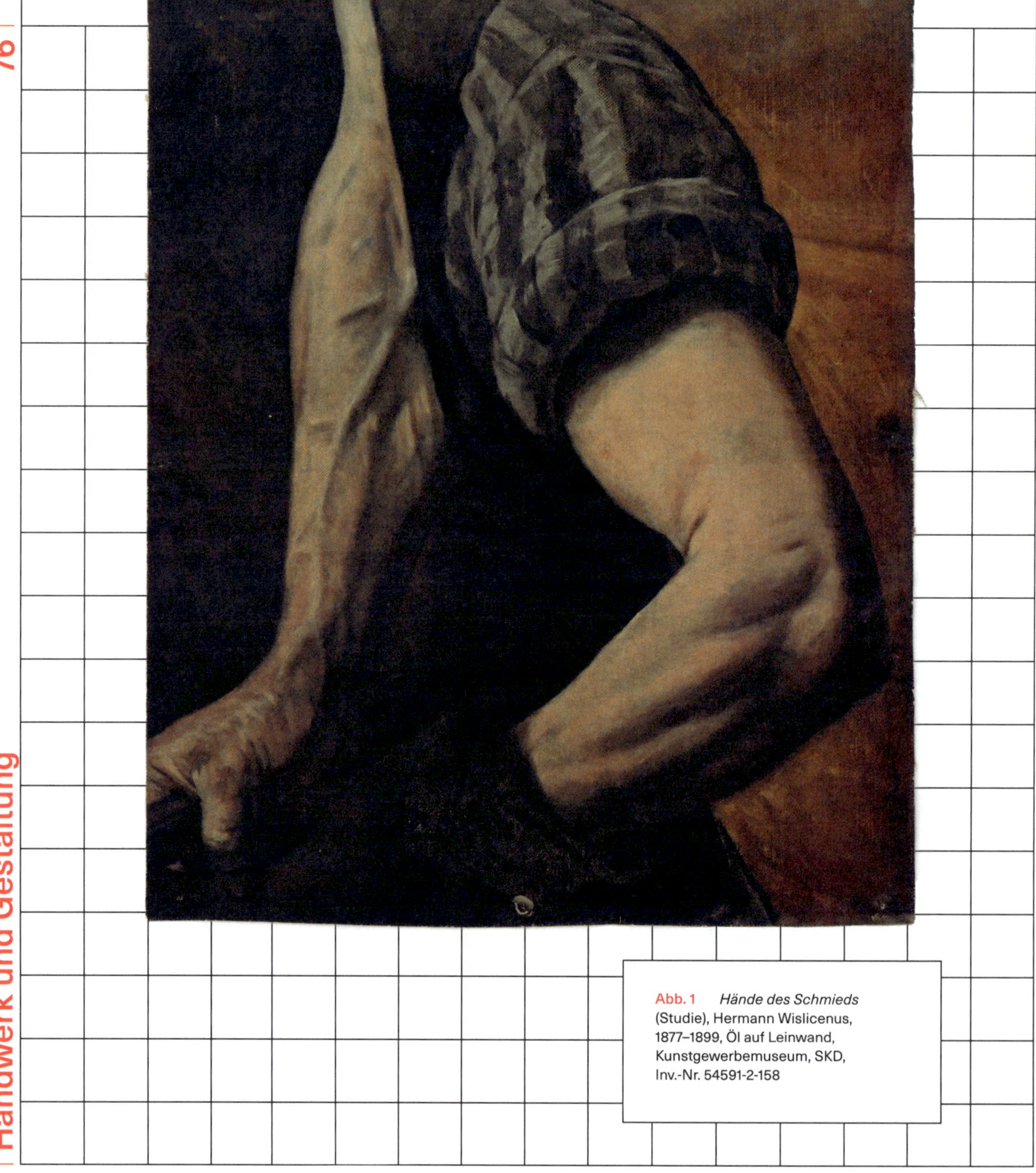

Abb. 1 *Hände des Schmieds* (Studie), Hermann Wislicenus, 1877–1899, Öl auf Leinwand, Kunstgewerbemuseum, SKD, Inv.-Nr. 54591-2-158

Das Mysterium hing unter der Decke. In der rechten oberen Ecke des Raumes, um genau zu sein. Vier Männer blickten andächtig nach oben. Aber in ihren Gesichtern war keine Ehrfurcht zu sehen, sondern Verzweiflung. Gipser, Flaschner, Jalousienbauer und Architekt senkten entmutigt die Köpfe. Der Architekt studierte noch einmal geflissentlich seine Aufzeichnungen und belehrte die anderen, welche rigiden Auflagen vonseiten des Brand- und Denkmalschutzes zu beachten seien. Außerdem sollten natürlich die ästhetischen Wünsche des Bauherrn berücksichtigt werden. Die Männer guckten wieder nach oben und schüttelten die Köpfe.

Das Mysterium war ein wohl hundert Jahre alter rostiger Rohrleitungsknoten, in den sich im Laufe der Zeit noch verschiedenste Isoliermaterialien eingebacken hatten. Das hässliche Ding hing zu allem Überfluss noch an der ungeschicktesten Stelle im Raum. Wie sollte man den gesammelten Ansprüchen gerecht werden?

Theoretisch ließ sich das komplexe Problem nicht lösen. Aber die erfahrenen Handwerker wussten, dass Tun und Reden zwei unterschiedliche Dinge sind. So begannen sie in den folgenden Tagen gemeinsam zu tüfteln. Und tatsächlich, nach geraumer Zeit hatten sie eine Lösung gefunden: Der Gipser hatte eine schöne Decke mit modernem Lampenspiegel gebaut, die trotzdem feuerfest war. Dem Flaschner war es geglückt, die verschlungenen Rohrleitungen zu modernisieren, und der Jalousienbauer platzierte den Motor für den Vorhang millimetergenau zwischen Leitungen und Wand. In Summe eine Meisterleistung der verschiedensten Gewerke. Doch leider erfährt diese eindrückliche Form praktischer Intelligenz in „höheren" akademischen Sphären nicht die Wertschätzung, die ihr gebührt. Sieht man von wenigen Ausnahmen ab, hat sie im universitären Diskurs keine Lobby.

Zwar gibt es einsame Rufer in der Wüste wie den vor wenigen Jahren verstorbenen Wissenschaftstheoretiker Peter Janich (1942–2016), der ausdauernd darauf hinwies, dass handwerkliche Expertise notwendige Bedingung akademisch geadelter Wissenschaft ist. Doch Professor Janich wurde entweder wenig rezipiert oder schlicht und einfach nicht verstanden. Sein wissenschaftstheoretischer Standpunkt ist bis heute eine Außenseitermeinung, obwohl er ohne Zweifel recht hat. Worum ging es dem Philosophen? Wissenschaft lebt davon, dass Experimente von verschiedenen Menschen reproduziert werden können müssen. Das geht aber nur, wenn den unterschiedlichen Experimentatoren gleich funktionierende, also normierte Messinstrumente zur Verfügung stehen. Und wer ist in der Lage, diese normierten Messinstrumente herzustellen? Das sind eben handwerklich arbeitende Menschen, die über erstaunliches Geschick verfügen müssen. Deshalb ist Handwerk nicht das Ergebnis von Wissenschaft, sondern dessen Voraussetzung!

Aber Missverständnisse gegenüber Menschen, die mit den Händen arbeiten, gibt es nicht nur in der Wissenschaftstheorie. Sie sind in den heiligen Hallen der Universitäten geradezu endemisch.

Preisfrage: Was ist komplizierter? Schach auf dem Niveau eines Großmeisters zu spielen oder im Dunklen den Hosenknopf mit den Fingern zu suchen, ihn zu öffnen und dann wieder zu schließen? Natürlich neigen die meisten Menschen vor intellektuellen Ikonen wie Bobby Fischer oder Garri Kasparow demütig ihr Haupt.

Knöpfe öffnen und schließen wird dagegen für banal gehalten. Wären da nicht Wissenschaftler und Wissenschaftlerinnen, die Roboter konstruieren. Seit Neuestem strecken diese zaghaft den Finger in die Luft und weisen schüchtern darauf hin, dass ausgerechnet die Dinge, die uns so alltäglich erscheinen, alles andere als trivial sind. Verblüffend ist nämlich, dass die klügsten Maschinen, die Menschen sich bisher ausgedacht haben, die brillantesten Schach- oder Go-Meister vernichtend schlagen. Leider scheitern sie aber an den gewöhnlichsten Problemen. Es gibt keine Maschine, die einen Knopf ertastet und diesen mit zwei Fingern öffnet und wieder schließt. Was ist da los?

Ob eine Fertigkeit komplex ist, hängt eben nicht vom subjektiven Urteil eingebildeter Geistesgrößen ab. Zum Glück gibt es einen besseren Weg, um herauszubekommen, was schwierig ist und was nicht. Man statte einfach den Hightech-Laboratorien der Welt einen Besuch ab und schaue den fortschrittlichsten Computer- und Neurowissenschaftlern bei der Arbeit zu. Was können sie nachbauen und was nicht? Bei der Beantwortung dieser Frage wird man mit einem Erkenntnisparadoxon konfrontiert: Viele Fähigkeiten, die wir für kognitiv anspruchsvoll halten, lassen sich schon heute passabel von Maschinen erledigen: Wir können mit Computern sprechen, obwohl sie genau genommen die Bedeutung der Worte nicht erfassen. Programme helfen uns, beliebige Fremdsprachen einigermaßen korrekt in unsere Muttersprache zu übersetzen. Dass Computer im idealisierten Universum formalisierbarer Brettspiele von Menschen nicht mehr zu schlagen sind, sagten wir gerade. Ganz anders sieht es aber im Bereich des vermeintlich Banalen aus. Keine Maschine ist in der Lage, wie ein Handwerker mit einem schnellen Blick in einem Gewirr von Schrauben die passende zu erkennen. An diesem sogenannten Bin-picking-Problem beißen sich Informatiker und Informatikerinnen seit über fünfzig Jahren die Zähne aus. Es gibt nur kleine Fortschritte.

Und völlig aussichtslos würde es, wenn die Maschine wie der Handwerker, *ohne hinzusehen*, im Chaos eines Werkzeugkastens den passenden Schraubenzieher erkennen und herausfingern sollte. Wie machen Menschen so etwas? Können sie mit den Händen sehen? Ja. Menschen sind in der Lage, verschiedene Sinnesmodalitäten ineinander zu übersetzen. Wir können also etwas fühlen und uns dann vorstellen, wie es aussieht! Oder wir sehen etwas und würden es erkennen, wenn wir es anfassen. Die dahinterstehende Neurobiologie ist extrem kompliziert und bisher nur in Teilen verstanden.

Was passiert, wenn wir etwas ertasten und uns dann vorstellen, wie es aussieht? In unseren Muskeln und Gelenken sind kleine Sinneszellen, die Spannungszustände und Winkel messen. Diese zum Beispiel bei Tastbewegungen entstehenden sogenannten propriozeptiven Informationen werden ins Gehirn geleitet und dort in eine bildliche Vorstellung „übersetzt". Wir „sehen" das erfühlte Werkzeug in gewisser Weise, obwohl wir es nur betastet haben.

Dieses geheimnisvolle Wechselspiel zwischen visuellen und propriozeptiven Informationen ist nicht nur wichtig, wenn wir blind das Werkzeug aus dem Kasten nehmen wollen oder mit den Fingern den Knopf am Hosenbund erkennen. Es ist auch die Grundlage einer Lernstrategie, die für die menschliche Entwicklung grundlegend ist. Es geht dabei um die Art und Weise, wie durch Vor- und Nachmachen Wissen weitergegeben wird, ein gerade im Handwerk elementarer Vorgang: Ein Könner zeigt einem Lehrling, wie man es macht, der dann das Gesehene selbst probiert und dabei beobachtet, falls notwendig korrigiert wird. Diese Vorgehensweise wird *Imitationslernen* genannt. Neben der gesprochenen Sprache ist

Abb. 2 © BECK, schneeschnee.cc

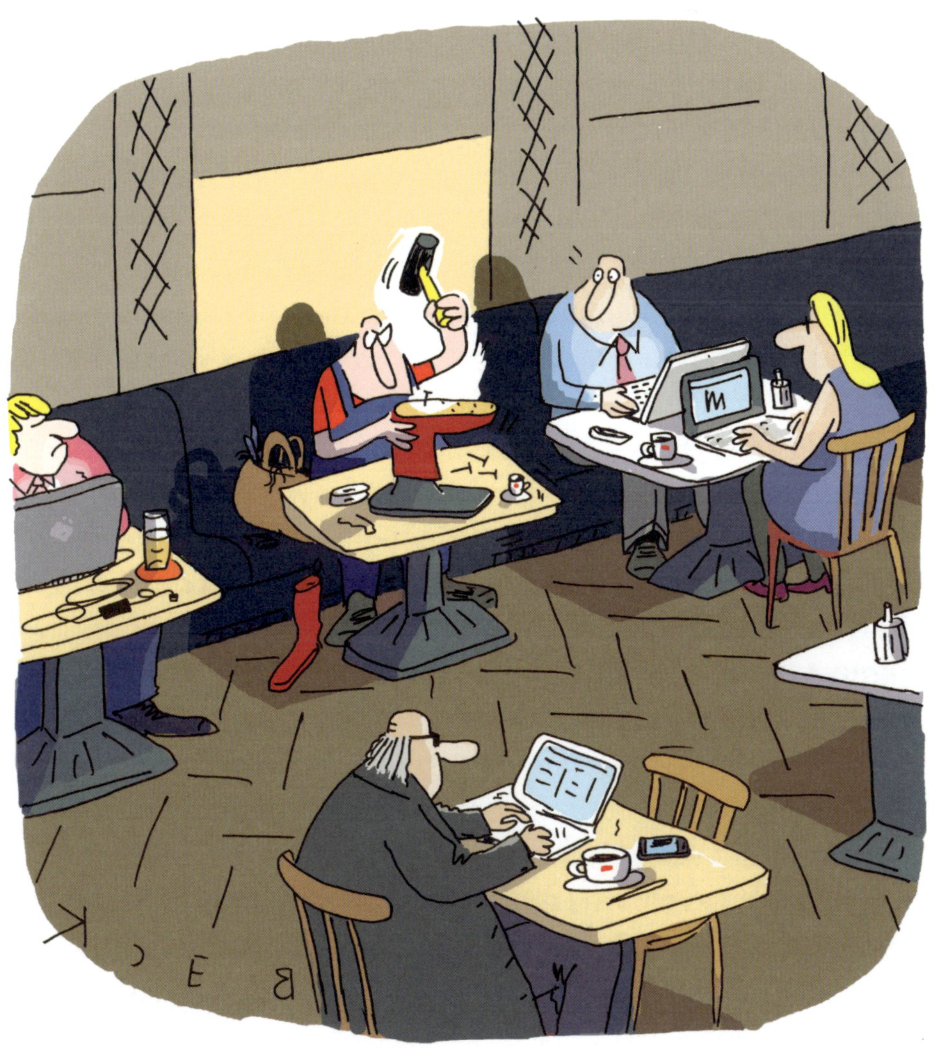

das Imitationslernen *die wichtigste Methode*, mit welcher Menschen Erfahrungswissen von einer Generation an die nächste weitergeben. Machen Sie sich bitte noch einmal klar, wie wichtig es in diesem Zusammenhang ist, visuelle Informationen in motorische Bewegungen übersetzen zu können!

Wahrscheinlich ist das Imitationslernen etwa 1,8 Millionen Jahre alt. Es hat die menschliche Entwicklung revolutioniert. Um zu verstehen, worin der Quantensprung bestand, macht es Sinn, sein Augenmerk kurz auf Schimpansen zu lenken, die auch Werkzeuge verwenden und in gewisser Weise durch Nachahmung lernen. Interessant ist in diesem Zusammenhang, was Affen nachahmen, wenn sie ein anderes Tier mit einem Werkzeug arbeiten sehen. Stochert ein Affe in einem Termitenhaufen, um die schmackhaften Tierchen herauszuholen, und wird dabei von einem anderen beobachtet, dann wird dieser sich, wenn er klug ist, ebenfalls einen Stock brechen und sein Glück versuchen. Es interessiert ihn allerdings weniger, *in welcher Weise* sein Vorbild sein Werkzeug hergestellt hat, und auch, *wie er es führt*, bleibt ihm gleichgültig. Der Affe imitiert das Erreichen des Ziels und die Wahl eines Mittels. Wir Menschen machen darüber hinaus aber *die Fertigung eines Werkzeugs selbst* zu einem Prozess, der optimiert wird, genauso wie *die Art und Weise, wie es verwendet wird*, wobei dieses Wissen über das Imitationslernen den Mitgliedern einer Gemeinschaft verfügbar gemacht wird. Das ist kognitiv sehr anspruchsvoll, weil der angesprochene visu-motorische Transfer in diesem Zusammenhang eine entscheidende Rolle spielt. Deshalb sind Menschen Meister im Nachäffen, nicht die Affen! Wir können Bewegungen extrem gut kopieren. Handwerker und Handwerkerinnen sind Meister dieser komplexen Form der Informations- und Könnensvermittlung. Deren Fähigkeiten gehen weit über jene heutiger Roboter hinaus, die nur in Ansätzen imitieren können und wegen ihrer Maschinenarchitektur auch nicht über ein vergleichbares Körperwissen verfügen, auf das man sich im Lernprozess beziehen kann.

Es muss nun betont werden, dass das Imitationslernen im Mosaik der handwerklichen Fähigkeiten nur ein kleiner Baustein ist! Das Mysterium eines verrosteten Leitungsknotens verlangt nicht nur handwerkliches Geschick. Auch kommunikative Fähigkeiten und die Konzentration auf ein gemeinsames Ziel sind vonnöten. Auch von diesen Fertigkeiten können Computeringenieure bis heute nur träumen. Deshalb besteht momentan keine Gefahr, dass die Maschinen versierten Handwerkern in Zukunft die Arbeit wegnehmen werden. Am Mysterium des Leitungsknotens werden sie noch jahrzehntelang verzweifeln.

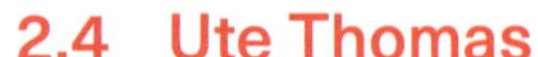

2.4 Ute Thomas

3D-Druck zwischen Handwerk und Industrie

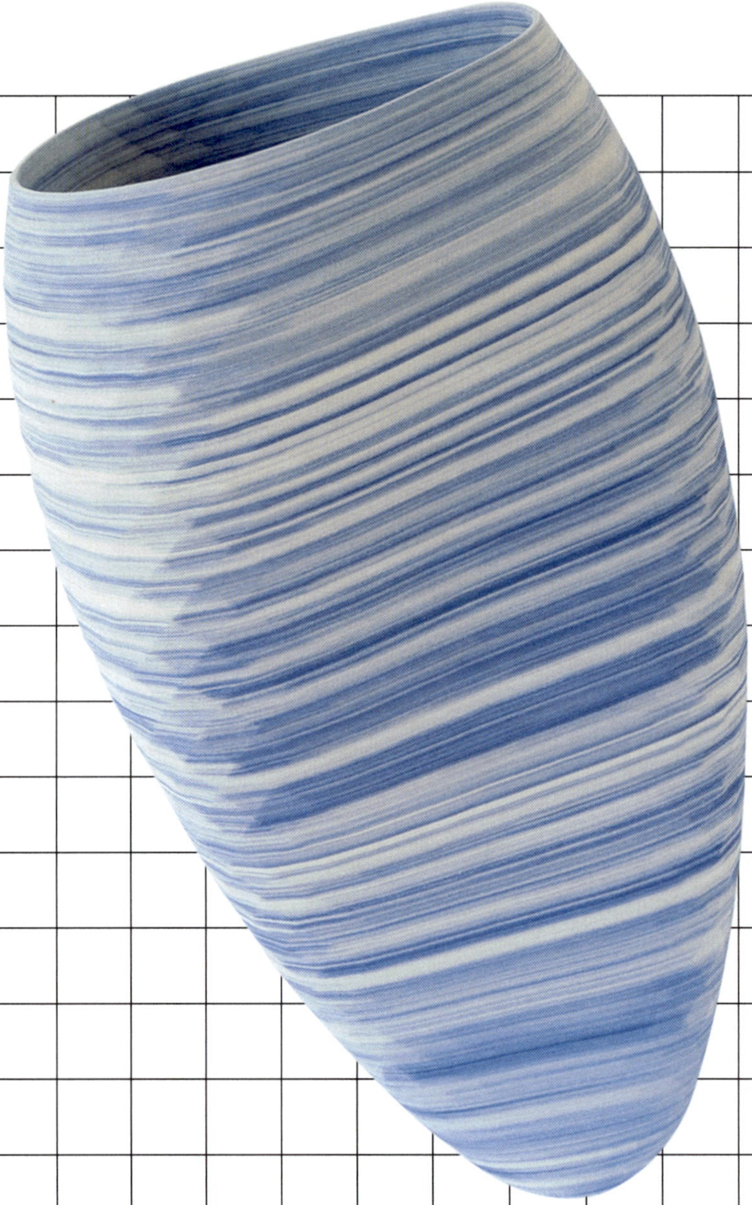

Abb. 1 *Blue and White Vase*, Olivier van Herpt, 2018, Porzellan, 3D-Druck

Ursprünglich vor allem für medizinische Anwendungen entwickelt, hat der 3D-Druck als Werkzeug auch in der Industrie und im Handwerk Einzug gehalten. Mittlerweile bieten sogar Supermärkte 3D-Drucker für den Heimgebrauch an. Verschiedenste Materialien können in unterschiedlichen Verfahren verarbeitet werden. Metalle (unter anderem Kupfer, Zink, Aluminium, Stahl/Edelstahl, Kobalt, Chrom), Kunststoffe, Keramik, organische Materialien, Holz, Beton oder Glas lassen sich als Pulver entweder laserschmelzen (sintern) oder additiv drucken. Gerade die Möglichkeit 3D-gedruckter Metalle hat die Herstellung und schnelle Verfügbarkeit passgenauer Ersatzteile vereinfacht. Selbst als Endverbraucher*in kann man beim 3D-Onlinedruckservice seines Vertrauens seine Daten hochladen, Kenntnisse der gängigen 3D-Programme vorausgesetzt. Rapid Prototyping, Reverse Engineering, Rapid Tooling sind Schlagworte der Stunde. Gänzlich 3D-gedruckte Häuser und Fahrradbrücken, beispielsweise in den Niederlanden, lassen Herstellungskosten und Produktionsdauer gegenüber konventionellen Verfahren dahinschmelzen.

Die Suche nach nachhaltigeren Materialien und abfallärmerer Verarbeitung hat den 3D-Druck populär gemacht. Es wurden vor allem im Kunststoffbereich damit Neuentwicklungen möglich, die organische Materialien für Sinterverfahren verfügbar machen. Der österreichische Brillenhersteller NEUBAU verwendet für seine Brillen einen organischen Kunststoff, der aus Rizinusöl gewonnen wird. Im Sinterverfahren wird das Kunststoffpulver quasi abfallfrei zu Brillengestellen „zusammengeklebt". Die Nachbearbeitung erfolgt per Hand. Das übrig gebliebene Pulver wird für den nächsten 3D-Druck weiterverwendet.

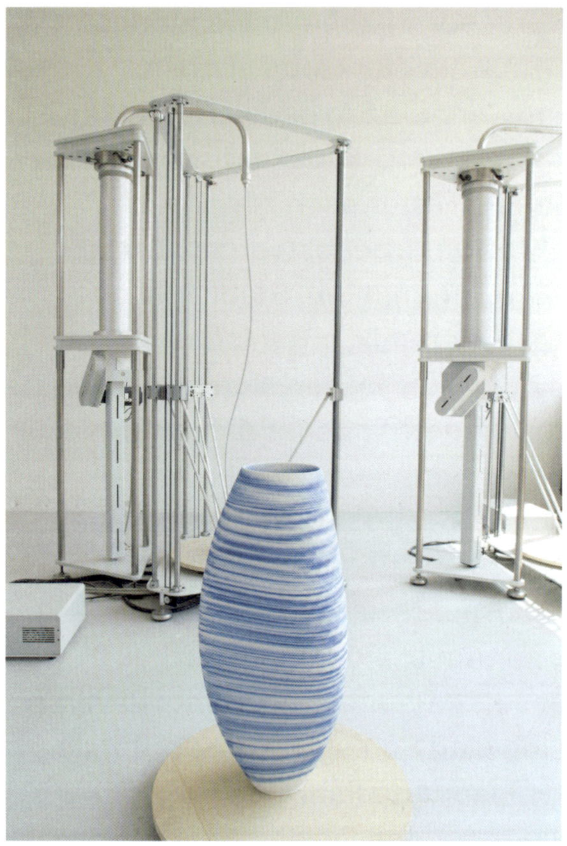

Abb. 2 *Blue and White Porzellanvase* vor dem 3D-Druck-Gerät, Olivier van Herpt

Der Industriedesigner Olivier van Herpt hingegen erforscht die digitale Gestaltung und Herstellung von Keramikgefäßen. Für seine 3D-gedruckten Produkte hat er ausgehend von den gängigen Druckmethoden lange an der Verbesserung der Werkzeuge gearbeitet, um gestalterische Ergebnisse zu erhalten, die ihn zufriedenstellen. Die Gestaltung seiner Vasen passt sich an den Produktionsprozess an und lässt sich nur mit 3D-Druck erreichen. (Abb. 1 u. 2)

Gestaltung und Druckform entstehen bei allen Beispielen vollständig am Computer. Der/die Produzierende braucht lediglich Kenntnisse in der Herstellung der 3D-Daten und in der Steuerung des Druckers. Was hat das noch mit Handwerk zu tun? Für Handwerker*innen verändert der 3D-Druck nicht nur die Konkurrenz, die vermeintlich leichter, kostengünstiger und schneller zu guten Lösungen für Produkte kommt. Wird die Grenze zwischen Handwerk und Industrie durchlässiger, wenn ein Handwerksbetrieb sowohl Serien im 3D-Druck herstellt als auch Einzelanfertigungen in konventioneller Methode? Das Verfahren verändert die Gestaltung von Produkten und beeinflusst ebenfalls die Bereiche der Reparatur und Restaurierung. Nicht nur das Aussehen handwerklich bearbeiteter Oberflächen kann im 3D-Druck nachgeahmt werden. Es wird durch die neue Technik möglich, historische Gebrauchsgegenstände kostengünstiger zu reparieren. Bei der Aufarbeitung von Oldtimern wird die Technik bereits eingesetzt, wie das Leipziger Unternehmen Oldtimerparts beweist. Nicht mehr verfügbare Ersatzteile werden dort nach Kundenwunsch individuell 3D-gedruckt. (Abb. 3–6)

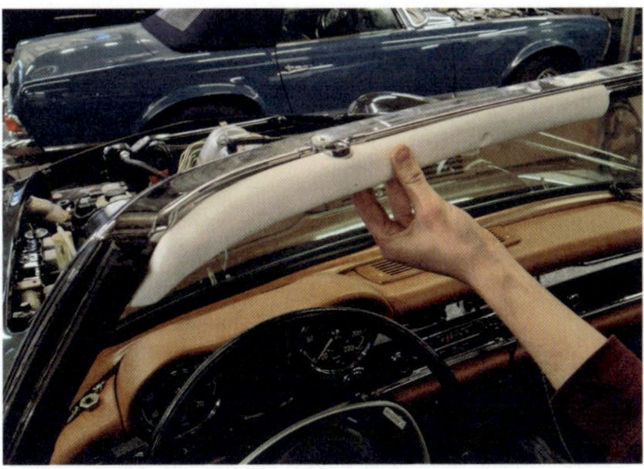

Abb. 3 3D-gedruckter Scheibenrahmen bereit für die Montage in einem Mercedes-SL-Cabrio, Werkstatt Oldtimerparts Leipzig

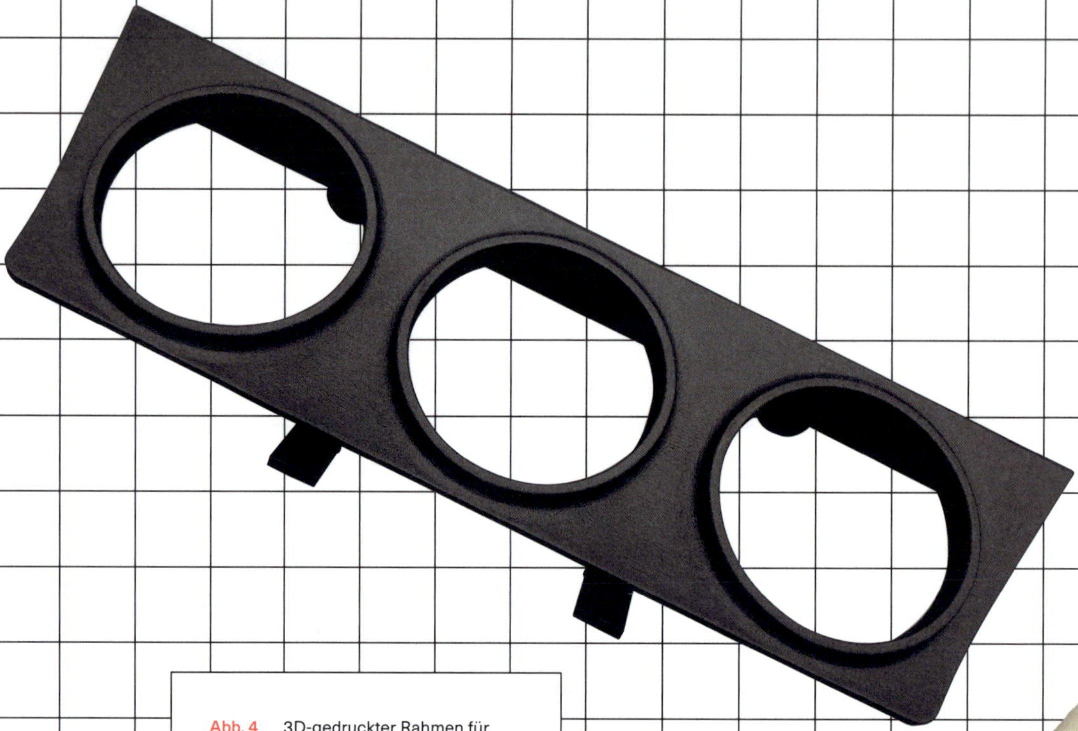

Abb. 4 3D-gedruckter Rahmen für Zusatzinstrumente eines BMW E 30, Werkstatt Oldtimerparts Leipzig

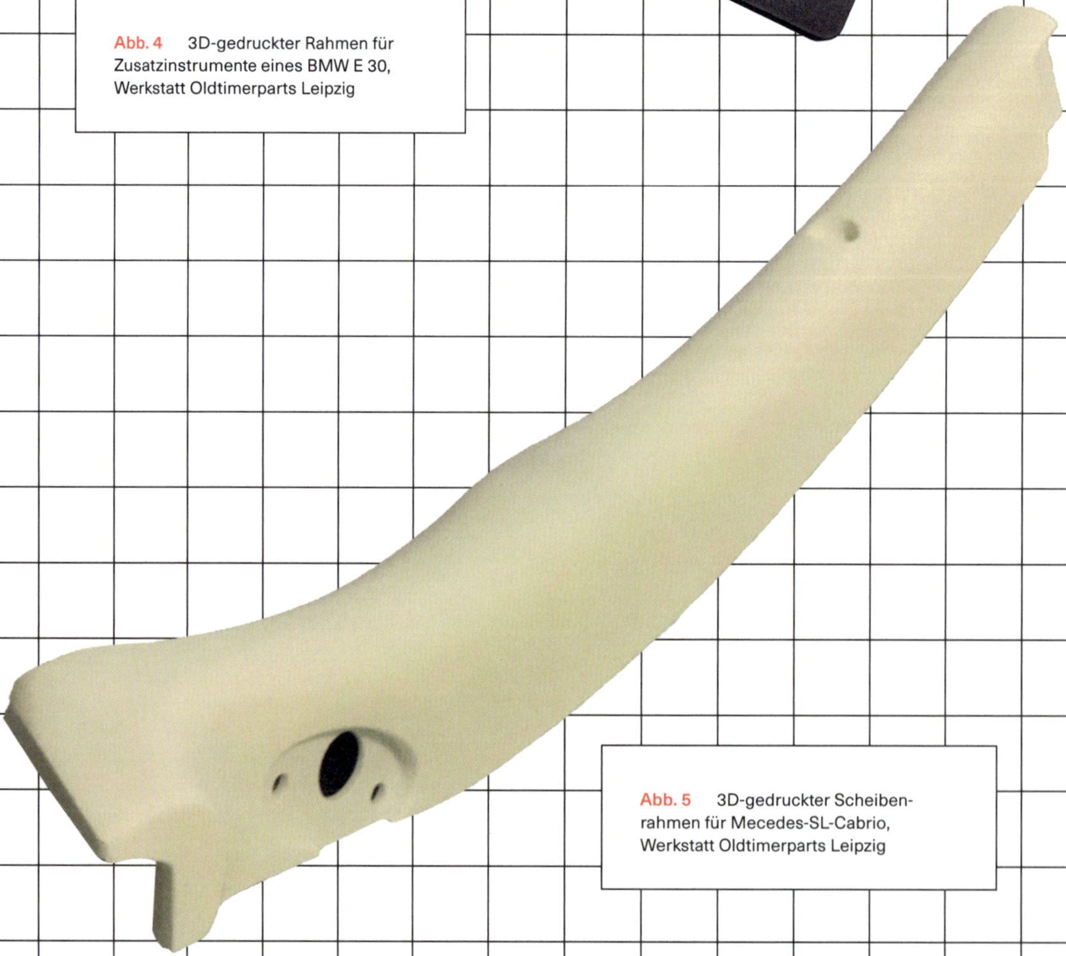

Abb. 5 3D-gedruckter Scheibenrahmen für Mecedes-SL-Cabrio, Werkstatt Oldtimerparts Leipzig

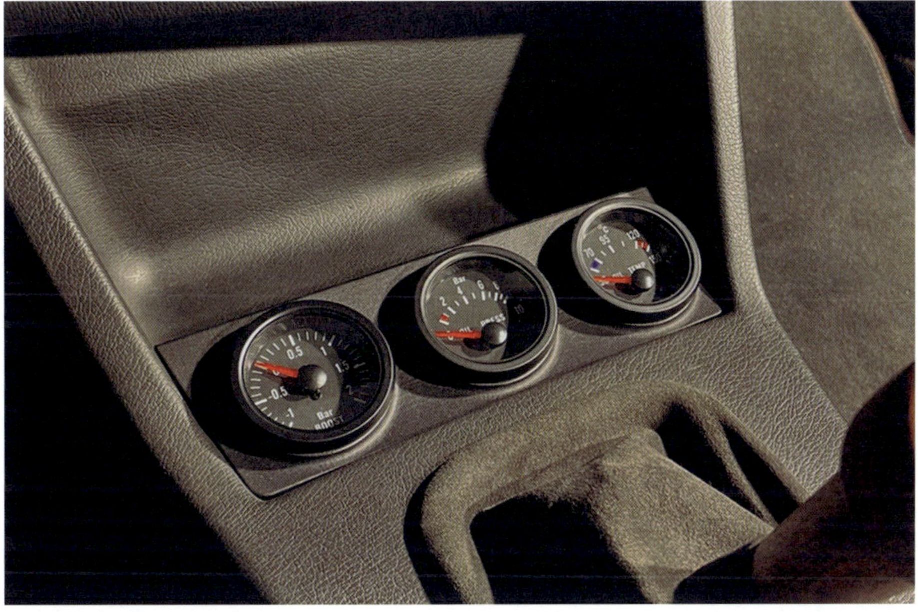

Abb. 6 Eingebauter 3D-gedruckter Rahmen für Zusatzinstrumente eines BMW E 30, Werkstatt Oldtimerparts Leipzig

Der 3D-Druck fördert im Handwerk auch innovative Experimente. Nicht nur durch das Ausprobieren der neuen Technik an sich, sondern auch für die schnelle und preiswerte Produktion von Prototypen, an denen Maße, Gestaltung, Konstruktion kontrolliert und angepasst werden können. Gerade für die Gewinnung und Beratung von Kund*innen ist das Verfahren praktisch. So können beispielsweise individuelle Entwürfe für Kund*innen unkompliziert zur besseren Visualisierung ausgedruckt werden, bevor der Auftrag ausgelöst wird. Letztlich kann auch die Verständigung zwischen Gestaltenden und Handwerkenden vereinfacht werden – durch anschauliche 3D-Modelle.

2.5 Franziska Graßl

Deutscher Werkbund und Handwerk – Das Beispiel der Deutschen Werkstätten Hellerau

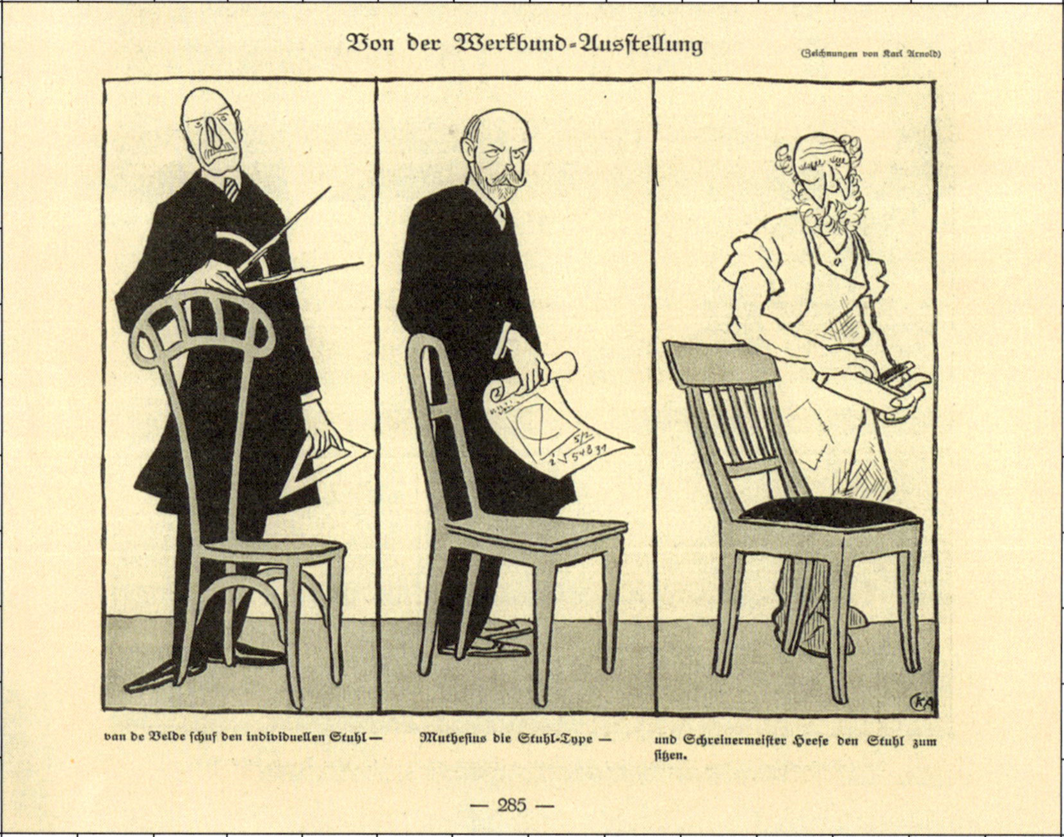

Von der Werkbund-Ausstellung

(Zeichnungen von Karl Arnold)

van de Velde schuf den individuellen Stuhl —

Muthesius die Stuhl-Type —

und Schreinermeister Heese den Stuhl zum sitzen.

— 285 —

Abb. 1 Karikatur *Von der Werkbund-Ausstellung*: „van de Velde schuf den individuellen Stuhl – Muthesius die Stuhl-Type – und Schreinermeister Heese den Stuhl zum Sitzen", Karl Arnold (Zeichnung) aus: *Simplicissimus*, 1914

Die in der Zeitschrift *Simplicissimus* vom 3. August 1914[1] abgebildete Karikatur *Von der Werkbund-Ausstellung* findet bis heute immer wieder als Illustration Verwendung[2], da sie einen am Rande der Kölner Werkbundausstellung 1914 ausgetragenen theoretischen Richtungsstreit innerhalb des Deutschen Werkbundes (DWB) am Beispiel der Sitzmöbelherstellung augenfällig darstellt.(Abb. 1) Die zwei gegensätzlichen DWB-Positionen (individueller künstlerischer Entwurf versus Entwicklung von Typen für die serielle Herstellung) scheinen hier beide dem Handwerksprodukt unterlegen zu sein. Aber war diese satirische Zuspitzung auch realistisch?

Der Gründer der Deutschen Werkstätten Hellerau, Karl Schmidt (1873–1948), der als Tischler selbst vom Handwerk kam und im frühen 20. Jahrhundert zu einem Vorreiter der seriellen Möbelherstellung in Deutschland wurde[3], hatte einige Jahre zuvor in einem Preisbuch für serielle Möbel die Überlegenheit des Handwerks als Mythos entlarvt: Auch wenn zum Zeitpunkt der Gründung seiner Werkstätten (1898) „der Irrtum noch allgemein [gewesen war], es wäre möglich, Handwerkskunst im alten Sinne zu treiben", so gäbe es doch „Handwerksarbeit im alten Sinne [...] schon lange nicht mehr", denn „[f]ast alle unsere Großbetriebe sind großgewordene Handwerksbetriebe".[4] Diese Beschreibung entsprach exakt der Entwicklung seiner Firma, die anfangs die *Handwerkskunst* im Namen führte, vom Handwerks- zum Industriebetrieb. Schmidt handelte aus wirtschaftlichen Erwägungen (Einsparung durch Standardisierung und Rationalisierung) und verfolgte sozialreformerische Ziele (bezahlbare Möbel für alle). Entscheidend für seinen unternehmerischen Erfolg

1 Diese Ausgabe war der Online-Edition zufolge nicht in den Verkauf gelangt: http://www.simplicissimus.info/index.php?id=6.

2 Zum Beispiel bei Zimmermann: Das Bauhaus, der *Simplicissimus* und die Philister, 2009, S. 389 (Abb. 1).

3 Grundlegend: Arnold: Vom Sofakissen zum Städtebau, 1993.

4 Dresdner Hausgerät. Preisbuch, 1910, S. 3.

war aber die Durchsetzung gestalterischer und handwerklicher Qualität (stilbefreite funktionale *Typen*) in Zusammenarbeit mit professionellen Gestaltern als einem Hauptziel des DWB.

Zwar erscheint der Stuhl des Schreinermeisters in der Karikatur als der bequemste und verweist indirekt auf die Genese funktionaler Typen durch das Handwerk selbst, nicht bildlich umgesetzt ist jedoch die Anfälligkeit des Handwerks für historisierende Stile, ein wichtiger Kritikpunkt des DWB. Wäre nicht der absurd anmutende Streit zwischen Henry van de Velde (1863–1957) und Hermann Muthesius (1861–1927) zentrales Thema der Karikatur gewesen, so hätte Karl Schmidt als einer der wichtigsten Befürworter serieller Herstellung innerhalb des DWB mit seinen ab 1906 in Serie hergestellten sogenannten *Maschinenmöbeln* einen wesentlich überzeugenderen Repräsentanten der *Stuhl-Type* abgegeben.(Abb. 2)

Aus dem 1914 karikierten vermeintlichen Widerspruch von Kunst, Industrie und Handwerk entwickelte sich im 20. Jahrhundert der Beruf des Produktdesigners. In diesem Beruf spielt das Handwerk zum Beispiel im Prozess der Entwicklung der Form aus dem Material eine wichtige Rolle. Designer verfügen oftmals selber über eine handwerkliche Berufsausbildung.

Die seriellen Intentionen der Deutschen Werkstätten Hellerau aber sollten nach 1989 zum Mythos werden, als sich das Unternehmen unter veränderten wirtschaftlichen Bedingungen gänzlich dem exklusiven handwerklichen Innenausbau zuwandte.[5]

5 Vgl. Mythos Hellerau. Ein Unternehmen meldet sich zurück. Ausstellungskatalog, Deutsches Architektur-Museum Frankfurt am Main 2002.

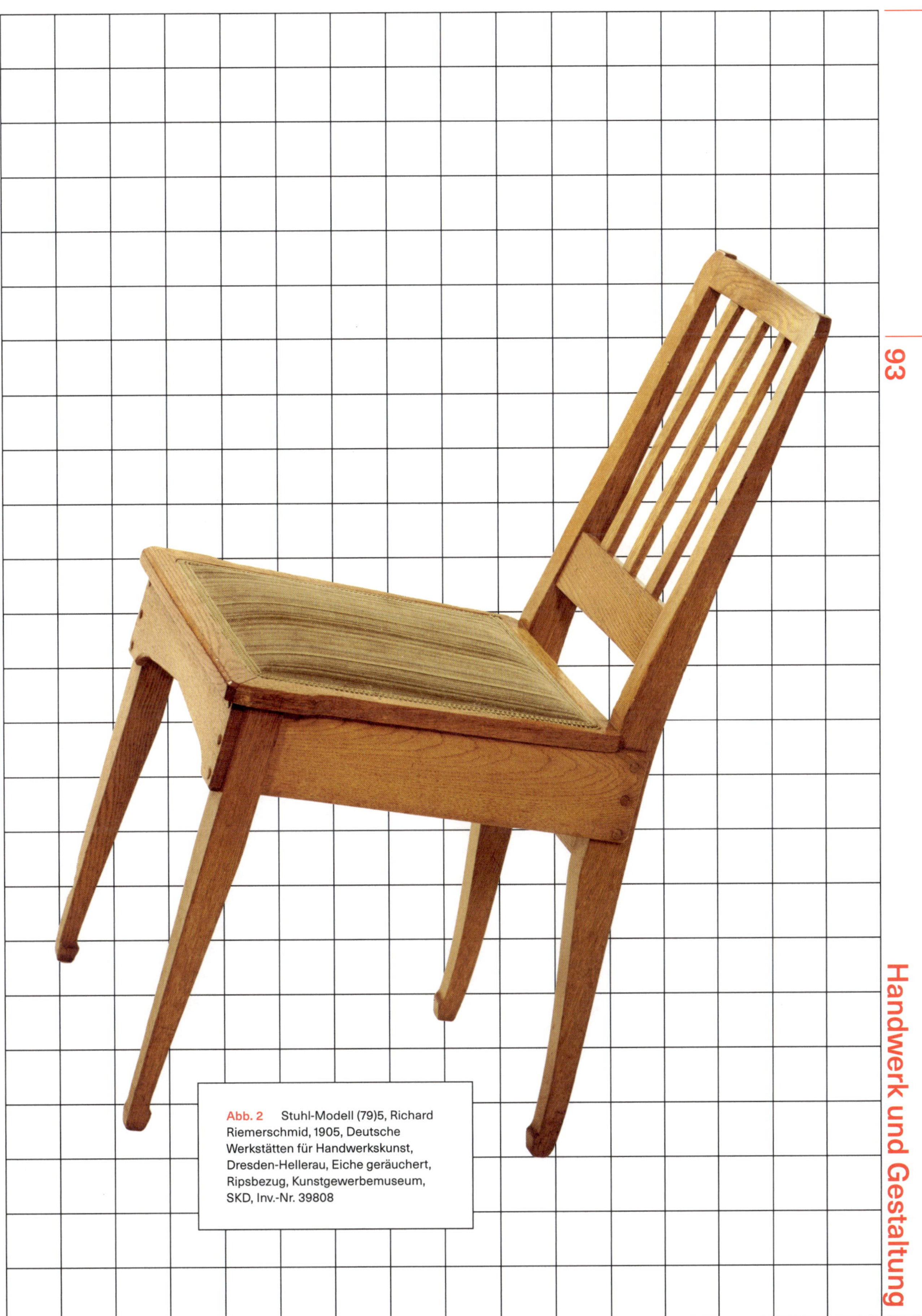

Abb. 2 Stuhl-Modell (79)5, Richard Riemerschmid, 1905, Deutsche Werkstätten für Handwerkskunst, Dresden-Hellerau, Eiche geräuchert, Ripsbezug, Kunstgewerbemuseum, SKD, Inv.-Nr. 39808

2.6 Renate Breuß

Handwerk + Form – Ein Gestaltungswettbewerb im Handwerk

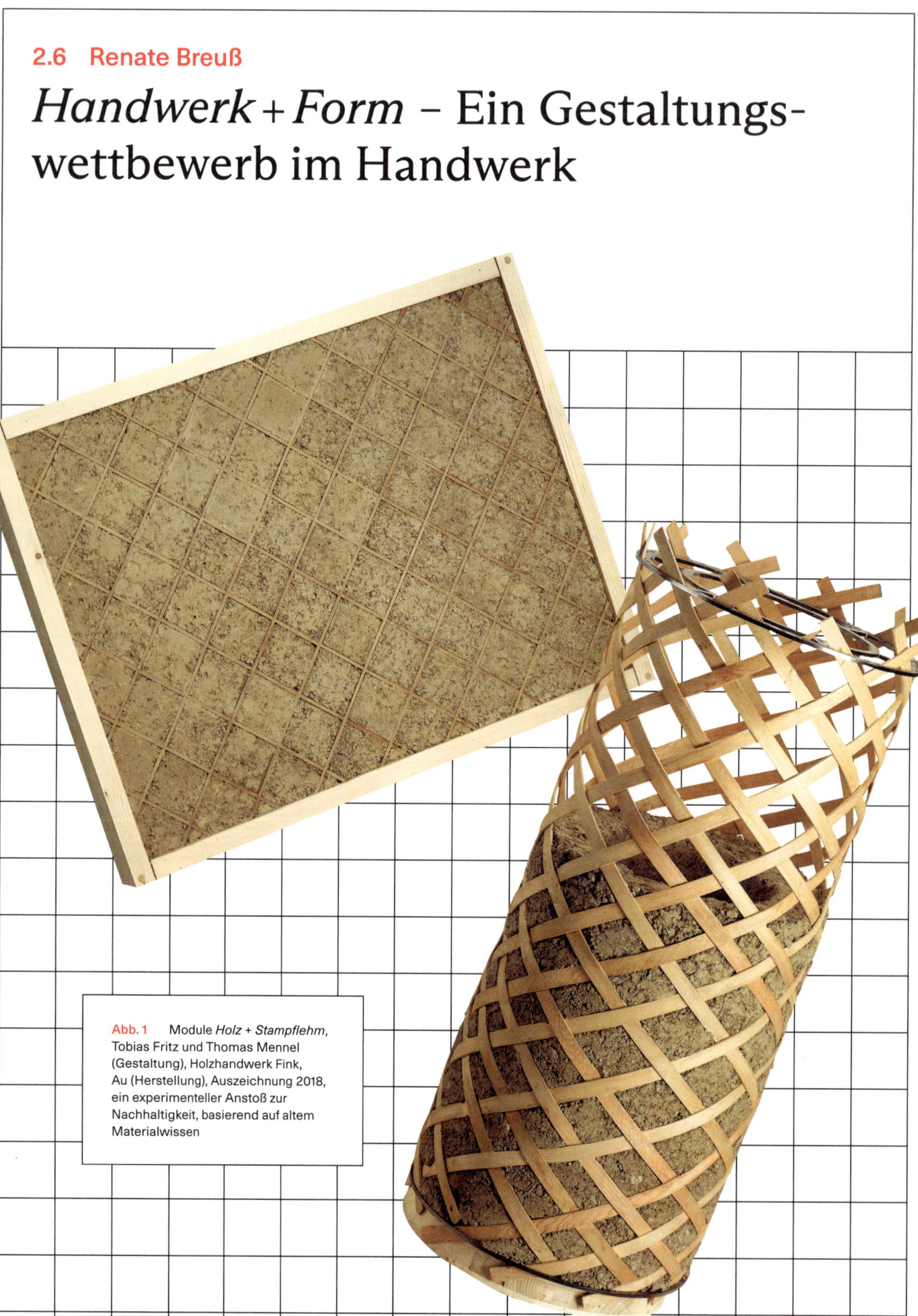

Abb. 1 Module *Holz + Stampflehm*, Tobias Fritz und Thomas Mennel (Gestaltung), Holzhandwerk Fink, Au (Herstellung), Auszeichnung 2018, ein experimenteller Anstoß zur Nachhaltigkeit, basierend auf altem Materialwissen

Der Wettbewerb *Handwerk + Form* steht in einer langen Tradition. 1991 vom Handwerkerverein Andelsbuch initiiert, wird er seit 2000 alle drei Jahre mit dem Werkraum Bregenzerwald gemeinsam organisiert. Inzwischen zählt *Handwerk + Form* zu den bedeutendsten Gestaltungswettbewerben des deutschsprachigen Raumes im Handwerk, 2022 wird er zum neunten Mal ausgelobt. „Als wichtiger Impulsgeber für die regionale Handwerkskultur forciert er deren Austausch mit gestaltungskompetenten Menschen aus dem In- und Ausland. Im Vordergrund stehen dabei die Vielseitigkeit und Innovationskraft in allen Bereichen des Handwerks."[1] Das Nutzen von Synergien durch fachübergreifende Kooperationen, seit Anbeginn mit der Vorarlberger Architektur, gehört zur DNA des Wettbewerbs.

Sich mit anderen zu messen und von einer Jury bewerten zu lassen, ist im Bereich der Architektur und im Design gang und gäbe. Wettbewerbe bilden hier eine Basis für größere Aufträge oder sind Teil einer Marketingstrategie. Das Handwerk kennt die Präsentation auf Messen und Ausstellungen, ist im Gespräch mit seinen Auftraggeber*innen und Lieferant*innen. Das Urteil einer Jury aber ist vielen Beteiligten aus dem Handwerk neu. Wer sich darauf einlässt, ist unterschiedlich motiviert. Die einen treibt der öffentlich ausgetragene Wettkampf an, andere nutzen die Möglichkeit zur Reflexion und Diskussion, zur Standortbestimmung des eigenen Schaffens, aus technischer wie aus gestalterischer Sicht. Was alle eint, ist das Interesse an einem persönlichen Feedback, eine mit den Juroren Hermann Czech und Peter Zumthor 2006 eingeführte Praxis. Der persönliche Austausch, die Nähe zu Mensch und Ding ist auch Ausdruck einer kulturellen Identität. *Handwerk + Form* macht sie sichtbar, nachhaltig

1 Werkraum Bregenzerwald (Hg.): Wettbewerbsausschreibung *Handwerk + Form*, 2022, S. 1.

über die insgesamt mehr als 700 Einreichungen, zusammengekommen in acht Wettbewerben. Sie sind Grundstock und Repertoire für das Anlegen von Sammlungen und die Bestückung von Ausstellungen. Die Ausstellung *möbel für alle* startete mit kuratierten Nachbereitungen,[2] in der *Schausammlung* des vorarlberg museums finden sich die Ankäufe der Prämierungen, ausgestellt im Werkraumdepot.[3] Digital dokumentiert und breit zugänglich sind mehr als 200 Preisträger*innen und Einreichungen im *Archiv der Formen*.[4] Dass bis dato im Schnitt jede dritte Einreichung einen Preis erhielt, zeugt von einer durchwegs hohen Einreichqualität.[5] Nicht immer teilt das Publikum den Entscheid der aus Architektur, Design, Handwerk und Medien renommiert besetzten Jurys. Aufmerksame Besucher*innen beobachten die konstant bestechende Qualität in der handwerklichen Ausführung, den adäquaten Einsatz neuester Technologien. Im Streben nach einer „vernünftigen" Produktkultur aber lautet ein Vorschlag, längere Entwicklungszeiträume anzudenken.[6] Eine dem Handwerk genuin zugesprochene Langsamkeit – in im Team geführten Denk- und Herstellungsprozessen, analog wie digital[7] – bekommt so unter dem Stichwort Entschleunigung eine aktuelle Relevanz. Was unsere Gesellschaft bereichert, sind langlebige Produkte, gut und schön gemacht, praktisch und vergnüglich im Gebrauch. Nicht zuletzt auch reparier- und vererbbar. Diesen Beitrag zur Lebensqualität leistet *Handwerk + Form* immer wieder aufs Neue, in neuen Formationen und überraschenden Resultaten.

Ab Oktober 2022 sind wie bei jedem *Handwerk + Form*-Wettbewerb alle Einreichungen, nicht nur die Prämierungen, in einer

2 Gnaiger/Stiller (Hg.): möbel für alle, 2002.
3 Werkraumdepot im Werkraum Bregenzerwald, Andelsbuch. Sammlung aus den Wettbewerben *Handwerk+Form* seit 2000, Leihgabe vorarlberg museum.
4 Werkraum Bregenzerwald (Hg.): Archiv der Formen, 2022.
5 Von insgesamt 216 Prämierungen hat die Jury 66 Auszeichnungen, 67 Anerkennungen und 80 Belobigungen vergeben, einmalig zusätzlich 13 anerkennende Leistungen ausgesprochen.
6 Vgl. Nachlese eines aufmerksamen Besuchers, Ausstellung *Handwerk + Form,* 2012, unveröffentlichtes Manuskript.
7 Vgl. Sennett: Craftsmanship, 2016.

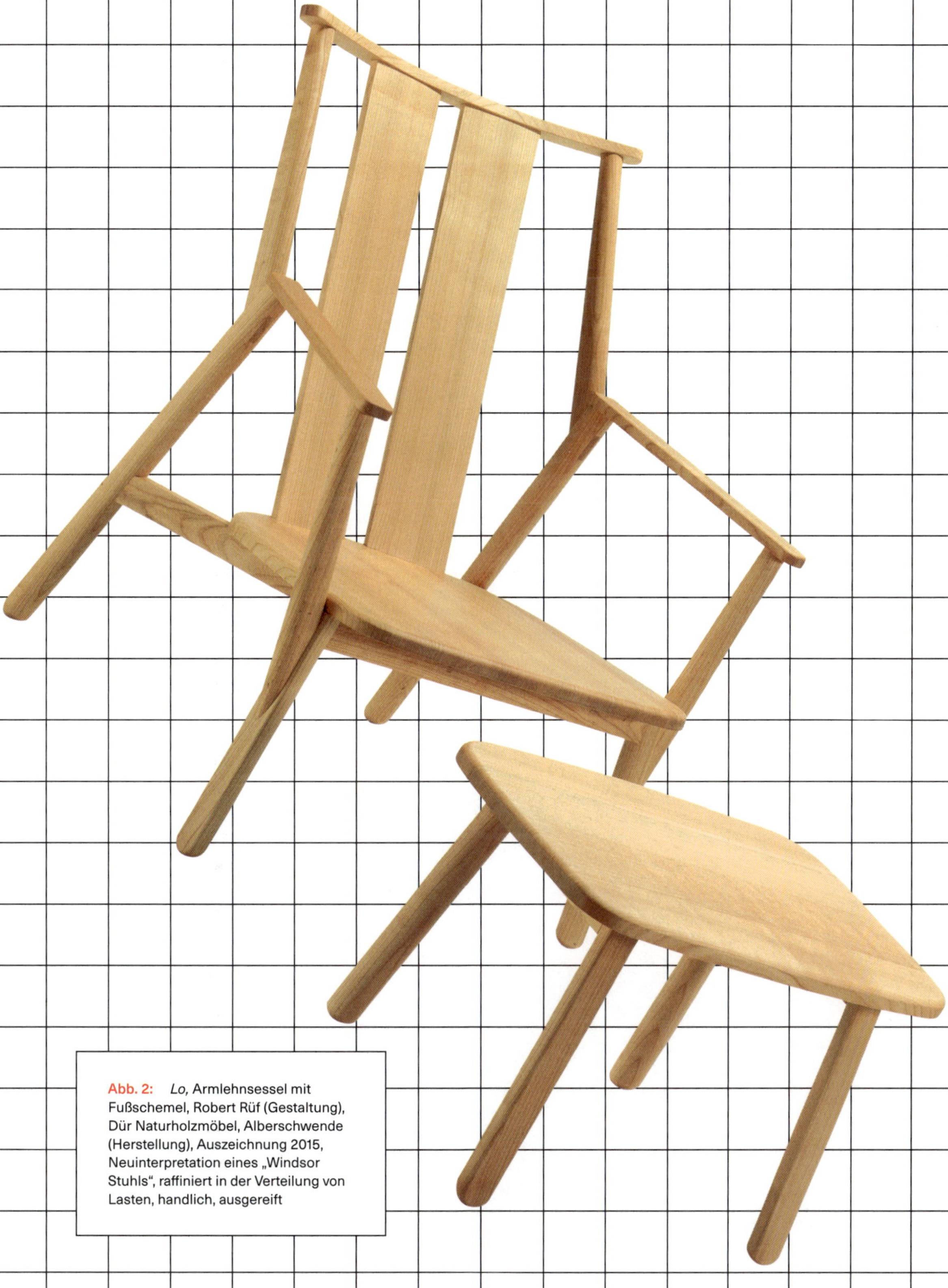

Abb. 2: *Lo,* Armlehnsessel mit Fußschemel, Robert Rüf (Gestaltung), Dür Naturholzmöbel, Alberschwende (Herstellung), Auszeichnung 2015, Neuinterpretation eines „Windsor Stuhls", raffiniert in der Verteilung von Lasten, handlich, ausgereift

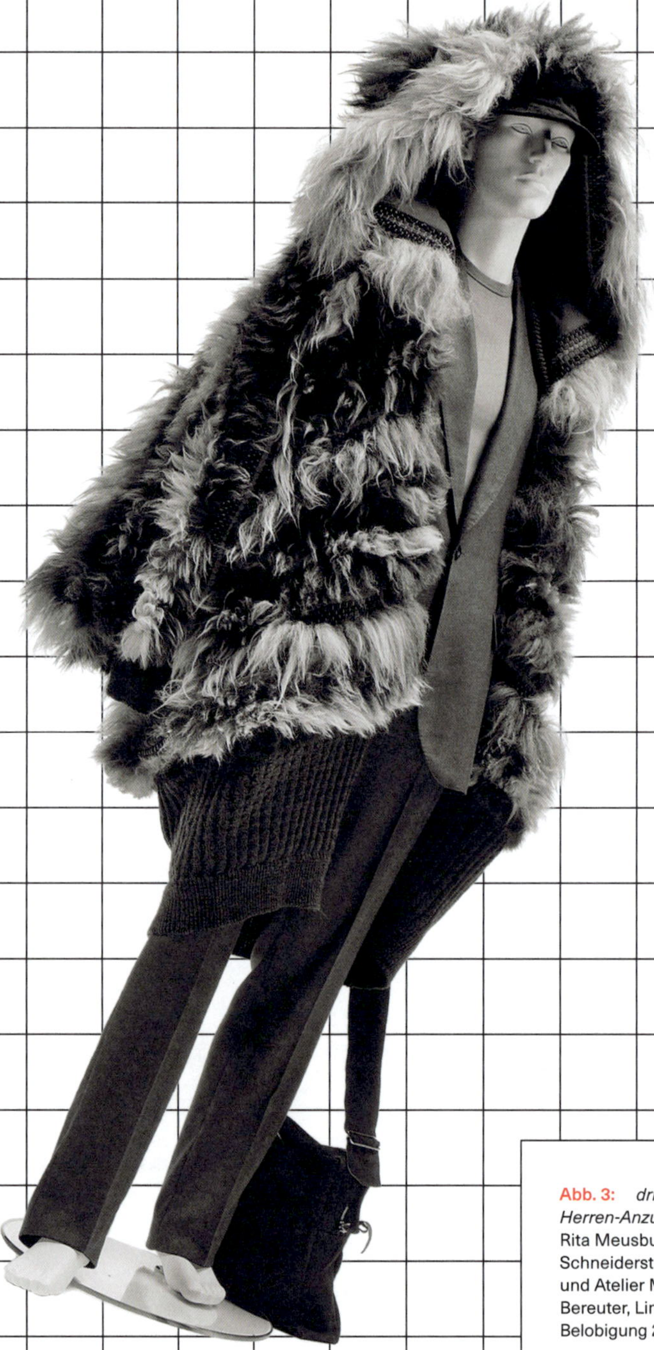

Abb. 3: *drinnen & draußen – Herren-Anzug und Herren-Parka*, Rita Meusburger (Gestaltung), Schneiderstüble Manuela Maaß und Atelier Maria Meusburger-Bereuter, Lingenau (Herstellung), Belobigung 2006

Ausstellung zu sehen. Alle Entwürfe sind umgesetzt, die Qualitäten in Handhabung und Materialität, in Schönheit und Funktionalität sinnlich erlebbar. Prototypen, Experimente, Module und Neuauflagen sind präsent im Nebeneinander mit bereits zur Marktreife gebrachten Produkten. Darunter sind Verkaufsrenner und Medienikone genauso wie Impulse oder Korrektive für weitere Entwicklungen. Als Ort der Konkurrenz und als Ort der Kooperation schafft der Wettbewerb Möglichkeiten einer Orientierung im Handwerk – für alle Beteiligten.

Nachsatz: Kurz vor Drucklegung erreicht uns die Nachricht, dass der Wettbewerb *Handwerk + Form* 2022 abgesagt wurde. Es wären zweifellos spannende Beiträge zu erwarten gewesen. In puncto Neuausrichtung beziehungsweise Neuauflage haben sich die Veranstalter eine Nachdenkpause auferlegt.

2.7 Lieve Brocke im Gespräch mit Anton de Bruyn

Mythos Handwerk – Kopf vs. Hand

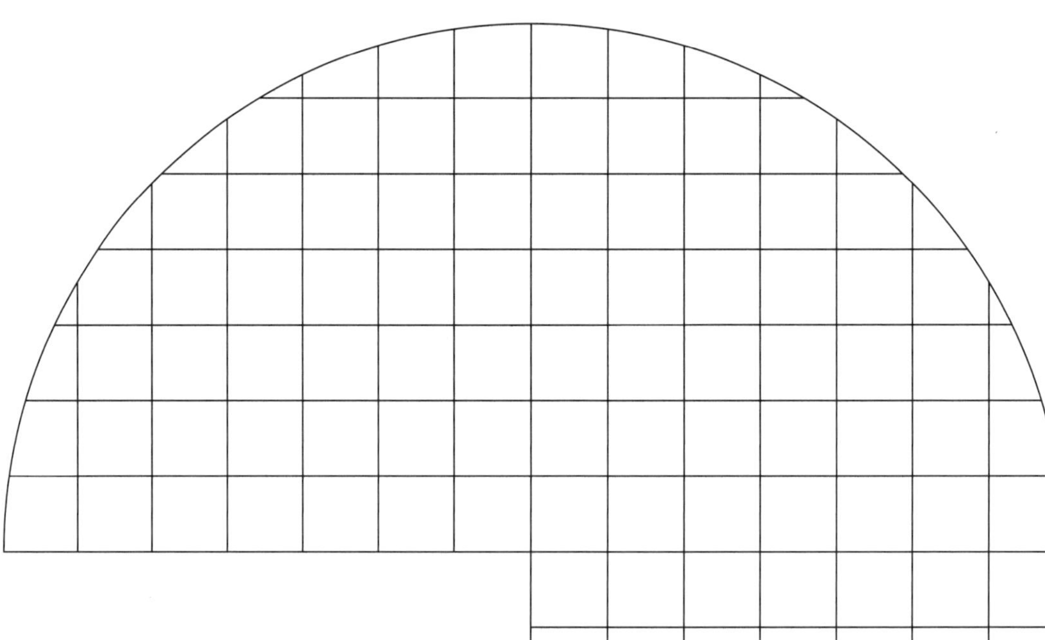

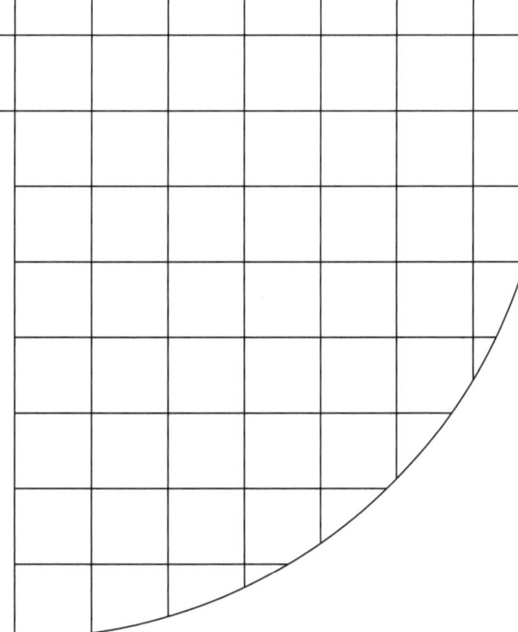

Anton de Bruyn leitet das Restaurant Emma Metzler am Museum Angewandte Kunst in Frankfurt am Main. Als gelernter Koch kommt er aus dem Handwerk, welches auch seine Faszination für diesen Beruf bestärkte. Lieve Brocke, Juniorkuratorin am Museum Angewandte Kunst, spricht mit Anton de Bruyn darüber, wie viel Handwerk im Kochen steckt, was es mit Improvisieren und Experimentieren während des Kochprozesses auf sich hat und wie ein Koch mit Unplanbarem im Fertigungsprozess umgeht.

Lieve Brocke: Was ist Handwerk beim Kochen? Inwieweit ist Kochen überhaupt ein Handwerk?
Anton de Bruyn: Kochen ist zu hundert Prozent ein Handwerk. Nicht nur, da man eine Lehre machen muss, sondern auch, weil man täglich mit den Händen arbeitet. Die Koch-Lehre ist dual angelegt: mit einem praktischen und einem theoretischen Part. Für den Koch oder die Köchin gibt es keine Meisterpflicht. Jeder und jede kann ein Restaurant eröffnen, dafür braucht man keinen Meisterabschluss. Das ist beim Friseur, beim Bäcker oder beim Metzger anders. Dort muss ein Meisterabschluss gemacht werden, um sich selbständig machen zu dürfen. Bei uns ist das nicht so. Deswegen haben dieser Abschluss und der Lehrgang keine große Bedeutung, sie sind beinahe überflüssig und dazu noch teuer. Kochen ist eher eine Einzeldisziplin, was oft mit Kunsthandwerk, Künstlerischem oder Unternehmerischem in Verbindung gesetzt wird. Was noch zum Koch-Handwerk dazu kommt: Wir haben klassische und auch vorgeschriebene Uniformen. Als Koch oder Köchin hast du eine unangreifbare und sehr praktische Expertise, die du täglich anwendest.
LB Kannst du mir sagen, welche handwerklichen Fähigkeiten beim Kochen benötigt werden?
AdB Ich gehe das mal an einem Beispiel durch, nämlich an den Schneidetechniken: Köch*innen werden klassisch mit dem Kochlöffel oder dem Messer assoziiert und mit letzterem können verschiedene Schnitttechniken angewendet werden. Nehmen wir eine Karotte. Sie kann man zum Beispiel *Julienne* schneiden – in dünne Streifen. Fachwörter sind beim Kochen immer auf Französisch. Oder man schneidet *Bâtonnets*, die aussehen wie Pommes frites. Als *Brunoise* bezeichnet man Würfel mit einer Kantenlänge von drei Millimetern, als *Mirepoix* hingegen walnussgroße Quader für die Herstellung einer Bratensoße. Oder ich schneide *à la Matignon*, das sind blättrig geformte Würfel für einen Fischfond. Für diese Schnitttechniken oder -formen gibt es eine Bewertung des Schnittbildes mit klaren Kriterien.
LB Diese richten sich dann hauptsächlich nach dem Visuellen?
AdB Ja, richtig. Zudem ist natürlich jedes Rezept ein Vorgang, also ein Arbeitsalgorithmus. Bei der Zubereitung einer Frikadelle zum Beispiel muss man zuerst das Fleisch wolfen, dann die Zwiebeln schneiden, anschließend alles würzen und abschmecken. Es gibt eine Zutatenliste, eine Zubereitungsart und schließlich auch ein Ergebnis, das es zu prüfen gilt.
LB Das ist ein sehr strukturierter Arbeitsablauf.
AdB Genau.
LB Es geht trotzdem auch viel um Intuition. Kochst du immer nach Rezept? Wann nicht?
AdB Ich glaube, die Rezepte sind die Grundformeln, an denen man sein Handwerk erlernt. Ich habe zwar die Abläufe im Kopf, kann diese aber situativ immer ein bisschen ändern, um sie an die notwendigen Gegebenheiten in dem Moment anzupassen: Welche Gewürze werden für ein Gericht mit Wild verwendet? Muss vielleicht bei weniger fettem Fleisch mit dem Fettgehalt nach oben gegangen oder die Gartemperatur ein bisschen angepasst werden? Solche Entscheidungen bilden dann den ersten Schritt zum freieren Kochen.
LB Das freiere, intuitive Kochen kommt ja wahrscheinlich erst mit den Jahren. Durch sich wiederholende Prozesse, die eingeübt werden, kann man diese Intuition sicherlich auch stärken.
AdB Vollkommen richtig. Das wird ja als Berufserfahrung beschrieben. Fast fünf Jahre nach meiner Lehre gab es einen Zeitpunkt, an dem ich mich sicher fühlte. Die Erfahrungsgrade der Köch*innen unseres Teams sind aktuell verschieden. Und dementsprechend arbeite ich gerne auch mit Rezepten, um jungen Leuten die Möglichkeit zu geben, sich sicher zu fühlen und Fehlerquellen zu minimieren. Ich selbst koche sehr wenig nach Rezept, außer bei Süßspeisen, denn Süßspeisen und Konditorei sind stark an Rezepte gebunden. Das hat viel mit Konsistenzen und mit Massen zu tun, bei denen die Verhältnisse der einzelnen Bestandteile zueinander sehr wichtig sind. Hierfür sind Rezepte gut. Im Vergleich zum Backen ist Kochen viel freier, da man fast zu jeder Zeit in den Prozess eingreifen kann.
LB Apropos Rezepte und Abläufe: Hat dein Kopf während der Abläufe mehr Entscheidungskraft als deine Hand? Legst du die Schritte, die Abfolge im Vorhinein in Gedanken fest? Oder läuft das aufgrund deiner Routine eher automatisch ab?
AdB Wenn ich Gemüsewürfel schneide, dann denke ich darüber nicht nach, das macht die Hand

Abb. 1 Schneiden eines Lachsfilets

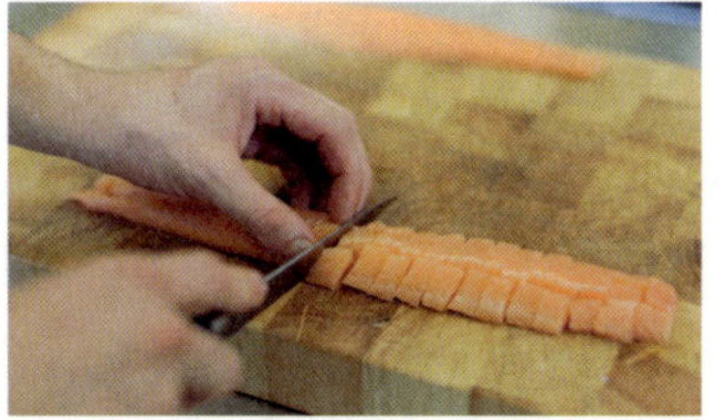

ganz automatisch. Beim Kochen geht es viel um paralleles Arbeiten. Wir folgen jeden Tag einem strengen Zeitplan und viele Sachen passieren parallel. Eine Sauce zum Beispiel setze ich am Anfang an, damit sie langsam und lange köcheln kann, während ich etwas anderes vorbereite. So muss ich am Ende nicht auf die Soße warten. Das unterscheidet auch Hobbyköch*innen von professionellen Köch*innen. Bei diesem parallelen Arbeiten ist der Kopf viel am Überlegen: Was mache ich wann? Was bereite ich zeitgleich zu? Was macht der oder die andere? Das ist sozusagen das immanente Arbeiten, das passiert schon sehr intuitiv, sehr automatisch.

Ich habe selten Checklisten im Kopf, die ich abhake, sondern entscheide eher intuitiv, was könnte bei diesem Gericht zu was passen. Ich arbeite ziemlich optisch und farbgeleitet, bei Kombinationen denke ich oft an ähnliche Farben: Karotte und Orange passen super, rote Beete und Radicchio auch. Andere Köch*innen denken da viel mehr von Texturen ausgehend: warm/kalt, knusprig/weich.

LB Weißt du schon beim Planen eines Gerichts, wie es am Ende aussieht?

AdB Tendenziell ja. Es gibt auch immer mal Punkte, bei denen man natürlich überrascht ist, wenn etwas gar nicht funktioniert und man dies ändern muss. Aber im Prinzip ist immer eine Idee da, ein Bild, das man vor Augen hat.

LB Wenn dann doch mal etwas Ungeplantes während des Prozesses stattfindet, wie gehst du damit um? Nimmst du es an?

AdB Ich bin dahingehend relativ entspannt. Bei Abweichungen oder Änderungen im Kochprozess entstehen oft Dinge, die sehr gut sind. Das größte Problem dabei ist eher, dass man sich diese Abweichungen im Nachhinein nicht erklären kann, wenn man sie gerne beim nächsten Gericht wiederholen würde.

LB Ist Improvisieren positiv besetzt oder sogar an mancher Stelle erwünscht? Habt ihr Raum für Improvisation?

AdB Während der ersten Zeit der Pandemie haben wir dazu Workshops im Team gemacht. Aber sonst entsteht Improvisation eher in kleinen Projekten. Zum Beispiel bereitet ein Koch *Kombucha* zu. Dies ist ein Gärgetränk, das durch Fermentierung gesüßten Tees mit einer Kombuchakultur (dem sogenannten Kombuchapilz) hergestellt wird. Mein Kollege hat sich neulich an einer Karamell-Reduktion versucht, da er davon gelesen hat. Diese Art von Improvisation passiert nebenbei, weil alle angehalten sind, in ihren Teilbereich der Küche neue Ideen zu neuen Gerichten einzubringen. Wir ändern alle zwei Wochen die Gerichte auf der Karte und haben dadurch sowieso einen Output und eine Innovation, die gewährleistet werden müssen. In diesem Prozess arbeiten wir alle zusammen und probieren auch viel aus.

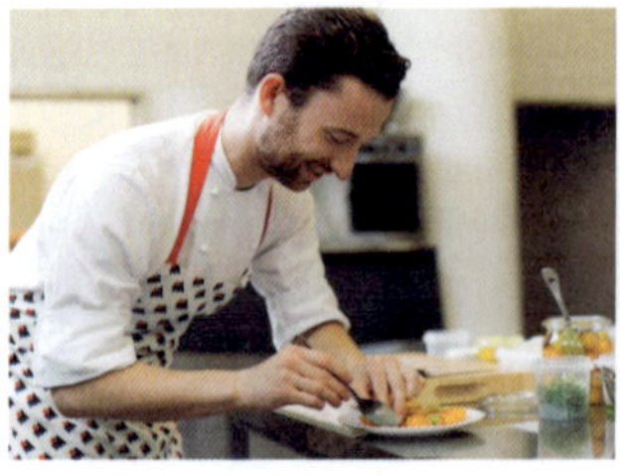

Abb. 2 Anton de Bruyn beim Anrichten einer Vorspeise

LB Kannst du mir eine Anekdote vom Experimentieren erzählen? Gab es einen konkreten Fall, bei dem du vom ursprünglichen Plan abweichen musstest?

AdB Das ist bei mir im Kleinen täglich so. Dadurch, dass wir mit einer übersichtlichen Zahl von Produzent*innen „farm-to-table" arbeiten, können wir nicht so einfach planen und müssen regelmäßig improvisieren. Wenn wir an einem Tag doch keine Saiblinge bekommen, dann wird es halt Lachsforelle. Oder der Obstbauer hat keine Zwetschgen mehr vorrätig und uns gelbe Pflaumen geschickt. Dann müssen wir das Gericht anpassen.

LB Und im Kochprozess, musstest du währenddessen schon mal unmittelbar reagieren und experimentieren?

AdB Ich wollte neulich einen Schokoladen-*Gâteau* ansetzen, dafür macht man eine Schokoladen-*Ganache*. Diese besteht aus Sahne und Schokolade, zu einer cremigen Textur verbunden. Dafür wollte ich nicht nur Sahne verwenden, sondern auch ein bisschen Crème fraîche, damit es cremiger wird. Ich hatte aber nur Schmand zur Hand, und so habe ich Schmand und Sahne zusammen aufgekocht. Schmand kann sich aber beim Aufkochen von der Sahne trennen und flocken, da Schmand mit zwanzig Prozent zu wenig Fett hat. Und so war es auch, die Masse hat sich nicht ganz verbunden. Mit der Schokolade verrührt war es dann leider zu fest.

Ich erkannte jedoch den Fehler. Hätte ich die Sahne nach dem Aufkochen mit einem Zauberstab gemixt, quasi homogenisiert, wäre es kein Problem gewesen. Und so probierte ich es einfach nochmal mit dem Durchmixen, und es hat funktioniert: Alles war homogen, ich habe eine Emulsion hergestellt. Manchmal ist das Gericht aber auch einfach hin, dann muss man sich nicht weiter quälen. Der Klassiker: Man fügt immer mehr Zutaten hinzu, das Endprodukt ist aber immer noch schlecht, nur dass eben noch mal 200 Gramm Mehl und drei Eier vergeudet wurden.

LB Welchen Stellenwert haben deine Mitköch*innen? Wie funktioniert das Kochen im Team?

AdB Wir haben drei Posten bei uns. Das ist einmal der Posten für Fleisch und Fisch, der vegetarische Posten und der Posten für Vorspeisen und Desserts. Dann gibt es noch das Brot. Wir sind auf allen Posten zu zweit. Auch zwei Lehrlinge sind dabei, die jeweils mit einer ausgelernten Köchin oder einem ausgelernten Koch auf einem Posten zusammenarbeiten. Hier ist die ausgelernte Person zuständig und verantwortlich. Dann gibt es noch mich und meinen Souschef. Ich bin mittlerweile sogar mehr in der Administration, und mein Souschef kümmert sich um die Bestellungen. Auch wenn die Hierarchie vielschichtig ist, haben wir ein sehr kollegiales, familiäres Verhältnis. Man hilft sich gegenseitig.

LB Welche Werkzeuge, Kochutensilien benutzt du am häufigsten?

AdB Wir arbeiten noch viel mit einer Mandoline, die aussieht wie ein umgedrehter Hobel. Wenn du zum Beispiel eine rote Rübe über die Mandoline schiebst, kommt unten ein millimeterfein abgehobeltes Blatt raus. Auch einen Schäler benutze ich viel. Mit dem Fleischwolf bereiten wir auch einiges zu. Eine große Knetmaschine für das Brot ist ebenfalls häufig in Gebrauch. Und natürlich der Herdblock, ohne den nichts funktionieren würde!

LB Hast du eine Art Routine vor oder nach dem Kochen?

AdB Ich trinke morgens als erstes einen Cappuccino. Und ich bügele meine Schürze meistens. Das ist meine Morgenroutine. Ansonsten macht jeder Koch seine, jede Köchin ihre Messer nach dem Kochen sauber. Alle haben ihr eigenes Handwerkszeug, das mit Namensschildern versehen in einem Werkzeugwagen liegt. Sobald die Utensilien nämlich privat sind, wird sorgsamer mit ihnen umgegangen, man kümmert sich besser darum, die Messer sind zum Beispiel scharf.

LB Wie würdest du den Begriff der Kochkunst beschreiben?

AdB Das ist stets die Frage: Ist Kochen Kunst? Denn die Kochkunst – fast schon ein Fantasiebegriff – hat ja keinen größeren Stellenwert als das Kochen selbst. Geläufig beschreibt man damit eine High-End- oder Sterne-Gastronomie, die sich bei ihrer Arbeit verkünstelt. Unter Kolleg*innen ist Kochkunst auf jeden Fall negativ konnotiert. Ganz wenige Köch*innen würden sich mit Künstler*innen vergleichen, eher mit Architekt*innen oder Designer*innen, die einen starken Bezug zur realen, praktischen Umsetzung haben. Trotzdem steckt viel Kreativität im Kochen. Interessant ist, dass viele der Welt-Köch*innen nicht ausgebildet, sondern Autodidakt*innen sind. Zwar haben sie keine klassische Kochlehre absolviert, aber meistens eine Zeit lang in großen Küchen gearbeitet und somit auf diesem Weg eine gute Ausbildung erhalten. Sie haben die klassischen Scheuklappen nicht auf.

LB Werden 3D-Foodprinter in Zukunft das Handwerk beim Kochen ablösen? Was denkst du darüber?

AdB Ich halte es für realistisch, dass 3D-Foodprinter in der Zukunft kommen werden. Auch synthetisch hergestelltes Fleisch wird sich etablieren, tut es ja jetzt schon. Vor ein paar Monaten hat eine Drei-Sterne-Köchin in San Francisco, die vor drei Jahren Fleisch aus ihrem Restaurant verbannt hat, synthetisch hergestelltes Hähnchenfleisch wieder auf die Karte gesetzt. Daran merkt man, dass die Branche solche Pionierprojekte zulässt und sie sogar gutheißt. Persönlich bin ich davon überzeugt, dass diese weitere Abstraktion der Lebensmittel durch die Lebensmittelindustrie für unsere Ernährung die völlig falsche Entwicklung ist. Ich verstehe den futuristischen Reiz und den moralischen Aspekt der Idee, allerdings lenkt sie ab von den eigentlichen Problemen der Ernährung: perverse Überproduktion, Verlust von kulinarischer Kultur beziehungsweise Wissen und fehlgesteuerte Lebensmittelindustrie.

2.8 Daichō Tomohiro

Wabi-sabi und das japanische Kunsthandwerk

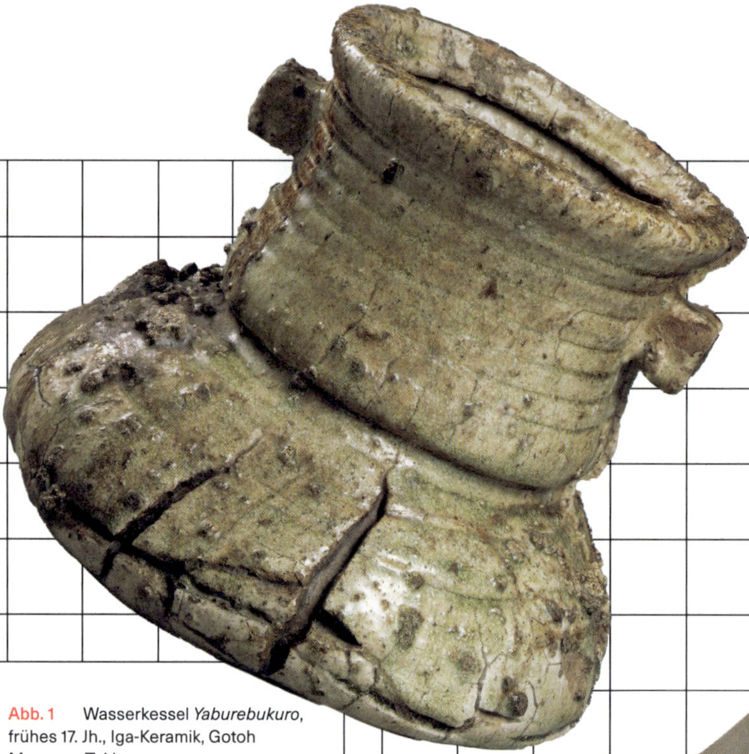

Abb. 1 Wasserkessel *Yaburebukuro*, frühes 17. Jh., Iga-Keramik, Gotoh Museum, Tokio

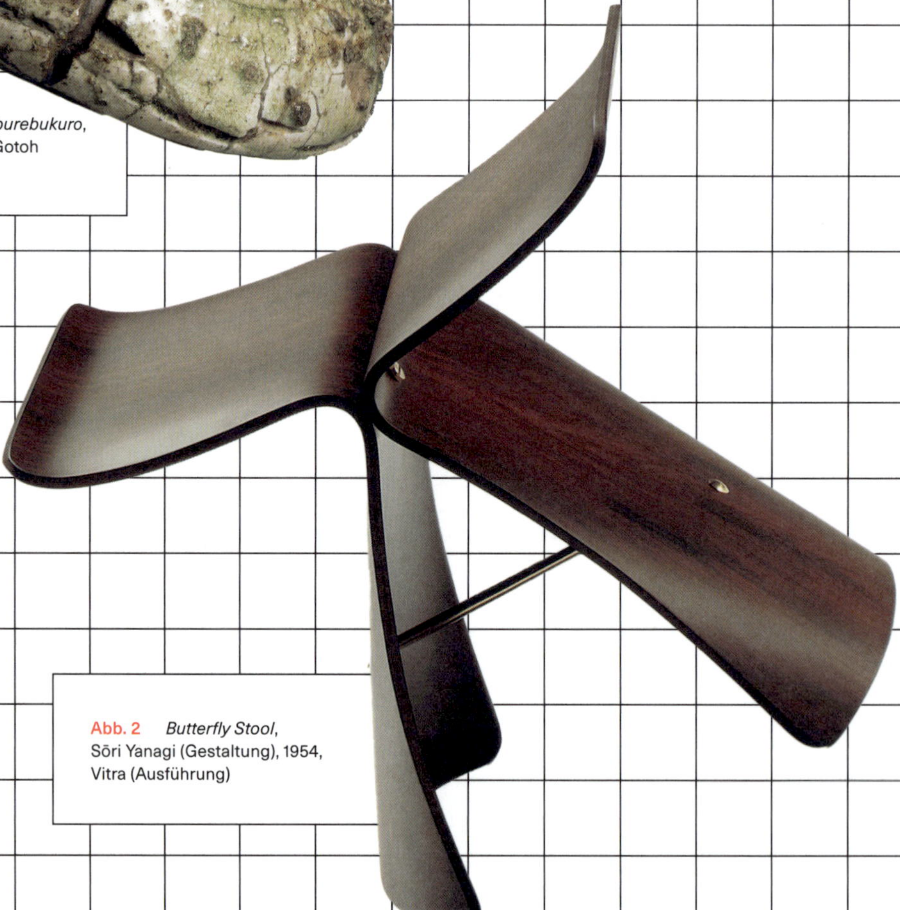

Abb. 2 *Butterfly Stool*, Sōri Yanagi (Gestaltung), 1954, Vitra (Ausführung)

In diesem Artikel soll ein Aspekt der japanischen Handwerkskunst anhand der Begriffe *wabi* und *sabi* vorgestellt werden. Im japanischen einsprachigen Wörterbuch *Kōjien* steht unter dem Begriff *wabi* folgender Eintrag: „Ruhige und einfache Atmosphäre; wird in der Teezeremonie und der Haiku-Dichtung verwendet; *Sabi*." Demnach werden *wabi* und *sabi* synonym verwendet. Meine Ausführungen möchte ich mit zwei Anekdoten aus der Teezeremonie beginnen.

Der berühmte Meister der *wabi*-Teezeremonie, Sen no Rikyū (1522–1591), hat bei einer seiner Teezusammenkünfte absichtlich eine Blumenvase verwendet, deren einen Griff er vorher entfernt hatte.

Indem er so die Harmonie einer perfekten Blumenvase zerstörte, suchte Rikyū die Betrachtenden dazu anzuregen, das Ideal und das Wesen der Dinge in Nicht-Harmonie und Abwesenheit zu erkennen. Diese Episode ist in der Niederschrift von Rikyūs Lehren, den Aufzeichnungen des Nanpō, eines Schülers von Rikyū, festgehalten. Heute geht man davon aus, dass diese Schrift rein fiktiv und während der Genroku-Ära (1688–1704), rund hundert Jahre nach dem Tod Rikyūs, entstanden ist. Somit hat es auch die obenstehende Episode nie gegeben. Doch gerade solche fiktiven Aufzeichnungen machen deutlich, wie sehr sich das Konzept des *wabi-sabi* in der Gesellschaft nach dem Tod Rikyūs etabliert und verbreitet hatte.

Als zweites Beispiel möchte ich die Meinung von Yanagi Sōetsu (1889–1961), dem Begründer der japanischen Volkskunst-Bewegung, anführen, die dieser bei der Betrachtung der Ido-Teeschale *Kizaemon* geäußert hat. Er hatte diesen Nationalschatz im Teeraum Bōsen des Kohō-an, eines Nebentempels im Daitoku-ji-Tempelkomplex in Kyoto, betrachtet.

„Eine schöne Teeschale – aber wie gewöhnlich sie doch ist.“[1] Das waren die Worte, mit denen Yanagi Sōetsu das berühmteste Werk der Teekeramik bedachte. Die *Kizaemon*-Schale wurde in Korea gebrannt und von japanischen Teemeistern seit jeher sehr geschätzt. Sie preisen ihre formalen und ästhetischen Eigenschaften, wie zum Beispiel die orange-gelbliche Glasur, die an die Schale der japanischen Biwa-Frucht erinnert, das feine Craquelé, die beim Drehen erzeugten waagerechten Fingerspuren, die weißlichen, körnigen, teils tropfenartigen Glasureffekte an der Schalenhüfte und das an einen Bambusknoten erinnernde Innere des Fußes. Yanagi Sōetsu wusste natürlich um diese ästhetischen Qualitäten, welche die Teemeister der Schale zugeschrieben hatten, und nahm die Schale mit der Absicht in die Hand, sich eine eigene Meinung zu bilden. Von seinem Standpunkt als Begründer der Volkskunstbewegung kam er jedoch zu dem Schluss, dass die Schönheit der Teeschale nicht in ihren formgebenden Eigenschaften liegt, sondern in ihrer „Gewöhnlichkeit“.

Beiden hier angeführten Beispielen ist gemeinsam, dass ein Zustand der Mittelmäßigkeit, der Einfachheit oder des Mangels einen Bewusstseinswandel auslöst und zu einer höheren Wertschätzung eines Objektes führt. Geht man davon aus, dass darin die Essenz der *wabi-sabi*-Ästhetik liegt, dann versteht man auch, warum es in der Teezeremonie „erstens Raku, zweitens Hagi, drittens Karatsu“ (ichi raku, ni hagi, san karatsu) heißt und diese, auf den ersten Blick grob anmutenden, einfachen und schlichten Schalen in der Hierarchie der Teekeramik ganz oben stehen. Dieselbe Einstellung manifestiert sich in der Wertschätzung von zufälligen Rissen und Verformungen, von beim Drehen unbeabsichtigt entstehenden Mustern und von Ascheanflugglasuren, für

1 Yanagi: Die Betrachtung der Ido-Teeschale *Kizaemon*, 1931.

die das Frischwassergefäß namens *Yaburebukuro* („Zerrissener Beutel“) (Abb. 1) aus Iga-Keramik ein geradezu symbolisches Beispiel ist, oder in der Tradition, beschädigte oder zerbrochene Gefäße, je nach Form und Beschaffenheit, mit goldenem, silbernem, schwarzem oder rotem Lack zu reparieren und zu benutzen. Auch sogenannte Regenlecks, infolge langjährigen Gebrauchs durch in Glasurrisse eingesickerten Tee oder andere Flüssigkeiten entstandene Verfärbungen des Scherbens, werden in Japan nicht als Flecken, sondern als Veränderung des Aussehens, ähnlich einer Patina, wertgeschätzt.

Dass sich diese Einstellung auch dann noch erhalten hat, als sich das Produktionssystem vom Handwerk zur Maschinenindustrie wandelte, zeigt sich in den Arbeiten des Industriedesigners Yanagi Sōri (1915–2011). Seine international anerkannten Designs, wie zum Beispiel der *Butterfly Stool* (1954), (Abb. 2) sind in der Form fast immer schlicht und einfach gehalten. Sie sind nicht nur funktional, sondern die weichen Rundungen ihrer einfachen Formen sind auch visuell ansprechend und laden zum Berühren ein. Diese Haptik und Ästhetik erinnert an den Begriff „gewöhnlich“, der Yanagi Sōris Vater Sōetsu bei der Betrachtung der Ido-Schale *Kizaemon* in den Sinn kam. Yanagi meint: „Das ist das Menschliche, die „ursprüngliche Form“ der Schönheit unserer einfachen Gebrauchsgegenstände. [...] Ich habe erkannt, dass sie ein Teil des ganz gewöhnlichen Lebens ist.“[2]

Solche universalen, gewöhnlichen „ursprünglichen Formen“ werden in der Regel als selbstverständlich angesehen und erregen daher auch keine besondere Aufmerksamkeit. Doch genau darin sieht Yanagi sein Ideal, den Dingen wieder Menschlichkeit zu verleihen.

2 „Interview mit Yanagi Sōri: Workshop Practice“, März 1978, Ausstellungskatalog Sezon Museum of Modern Art, Tokio 1998.

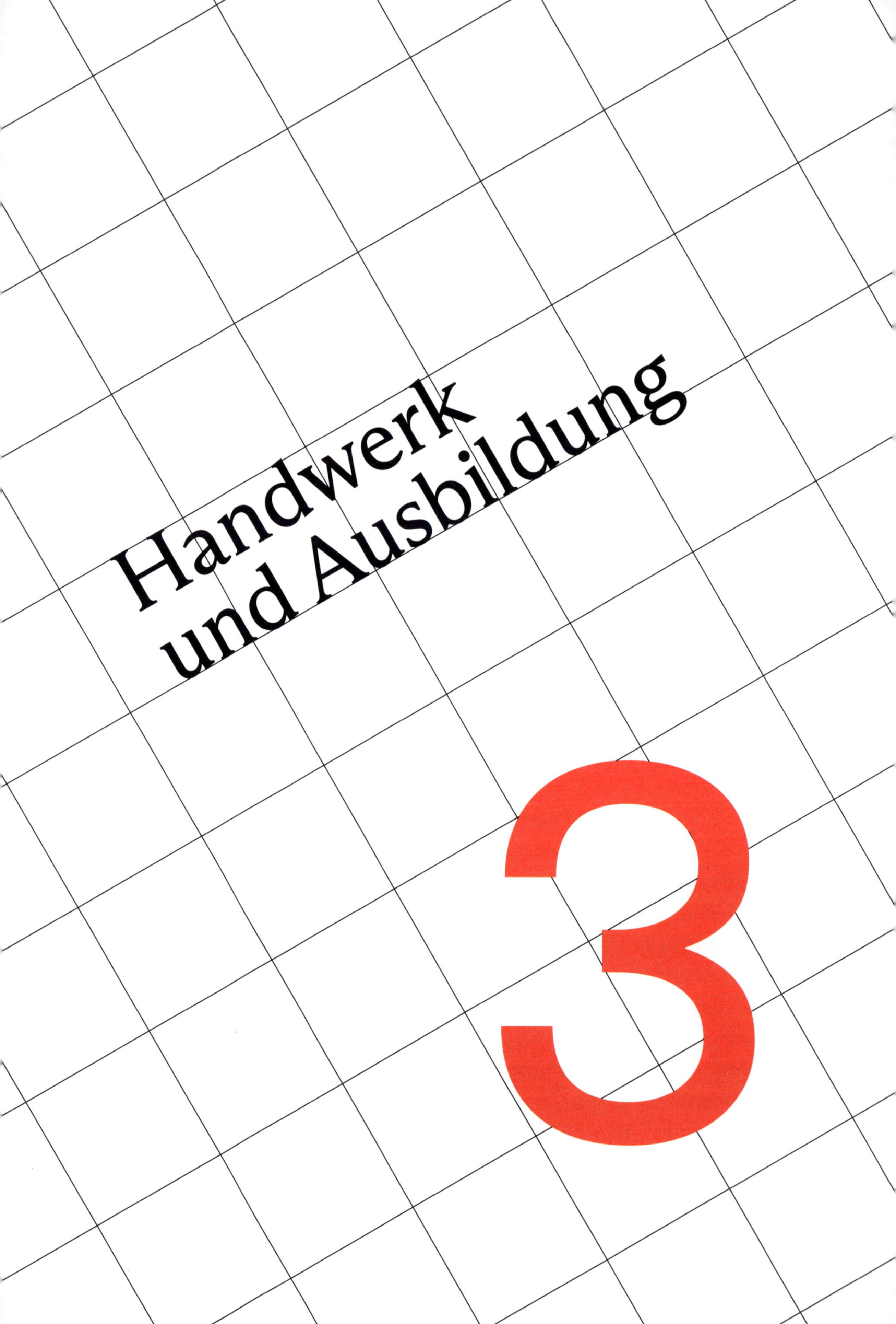
Handwerk
und Ausbildung
3

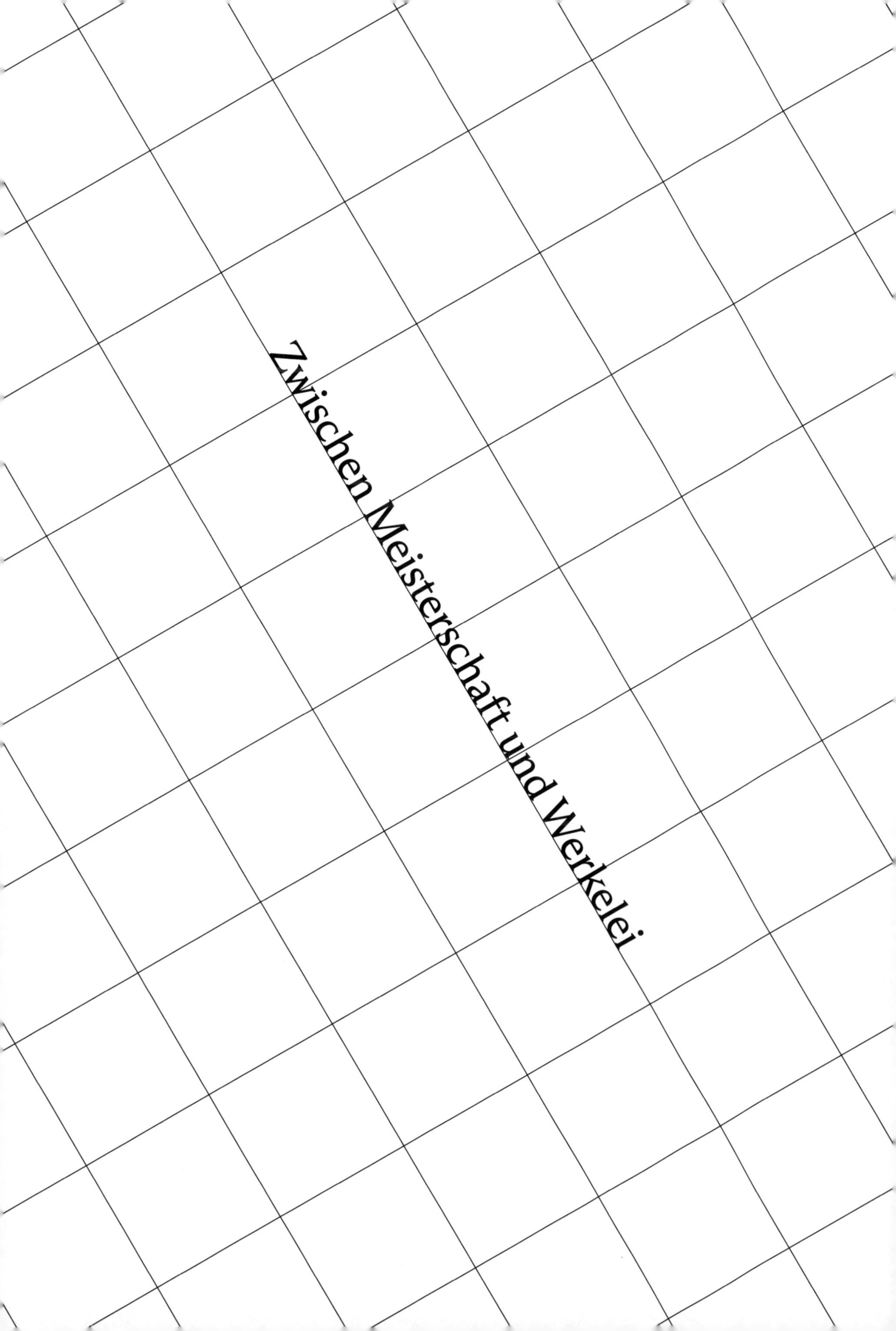

Zwischen Meisterschaft und Werkelei

3.1 Ute Thomas

Meisterschaft und Do-it-yourself – Können oder Macht?

Können – Was ist Erfahrung?

Das Wissen, das Handwerker*innen auszeichnet, ist das Können, das sie durch den täglichen Umgang mit ihrem Material und ihren Werkzeugen gewonnen haben. Ein Können, das auch als implizites Wissen[1] oder einfacher ausgedrückt, als Erfahrungswissen bekannt ist. Damit sind nicht (nur) Kenntnisse über das richtige Maßnehmen oder die Wahl des richtigen Werkzeuges gemeint, sondern auch das unbewusste Wissen über die richtigen Bewegungen in der Führung eines Werkzeuges oder das Erfühlen bestimmter Oberflächenqualitäten zur Beurteilung der richtigen Bearbeitung. Ein Wissen, das im Körper der Handwerkenden abgespeichert ist. Dieses praktische Können lässt sich jedoch schlecht sprachlich vermitteln.[2] Wir wissen mehr, als wir sagen können. Es ist vielleicht vergleichbar mit dem Tanzen. Die Abfolge von Tanzschritten lässt sich schnell erklären, doch fragt man Tänzer*innen, wie sie diese oder jene geschmeidige Bewegung perfekt ausführen, bekommt man schnell die „einfache“ Antwort: Du musst nur die Musik spüren! Erst wenn man verinnerlicht hat, wie sich die Bewegungen ganz genau der Musik anpassen lassen, dann ist es wirklich „Tanzen“ – intuitiv, ohne nachzudenken.[3] So ähnlich ist es auch mit handwerklichen Fähigkeiten.

Eduard Kaeser[4] sieht den Unterschied zwischen Können und Ungeübtheit darin, dass Anfänger*innen sich auf die korrekte Anwendung der gerade gelernten Regel konzentrieren müssen, ohne den sie umgebenden Kontext beachten zu können. Durch die Verinnerlichung dieser Regeln, durch Automatisierung bestimmter Bewegungen lernen wir diese Regeln freier und situationsabhängiger anzuwenden. Wir beginnen zwischen verschiedenen Alternativen in einer Situation bewusst abzuwägen. Dabei entwickeln wir mit zunehmender Erfahrung eine praktische „Gewandtheit“, die intuitiv weiß, welche Handlung die Situation erfordert. Die Handlung selbst wird aber bewusst ausgeführt.

Inwieweit jemand auf die Besonderheiten eines Materials reagieren kann, hängt auch davon ab, wie gut er oder sie dieses Material kennt, weiß, wie viel Widerstand es den Werkzeugen bietet, wie viel Kraft man aufbringen muss, um es auf eine ganz bestimmte Weise zu bearbeiten. Das alles sind intuitive Kenntnisse, die Handwerkende in ihrem Körper gesammelt haben und bewahren.
Oder wie Kaeser es ausdrückt: „Beim Experten sind Wissen und Können sozusagen ‚inkarniert‘, in seinen Körper eingesunken.“[5] Dadurch ist die Erfahrung untrennbar mit der eigenen Person, das heißt mit dem eigenen Körper verbunden und lässt sich sprachlich schlecht ausdrücken. Zwar finden Tischler*innen für bestimmte Eigenschaften des Materials Holz genauso viele Wörter wie Weinkenner*innen für die Aromen eines vergorenen Traubensaftes. Doch was genau aus der Kenntnis des Materials für die handwerkliche Arbeit folgt, lässt sich nur „erfahren“. Das intuitive Wissen lässt sich nur durch Anwendung vermitteln, durch das Selbst-Tun. Erst die Übung macht den Meister. Auch das ist eine alte pädagogische Erfahrung. Die Lernenden selbst müssen die Handgriffe üben, bis sie die nötigen Erfahrungen mit Material und Werkzeugen erworben und einen Handlungsspielraum erlangt haben, der sie befähigt, auch Unwägbarkeiten ihrer Tätigkeit virtuos zu meistern – beispielsweise um ein Werkstück, dessen Bearbeitung zu scheitern droht, durch eine Korrektur doch noch zu retten.

Die körperliche Immanenz handwerklicher Erfahrung widersetzt sich zugleich der Austauschbarkeit von Arbeitskräften wie auch der Digitalisierung von Arbeit. Zwar lassen sich Produktionsschritte immer weiter zergliedern, sodass eventuell weniger Lernzeit oder Erfahrung benötigt wird, aber wenn es darum geht, einen Dachstuhl aufzurichten oder Haare zu schneiden, muss jemand vor Ort sein und die Arbeit verrichten – möglichst jemand mit Erfahrung.

Jeder Profi weiß, dass sein Wissen ständig überprüft, aktualisiert und praktisch angewendet werden muss. Neue Entwicklungen, seien es Materialien, Kundenwünsche, Werkzeuge, müssen berücksichtigt werden, um erfolgreich zu bleiben. Es macht Meister*innen ihres Faches aus, das richtige Gespür für Qualität in Gestaltung und Ausführung zu entwickeln und immer wieder zu hinterfragen.

Macht – Der Zugang zum professionellen Wissen

Die Anerkennung des eigenen Könnens ist ein heikles Gut für unternehmerisch tätige Handwerkende. Hobby-Heimwerker*innen müssen sich für die Qualität ihres Arbeitsergebnisses nicht rechtfertigen, professionell Tätige schon.
Die Anerkennung als Profi und damit der Zugang zur Wirtschaft werden in Deutschland seit jeher stark thematisiert und kontrolliert (siehe Beitrag S. 26). Bis zum Ende des 18. Jahrhunderts legten die Zünfte die Bedingungen fest. Zunftmitglied durfte nur werden, wer „ehrbar" und Meister war, geprüft von den zunfteigenen Meistern. Ziel war die Kontrolle der Konkurrenz, sodass für alle Mitglieder einer Zunft eine „auskömmliche Nahrung"[6] möglich war. Die Zunftmitgliedschaft bot eine soziale Absicherung: Kostenfreie ärztliche Behandlung und die finanzielle Unterstützung der Handwerkerfamilie im Falle der Berufsunfähigkeit oder des Todes.[7] Die umstrittene Einführung der Gewerbefreiheit in Preußen ab 1810 bedeutete, dass auch zunftfreie Handwerker*innen als solche ein Gewerbe ausüben durften. Mit der Gründung des Deutschen Kaiserreiches 1871 wurde die Gewerbefreiheit auf das gesamte Reichsgebiet ausgeweitet und 1897 ein länger gültiges Gesetz verabschiedet, das einige Aspekte der Gewerbefreiheit wieder zurücknahm. Es wurden Innungen und Handwerkskammern zugelassen, aber die staatliche Kontrolle über die Meisterprüfungen festgeschrieben. Ebenso wurden Lehrzeit und Lehrinhalte geregelt, der umstrittene Meisterbrief als Befähigungsnachweis für die Ausbildung von Lehrlingen aber erst 1907 eingeführt. Explizit wurde im Gesetz genannt, dass die Ausbildenden erzieherische Aufgaben haben und ein Berufsethos vermitteln sollen. Dies ließ die althergebrachte Gesinnungskontrolle des Meisters über seine Auszubildenden, die damals noch mehrheitlich während ihrer Ausbildung im Meisterhaushalt wohnten, weiterleben.[8] 1929 wurde bei Eröffnung eines eigenständigen Betriebes mit dem verpflichtenden Eintrag in die Handwerksrolle (wieder) eine Zwangsmitgliedschaft in einer Handwerkskammer geschaffen, ergänzt 1935 mit der Pflicht zum Meisterexamen. Das änderte sich auch 1953 im Gesetz zur Ordnung des Handwerks für die BRD nicht. Erst 1961 gab es durch ein Urteil des Bundesverfassungsgerichts, das die freie Berufswahl gefährdet sah, teilweise Lockerungen. 2004 wurde ein Meisterbrief nur noch für 41 von vorher 93 Gewerbezweigen verpflichtend, um die steigende Arbeitslosigkeit abzumildern. Zuletzt wurde 2021 in Deutschland die Meisterpflicht für zwölf Berufe wiedereingeführt.

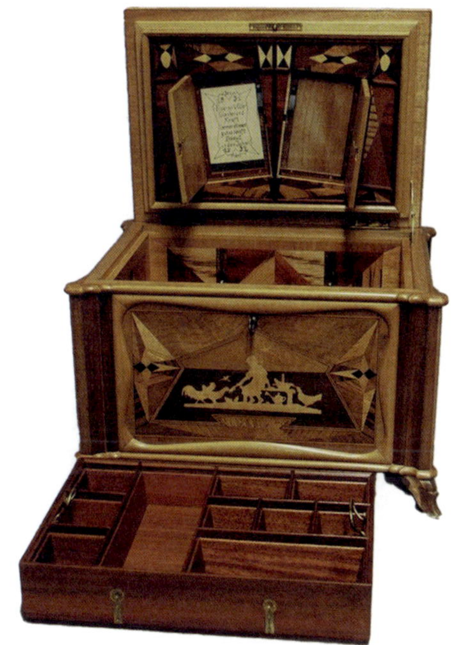

Abb. 1 Schatulle, Gesellenstück Erhard Breitenborn, Dresden 1931/32, Marketerie auf Holz, Museum für Sächsische Volkskunst, SKD, Inv.-Nr. A 1098

Ergänzend gibt es Berufe, die nie meister- und ausbildungspflichtig waren, da sie nicht als „professionelles" Handwerk anerkannt wurden, beispielsweise weil sie überwiegend von Frauen ausgeübt wurden. Dazu gehören vor allem textile Arbeiten wie Sticken, Stricken oder Häkeln, deren Herstellung vorrangig in Heimarbeit erfolgte. Die Erzeugnisse wurden trotzdem teuer gehandelt (siehe Beitrag S. 206).

Die Weitergabe handwerklichen Wissens geschah und geschieht auch in gestalterisch-handwerklichen Bildungsgängen. Hier sind vor allem die Kunstgewerbeschulen und ihre Nachfolgeeinrichtungen zu nennen. Seit Beginn des 20. Jahrhunderts wird in der gestalterischen Ausbildung die Vermittlung von handwerklichen Kenntnissen einbezogen. Als berühmtestes Beispiel dient hier stets das Bauhaus, aber auch andere Institutionen wie die Kunstschule für Textilindustrie Plauen verfuhren ähnlich.

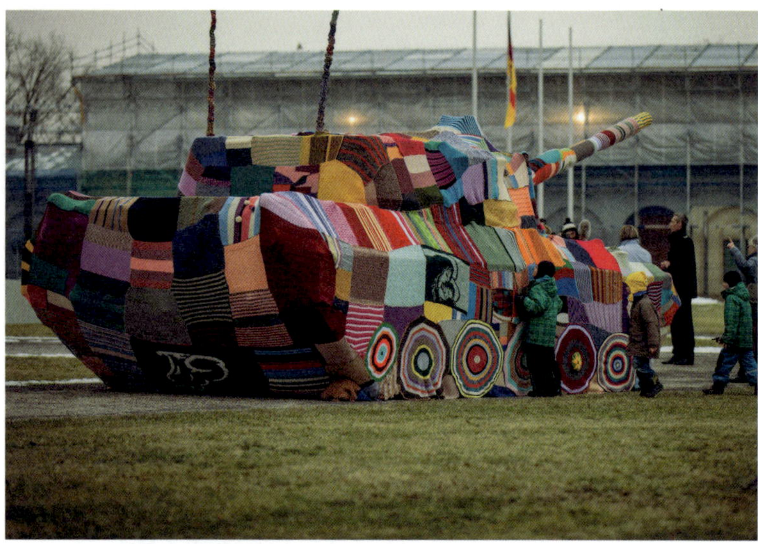

Abb. 2 Eingestrickter Panzer Leopard I gegen Krieg und Gewalt vor dem Militärhistorischen Museum Dresden, Aktion des Vereins Louisen Kombi Naht, Dresden 2015

Das Bauhaus war in Werkstätten unterteilt, denen jeweils ein/e Werkmeister*in (Handwerker*in) und ein/e Formmeister*in (Gestalter*in, künstlerische/r Leiter*in) vorstanden und im Tandem unterrichteten.[9] Handwerkliche Fähigkeiten und Materialwissen wurden als Grundlage für gestalterische Virtuosität verstanden und sollten zu völlig neuen Ansätzen der Verarbeitung eines Materials führen, die wiederum auch das Handwerk selbst innovativ beeinflussen halfen.[10]

Heute, in einer Zeit, in der das Handwerk wieder einen Generationenwechsel erlebt und qualifizierte Nachfolge gesucht wird, stellt sich die Frage der Weitergabe von handwerklichem Wissen noch einmal ganz aktuell. Die Ausbildungsbereitschaft nimmt ab, ein Abitur mit anschließendem Studium scheint lukrativer. Intellektuelle Fähigkeiten erfahren gesellschaftlich oft höhere Anerkennung als handwerkliche und führen manchmal sogar dazu, dass junge Menschen es als soziales Versagen empfinden, wenn sie eine handwerkliche Ausbildung anstreben wollen. Angemessene Wertschätzung handwerklicher Arbeit kann nur durch unmittelbares Erleben erfolgen. Die Vermittlung dieser Kenntnisse sollte verstärkt Teil der schulischen Grundbildung sein. Eine gleichwertigere Wertschätzung handwerklicher Fähigkeiten im Verhältnis zu den intellektuellen Fähigkeiten in den Schulen, vor allem den Gymnasien, wäre wünschenswert und könnte die großartigen handwerklichen Begabungen so mancher Schüler*innen sichtbar und zugänglich machen. Ein Ausbau des Werkenunterrichts, stärkere Kooperationen von Schulen mit Handwerksunternehmen, die Finanzierung von handwerklichen Projekten und Ganztagsangeboten oder auch die bessere Ausstattung von schulischen Werkstätten und Atelierräumen könnten Maßnahmen sein, dies umzusetzen. Hier ist auch die Politik gefragt. Es verliert sich in der postindustriellen Arbeitswelt sonst das Gefühl für die Bedingungen körperlicher Arbeit, wenn sie die Mehrheit nicht mehr ausführt.

Do-it-yourself – Politik mit Handgemachtem

Während die Ausbildungsbereitschaft für handwerkliche Berufe abnimmt, boomt indes das Heimwerken und Hobby-Handwerk. Warum? Die postindustrielle Arbeit, so konstatiert Kaeser, habe sich aufs „Knöpfchendrücken" verlegt. Ein Großteil der (als gut bewerteten und gut bezahlten) Arbeit wird heute abstrakt im Digitalen erledigt und entzieht sich dem Greifbaren. Nicht wenige fragen sich am Ende des Tages: Was ist eigentlich das sichtbare Ergebnis meiner Arbeit? Kaeser sieht darin den anthropologischen Kern der Arbeit, man will sich „in seinem Produkt oder seiner Dienstleistung vergegenständlicht sehen".[11] Zugleich unterscheidet das heutige Wirtschaftssystem streng zwischen Produktion und Konsum. Wer etwas selbst herstellt, ohne dafür befugt zu sein, kann das Wirtschaftsgefüge stören, da professionelle Produzenten leer ausgehen und „Ersatzkosten“[12] für das Sozialsystem verursachen. Wie kann eine allen Menschen angemessene Wirtschaftsform aussehen? Die 1968er-Bewegung hat das Handwerk als Distanzierung zur industriellen Massenproduktion und ihren Arbeitsbedingungen und somit auch zum Design (als Ausdruck uniformer Langeweile und überholter Standardisierung) gesehen und als antikapitalistisch definiert. Die hiesige Designwelt reagierte mit *Anti-Design*, *Radical Design* oder dem *Neuen Deutschen Design* und Veröffentlichungen wie *Nomadic Furniture* und *Autoproteggazione*, und gab dem individuellen Selbstmachen gerade im Bereich Wohnen eine antikapitalistische und umweltbeschützende Komponente.[13] Diese Fragen bleiben auch heute hochaktuell im Umgang mit den Herausforderungen der globalen Digitalisierung, der Ressourcenknappheit und des fortschreitenden Klimawandels.

Handwerk hat als politisch relevante Aktion im Zusammen-Tun eine gesellschaftspolitische Wirkmächtigkeit. Seit den späten 1990er Jahren wird die heute als *Craftivism* betitelte aktivistische Wirkung des Handwerks wieder verstärkt in den politischen Diskurs um kulturelle Identität, Rassismus und Gesellschaftspolitik eingebunden.[14] „The creation of things by hand leads to a better understanding of democracy, because it reminds us that we have power“, konstatiert Greer die Bedeutung des Craftivism.[15] Die mittlerweile zahlreich gegründeten Selbstmach-Werkstätten sind mehr als nur Orte, wo professionelle Werkzeuge und handwerkliches Wissen für jedermann zugänglich gemacht werden. Sie zeigen die starke soziale Kraft des Handwerks als Katalysator für zwischenmenschliche Beziehungen über kulturelle, sprachlich oder gesellschaftliche Unterschiede hinweg. Es ist das gemeinsame Gestalten von gesellschaftlichen und privaten Lebensbereichen und sozialen Gemeinschaften, sichtbar zum Beispiel in Repair-Cafés als Orte des nachbarschaftlichen Austauschs. Ein kostbares Gut in sich immer stärker polarisierenden Gesellschaften.

Die *Craftista*-Bewegung nutzt textile Handwerkstechniken zur Herstellung von politischen Statements. Gestrickte und gehäkelte Botschaften an Bäumen, Bauzäunen, Fahrrädern sind wohl vielen schon begegnet. Die Nutzung handwerklicher Techniken wird zu aktivistischen Kunstaktionen, die Anleitungen dafür frei im Internet verfügbar. Die Dänin Marianne Jørgensen verhüllte mit zahlreichen Aktivist*innen 2006 aus Protest gegen die Beteiligung europäischer Staaten am Irakkrieg einen Panzer mit einem pink-rosa Überzug aus gestrickten Quadraten, woraufhin weitere ähnliche Aktionen anderer Künstler*innen folgten. (Abb. 2) Die farbenprächtigen Häkel-Korallen des künstlerischen Schwestern-Duos Margaret und Christine Wertheim machen seit 2005 auf das weltweite Korallensterben aufmerksam, indem sie zum Häkeln sogenannter „Satellite Reefs“ aufrufen, (Abb. 3) die beispielsweise auf der Venedig-Biennale 2019 ausgestellt waren.[16]

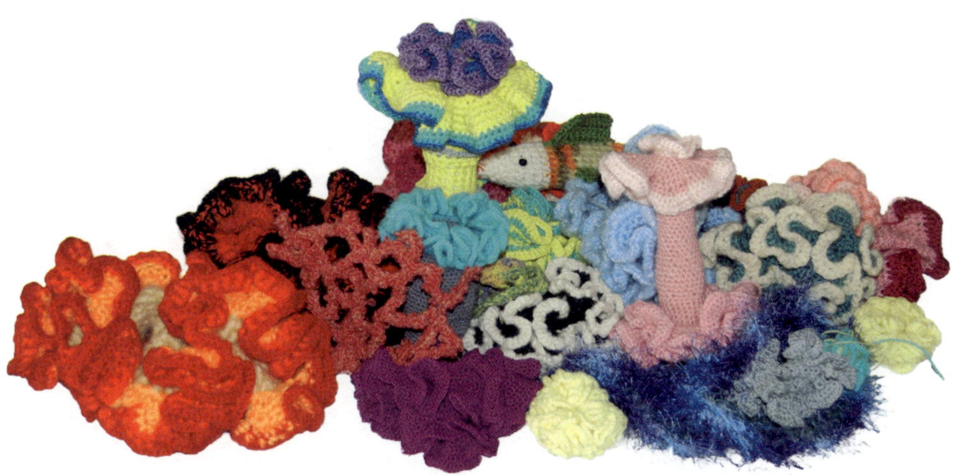

Abb. 3 Häkelkorallen für ein *Satellite Reef* von Margaret und Christiane Wertheim, gehäkelt von Mitarbeiter*innen des Kunstgewerbemuseums Dresden, 2012

Abb. 4 Plastiktüte für Hornbach, 2022

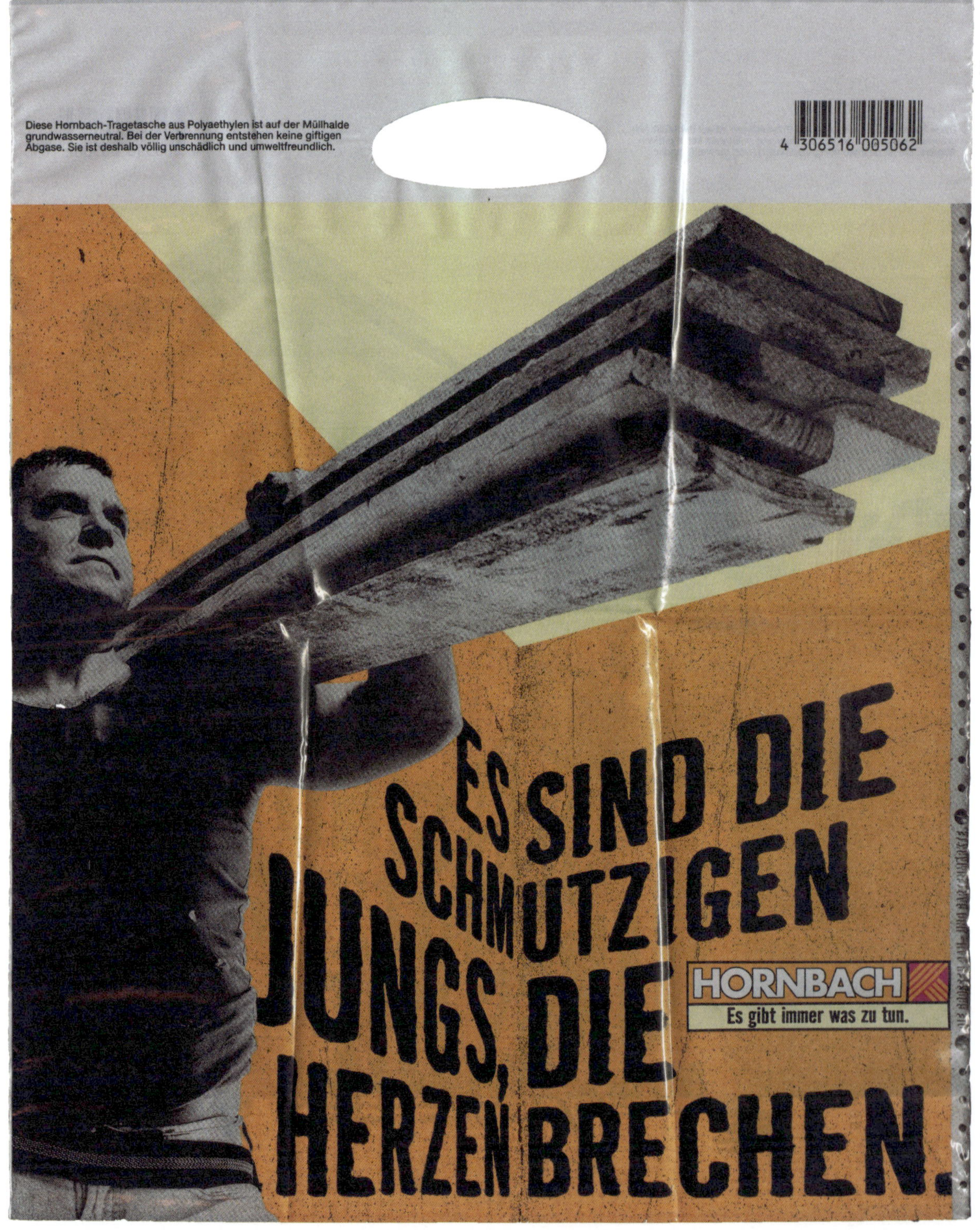

Die Folgen des Craftivism für die Bewertung des Handgemachten fassen die Autorinnen der Aufsatzsammlung *The Politics of the Handmade* treffend zusammen: „Indie craft highlighted local craft economies and began to establish new networks that ‚rebranded' the handmade as an ethical consumption practice." Das Handwerk werde als eine fortschrittliche und demokratische politische Form verstanden und als ein „fix and foil"[17] für die Auswüchse des Kapitalismus und der entfremdeten Industriearbeit gesehen. Es wird mit Begriffen wie einfach, erfüllend, authentisch, politisch relevant oder sogar revolutionär beschrieben. Nicht selten wird damit aber auch die Romantisierung eines vorindustriellen Lebens verbunden.[18] Diese positiv besetzten Zuschreibungen setzen unterdessen viele Unternehmen, vor allem im textilen Bereich, marketingtechnisch ein. Das politische und soziale Engagement handwerklicher Tätigkeiten wird für die eigenen Produkte in Anspruch genommen, kann aber auch fragwürdige Herstellungsbedingungen und gewinnorientierte Preisgestaltung durch eine Ästhetik des Handgemachten verdecken. Die Autorinnen von *The Politics of the Handmade* prägen dafür den Begriff *Craftwashing*.[19]

Auch Baumärkte und Heimwerkermärkte profitieren vom Do-it-yourself Boom. Entstanden seit den 1950er Jahren nach amerikanischem Vorbild, tragen sie zur Imagebildung handwerklicher Tätigkeit bei. (Abb. 4) Sie vermitteln den Lai*innen durch Beratung notwendige handwerkliche Grundkenntnisse und bieten individuelle Zuarbeiten, wie Holzzuschnitte oder Farbmischungen. Als eine Art Vorläufer zu YouTube-Tutorials in diesem Bereich werden seit den 1970er Jahren in den Märkten auch Videos eingesetzt, die die Einsatzmöglichkeiten der angebotenen Produkte anschaulich vermitteln und suggerieren, dass alles für alle machbar ist – auch für Ungeübte.

1 Polanyi: Implizites Wissen, 1985.
2 Ebd.
3 Dies wird auch als empraktisches Wissen oder Empraxis bezeichnet, vgl. Bühler: Sprachtheorie, 1934. Vgl. auch Caysa: Körperutopien, 2003.
4 Kaeser: Kopf und Hand, 2011.
5 Ebd., S. 47.
6 Georges: Handwerk und Interessenpolitik, 1993, S. 38.
7 Ebd.
8 Ebd.
9 Trotzdem sind die Handwerksmeister*innen am Bauhaus im Schatten der künstlerischen Leiter*innen wesentlich unbekannter geblieben. Hierzu: Schüler: Die Handwerksmeister am Bauhaus Weimar, 2013.
10 Vgl. hierzu: Wick: Bauhaus. Kunst und Pädagogik, 2009.
11 Kaeser: Kopf und Hand, 2011, S. 16.
12 Ebd., S. 19.
13 Vgl. Mari: Autoprottegazione?, 1974; vgl. Hennessey/Papanek: Nomadic Furniture 1, 1973. Gleichzeitig landeten die handgemachten Einzelstücke der Designer*innen nicht auf Messen oder in Geschäften, sondern wurden als Kunstwerke behandelt und in Kunstausstellungen sowie Museen präsentiert. Vgl. Kurz: Handwerk oder Design, 2015, S. 144.
14 Vgl. hierzu Black/Burisch: The New Politics of the Handmade, 2021.
15 Greer: Craftivism, 2014, S. 8. Betsy Greer verbreitete den Begriff Craftivism durch Verwendung auf ihrer Webseite. Vgl. Black/Burisch: From Craftivism to Craftwashing, 2021, S. 15.
16 Vgl. zur aktivistischen Kulturgeschichte des Strickens: Schinà: Die Nadeln des Aufstands, 2021. Bereits 1765 gründeten Frauen, die durch die alleinige Nutzung einheimischer Wolle die hohen Steuern des englischen Mutterlandes boykottierten, den Strickzirkel Daughters of Liberty (ebd.).
17 Black/Burisch: From Craftivism to Craftwashing, 2021, S. 13.
18 Vgl. z. B.: Seymour: Vergessene Künste, 2018/1984. John Seymour als Pionier der modernen Selbstversorgerbewegung der 1980er Jahre erlebt gerade wieder eine Renaissance.
19 Ebd., S. 19. Als Beispiel las ich neulich auf der Plastikdose einer Butter, dass diese „handwerklich verpackt" sei.

In welchem Beruf braucht man den Meister*innentitel, um sich selbständig zu machen?

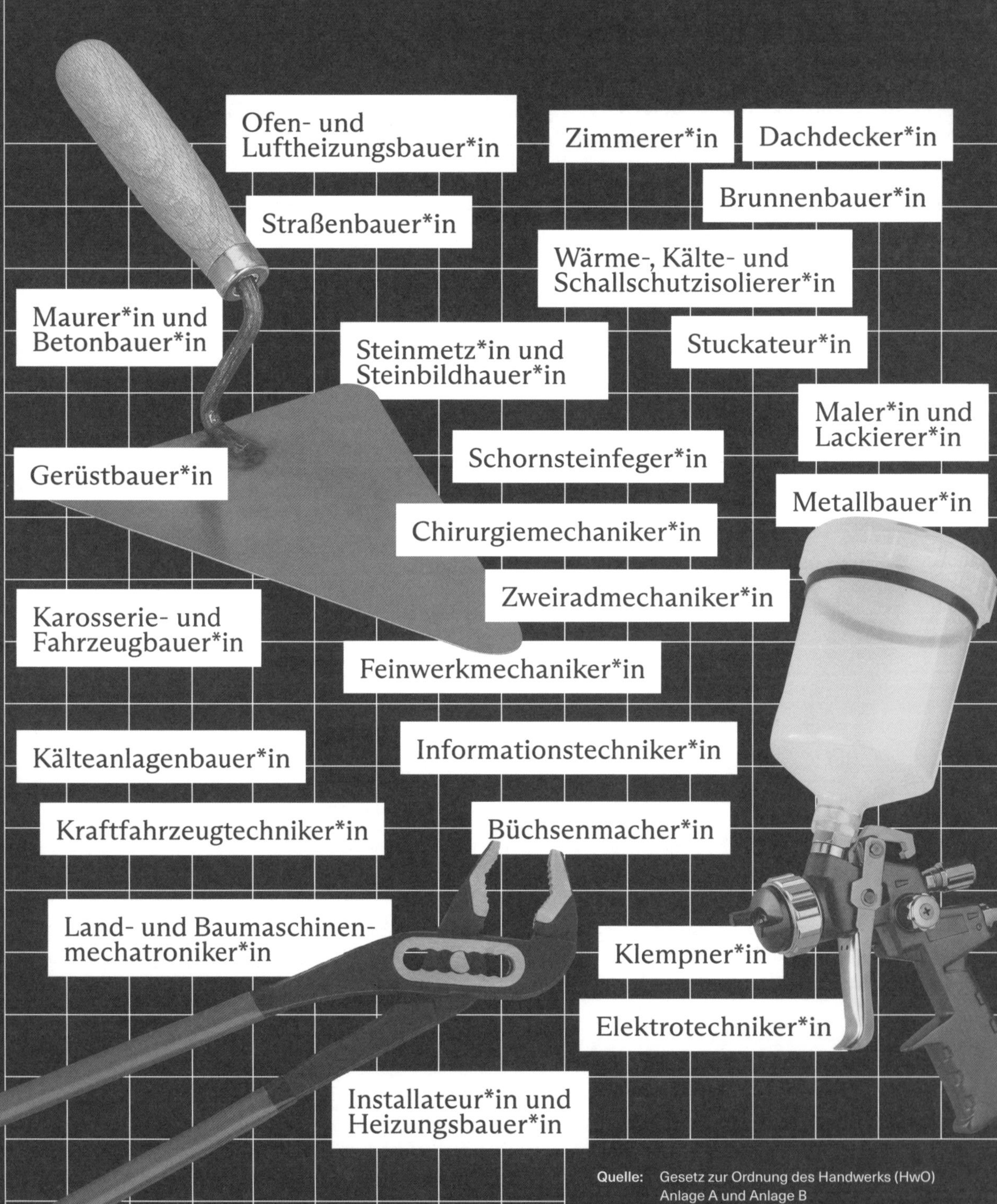

Quelle: Gesetz zur Ordnung des Handwerks (HwO) Anlage A und Anlage B

Boots- und Schiffbauer*in

Bäcker*in

Tischler*in

Seiler*in

Konditor*in

Fleischer*in

Elektromaschinenbauer*in

Orthopädieschuhmacher*in

Zahntechniker*in

Augenoptiker*in

Glaser*in

Hörakustiker*in

Glasbläser*in und Glasapparatebauer*in

Orthopädietechniker*in

Mechaniker*in für Reifen- und Vulkanisationstechnik

Friseur*in

Fliesen-, Platten- und Mosaikleger*in

Werkstein- und Terrazzohersteller*in

Behälter- und Apparatebauer*in

Estrichleger*in

Parkettleger*in

Rollladen- und Sonnenschutztechniker*in

Böttcher*in

Glasveredler*in

Drechsler*in (Elfenbeinschnitzer*in) und Holzspielzeugmacher*in

Raumausstatter*in

Schilder- und Lichtreklamehersteller*in

Orgel- und Harmoniumbauer*in

Das Gesetz zur Ordnung des Handwerks der Bundesrepublik Deutschland ordnet alle Handwerksberufe drei Kategorien zu: „Zulassungspflichtiges Handwerk“, „Zulassungsfreies Handwerk“ und „Handwerksähnliches Gewerbe“.

Um in einem „zulassungspflichtigen Handwerk“ ein Unternehmen zu gründen oder zu führen, benötigt man in der Regel einen Meister*innentitel. Auch um ausbilden zu dürfen, ist dieser Titel notwendig.

Im Fall eines „zulassungsfreien Handwerks“ oder eines „handwerksähnlichen Gewerbes“ hingegen ist für die Gründung und Führung eines eigenen Betriebs weder eine eigene Ausbildung noch ein Meister*innentitel erforderlich. Beides kann aber freiwillig erworben werden. Wer jedoch selbst ausbilden möchte, braucht auch hier den Meister*innentitel.

3.2 Hans-Joachim Gögl im Gespräch mit Markus Faißt

Lieber bin ich ein Meister als eine Marke

Über die Sehnsucht nach Verbundenheit, Versuch und Irrtum zwischen Handarbeit und ihrer Multiplikation sowie die Strategie der ungebauten Serie

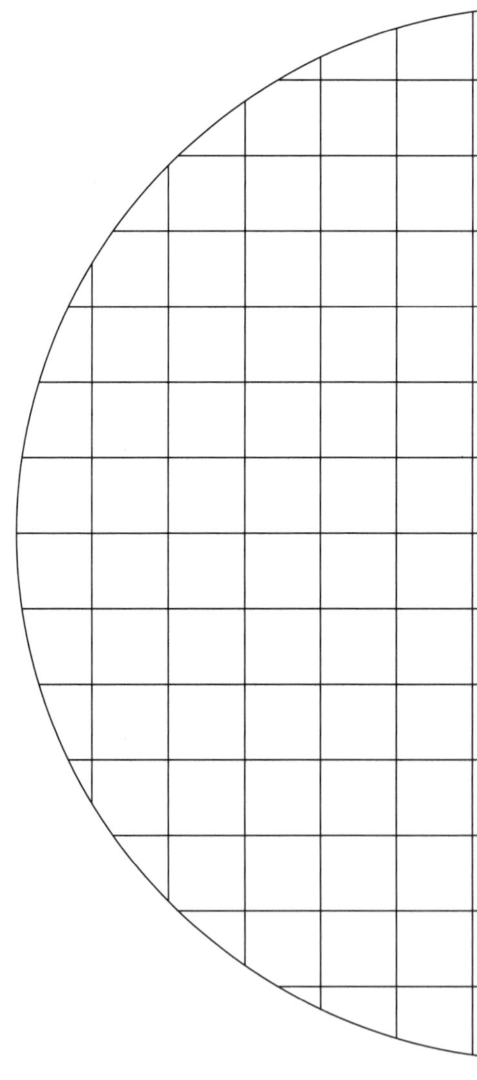

Markus Faißt gehört zu den markantesten Persönlichkeiten des Bregenzerwälder Handwerks. Der Tischlermeister führt seine konsequent nach nachhaltigen Prinzipien arbeitende Werkstatt mit rund zehn Mitarbeitenden in zweiter Generation. Die von ihm gestalteten Innenräume und Möbel sind über die Region hinaus bekannt. Er unterrichtete über Jahre an der Kunstuniversität Linz, ist Mitglied des Werkraums Bregenzerwald und ein gesuchter Partner der Baukünstler*innen der Region.

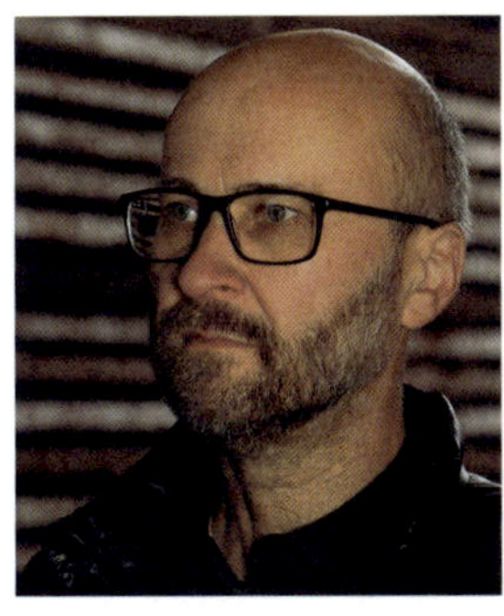

Abb. 1 Markus Faißt, Tischlermeister

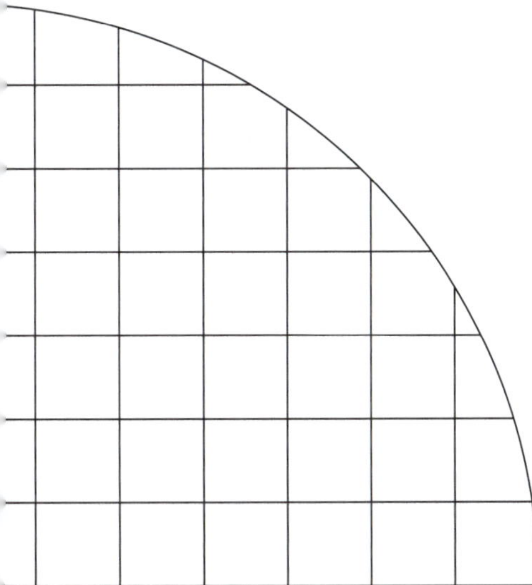

Hans-Joachim Gögl: Worin besteht für dich das Wesen des Handwerks?
Markus Faißt: Es gibt unendlich viele Aspekte des Handwerks, aber eine zentrale Eigenschaft ist sicher unser Vermögen, alle Arbeitsschritte, die das eigene Gewerk erfordert, in einem einzigen Betrieb zu vereinen. Im industriellen Prozess arbeiten spezialisierte Arbeitskräfte in überschaubaren Feldern wie etwa Materialwirtschaft, Design oder Vertrieb zusammen. Handwerker*innen können meist nichts davon herausragend, aber verstehen von allen erforderlichen Schritten so viel, dass sie den gesamten Spannungsbogen vom Verständnis der Aufgabenstellung bis zur Übergabe beherrschen. Bei Maßfertigungen kann die Industrie deshalb mit all ihren hocheffizienten und eben standardisierten Fertigungsprozessen nicht mithalten.

HJG Manchmal stößt man aber auch auf eine Art Handwerksromantik, die schlechter gemachte, teurere Produkte akzeptiert, nur weil sie von Hand gemacht worden sind. Würdest du sagen, dass deine Auftragsanfragen in der Regel nur mit dieser Fähigkeit zur Herstellung einer Individuallösung, also mit Handwerk beantwortbar sind?
MF Die Überhöhung von Handarbeit an sich ist ein Missverständnis. Ich behaupte, dass unsere Arbeit – gerade dann, wenn man sie mit einem gerüttelten Maß an Nüchternheit betrachtet – in der Wahrnehmung ihres gesamten Panoramas von Herstellung und Nutzen immer auch ökonomisch darstellbar ist. Handwerk kann punktgenau in Beziehung gehen und liefert ein Zusammenspiel an Emotion, Geist, Kultur, Ökonomie und regionaler Verankerung in Resonanz auf die spezifische Situation der Aufgabe. Wenn es fit ist, führt Handwerk natürlich zu komplexeren Lösungen.
HJG Die Holzwerkstatt Markus Faißt bildet den Wertschöpfungsprozess ihres Gewerkes in einem besonders vertieften Maße ab. Du suchst etwa selbst die Bäume für das Holz, das ihr verarbeitet, in den Wäldern der Umgebung aus, verfügst über ein umfangreiches Lager mit professioneller Trocknungsanlage oder versorgst den Betrieb mit Strom aus der eigenen Photovoltaikanlage, lange bevor das so wirtschaftlich und angesagt war wie heute. Dein Betrieb ist fast ein Gegenprogramm zu industrieller Arbeitsteiligkeit und betriebswirtschaftlicher Eigenlogik.
MF Von Beginn an waren ökologische, baubiologische Überlegungen immer ein starker Motivationsfaktor für mich. Wir zeigen seit Jahrzehnten, dass man als Handwerksbetrieb Handlungsspielräume hat und wirklich etwas tun kann. Aber darüber hinaus gibt es bei uns selbst und bei unseren Auftraggeber*innen eine Sehnsucht nach Nachvollziehbarkeit, Nähe, Verbundenheit. Wir können tatsächlich die Quellen unseres Werkstoffs zu Fuß erreichen, dessen Herkunft mit unseren Sinnen buchstäblich begreifen. Und obwohl unsere Werkstatt mit aktueller Technologie ausgestattet ist, geht es immer noch um die Hand, um das, was ich mit ihr gestalten kann und sinnlich zu fassen bekomme. Dieses Verständnis von Handwerk ist die Antithese zur alltäglichen Orientierungslosigkeit der Konsument*innen, die nicht verstehen, was sie kaufen und wieder entsorgen, die nicht wissen, woher etwas stammt, was dort sozial und ökologisch angerichtet wurde und was es nach seiner kurzfristigen Nutzung zurücklässt. Ich will, dass wir, mein kostbares Team und ich, unsere Welt mit unseren Sinnen so weit wie möglich verstehen können, und es gibt nicht wenige Menschen, die das an unserer Arbeit schätzen.

In Zeiten schlimmen Fachkräftemangels haben wir immer noch Initiativbewerbungen von Leuten, die genau so arbeiten wollen. Meine Mitarbeitenden und ich wollen aktiv Handelnde sein in einem Feld, das wir überblicken und in dem wir unsere ökologische, soziale und wirtschaftliche Selbstwirksamkeit täglich und ganz selbstverständlich erfahren. Das versetzt uns neben dem Tun auch in die Lage, kritisch, analytisch darüber zu reflektieren. Ich denke, dieses Kontinuum an Nachvollziehbarkeit und Verantwortung strahlt im Werk aus.

HJG Den Möbeln der Holzwerkstatt sieht man ihre Herkunft an. Deine Arbeit ist von den Traditionen, dem regionalen Selbstverständnis oder auch den hier vorhandenen Ressourcen des Bregenzerwaldes nicht zu trennen. Wie stehst du zu globalem Design, Gegenständen, die überall produziert werden können und überall einsetzbar sind?

MF Für mich gibt es kein Entweder-oder. Ich bewundere die Entwicklung des Bauhauses, das von den Werkstätten großer Meister*innen direkt in richtig argumentierte Massenproduktion geführt und so Qualität breit zugänglich gemacht hat. Es wäre absurd, die wunderbaren Stühle von Marcel Breuer handwerklich herzustellen! Und wenn dies auf der ganzen Welt gefällt, dann wohlan! Damit aber solche ikonografischen Massenleistungen in einem stimmigen Umfeld gut aufgehoben sind, in einem spannenden, komplex reagierenden Kontext wirken können, braucht es Handwerk. Baukultur, zumindest wenn ich diese hier aus dem Bregenzerwald herausdenke, kann man nicht aus einem industriellen Formstahlwerk pressen. Wenn wir das machen, brauchen wir auch den Breuer nicht mehr.

Abb. 2 „Die Serie zwingt mich, den Begegnungsraum Werkstatt zu verlassen, weil wir hier zu wenig Menschen erreichen. [...] Für uns ein Irrweg." Eines der ganz wenigen Serienprodukte aus der Holzwerkstatt von Markus Faißt: ein formal durchdachtes Arbeits-, Schneide-, Servier-, Jausenbrett in Bergahornholz

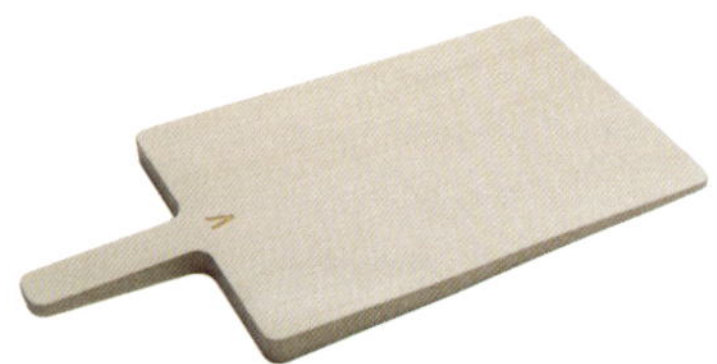

HJG Du selbst hast eine Reihe preisgekrönter Möbelentwürfe geschaffen, ausgezeichnet etwa im internationalen Wettbewerb *Handwerk + Form*. Siehst du den Gestalter Markus Faißt in einer geistigen Traditionslinie mit Autor*innen ähnlicher Haltung, wie zum Beispiel Arne Jacobsen, oder eher verwandt mit anonymem Design, wie dem der amerikanischen Shaker-Gemeinde oder eben deiner namentlich unbekannten historischen Vorgänger im Handwerk des Bregenzerwaldes?

MF Es gibt Berührendes, Erbauliches, wenn ich an die Großmeister der Moderne denke, aber ich bin doch recht weit weg von diesen. Näher fühle ich mich Leuten, die aus den Wurzeln eines Kollektivs heraus arbeiten, wie etwa der englischen Arts-and-Crafts-Bewegung oder auch den erwähnten Shakern. Die Arbeiten, die aus meiner Werkstatt hervorgehen, sollen so gut, schön, liebevoll gemacht sein, dass sie noch bestehen, wenn mein Name längst nicht mehr damit in Verbindung gebracht wird. Natürlich darf die Meisterin, der Meister auch gewürdigt und geachtet werden, aber Denkmäler sind dem Handwerk nicht angemessen. Kollektive Leistungen zu beschreiben, wie etwa jene der Bregenzerwälder Barockbaumeister oder die des gegenwärtigen Handwerks hier, rund um den Werkraum Bregenzerwald, ist aus meiner Sicht viel stimmiger.

HJG Der Bezug auf ein Kollektiv vermindert jedoch auch die eigene Sichtbarkeit. Die betriebswirtschaftliche Variante der Autorenschaft ist die Marke. Ist der ökonomische Trend, dass in der Mediengesellschaft nun auch jedes Kleinunternehmen an seinem Branding arbeiten muss, auch bei dir angekommen?

MF Die große Stärke des Handwerks ist und bleibt der persönliche Kontakt. Wenn unsere Werke wirken, unsere Dialoge glücken, trägt sich dieses Vermögen weiter. Natürlich müssen große Unternehmen ihren Mangel an persönlichem Kontakt mit Marketing substituieren. Lieber bin ich aber ein Meister als eine Marke. Wenn mich das Massenprodukt zwingt, mit der anonymen Masse medial zu kommunizieren, reicht die Meisterschaft nicht mehr.

Für das Handwerk finde ich es fatal, wenn 20 Prozent seiner Energie oder des Kapitals in die Konstruktion einer Marke gesteckt werden. Unsere Arbeit erzeugt genug Weiterempfehlung, dass sie für einen Betrieb mit rund zehn Mitarbeitenden ausreicht.

Die Situation bei uns im Bregenzerwald ist allerdings im internationalen Vergleich eine privilegierte. Hier ist es noch durchaus üblich, zur Altbausanierung von Haus oder Wohnung ein Architekturbüro beizuziehen, Küche, Bad und manches Möbel vom Handwerksbetrieb fertigen zu lassen. Anderswo braucht das Handwerk immer gute Argumente. Hier in diesem Kleinbiotop ist Wohnen von der Stange eher noch die Ausnahme.

Abb. 3 „In meinen Entwicklungsprozessen geht es um Zuhören, Beobachten, Widersprechen, manchmal Streiten, Vorschlagen, Verbessern und immer auch um die Sehnsucht nach dem Einzigartigen."

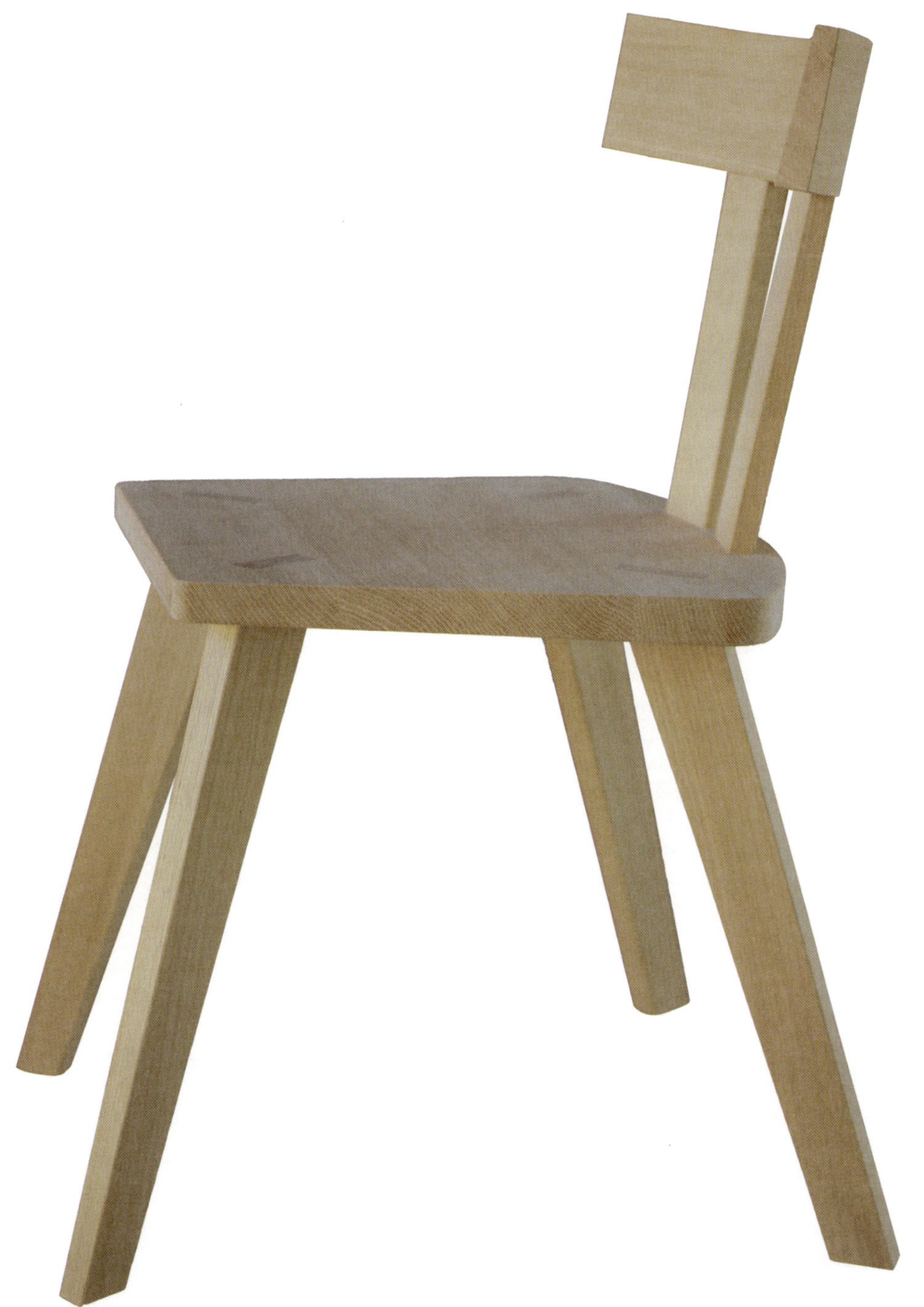

HJG Tatsächlich ist die Verführung groß, immer wieder die Grenze zwischen Handwerksbetrieb und Manufaktur zu überschreiten, auch weil in den letzten Jahren Serienfertigungstechnologien erstmals in der Geschichte des Handwerks leistbar geworden sind. Du hast dieser Versuchung in überschaubarem Maße bereits schon einmal nachgegeben, etwa in Form eines Schneidebretts, das du in Serie produzierst. Eine ganz andere Spielart von Multiplikation sind allerdings bestehende Entwürfe, etwa für einen Tisch oder Stuhl, die man bei dir bestellen kann und die du immer wieder in von dir gestaltete Räume integrierst.

MF Der allergrößte Teil unserer Arbeit besteht nach wie vor in der Einzelanfertigung. Das sind unsere üblichen, bewusst ineffizienten Investitionen an Engagement, weil der Weg vom Auftrag zum Einbau eben immer und immer wieder ganz neu zu gehen ist.

Über Jahrzehnte ist allerdings eine Reihe von Möbeltypologien entstanden mit einer Reife, die sie universeller einsetzbar macht. Eine Art umfangreiches Vokabelheft, mit dem wir immer wieder neue Sätze bauen können, und ein bis heute gewachsener Schatz an Lösungen mit bereichernden Modulen für ansonsten vollkommen neu und individuell gestaltete Räume. Sie sind eine Belohnung für unsere Erfahrung und ermöglichen uns im gesamten Prozess manches Mal eine bewährte Abkürzung. Diese Möbel sind jedoch nicht auf Vorrat lagernd, sondern werden wieder maßgefertigt und auf das jeweils aktuelle Umfeld in Proportion und Material angepasst.

HJG Und wie sind dir deine Ausflüge in die klassische Serienproduktion inklusive Lagerhaltung bekommen?

MF Auf den ersten Blick gut, auf den zweiten gar nicht: Die Stückkosten werden erheblich reduziert. Toll! Aber die muss ich nun verkaufen. Wem?

Unsere Erfahrung ist, dass das dem Wesen des Handwerksbetriebs völlig widerspricht. Die Serie zwingt mich, den Begegnungsraum Werkstatt zu verlassen, weil wir hier zu wenig Menschen erreichen. Unser Netzwerk reicht plötzlich auch nicht mehr aus, um eine solche Auflage loszuschlagen, also in Marketing investieren. Furchtbar. Für uns ein Irrweg.

HJG Ist die Multiplikation für Handwerker*innen auch eine, sagen wir mal, narzisstische Falle, um die eigene Selbstwirksamkeit zu erhöhen?

MF Natürlich! Was für eine Genugtuung, mit einem Produkt international publiziert zu werden! Die eigenen Arbeiten werden in Oslo und Tokio gesehen, wow! Ich empfehle, dies mit Humor zu genießen. Aber als Geschäftsstrategie ist mir die Anonymisierung des Kontakts kulturell zu fremd; und ich hätte auch nicht das Talent dazu, eine Manufaktur, geschweige denn eine Fabrik zu managen.

HJG Die Industrie und damit die Serie hat Kund*innen, das Handwerk aber Auftraggeber*innen. Im System der Herstellung von Maß-, Sonder- und Einzelanfertigungen sind diese letztlich immer auch Mitschöpfende, Mitkreierende. Entspricht das auch deiner Erfahrung?

MF Ja, weil Handwerk für mich niemals ohne die Meisterin, den Meister denkbar ist, ist es immer beziehungsbasierend. Ohne den damit verbundenen Dialog kann Handwerk nur schwer zu seiner Höchstform auflaufen. Es braucht das Vis-à-Vis, das Fremde, das Andere, das fordert und fördert. Bei Industrieprodukten ist dieser Austausch vorweggenommen. In meinen Entwicklungsprozessen geht es um Zuhören, Beobachten, Widersprechen, manchmal Streiten, Vorschlagen, Verbessern und immer auch um die Sehnsucht nach dem Einzigartigen. Und zwar nicht nur für mich als Meister, der sagt, da habe ich nun mein ganzes Können investiert, ja nicht nur das, Begeisterung, Liebe fast! Sondern auch für meine Auftraggeberschaft, die spürt, dass das eine gemeinsam entwickelte Antwort ist und sie sich damit auch als Mitautor*innen empfinden.

HJG Handwerk beantwortet damit auf einer tieferen Ebene die Hoffnung, nicht austauschbar zu sein, von Dingen umgeben zu sein, die uns in ein Narrativ von Verbundenheit integrieren.

MF Wie Henry David Thoreau einmal sinngemäß schrieb „Wichtig ist nicht, was du siehst, sondern was du erkennst!" Also das, was du wahrnimmst, man könnte auch sagen, was in Resonanz mit dir geht! Dadurch entsteht dann wiederum eine wertschätzende, lebendige, pflegende Beziehung zu diesen Dingen des Alltags. Design wird allzu oft nur betrachtet. Gegenstände, die das Handwerk hervorbringt, haben das Potenzial, erkannt zu werden und dass wir uns in ihnen selbst erkennen.

HJG Markus Faißt, vielen Dank für das Gespräch.

Wie viele Menschen beginnen noch eine handwerkliche Ausbildung?

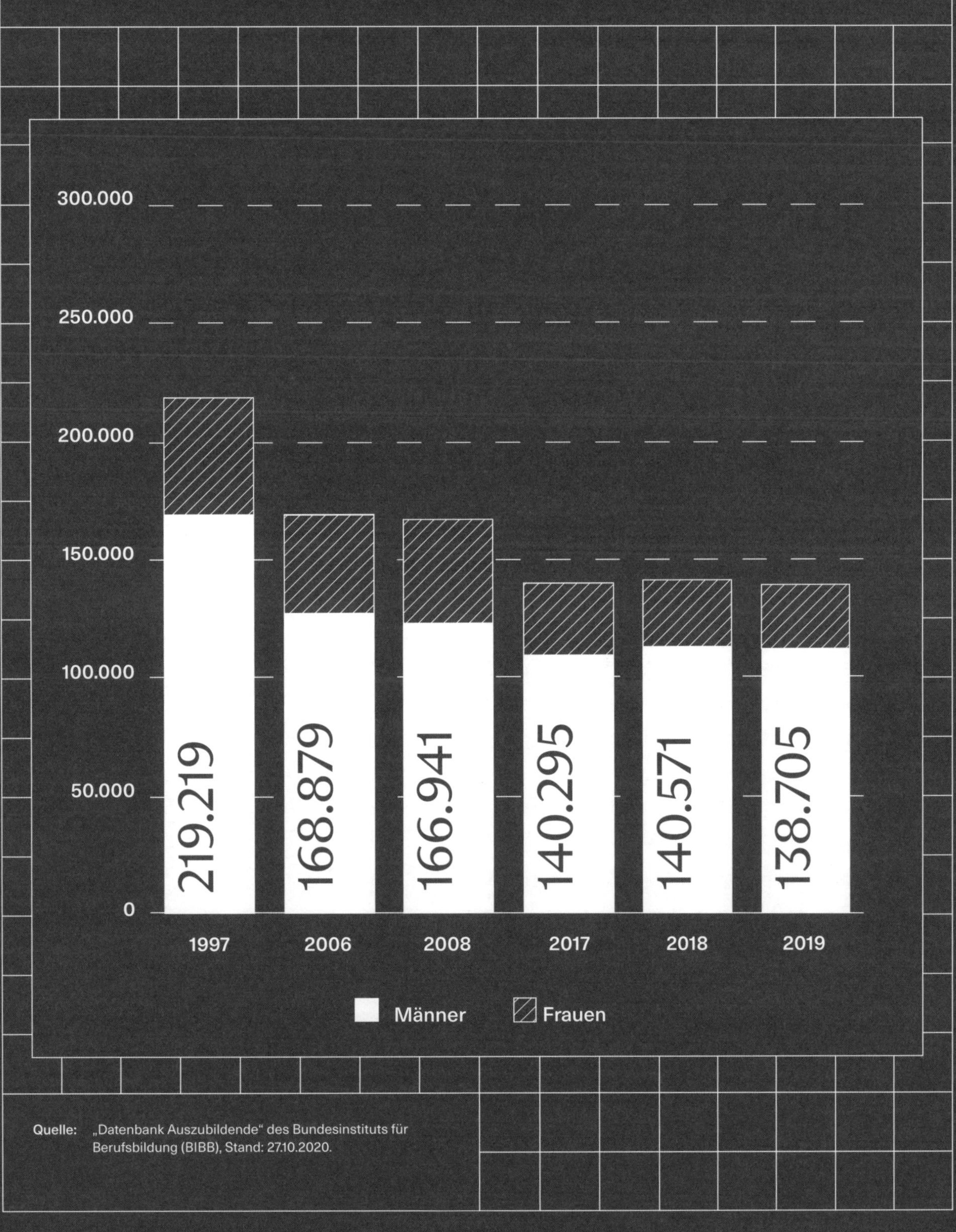

Quelle: „Datenbank Auszubildende" des Bundesinstituts für Berufsbildung (BIBB), Stand: 27.10.2020.

3.3 Julia Psilitelis im Gespräch mit Fynn Kliemann

Der Heimwerkerking

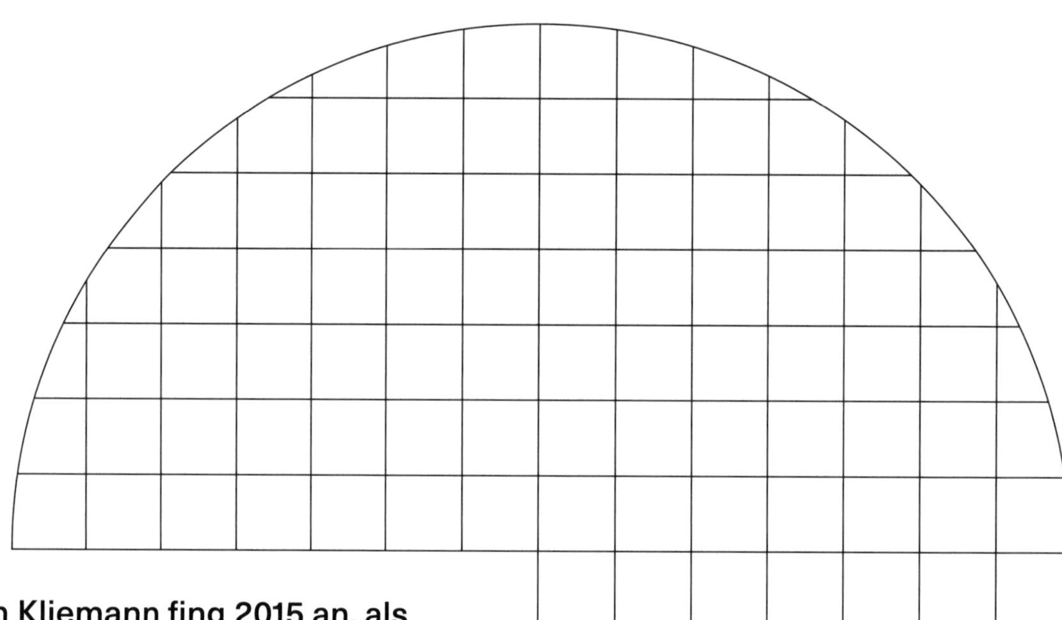

Fynn Kliemann fing 2015 an, als *Heimwerkerking* Videos auf YouTube hochzuladen, in denen er zeigt, wie er eine Mauer oder einen Hühnerstall baut. Er dokumentierte anfangs private Projekte, die er als bekennender Dilettant mit viel Spaß und Humor ausführt. Auch wenn einiges schiefgeht, erreicht er in den Videos immer das gesetzte Ziel.

Als Kommunikationsprofi sammelte Fynn in den Jahren über 590.000 Abonnent*innen für seinen Kanal *Heimwerkerking* und nochmals 640.000 für das Folgeprojekt, den Kreativhof *Kliemannsland*. Er gründete und leitet zahlreiche Firmen, macht Musik, Kleidung und Kunst und drehte Serien für ZDFneo und Netflix.

Julia Psilitelis: Was ist dein eigentlicher Beruf?
Fynn Kliemann: Mein eigentlicher Beruf ist und bleibt für immer Mediengestalter, Webdesigner, Konzeptionist.

JP Was siehst du als deine Berufung an?

FK Das weiß ich auch nicht, ich tobe seit so vielen Jahren durch so viele verschiedene Gebiete und alles begeistert mich, und vieles davon gleich stark. Also, ich bin wahrscheinlich dazu berufen, alles auszuprobieren.

JP Ich habe aus dem Interview mit der Reporterin und Moderatorin Eva Schulz den Begriff „Tausendsassa" mitgenommen.

FK Ich finde einfach sehr vieles sehr spannend. Das geht von Geisteswissenschaften bis hin zu Astrophysik. Es gibt so viele spannende Sachen da draußen, sehr viel Kunst, aber auch viel Handwerk. Da sind die Grenzen ja ganz oft fließend. Deswegen ist es umso spannender, dass man faktisch alles machen kann, und wie ich finde auch sollte.

JP Wie bist du dazu gekommen, *Heimwerkerking*- und später auch *Kliemannsland*-Videos zu drehen?

FK Der ursprüngliche Ansatz war, dass ich mit meiner Freundin ein Haus gekauft hatte, das renoviert werden musste. Und dann habe ich einfach dabei eh alles machen müssen. So sind dann die ersten Videos entstanden; ich habe aus Schrott irgendeinen Kram gebaut und wollte das dann einfach meinen Freunden zeigen und habe dafür YouTube benutzt. Dann haben das ganz viele Leute wieder und wieder geteilt und so ging es immer weiter. So kam es zu der Sendung *Heimwerkerking* und zu vielen anderen Shows, Sendungen und Konzepten ... und irgendwann dann eben auch zum *Kliemannsland*. Primär, weil meine Freundin nicht mehr wollte, dass ich es hier in unserem Haus mache. Da dachte ich: O.K., wir brauchen Platz für den ganzen Kram.

JP Wie wichtig findest du das Zuschauen im Gegensatz zum Selbermachen?

FK Es gibt ja voll viele Sachen, die kannst du nicht einfach so mal machen. Auf Wissen bezogen finde ich es abstrakt zu sagen „ausprobieren". Wie soll ich einen Kernfusionsreaktor bauen? Ich finde es geil, alles anzugucken, alles zu lernen, den Dingen auf den Grund zu gehen. Auf das Handwerk bezogen, finde ich das Ausprobieren total wichtig. Du kannst quasi fast alles selbst machen.

JP Gibt es heute noch Sachen, die du machst, ohne sie aufzunehmen?

FK Ja, na klar. Wir basteln hier jeden Tag an irgendwas. Es geht auch immer so wellenförmig, mal filme ich alles, dann habe ich total Lust, das zu schneiden und ich mag es irgendwie, diese Erinnerungen zu haben. Es gibt aber auch Wochen und Monate, beim *Heimwerkerking* Jahre, wo ich natürlich trotzdem jeden Tag etwas umbaue – aber keinen Bock habe, das zu filmen beziehungsweise keine Zeit, das zu schneiden. Da sind die Projekte nicht so abgeschlossen, dass man sagen kann, das ist ein Video. Oder es ist irgendwas, was eh keiner versteht.

JP Wenn du eine *Heimwerkerking*-Aktion filmst, gibt es erst ein Konzept oder filmst du, schneidest dann und guckst wie es passt?

FK Das Einzige, was es gibt, ist das Ziel. Ich weiß, ich muss einen Baum fällen, ich weiß, ich muss eine Lanze an ein Auto schweißen. So, und das war's. Dann habe ich halt, soweit man das planen kann, eine Lanze zu Hause, damit ich die schweißen kann. Also ich besorge das Material vorher, aber ich habe überhaupt keine Ahnung, wie ich das machen soll. Habe mich null informiert über die Thematik, den Prozess, gar nichts. Ich habe nichts organisiert. Das ist aber auch immer der Schlüssel dafür. Manchmal landen drei Tage Arbeit in einem 20-Sekunden-Video. Ich schneide ja am Ende jede Sequenz weg, in der ich nichts sage – ein ziemlich einfaches Konzept.

JP Hast du ein Lieblingswerkzeug?

FK Ja, das Schweißgerät ist schon das Geilste. Ich finde es so super gut, dass man Metalle, die so hart sind – und so unverständlich irgendwie – mit einem einfachen Druck auf einen Knopf innerhalb von einer Sekunde für immer verbinden kann. Ich finde das so verrückt, immer noch! Jedes Mal, wenn ich das sehe oder benutze oder irgendwas damit mache, denke ich: Was für ein Wunder! Das ist danach so stabil, für immer! Das sieht einfach geil aus! Du kannst damit einfach nähen: aneinander halten und es hält. Ein Punkt hält eine Tonne Gewicht. Das ist kompletter Wahnsinn! Und es ist so einfach, das kann faktisch jeder. Es ist das beste Werkzeug der Welt.

Abb. 1 Fynn Kliemann weiß nicht unbedingt, wie eine Mauer oder ein Hühnerstall gebaut wird. Er lernt es während des Videodrehs und teilt die Fehler mit seinem Publikum. Sein Ziel erreicht er trotzdem immer

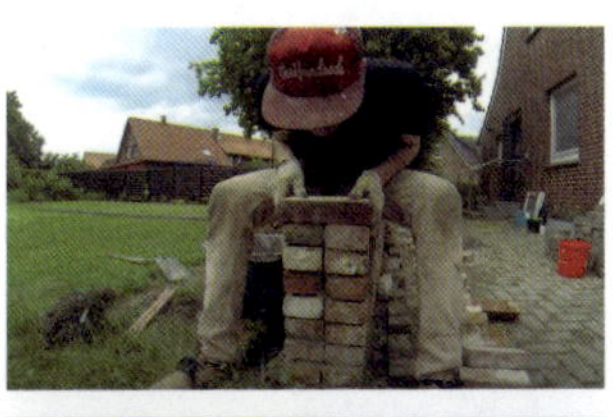

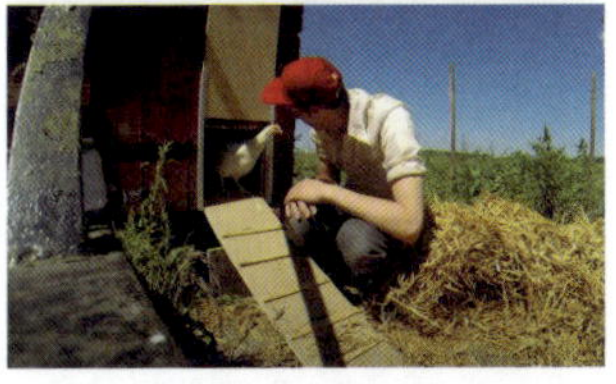

JP Hast du, bevor du zu schweißen begonnen hast, eine Anleitung bekommen? Hat dir jemand eine Einführung gegeben? Oder hast du dir einfach ein Gerät besorgt und ausprobiert?

FK Eine Mischung. Der Kumpel von meinem Vater, der kann sehr gut schweißen und hat mir das erste Mal beim Elektronenschweißgerät etwas gezeigt, als ich an einem Go-Kart schweißen wollte oder so. Und dann habe ich mir einfach selbst ein Gerät besorgt (sein altes) und habe das selber gemacht. Dafür musst du faktisch wirklich nichts können. Klar, wenn du ein U-Boot schweißen willst oder so massive Teile, dann ja. Aber wenn du so für dein Zuhause schweißen willst, dann kaufst du dir irgendein billiges Schweißgerät und ich schwöre dir, in zehn Minuten hast du das gelernt. Es ist so dermaßen einfach, dass es schon erschreckend ist.

JP Ich habe es nur einmal mit einer Virtual-Reality-Brille versucht und das war nicht so einfach. Meine Linie war nicht gerade.

FK Ich verstehe schon, was du meinst, dass es nicht perfekt ist. Aber darum geht es auch nicht. Es geht darum, dass es irgendwie hält und Spaß macht.

JP Dann siehst du deine YouTube-Videos auch nicht als Anleitung?

FK Ganz oft eher als Anleitung, wie man es nicht macht. Was ja auch wertvoll sein kann. Ich kriege das immer so hin, ich bin aber überhaupt nicht gut. Ich finde es halt super spannend, Dinge zu machen. Bei einem Pizzaofen zum Beispiel musst du eigentlich ganz bestimmten Mörtel und Steine benutzen, aber ich denke, das wird schon so gehen, und das ist halt der Trick: Nicht diese Anleitung eins zu eins zu befolgen, sondern selbst Erfahrungen zu machen, Dinge auszuprobieren. Das habe ich sehr oft gemacht! Das hat natürlich auch zu Diskussionen in den Kommentaren geführt, weil Leute sagen, dass das, was ich mache, komplett verkehrt ist, aber wenn ich rausgucke und seit zehn Jahren hält der Scheiß, dann ist es wohl doch nicht ganz so verkehrt gewesen.

JP Wie stehst du zur handwerklichen Ausbildung?

FK Also zwischen mir und einem echten Handwerker da liegen Welten, völlig klar! Eine handwerkliche Ausbildung braucht man total und ist auch megageil! Ich habe selber einen Handwerksbetrieb mittlerweile: LDGG[1]. Da arbeiten sechs Leute, und die sind alle extrem gut in ihren Gewerken; Tischler, Gas- und Wasserinstallateure, Elektriker und so weiter. Warum arbeiten die wohl da? Nicht, weil ich glauben würde, dass ich das alles besser kann als die. Ich kann hier zu Hause ein bisschen rumtüdeln und ich kriege meine Probleme gelöst, aber ich kann kein Haus bauen oder so, beziehungsweise überschreiten ganz viele Aufgaben in ihrer Gänze meine Fähigkeiten. Elektrikleitungen im Haus zum Beispiel, da hört es dann irgendwann auf. Ich glaube, man kann alles selber machen, wenn man die Muße und die Zeit dafür hat. Aber die Qualität, gerade wenn man perfektionistisch ist, kann man dann auch sehr gerne wieder Profis überlassen.

JP Wie arbeitest du mit den ausgebildeten Handwerker*innen zusammen?

FK Ich lege da oft etwas vor und sage: Lass uns mal quatschen! Ich geh dann da hin und sage: Guck mal, wie geil ist das, das würde ich da gerne machen. Und dann überlegt man sich zusammen, wie das gehen würde. Die sind eher die Realisator*innen, ich bin eher Visionär, obwohl das klingt so übertrieben. Alles, was wir machen, ist Teamarbeit. Man gibt irgendwas dahin, dann überlegen die sich wieder was, dann ergibt sich irgendwas und so weiter. Meine Aufgabe ist echt immer nur die Anfangsvision, also zu sagen: Das wäre doch cool!

JP Du hältst das Ganze zusammen.

FK Ja, genau. Meine Aufgabe ist zu sagen: So, jetzt ist mal gut. Jetzt haben wir hier genug Ideen gesammelt, die drei habe ich herausgehört, fandet ihr auch geil, davon nehmen wir jetzt das. Und wir fangen nicht in sechs Monaten an, das machen wir jetzt. Das ist mein Job! Und darauf aufzupassen, dass alle Spaß bei der Arbeit haben, das ist mein Job!

JP Wie hast du gelernt, Projekte und Personen zu managen?

FK Wir haben vor elf Jahren [2011] *Herrlich Media* gegründet, das war meine erste Firma, und seitdem gründe ich jedes Jahr drei bis vier Start-ups. Davon sind jetzt so acht oder neun GmbHs aktiv, die ich alle führe. Es sind jeweils einzelne Teams zwischen fünf und 40 Leuten. Das ist dann irgendwann einfach ganz normal.

Abb. 2 Auf einem ehemaligen Bauernhof in Niedersachen ist das Kliemannsland entstanden. Hier gibt es genug Platz und Probleme, um sich handwerklich auszutoben

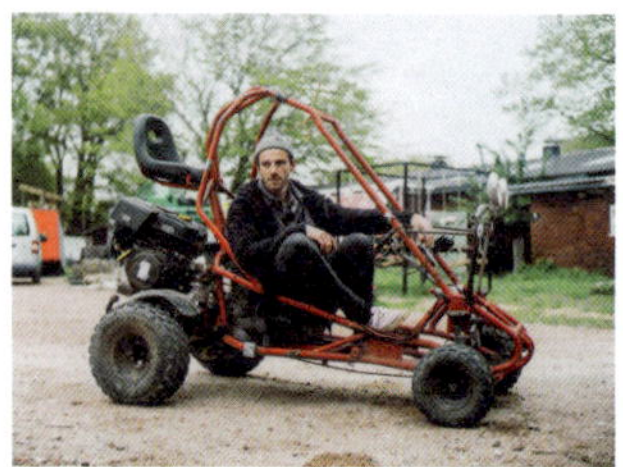

Abb. 3 Fynn lebt das Image des coolen und wilden Typs, der Dinge einfach macht. Als Medienprofi setzt er sich gekonnt in Szene, als Gründer und Unternehmer leitet er seit 2011 eine ganze Reihe von Firmen

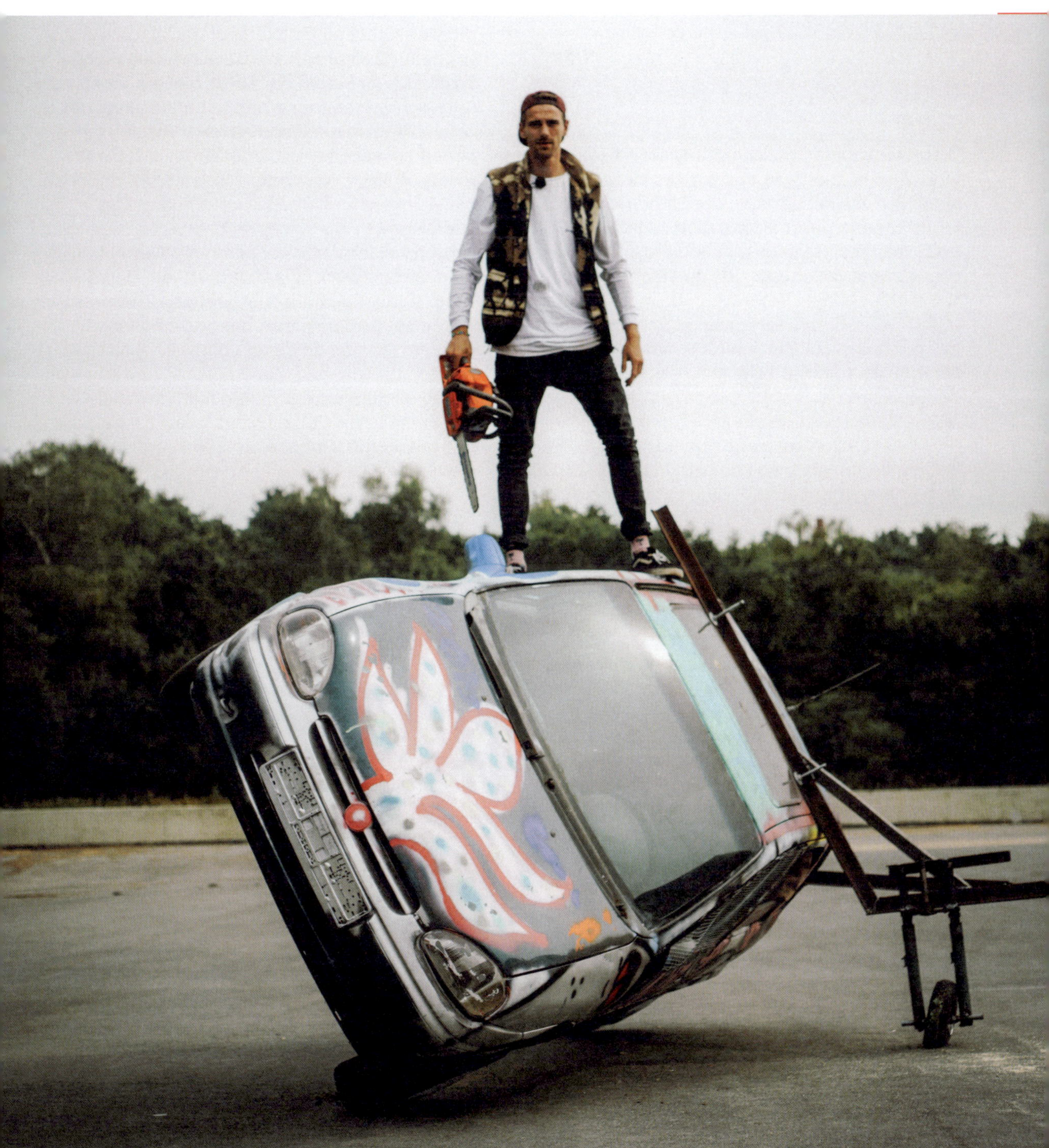

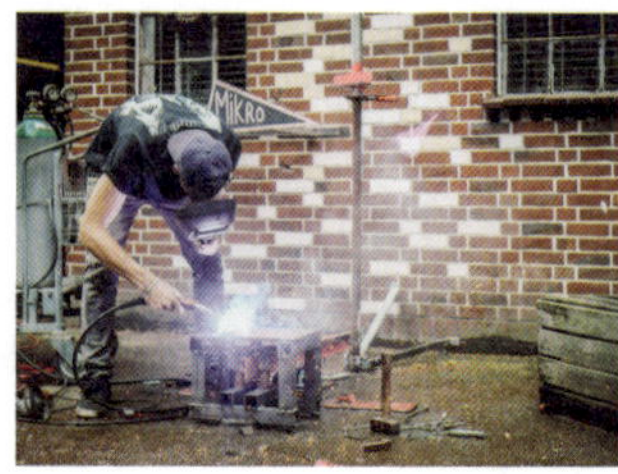

Abb. 4 Das Schweißgerät ist Fynns liebstes Werkzeug. Den Umgang hat er sich größtenteils selbst beigebracht

Wann funktioniert etwas gut? Wenn alle glücklich sind. Also ist meine Aufgabe, dass alle glücklich sind. Und wie schafft man das? Indem man auf die Leute zugeht, bevor sie auf dich zugehen müssen. Dass man mal Scheiße machen muss, ist vollkommen normal. Muss jeder. Es gibt nicht einen Job, der perfekt ist. Aber wenn du siehst, jemand macht, also für ihn, schon lange Scheiße, heißt das nicht, dass dieser Job für jemand anderen scheiße ist. Jeder soll das machen, was er am besten kann.

JP Worauf bist du stolz?

FK Eigentlich auf viel zu wenig, irgendwie auf gar nichts. Ich eiere so vor mich hin. Alles ergibt sich immer irgendwie so. Man wird immer vom einen Job in den nächsten geschmissen, sodass du eigentlich nie zurückblickst. Deswegen weiß ich auch nicht, was davon jetzt besonders gut war. Ich habe einfach Lust am Machen.

JP Wie kam es zu dem Namen „Heimwerkerking"? Das ist ja auch eine Aussage.

FK In dem allerersten Video, das ist ja alles bis heute ungeskriptet, habe ich am Anfang gesagt: „Hallo, das ist der Heimwerkerking" und am Schluss: „Bis zum nächsten Mal, wenn es wieder heißt Kliemann bastelt, oder so." Und daraus ist *Heimwerkerking*[2], der YouTube-Kanal geworden und *oder so* meine Klamottenmarke Das war kompletter Zufall. Das war einfach der Abspann aus meinem ersten Video.

JP Was ist dein wichtigstes Medium, um zu kommunizieren?

FK Wahrscheinlich Instagram. Ich war überall mal irgendwie, oder bin überall, aber das ist der Kanal, der mir auch am meisten zurückgibt. Wo ich eine Resonanz von netten Leuten bekomme, nicht so eine Hölle wie bei Twitter oder so. Es gibt einfach Plattformen, die haben einen generell positiven oder generell negativen Tonus. Instagram ist generell eigentlich positiv.

JP Möchtest du noch gerne etwas zum Thema Handwerk loswerden?

FK Es ist das Geilste, auf jeden Fall, wirklich! Mehr Leute müssen da rein. Ich finde es gut, sich auszuprobieren, es ist die perfekte Spielwiese für Körper und Geist. Es ist total geil, weil du anfassbare Ergebnisse aus tatsächlich allen Bereichen der Welt hast. Also, da spielt so viel Physik eine Rolle, so viel Materialwissenschaften, es gibt so verrückte, coole Gegenstände, Kombinationen aus verschiedenen Werkstoffen, das macht einfach nur Bock. Du siehst deine Ergebnisse danach sofort und kannst sie benutzen. Plus du sparst super viel Geld. Jeder sollte sich damit intensiv auseinandersetzen, weil die meisten Leute einfach total unbegründete Angst vor dem Handwerk haben. Die machen nichts. Es gibt Leute hier in der Stadt, die jemanden rufen oder bei MyHammer einen Job reinstellen, um einen Nagel in die Wand zu hauen oder Glühbirnen zu wechseln. In einer Großstadt hat ja auch niemand mehr Werkzeug. Ich fand das immer so krass unverständlich. Das ist ein unfassbar interessantes, spannendes Thema, bei dem man extrem viel lernt und vor allem die Wertschätzung für das Handwerk an sich entwickelt. Und das ist total wichtig in unserer heutigen Zeit, denn wir werden alle noch sehen, dass es ein Riesenproblem ist, was da gerade passiert durch den Nachwuchsmangel. Merkt ja jeder, und das wird in den nächsten zehn Jahren noch mal viel schlimmer. Wer sich da nicht selbst gewappnet hat, gut vernetzt ist oder so, der kriegt dann niemanden mehr.

1 Lass Dir Gut Gehen.
2 Fynn beginnt sein erstes Video mit „Hallo, das ist der Heimwerkerking"; https://www.youtube.com/watch?v=fg0tOTLxOtc.

Welche Schullaufbahn haben Auszubildende im Handwerk absolviert?

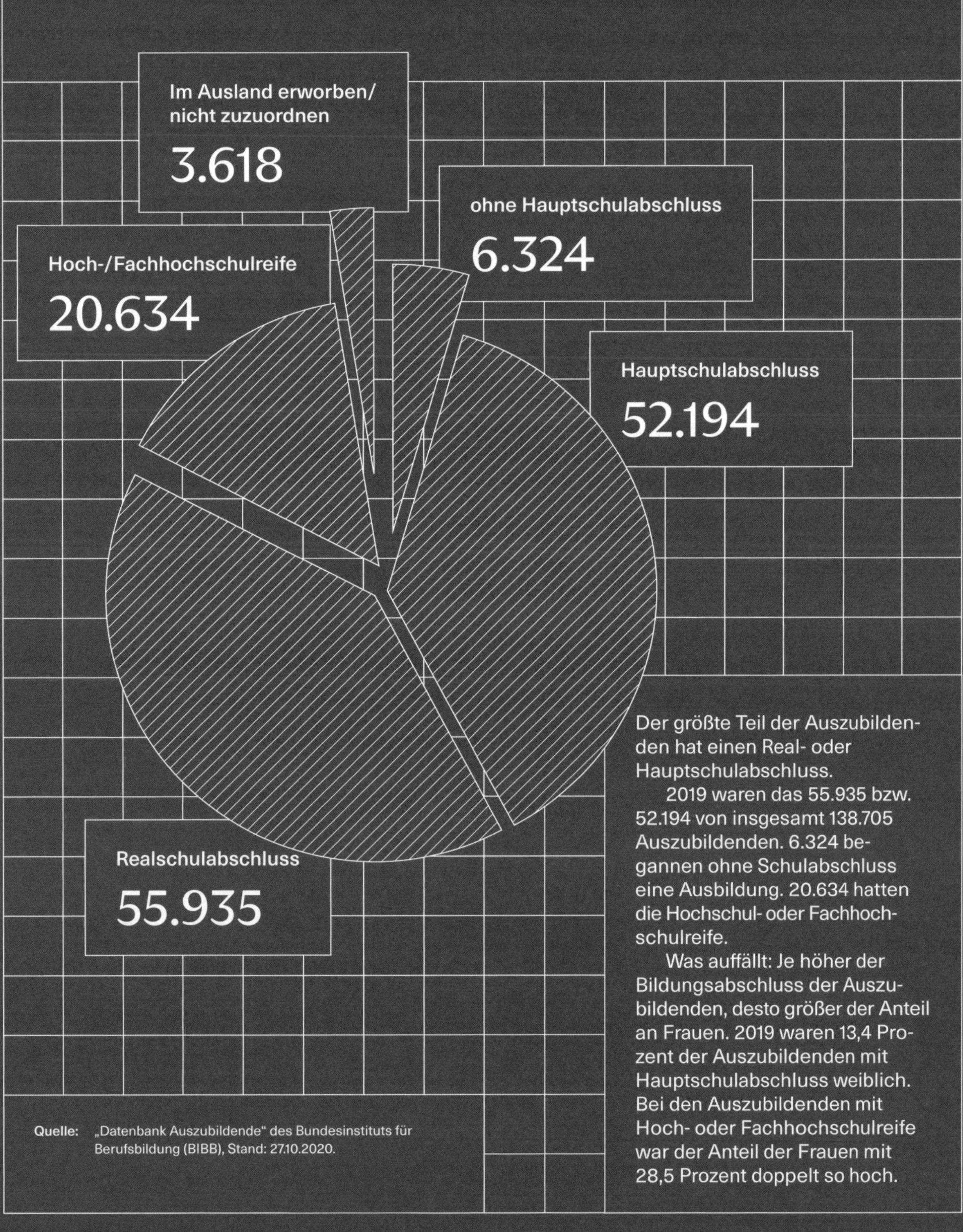

Der größte Teil der Auszubildenden hat einen Real- oder Hauptschulabschluss.

2019 waren das 55.935 bzw. 52.194 von insgesamt 138.705 Auszubildenden. 6.324 begannen ohne Schulabschluss eine Ausbildung. 20.634 hatten die Hochschul- oder Fachhochschulreife.

Was auffällt: Je höher der Bildungsabschluss der Auszubildenden, desto größer der Anteil an Frauen. 2019 waren 13,4 Prozent der Auszubildenden mit Hauptschulabschluss weiblich. Bei den Auszubildenden mit Hoch- oder Fachhochschulreife war der Anteil der Frauen mit 28,5 Prozent doppelt so hoch.

Quelle: „Datenbank Auszubildende" des Bundesinstituts für Berufsbildung (BIBB), Stand: 27.10.2020.

3.4 Kerstin Stöver

Handwerk und Inklusion – Ein Gewinn für alle

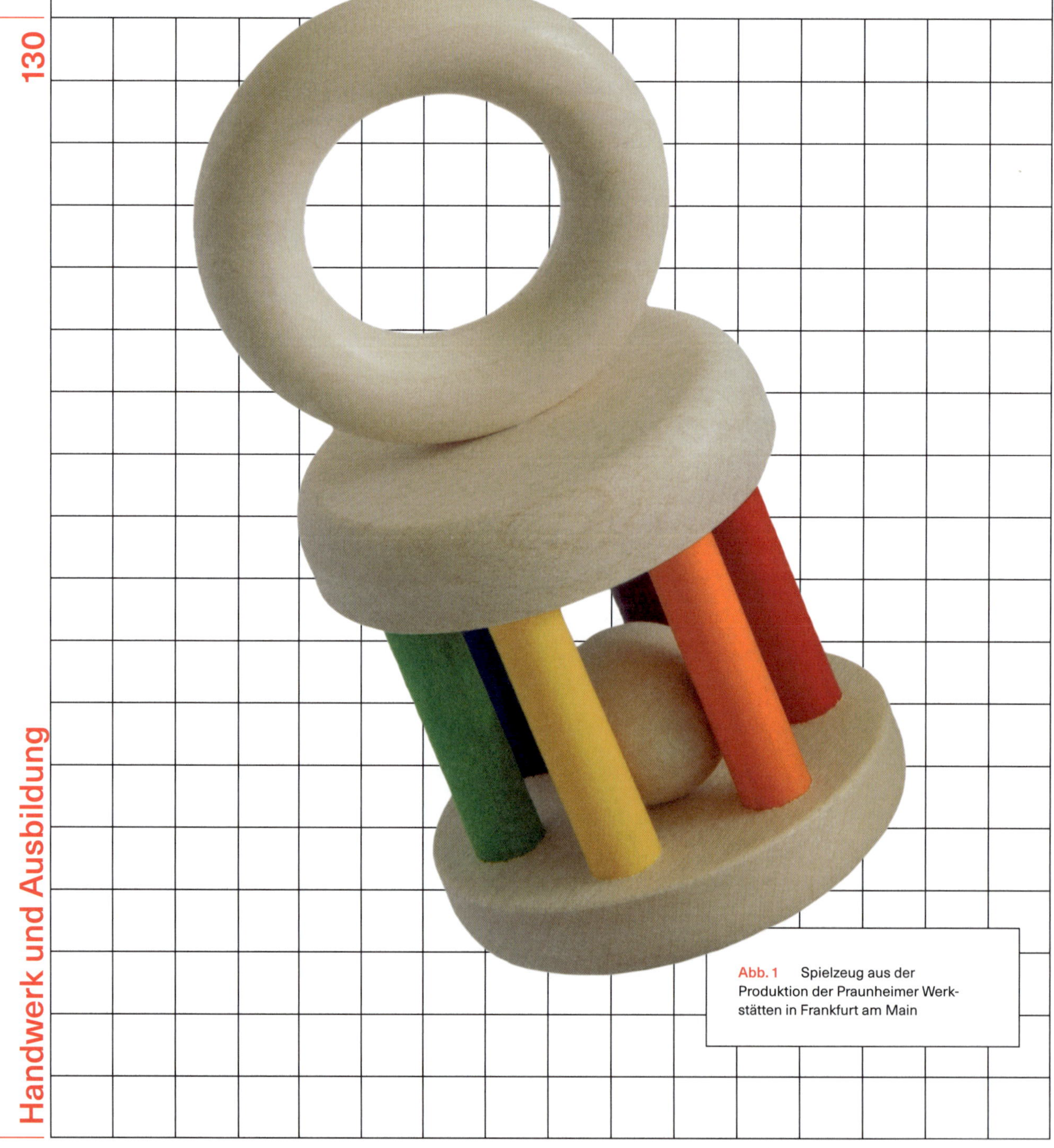

Abb. 1 Spielzeug aus der Produktion der Praunheimer Werkstätten in Frankfurt am Main

In der UN-Behindertenrechtskonvention ist das Recht auf Inklusion festgeschrieben. Seit 1994 ist im Grundgesetz der Bundesrepublik Deutschland folgender Satz verankert: „Niemand darf wegen seiner Behinderung benachteiligt werden." Damit sollen Menschen mit körperlichen und/oder geistigen Beeinträchtigungen jeglicher Art de facto allen ihren Mitmenschen in jeder Hinsicht gleichgestellt sein.

Die Bemühungen, diesem Anspruch gerecht zu werden, führen – da Bildung in Deutschland der Länderhoheit unterliegt – zu unterschiedlichen Ergebnissen und scheitern aktuell noch in vielen Fällen an gesellschaftlichen und finanziellen Rahmenbedingungen. In Kindertagesstätten wird Inklusion bisher am besten umgesetzt. Ein guter Teil privater, aber auch kommunaler Einrichtungen bietet Integrationsplätze an und ist in der Lage, das dafür nötige Mehr an Personal mit spezifischer Ausbildung zu finanzieren. In der schulischen Ausbildung dominiert – mit einigen Ausnahmen vorwiegend privater Träger – nach wie vor die Trennung in Regel- und Fördereinrichtung. Damit ist auch der weitere Ausbildungs- und Arbeitsweg der Absolvent*innen der Fördereinrichtungen vorgezeichnet. Nur in wenigen Ausnahmen steht für sie der erste Arbeitsmarkt offen, meistens finden sie ihren Platz in *Anerkannten Werkstätten für Behinderte Menschen*. Diese Werkstätten arbeiten für regionale und überregionale Unternehmen in Dienstleistung, Industrie und Handwerk.

Die Praunheimer Werkstätten GmbH ist mit 240 Arbeitsplätzen der größte Stellenanbieter für Menschen mit geistiger Behinderung in Frankfurt am Main und arbeitet zum Beispiel im Garten- und Landschaftsbau, in der Industriemontage, im Büroservice mit Aktenvernichtung und Scan-Diensten, liefert Serienfertigungen aus Holz sowie Konfektionierung und Verpackung von Produkten.

Im handwerklichen Bereich entsteht unter dem Slogan „Spielen heißt lernen – immer und überall" kindgerechtes, formschönes Spielzeug mit einer klaren Designsprache aus Naturmaterialien für Babies und Kleinkinder. Der Schwerpunkt der Herstellung liegt auf Langlebigkeit, edler Oberflächenverarbeitung, umweltschonenden Fertigungsverfahren und der Verwendung von Holz aus nachhaltigem Anbau. Der Blick auf ökologische Vertretbarkeit der Materialauswahl, verbunden mit hoher handwerklicher Qualität verbirgt sich ebenso hinter weiteren Produkten aus den Bereichen Bürobedarf, Haushalt, Balkon und Terrasse oder Lifestyle. So entstehen zum Beispiel handgewebte, zeitlos edle Heimtextilien aus Naturfasern unter der Leitung der Textildesignerin Cornelia Krüger-Schütte in der hauseigenen Werkstatt.

Das Produktwerk Graupa, ebenfalls eine *Anerkannte Werkstatt für Behinderte Menschen*, bezog 2016 am Rande Dresdens, im Pirnaer Ortsteil Graupa, (Abb. 2) eine neu errichtete Werkstatt. In sieben Arbeitsbereichen mit jeweils zwölf Beschäftigten werden, angeleitet durch ausgebildetes Fachpersonal, Arbeitsaufgaben in unterschiedlichen Gebieten erfüllt: Industriemontage, Kunststoffbearbeitung, Lohnabfüllung, Wäge- und Zählaufträge, Qualitätskontrollen und Präzisionsmessungen.

Im Rahmen der Eigenmarke „ellers" fertigt die Werkstatt handwerkliche Erzeugnisse in unterschiedlichen Materialien.

Neben Geschenk- und Dekorationsartikeln baut die Holzabteilung Kleinmöbel wie (Kinderschaukel-) Stühle und Bänke, Nistkästen und -hilfen sowie Wanduhren. In der Keramikwerkstatt entstehen ausschließlich unikate Dekorations- und Gebrauchskeramiken. Die Textilwerkstatt

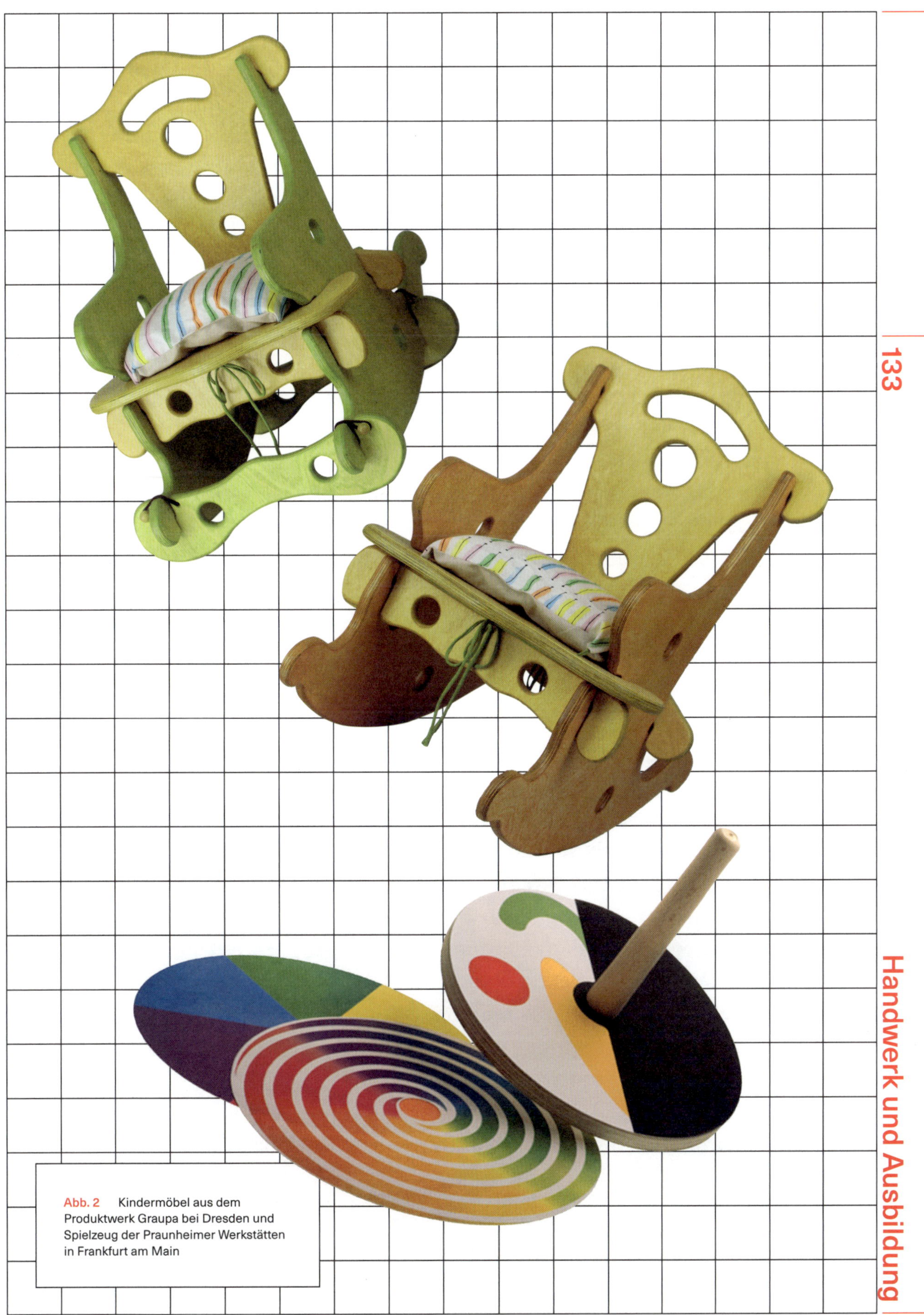

Abb. 2 Kindermöbel aus dem Produktwerk Graupa bei Dresden und Spielzeug der Praunheimer Werkstätten in Frankfurt am Main

fertigt aus qualitativ hochwertigen und nachhaltigen Materialien farbenfrohe und bequeme Kleidung und Accessoires nicht nur für Kinder. Alle Produkte können auch als individuelle Einzelanfertigung nach Kundenwünschen und -maßen geliefert werden. Die Arbeit in diesen Bereichen der Eigenproduktion ermöglicht den Beschäftigten, handwerklich zu arbeiten, ihre Fähigkeiten zu entdecken, auszuloten und weiterzuentwickeln sowie kreativ am Gestaltungsprozess der Produkte mitzuwirken. Der Verkauf erfolgt im eigenen Laden auf dem Gelände der Werkstatt. Kund*innen haben so die Möglichkeit, den Ort und die Menschen hinter den Produkten zu erleben. Dies bedeutet letztendlich eine neue Qualität in der Teilhabe am Arbeitsleben und mit dem Vertrieb der Waren unter einem eigenen Label eine größere Sichtbarkeit in der Gesellschaft.

Ein großes Bestreben der Werkstätten ist es, durch gezielte Weiterbildung und Förderung die Leistungs- und Erwerbsfähigkeiten ihrer Werktätigen zu erhalten, wiederherzustellen, weiter auszubauen und damit die Persönlichkeitsentwicklung zu fördern. Die Ausbildung handwerklicher Fertigkeiten ist dabei genauso Bestandteil von Seminaren und Workshops wie der Umgang mit dem Computer. Im Blick steht dabei auch immer wieder, zu prüfen, ob die Chance zum Übergang auf den ersten Arbeitsmarkt gegeben ist. Ein richtiger und wichtiger Schritt in diese Richtung ist die begleitete Tätigkeit in sogenannten ausgelagerten Arbeitsplätzen in Industrie und Handwerk. Dabei sind die Werkstattbeschäftigten in die Arbeitsabläufe des entsprechenden Betriebes voll integriert, können aber bei Bedarf durch das Fachpersonal ihrer Werkstatt individuell unterstützt werden. In Dresden stellt die Handwerkskammer seit 2018 in Zusammenarbeit mit dem Kommunalen Sozialverband

Sachsen Betroffenen eine Inklusionsberatung zur Verfügung. Außerdem erarbeitete die Technische Universität Dresden im Auftrag des Sächsischen Ministeriums für Soziales und Gesellschaftlichen Zusammenhalt einen Leitfaden für Unternehmen mit Beispielen für gelungene Integration. Allerdings berücksichtigt der überwiegende Teil der öffentlichen Initiativen zur Inklusion lediglich einen Teil der betroffenen Bevölkerung: Menschen mit angeborenen oder erworbenen Krankheiten, vorhandenen körperlichen Beeinträchtigungen oder Schäden nach Unfällen. Menschen mit geistiger Behinderung finden nach wie vor zu wenig Berücksichtigung. Gerade für sie ist aber die Förderung und Ausbildung handwerklicher Fähigkeiten eine große Chance auf eine eigenständige, von der Gesellschaft ernst- und wahrgenommene Berufstätigkeit. Die Inklusion wird damit Normalität und selbstverständlicher Teil des täglichen Lebens.

Wie viele Inhaber*innen handwerklicher Betriebe haben selbst eine handwerkliche Ausbildung?

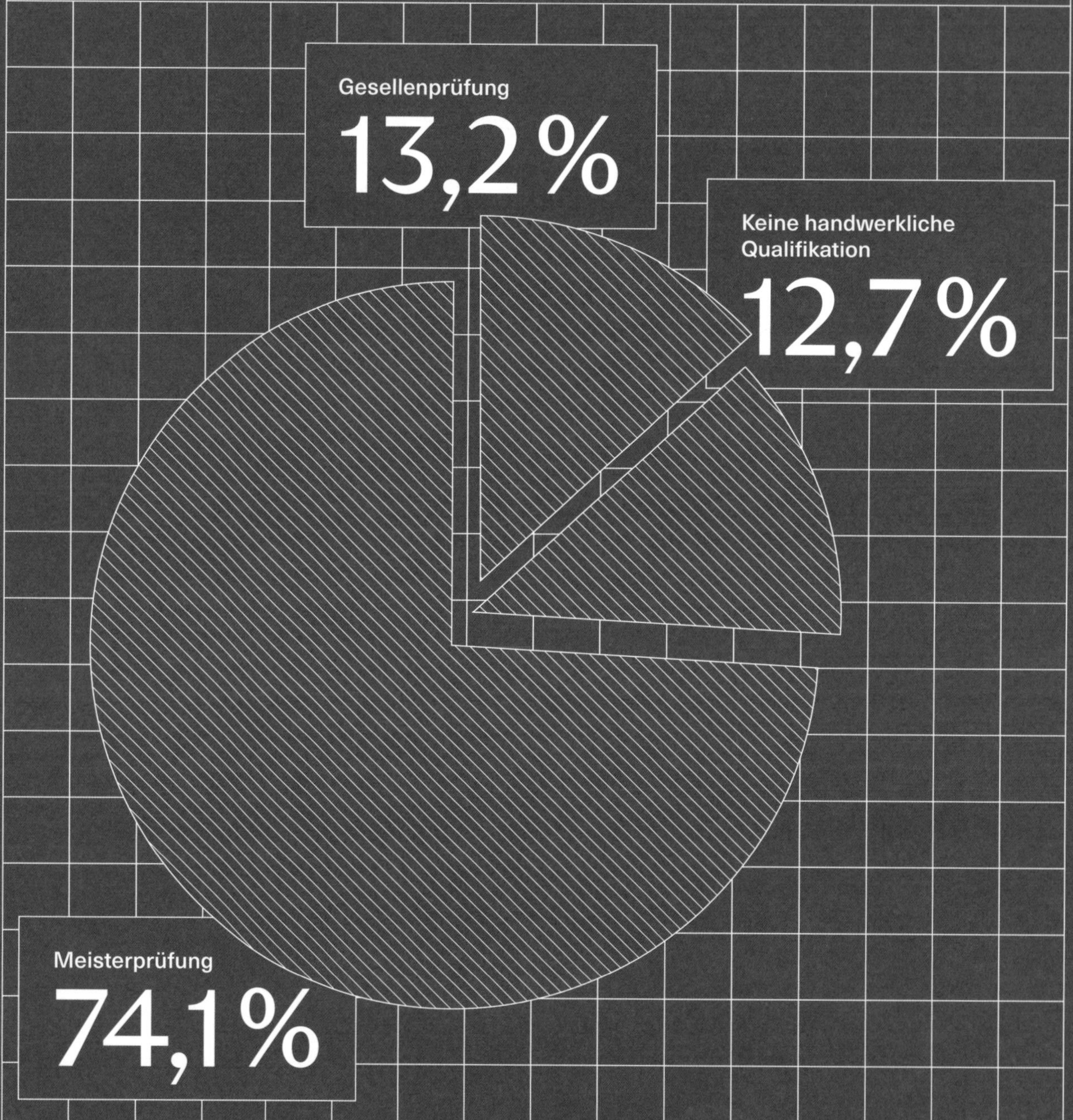

Gesellenprüfung
13,2 %

Keine handwerkliche Qualifikation
12,7 %

Meisterprüfung
74,1 %

Quelle: Sächsisches Staatsministerium für Wirtschaft, Arbeit und Verkehr: „Das Sächsische Handwerk 2019", S. 43, Tabelle 25.

Inhaber*innen mit akademischem Abschluss

11,4%

Ein Großteil der Inhaber*innen von Handwerksbetrieben hat eine handwerkliche Ausbildung.

2017 hatten 74,1 Prozent den Meister*innentitel, 13,2 Prozent hatten nur eine Gesell*innenprüfung abgelegt und 12,7 Prozent besaßen keine formale handwerkliche Qualifikation.

Einen akademischen Abschluss wiesen 11,4 Prozent der Inhaber*innen auf. Das schließt aber nicht aus, dass sie zugleich auch Handwerksmeister*innen oder Gesell*innen waren und damit auch in die oben genannten Zahlen miteingerechnet wurden.

Inhaber*innen ohne akademischen Abschluss

88,6%

3.5 Ruth Sonja Simonis

Lebender Nationalschatz – Ningen Kokuhō

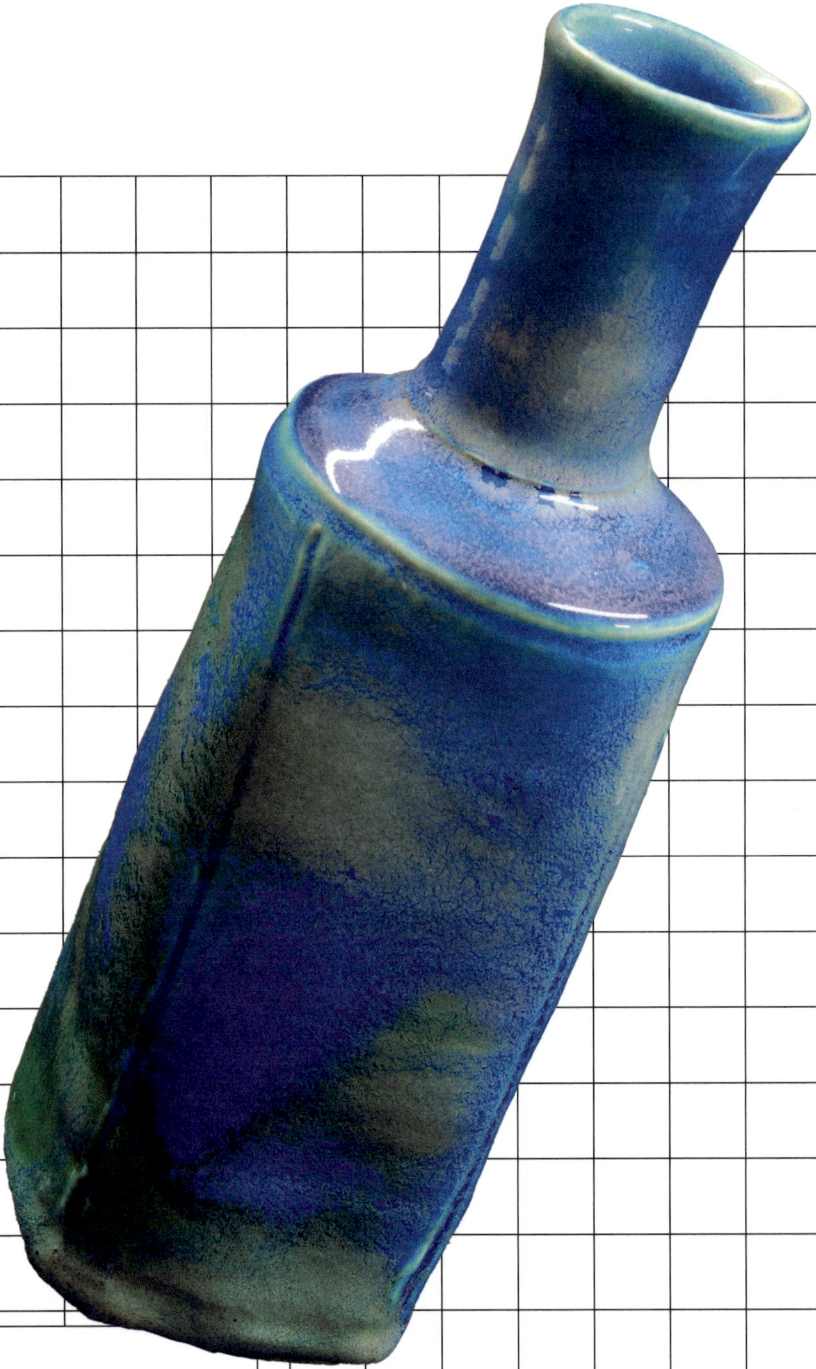

Abb. 1 Vase *Ao gusuri*, Katō Takuo, 1970–1975, Steinzeug mit blauer Glasur, Kunstgewerbemuseum, SKD, Inv.-Nr. 43640

Seit jeher wird in Japan dem Kunsthandwerk eine tiefe Wertschätzung entgegengebracht. Bereits in der feudalen Edo-Zeit (1603–1868) wurden traditionelle Künste gefördert, allerdings nicht durch eine zentrale Institution, sondern das System der Patronage durch den Kaiserhof, die Adelsklasse, die Samurai oder religiöse Vereinigungen. Auch nach der Meiji-Restauration existierten Gesetze zur Bewahrung wichtiger kultureller Güter. Diese beschränkten sich aber weniger auf die Bewahrung der Kenntnis besonderer Kunstfertigkeiten, sondern hauptsächlich auf den Schutz materieller Werke.

Die verheerende Niederlage des Zweiten Weltkrieges verstärkte in Japan die Angst um den Verlust des eigenen kulturellen Erbes. Die drohende Amerikanisierung der japanischen Kultur in der unmittelbaren Nachkriegszeit sowie der Niedergang der althergebrachten Künste angesichts fortschreitender Mechanisierung und Industrialisierung trugen ebenfalls zur Sorge um die eigene traditionelle Vergangenheit bei.[1] Ein Brand im Hōryūji, einem der ältesten buddhistischen Tempel Japans, bei dem im Januar 1949 zahlreiche Wandgemälde zerstört wurden, gilt allgemein als Auslöser für die Verabschiedung des Kulturgutschutzgesetzes (*bunkazai hogohō*) 1950. Dieses zielt darauf ab, „Kulturgüter zu erhalten und zu nutzen, um zur kulturellen Verbesserung der japanischen Nation und zum Fortschritt der Weltkultur beizutragen".[2] 1954 wurde das Gesetz erweitert, um auch immaterielle Kulturgüter (*mukei bunkazai*) wie Tanz, Theater und traditionelle Kunsthandwerkstechniken unter Schutz zu stellen, die „einen hohen historischen und künstlerischen Wert für das Land darstellen".[3] Immaterielle Kulturgüter werden durch Individuen oder Gruppen verkörpert, die eine bestimmte Kunstfertigkeit (*waza*) gemeis-

1 Siegenthaler: The ningen kokuhō, 1999, 8 ff.
2 Bunkazai hogohō, Nr. 214, 30. Mai 1950, Artikel 1, Absatz 1. Übersetzung der Autorin.
3 Cultural Properties Department, Agency for Cultural Affairs, Government of Japan: Intangible Cultural Properties, o. J.

tert haben und diese bewahren und tradieren können.[4] Grob unterteilt sich die Auszeichnung in zwei Oberkategorien, nämlich die der darstellenden Künste (Musik, Theater, Puppentheater, Tanz, Schauspiel- und Vortragskunst) und Kunsthandwerk (Keramik, Textilien, Lackarbeiten, Metallarbeiten, Puppenfertigung, Holz- und Bambusarbeiten, Japanpapier und diverse Künste[5]). Ausgezeichnet werden können entweder Einzelpersonen (*kakko nintei*), Gruppen aus zwei oder mehr Personen, die über hohe Fähigkeiten eines gemeinsamen Fachs verfügen (*sōgō nintei*) oder Gruppen als Ganzes, ohne dass ein individuelles Können hervorgehoben wird (*hoji dantai nintei*). Einzelpersonen werden offiziell „Bewahrer wichtigen immateriellen Kulturgutes" (*jūyō mukei bunkazai hojisha*) genannt. Umgangssprachlich hat sich aber die Bezeichnung „Lebender Nationalschatz" (*ningen kokuhō*) durchgesetzt.

Die Ernennung zum „Lebenden Nationalschatz" obliegt der Verantwortung des Amts für kulturelle Angelegenheiten (*Bunkachō*), welches zum Ministerium für Bildung, Kultur, Sport, Wissenschaft und Technologie (*Monbukagakushō*) gehört. Das *Bunkachō* stellt den Rat für kulturelle Angelegenheiten (*Bunka shingikai*), der sich aus maximal 30 Expert*innen aus kunst- und kulturwissenschaftlichen Bereichen zusammensetzt.[6] Dieses Komitee berät über geeignete Kandidat*innen und nennt diese dem Bildungsministerium. Die Auszeichnung geschieht ausschließlich auf Empfehlung des Rates und nach anschließender Abstimmung durch das Kabinett; es gibt kein Bewerbungssystem.[7]

Die Ernennung zum „Lebenden Nationalschatz" stellt eine große Ehre dar. Mit der Auszeichnung ist gleichzeitig die Erwartung verknüpft,

4 Cultural Properties Department, Agency for Cultural Affairs, Government of Japan: Cultural Properties for Future Generations, 2015, S. 2.

5 Zum Beispiel Vergoldung oder Elfenbeinschnitzerei.

6 Der aktuelle Beratungsausschuss besteht aus zwölf Personen (Stand: April 2021). Cultural Properties Department, Agency for Cultural Affairs, Government of Japan: Mukei bunka isan bukai [Unterausschuss für immaterielles Kulturerbe], o. J.

7 Cultural Properties Department, Agency for Cultural Affairs, Government of Japan: Hito ga tsutaeru dentō no ‚waza' [Traditionelle „Fertigkeiten", die Menschen weitergeben], 2020, S. 7.

Nachwuchstalente auszubilden sowie eine öffentliche Rolle in der Wissensvermittlung zu spielen.[8] Für Auszeichnungsträger*innen der darstellenden Künste werden Workshops und andere Aktivitäten zur Nachwuchsförderung ermöglicht; Trägergruppen können zusätzliche Gelder für öffentliche Darbietungen erhalten. Für die ausgezeichneten Kunsthandwerker*innen werden Ausstellungen zu ihren Werken und Materialien gefördert, um das Verständnis für die Weitergabe besonderer Techniken zu erleichtern.[9] Einzelträger*innen erhalten außerdem ein jährliches Fördergeld von zwei Millionen Yen. Da der Gesamtbetrag der Subvention vom Staatshaushalt bestimmt wird und seit 2002 232 Millionen Yen beträgt, kann die maximale Anzahl der ausgezeichneten Einzelpersonen immer nur 116 betragen. Erst nach dem Tod einer Person kann ein neuer Kandidat/eine neue Kandidatin diesen Platz einnehmen.[10]

Da die Bekanntheit der ausgezeichneten Kunsthandwerker*innen weit über die eigenen Landesgrenzen hinausgeht, finden sich ihre Werke auch in internationalen Sammlungen. Auch das Kunstgewerbemuseum der Staatlichen Kunstsammlungen Dresden besitzt eine Vase des „Lebenden Nationalschatzes" Katō Takuo (1917–2005), der 1995 für seine Meisterschaft der Dreifarben-Glasur (*sansai*) ausgezeichnet wurde. Seine intensive Auseinandersetzung mit persischen Lüsterwaren spiegelt sich in der „Ao gusuri"-Vase wider, deren türkisblaue Glasur durch graue und grünliche Partien akzentuiert wird. (Abb. 1)

Seit 1955 sind 371 Einzelpersonen mit dem Titel bedacht worden.[11] Aktuell gibt es 109 Personen und 30 Gruppen, die diese Auszeichnung tragen.[12]

8 Siegenthaler: The ningen kokuhō, 1999, S. 6.

9 Cultural Properties Department, Agency for Cultural Affairs, Government of Japan: Policy of Cultural Affairs in Japan, Tokio 2018, S. 51.

10 Stand 1. Dezember 2020. Cultural Properties Department, Agency for Cultural Affairs, Government of Japan: Hito ga tsutaeru dentō no ‚waza' [Traditionelle „Fertigkeiten", die Menschen weitergeben], Tokio 2020, S. 7.

11 Stand 1. Dezember 2020. Ebd., S. 7.

12 Im Bereich der darstellenden Künste sind es 51 Individuen und 14 Gruppen, im Bereich des Kunsthandwerks 58 Individuen und 16 Gruppen (Stand 1. Januar 2022). Cultural Properties Department, Agency for Cultural Affairs, Government of Japan, Bunkazai shiteitō no kensū [Anzahl der designierten wichtigen Kulturgüter].

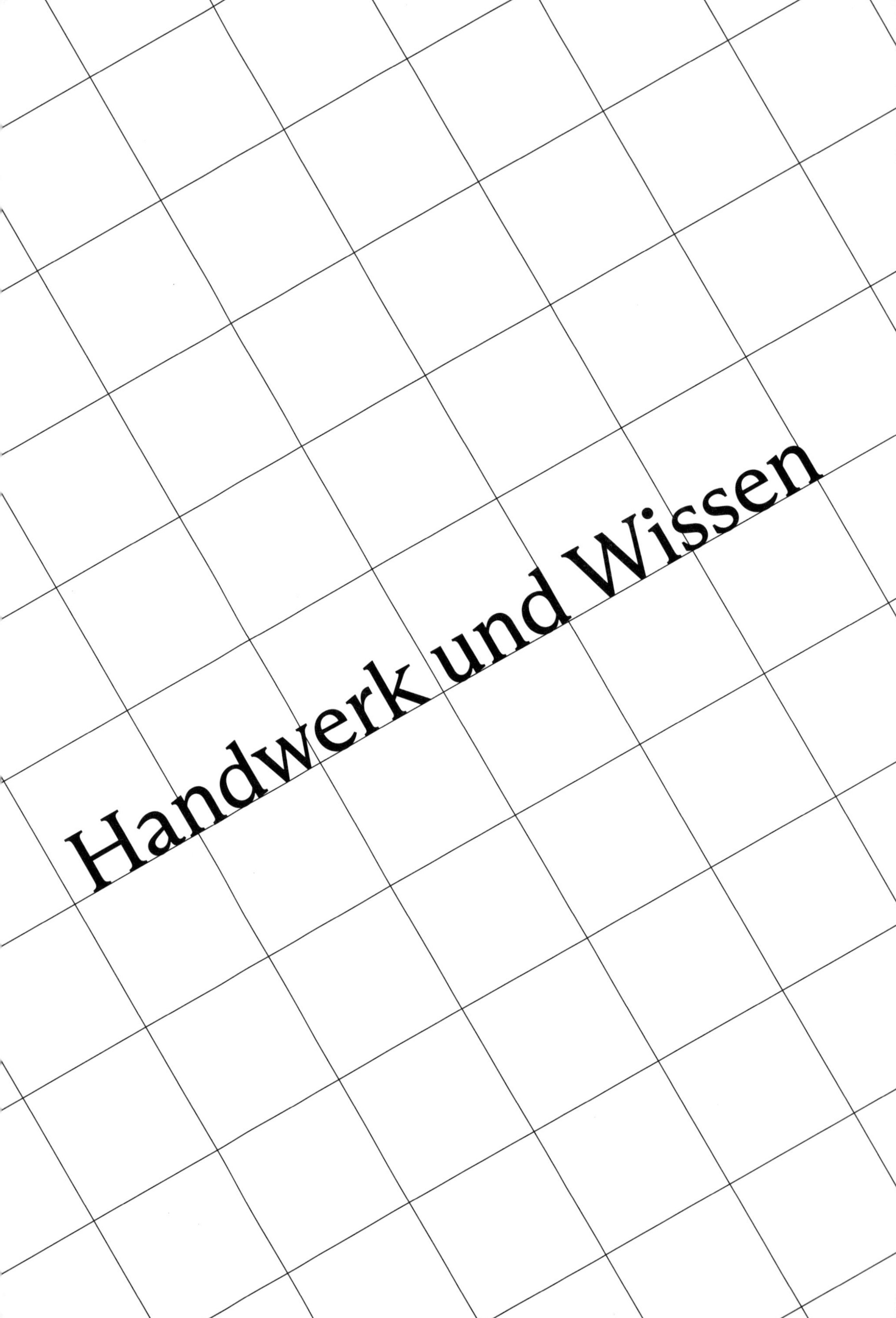
Handwerk und Wissen

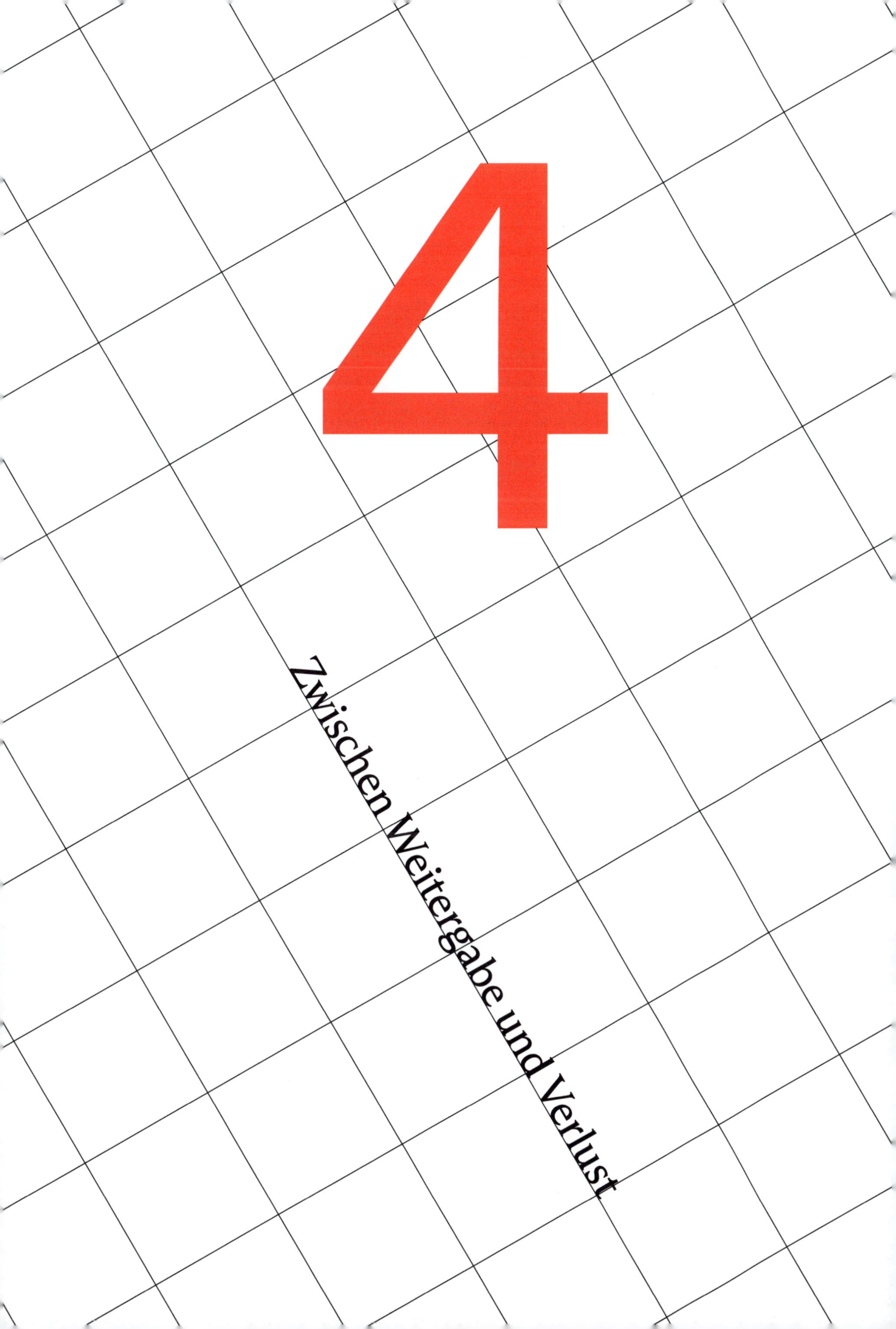
4
Zwischen Weitergabe und Verlust

4.1 Bettina Reimers, Joachim Scholz

Hand und Kopf im Spiegel der Bildungslandschaft vom 19. Jahrhundert bis heute

Dass das harmonische Zusammenspiel von körperlicher und geistiger Betätigung eine wichtige Bedingung gelingender Erziehung ist und eine einseitige Bildung zu vermeiden sei, gehört zu den prominentesten Grundsätzen der neuzeitlichen Pädagogik. Der dem Schweizer Pädagogen Johann Heinrich Pestalozzi (1746–1827) zugeschriebene unbelegte Leitspruch vom „Lernen mit Kopf, Herz und Hand" oder die Bemerkung des in der Erziehungsgeschichte nicht weniger berühmten Bildungsphilosophen Wilhelm von Humboldt (1767–1835), „Griechisch gelernt zu haben könnte [...] dem Tischler ebenso wenig unnütz seyn, als Tische zu machen dem Gelehrten",[1] illustrieren diesen Anspruch bei Klassikern der pädagogischen Zunft. Die Thematisierung und Verhältnisbestimmung von „Hand und Kopf" kann im folgenden kleinen Beitrag nicht ansatzweise geleistet werden. Man müsste sie in der Geschichte der pädagogischen Reflexion verfolgen, ihrer Institutionalisierung in den verschiedenen Zweigen des entstehenden Schulsystems oder der Lehrkräftebildung nachgehen oder sie etwa auch in der Geschichte pädagogischer Praktiken über die Zeiten hinweg rekonstruieren. Bereits beim Blick in einen Handbuchartikel zum Stichwort „Handarbeit" aus der Mitte des 19. Jahrhunderts zeigt sich die breite Relevanz und große inhaltliche Spannweite, mit der die Thematik schon damals behandelt wurde.[2] Trotz der Kürze des Artikels geht es darin nicht etwa nur um die grundsätzlichen Vorteile des Einbezugs von Handarbeit(en) in den Erziehungsprozess. Sensualistische Betrachtungen über die Besonderheiten der Hand bilden nur den philosophischen Ausgangspunkt für etliche anklingende pädagogische Aspekte. Wie kein anderes Organ, so der Autor des Textes,[3] vermittle die Hand wechselseitig zwischen Verstand und praktischer Ausführung: „Durch *Handhabung* [Hervorhebung Autor*innen] der verschiedenen Dinge lernt der kindliche Geist allmählich aber sicher die Natur der Dinge selbst, ihre Gestalt, ihre Wirkungen, ihr gegenseitiges Verhältnis und das Einwirken des einen auf das andere erkennen, und zwar weit anschaulicher und genauer als durch Beschreibungen oder durch Anschauung in Bildern oder bloß theoretisches Betrachten der Sachen."[4] Johann Georg Freihofer (1806–1877) streift die Rolle der Handarbeit in der familiären Erziehung (ihrem historischen Ursprungsort) und in der Schule, wo sie nützlich sei, aber für das – im 19. Jahrhundert strikt voneinander getrennte – niedere und höhere Schulwesen je unterschiedliche Funktionen (Ausgleich hier, Berufsvorbereitung dort) erfüllen müsse. Er unterscheidet Handarbeiten

Abb. 1 Spielgabe 5B nach Goldammer, Bestandteil der Spielpädagogik des Erfinders des Kindergartens Friedrich Fröbels. Die Gabe 5B enthält im Gegensatz zu den fünf ersten Gaben erstmals auch runde Bausteine. Sie dienen zur Förderung der manuellen Motorik des Kindes und zur Erfassung der Formen von Gegenständen und „Schönheitsformen" in der Umwelt.

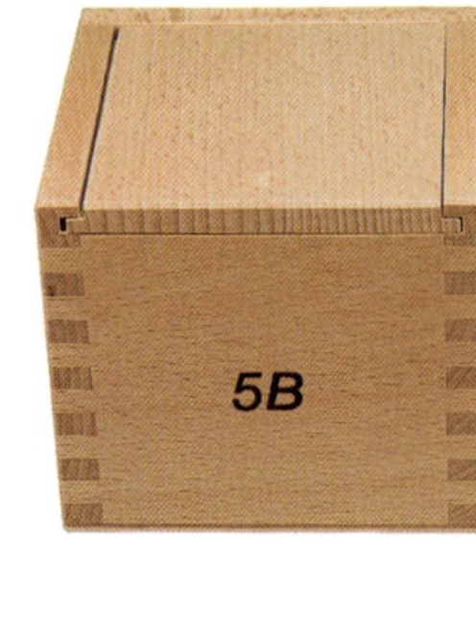

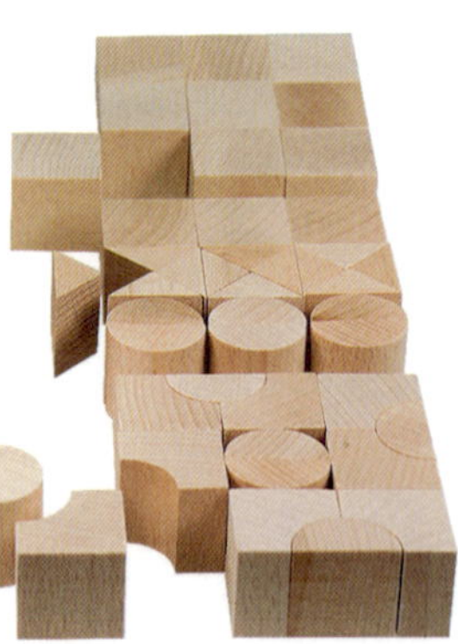

von Jungen und Mädchen, fordert zum Beispiel, dass „kein Mädchen ohne genügende Fertigkeit im Stricken und Nähen aufwachse[n]“[5] soll und beleuchtet sein Thema vor dem Hintergrund der wachsenden gesellschaftlichen Ungleichheit und ihrer Risiken (Entfremdung von der Handarbeit gegen ein „Übermaß derselben“ unter den Bedingungen der Fabrikarbeit von Kindern). Er streift schließlich die Planungsbemühungen im Schulwesen der europäischen Nachbarländer und leitet pädagogische Forderungen ab.
Kurz: Trotz vieler heute überwundener Anschauungen liegt uns eindeutig ein Zeugnis moderner Pädagogik vor, die ihre eigenen Gegenstände erkennt, sie in eine eigene Praxis überführt und diese reflexiv bearbeitet. Und bezüglich der Relevanz von Kopf- und vor allem Handarbeit mussten spätestens im 19. Jahrhundert im hochdynamischen Konstitutionsprozess der modernen Gesellschaft und ihres Erziehungssystems Lösungen für unterschiedliche Probleme gefunden werden. Der wichtigste Gestaltungsrahmen dabei war die Schule.

Besondere Bedeutung erlangte die Frage der Handfertigkeitserziehung in der Zeit der Wende zum 20. Jahrhundert. Ganz im Sinne der Kunsterziehungsbewegung – die eng mit der Kunstgewerbebewegung verbunden ist – werden nun vermehrt Stimmen nach handwerklicher Qualitätsarbeit und Echtheit der zu verwendenden Materialien laut. Damit einher geht die klare Forderung nach einer ästhetischen Erziehung der nächsten Generationen. Für den schulischen Bereich resultierten daraus notwendig die Erneuerung des veralteten Zeichenunterrichts, die Erziehung zur Handfertigkeit und die Einführung einer Geschmacksbildung.

Der Direktor der Hamburger Kunsthalle Alfred Lichtwark (1852–1914) richtete sich mit seinem Vortrag *Die Kunst in der Schule* 1887 zunächst an die Hamburger Lehrerschaft, 1897 veröffentlichte er seine Gespräche mit Schüler*innen beim Besuch im Museum unter dem Titel *Übungen in Betrachtung von Kunstwerken.* Gleichzeitig erschien von Georg Hirt (1841–1916) 1897 die Schrift *Die Volksschule im Dienste der künstlerischen Erziehung des deutschen Volkes*. Diese Ideen und Anregungen wurden verstärkt von der Volksschullehrerschaft aufgegriffen. Mit der kunstästhetischen Bildung im höheren Schulwesen befasste sich der Tübinger Kunstgeschichtsprofessor Konrad Lange (1855–1921) in seiner 1893 erschienenen programmatischen Schrift *Die künstlerische Erziehung der deutschen Jugend*.

Die Reformbestrebungen wurden auf den drei Kunsterziehungstagen 1901 in Dresden, 1903 in Weimar und 1905 in Hamburg von Ministerialbeamten der Kultusministerien sowie Vertretern der Unterrichtsbehörden, der Kunsterziehungsbewegung und der Lehrerschaft diskutiert, die so eine staatliche Anerkennung und auch reichsweite Verbreitung erlangten. Das gestiegene Bewusstsein von der Bedeutung der handwerklich-ästhetischen Bildung, das sich auch aus der Breite der zeitgenössischen kulturkritischen Reformbewegungen speiste, und die gewonnene breitere Öffentlichkeit waren eine Grundvoraussetzung für die Veränderung der Ausgestaltung der Schulräume, der schulischen Lehrpläne und insbesondere für den Wandel des Kunstunterrichts.
Hier entfernte man sich von der strikten Reproduktion von Vorlagen mit geometrischen Formen, Ornamenten und Motiven und ging hin zur Anschauung der Natur, zum freien Zeichnen und zur individuellen/kreativen Gestaltung. Ziel der schulischen Bildung sollte es fortan sein, „nicht Künstler heranzubilden, sondern nur die Aufnahmefähigkeit für Kunst zu wecken“[6] und durch das eigene praktische Tun Verständnis und Wertschätzung für Kunst und Handwerk zu befördern.

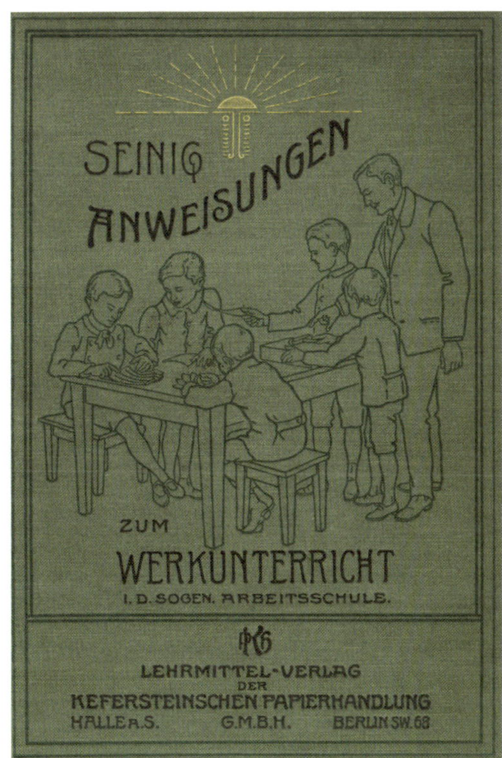

Abb. 2 *Anweisungen zum werkunterrichtlichen Betrieb im Rahmen der sog. Arbeitsschule von Seinig-Charlottenburg*, Band II: *Materialprobensammlung*, Halle/Berlin, 1912

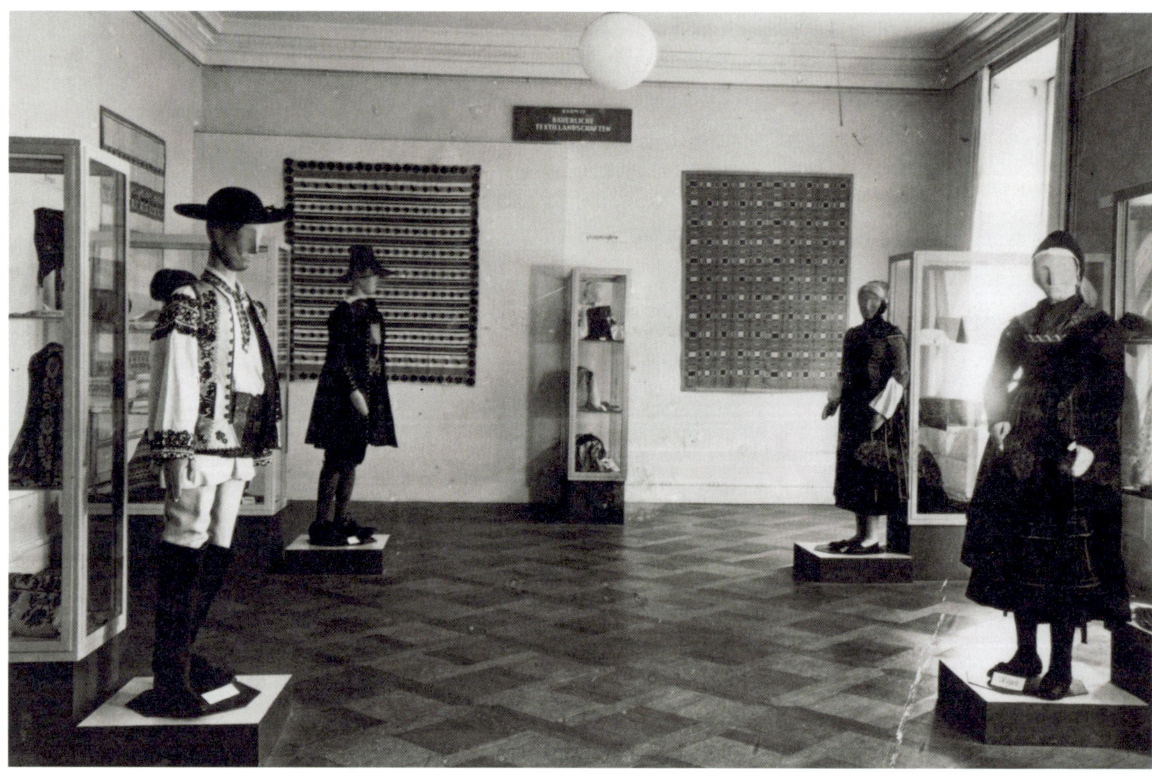

Abb. 3 Ausstellungsraum „Textillandschaften" im Rahmen der 3. Schulausstellung *Weben und Wirken* im Staatlichen Museum für Deutsche Volkskunde in Berlin 1941/42

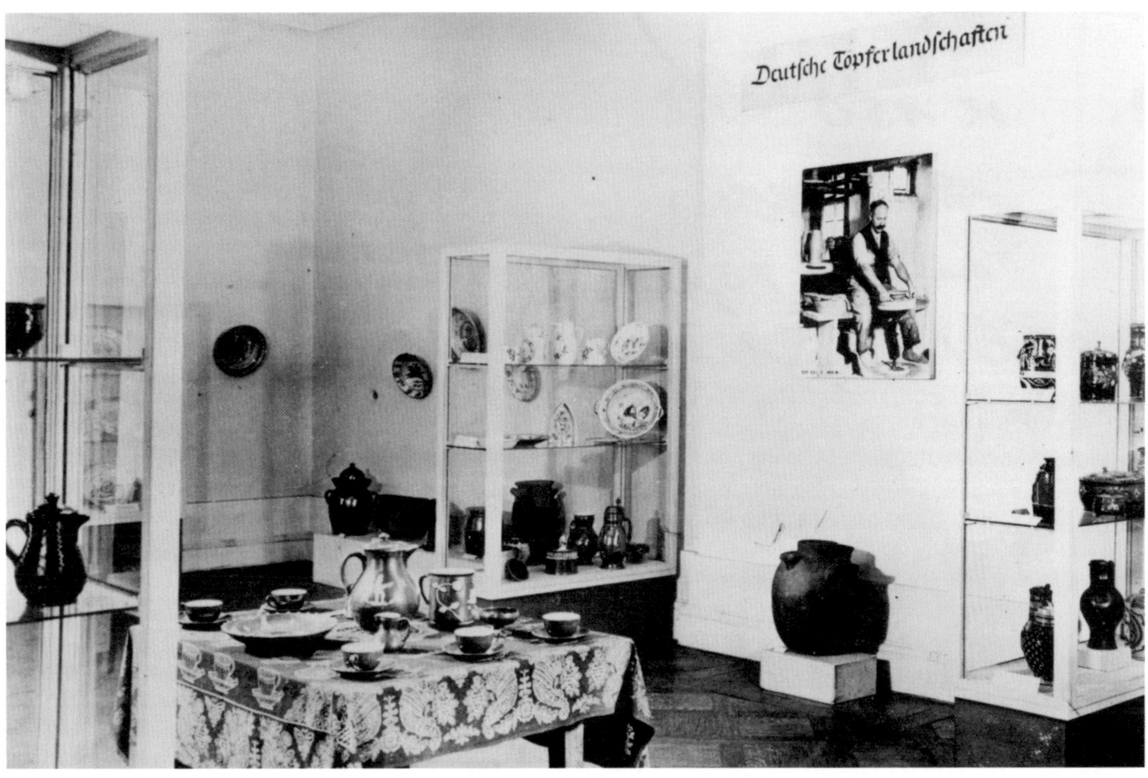

Abb. 4 Ausstellungsraum „Deutsche Töpferlandschaften" im Rahmen der 1. Schulausstellung *Ton und Töpfer* im Staatlichen Museum für Deutsche Volkskunde in Berlin 1939

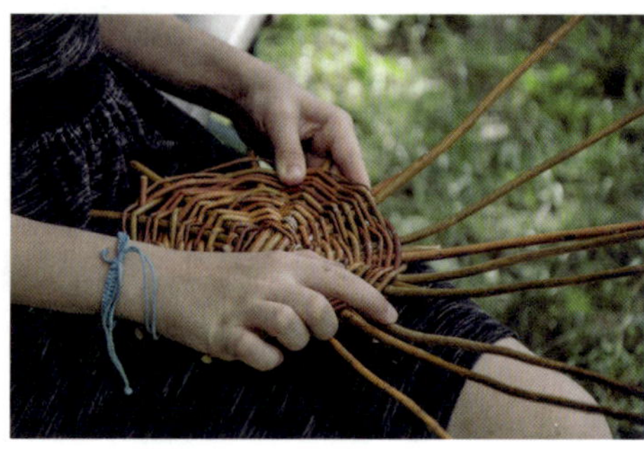

Abb. 5 Korbflechten ist eines der Angebote der jährlichen Handwerkerwoche unter Anleitung lokaler Handwerker*innen, die an der Montessorischule Huckepack e.V. in Dresden zur Förderung handwerklicher Fähigkeiten für die Mittelstufe (4. bis 6. Klasse) verpflichtend ist.

Maßgeblich zum Wandel der Auffassungen trugen auch die psychologisch-pädagogischen Untersuchungen zur zeichnerischen Ausdrucksfähigkeit des Kindes bei, die der Münchner Reformpädagoge und Stadtschulrat Georg Kerschensteiner (1854–1932) publizierte: *Das zeichnende Kind* (1904), *Die Entwicklung der zeichnerischen Begabung* (1905).

Nach dem Ersten Weltkrieg beschäftigte sich die Reichsschulkonferenz 1920, auf der die Reformierung des deutschen Schulwesens diskutiert wurde, eingehend mit der Frage der Kunsterziehung.[7] Der gleichnamige Ausschuss wandte sich eigens der Gleichwertigkeit der Lehrerbildung in den künstlerischen und den wissenschaftlichen Fächern sowie der Gleichstellung der Lehrkräfte zu. In einem weiteren Ausschuss zur Frage des Arbeitsunterrichts wurde die Forderung nach einer Parallelführung der Ausbildung von Kopf und Hand verstärkt. Es wurde gefordert, die Schule müsse im Lehrfach Arbeitsunterricht auch in die Grundformen der handwerklichen Arbeit einführen. Nicht die Vermittlung eines konkreten Handwerks sei dabei zentral, sondern die sachgemäße Aneignung von handwerklichen Fertigkeiten überhaupt und die Wertschätzung der handwerklichen Tätigkeit. Das Fach Werkunterricht sei hierbei unter anderem als Vorbereitung auf eine künftige Berufstätigkeit zu verstehen.

Nach dem Ende des Ersten Weltkrieges breiteten sich diese Ideen zur Förderung der schöpferischen Potenziale und der Anregung der Selbsttätigkeit der Kinder nicht nur in den reformpädagogischen Versuchsschulen, sondern auch in den staatlichen Volksschulen aus. Wo die Einrichtung von Zeichensälen beziehungsweise Werkräumen baulich nicht möglich war, wurde der Unterricht in den herkömmlichen Klassenräumen realisiert. Zeichnen, Malen, Werken und Nadelarbeit wurde Bestandteil der Fachlehrer*innenausbildung, die mit einer staatlichen Prüfung abgeschlossen wurde. Vor allem in den Reformschulen und in den ländlichen Gebieten übernahmen vielfach die Eltern der Schüler*innen, die als Künstler*innen, Handwerker*innen oder Kunsthandwerker*innen tätig waren, die Unterweisungen.

Im Bereich der Werkerziehung ging es um eine angewandte Werkarbeit und die körperlich gestaltete, zweckbestimmte Handarbeit, bei der die Schüler*innen mithilfe der bereits erlernten Techniken (Schnitzen, Drechseln, Drucken, Flechten, Nähen, Sticken, Töpfern usw.) eigenständig ein Werkstück nach den eigenen gestalterischen Vorstellungen erzeugen sollten. Das Erlernen der Technik, das ursprünglich einmal die Hauptaufgabe des Werkunterrichts für Jungen und Mädchen war, wurde so zum Mittel zur Lösung einer Gestaltungsaufgabe.[8] Zudem konnten die erarbeiteten Werkstücke als Unterrichtsmittel bzw. als Ausstattungsgegenstände im Schulraum weiter verwendet werden, womit wiederum die praktische Relevanz deutlich wurde.

Das 1915 in Berlin unter der Leitung von Ludwig Pallat (1867–1946) gegründete Zentralinstitut für Erziehung und Unterricht stützte die Bestrebungen zur Reform des Unterrichts maßgeblich. Hier wurden spezielle Fortbildungen und Lehrgänge im Bereich Kunsterziehung und Werkunterricht für Lehrpersonen sowie Fachtagungen abgehalten. Zudem fanden regelmäßig Ausstellungen der Arbeitsergebnisse aus den Volksschulen statt, die einer breiten Lehrerschaft präsentiert wurden und als Anregungen für die praktische Arbeit in der Schule dienten. Auffallend und seinerzeit (in der 1930er Jahren) sicher auch intendiert war die Nähe zwischen Werkarbeit in der Schule, Volkskunst und deutschem Handwerk. Deutlich wird dies auch in der Ausstellungspraxis im Staatlichen Museum für Deutsche Volkskunde in Berlin. Hier konzipierte Adolf Reichwein (1898–1944), der bis 1939 an einer einklassigen Volksschule in Tiefensee bei Berlin als Lehrer gewirkt und dort zahlreiche werkpädagogische Vorhaben umgesetzt hatte, vier Schulausstellungen: *Ton und Töpfer* (1939), *Holz im deutschen Volkshandwerk* (1940), *Weben und Wirken* (1941/42) sowie *Metall im deutschen Volkshandwerk* (1943). Eine für 1944 vorgesehene Ausstellung zu Volksmalerei und Volksgrafik konnte wegen der Kriegseinwirkungen nicht mehr stattfinden. Die Ausstellungen waren für ein halbes Jahr geöffnet, die Berliner Schulen wurden explizit zum Besuch der geführten Ausstellungen eingeladen. Gezeigt wurden die Ursprünge des Handwerks und der Technik, die jeweiligen Werkstoffe und die

daraus gefertigten historischen und auch zeitgenössischen Produkte. Anwesend war ein Handwerker, der den Arbeits- und Herstellungsprozess vorführte und die Schüler*innen wie die Lehrer*innen anregen sollte, selbst tätig zu werden. Die Wertschätzung handwerklicher Tätigkeiten bleibt auch in den folgenden Jahrzehnten ein beständiger Faktor der Schulentwicklung, insbesondere im Volks- und Berufsschulwesen. Das in Preußen 1911 eingeführte Fach „Werken" wird später in vielen Ländern des Deutschen Reichs ein Lehrfach im Regelschulwesen.[9] Handwerkliche Betätigungen sind schulgeschichtlich nicht zuletzt in Abhängigkeit von den wechselnden politischen Systemen in Deutschland unterschiedlich akzentuiert und gegenüber intellektuellen Lehrinhalten ins Verhältnis gesetzt worden. Im Nationalsozialismus standen sie im Zeichen der militärischen Vorbereitung (zum Beispiel beim Modellbau) in der zehnklassigen Polytechnischen, und auch noch in der Erweiterten Oberschule der DDR traten produktionsbezogene Elemente zum Teil deutlich in den Vordergrund. Im Schulwesen der Bundesrepublik schlug sich die Trennung von Kopf und Hand deutlicher nieder. Das hier eingeführte Fach „Arbeitslehre" oder ein ihm entsprechender Unterricht galt Schüler*innen, deren Bildungsweg nicht zum Abitur führte. Es sollte naturwissenschaftlich-technisch ausgerichtet sein und so auf die moderne Arbeitswelt vorbereiten.[10]
Bilanziert man die Entwicklung, so zeigt sich, dass, wie auch beim Wandern und Turnen, vor allem die Figur ganzheitlichen Lernens und Erfahrens von Welt die Ausdehnung schulischer Angebote auf handwerkliche Betätigungen legitimiert hat. Aktuelle Beispiele dafür finden sich an Ganztagsschulen oder aber im Programm der Waldorfschule, die mit handwerklichen und ästhetischen Unterrichtsstoffen einen eigenen Markenkern ausgebildet hat. Die Erfahrung macht aber auch deutlich, dass die eingängige Formel vom Lernen mit Kopf, Herz und Hand nicht automatisch eine bessere Pädagogik verbürgt, wohl aber für Romantisierungen und pädagogische Mythenbildung offen ist. Dass zum Beispiel die für eine nicht nur intellektuelle Adressierung ihrer Schülerinnen und Schüler lange Zeit hochgelobten „Deutschen Landerziehungsheime", die der Reformpädagoge Hermann Lietz (1868–1919) in den ersten Jahrzehnten des 20. Jahrhunderts errichten ließ, ohne die kostenlose Mithilfe schreinernder Schulkinder schlicht nicht zu finanzieren gewesen wären, wird erst seit kurzer Zeit nicht mehr bloß affirmativ zur Kenntnis genommen.[11]

1 Humboldt: Der Königsberger und der Litauische Schulplan, 1969 (1809), S. 168–195, hier S. 189.
2 Freihofer: Handarbeit, 1862, S. 255–263.
3 Vermutlich der württembergische Pfarrer Johann Georg Freihofer.
4 Freihofer: Handarbeit, 1862, S. 260.
5 Ebd., S. 263.
6 Pallat: Die Kunsterziehung, 1930, S. 409.
7 Die Reichsschulkonferenz 1920, Berlin 1921.
8 Pallat: Werkerziehung, 1930, S. 429–443.
9 Geißler: Schulgeschichte in Deutschland, 2013, S. 286.
10 Auch in der DDR blieben aber die im engeren Sinne handwerklichen Tätigkeiten, die mit dem kleinbürgerlichen Leben in Verbindung gebracht wurden, auf die Unterstufe (Klasse 1–4) begrenzt.
11 Oelkers: Eros und Herrschaft, 2011.

4.2 Theresia Anwander im Gespräch mit Klaus Metzler

Wenn Sinnlichkeit zum Erfolg wird – Die Werkraumschule Bregenzerwald

Im Werkraum Bregenzerwald haben sich über 90 Handwerksbetriebe zusammengeschlossen, um ihr Handwerk neu zu positionieren und weiter zu erfinden. Treffpunkt und zugleich Zentrum des Werkraums ist das von Peter Zumthor mit klarer Handschrift im Herzen des Bregenzerwaldes erbaute Werkraumhaus in Andelsbuch. Es ist Ausgangspunkt so vieler Initiativen, die eng mit dem in der Region verwurzelten Handwerk und dem hier so präsent gelebten ästhetisch funktionellen Anspruch an Produktgestaltung einhergehen. Das Gespräch mit Klaus Metzler zeigt auf und vertieft, was den Werkraum so besonders macht. Denn seit 2007 engagiert sich der Architekt im Rahmen der Werkraumschule für die Ausbildung von jungen Menschen zu Handwerker*innen und setzt sein kreatives Können ein, um die Handwerksausbildung von einer gesellschaftlich wenig geachteten Bildungsform zu einer Ausbildung mit hohem gestalterischen Anspruch umzuformen. Das ist selbst für Mitgliedsbetriebe des Werkraums ein aktuelles und brennendes Thema.

Theresia Anwander: Lehrberufe stehen heute vor dem Dilemma, wenig bis kein positives Image zu haben. Fehlt aber die Motivation, einen Lehrberuf zu ergreifen, stellt sich auch für heute florierende Handwerksbetriebe die Frage nach der eigenen Zukunft. In der Lösung dieser aktuellen Herausforderung beschreitet das Modell Werkraumschule österreichweit neue Wege und offeriert eine anspruchsvolle und kreative inhaltliche Verzahnung zwischen Schulausbildung und Lehre. Die Ausbildung dauert insgesamt fünf Jahre und die Auszubildenden erhalten viel: einen Handelsschulabschluss, einen Lehrabschluss, eine Unternehmerprüfung und eine gestalterische Bereicherung durch den Werkraum.

Klaus Metzler: Ja, der Werkraum Bregenzerwald hat ein immens wichtiges Aufgabenfeld, das von Außenstehenden zunächst gar nicht wahrgenommen wird. Um die regionalen Handwerksbetriebe in eine erfolgreiche Zukunft zu führen, braucht es motivierten Nachwuchs, engagierte Fachkräfte. Da haben wir tatsächlich ein Problem und so versuchen wir, mit dem Angebot der Werkraumschule eine klassische Win-win-Situation zu schaffen: Die Werkraumschule Bregenzerwald kooperiert mit den Bezauer Wirtschaftsschulen und bietet eine fünfjährige Ausbildungsform, in der Lehre und Handelsschule vollumfänglich integriert sind. Auf der Seite der Handwerker*innen sind die sogenannten Werkraumschul-Partnerbetriebe finanziell am Projekt beteiligt und setzen sich proaktiv für die Handwerksausbildung ein. Diese Partnerbetriebe sind untereinander und mit der Schule gut vernetzt.

TA Du sprichst von der enormen Wichtigkeit, den „Geruch des Handwerks“ an die Schule zu bringen. Das gefällt mir, ist doch der Geruch ein wesentliches Sensorium, das uns intuitiv anzieht oder abstößt.

KM Genau darum geht es uns in erster Linie, Handwerk in der frühen Ausbildungsphase über sinnliche Erfahrungen erlebbar und erfahrbar zu machen. Der „Geruch vom Handwerk“ soll die Schulzeit bestimmen, die Schüler*innen müssen aber auch die strukturierte Welt der Schule verlassen, um mit Unterstützung der Betriebe größere Aufgabenstellungen und Projekte wirklichkeitsgetreu und mit einer konkreten Funktion ausgestattet realisieren zu können. In die ersten drei Jahre Schulalltag sind bereits regelmäßig qualitätsvolle Begegnungen mit dem Handwerk eingebettet. So gestalten wir vom Werkraum wöchentlich einen Nachmittag, manchmal auch hier im Werkraumhaus, um die angehenden Lehrlinge mit den unterschiedlichsten Materialien und Gewerken vertraut zu machen, sie also über das Material zu den Gewerken und den Berufen zu führen. Den jungen Menschen wird Zeit und Raum gegeben, die Liebe zu einem Material zu entdecken, in das damit verbundene Gewerk hineinzuschnuppern und so letztlich die Entscheidung zu treffen: Was passt zu mir? Was will ich? Wohin zieht es mich?

TA Die Konzeption der Werkraumschule verheißt also vieles. Was ist denn, um in der Sprache der Bildung zu bleiben, das Einmaleins der Werkraumschule?

KM Die Schüler*innen sollen eine individuell gut durchdachte und erspürte Berufsentscheidung treffen können, denn wenn die Entscheidung sitzt, sind die Lehrlinge automatisch motiviert und engagiert. Da machen wir immer wieder wunderbare Erfahrungen. Und das ist eigentlich das Wichtigste, das sogenannte Einmaleins der Werkraumschule. Im Gegenzug lockt dieser attraktive Ausbildungsort, den die Bezauer Wirtschaftsschulen gemeinsam mit dem Werkraum darstellen, die fähigsten Schüler*innen an, die in den Mitgliedsbetrieben des Werkraums natürlich gefragt und gesucht sind. Für die vielfach als Familienunternehmen strukturierten Betriebe eröffnet sich so eine verlässliche Möglichkeit, das Unternehmen gut in die Zukunft zu führen und für spätere Betriebsübernahmen bietet die Handelsschule ein solides wirtschaftliches Basiswissen.

TA Wird das Handwerk weiblicher? Was trägt die Schule dazu bei?

KM Tatsächlich wollen wir versuchen, mehr Mädchen für das Handwerk zu begeistern, und zwar für das typisch männliche Handwerk.
Wir möchten mehr Mädchen als Elektrikerinnen, Installateurinnen, Baumeisterinnen ausbilden.
Wir möchten das klassische Handwerkerbild aufbrechen, denn die *Schmelga*[1] können das genauso gut wie die Buben. Ein, zwei Mädchen durchlaufen gerade die Zimmererlehre.
Das einzige Problem ist eigentlich ja das Heben von schweren Lasten, aber gute Handwerker*innen nutzen Hebewerkzeuge und machen sich den Rücken nicht kaputt. Wenn die Mädchen das im Griff haben, ist alles andere kein Problem.
Und dem Frieden in der Klasse tut es auch gut.

TA Gibt es ein Asset, welches die jungen Menschen, die sich für eine Ausbildung an der Werkraumschule entschieden haben, für immer begleitet, das sozusagen persönlichkeitsprägend ist?

KM Mir persönlich ist es ein Anliegen, den Schüler*innen beizubringen, dass qualitätsvolles Handwerk viel mit Intelligenz zu tun hat. Dass Handwerk absolut Sinn macht, auch wenn es im Vergleich mit anderen Berufen viel schlechter bezahlt ist. Handwerk lässt sich spüren und es entsteht eine große Zufriedenheit, wenn sichtbare Dinge geschaffen werden. Das konkret Sichtbare hat eine andere Qualität als das rein Theoretische. Ich finde es absolut wichtig, zuerst mit den Händen zu arbeiten und dann in die Theorie zu gehen. Theorie ist natürlich auch bedeutend, aber so stimmt die Reihenfolge für mich.

TA Dein Credo lautet also: zuerst die Hand, dann der Kopf? Es gibt ja auch oft den umgekehrten Weg, wenn Akademiker*innen Handwerker*innen werden. Siehst du das kritisch?

KM Ja, wenn zum Beispiel zu viele Architektur studieren, dann stellen sie fest, dass sie eigentlich nur Taxifahrer*innen werden können, zumindest habe ich das so erfahren. Interessanterweise ist es gerade für das Denken immens wichtig, mit den Händen zu arbeiten, die Hände als Instrument einzusetzen, um sichtbare Dinge zu gestalten, dann erst wird man klarer im Kopf. Handwerk hat eine enorme sinnliche Qualität und gepaart mit Intelligenz ergibt sich eine wirklich sinnvolle Tätigkeit: mit den Händen und dem Kopf gemeinsam sichtbare, erfahrbare, funktionierende Dinge zu machen. Darin liegt der wirkliche Wert des Handwerks. Die Erkenntnis darüber ist das eigentliche Asset.

TA In der Ausbildung der jungen Menschen nehmen auch die *Lädolar* eine Schlüsselfunktion ein. Sie heißen *Isedor*, *Ofakatz*, *Josef* oder *Holzwurm*. Fast menschliche Namen, die für diverse Gewerke stehen. Und wieder sind wir bei der Sinnlichkeit.

Abb. 1 Schnupperlehrlinge im Rahmen der Handwerksausbildung. Zimmerei und Tischlerei Kaufmann in Reuthe, Bregenzerwald, Österreich. Werkraum Bregenzerwald, 2021

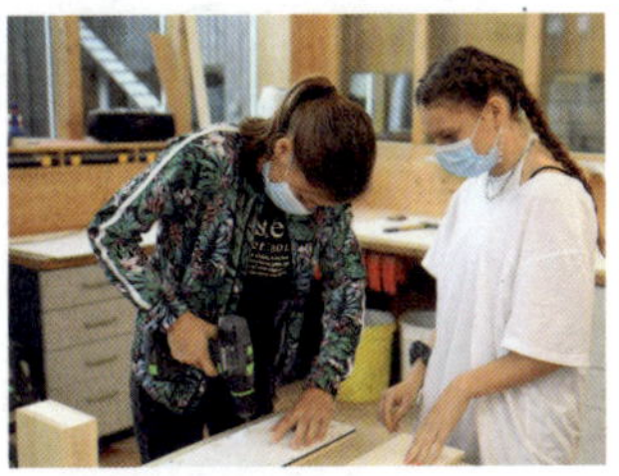

Abb. 3 *Lädolar*-Container 02 Holz/ Tischler*in; Spitzname: *Holzwurm*. Stellt die Berufsbilder Tischler*in, Tischlereitechniker*in Produktion, Tischlereitechniker*in Planung vor. Renate Breuß, Klaus Metzler (Konzeption und Gestaltung), 2007

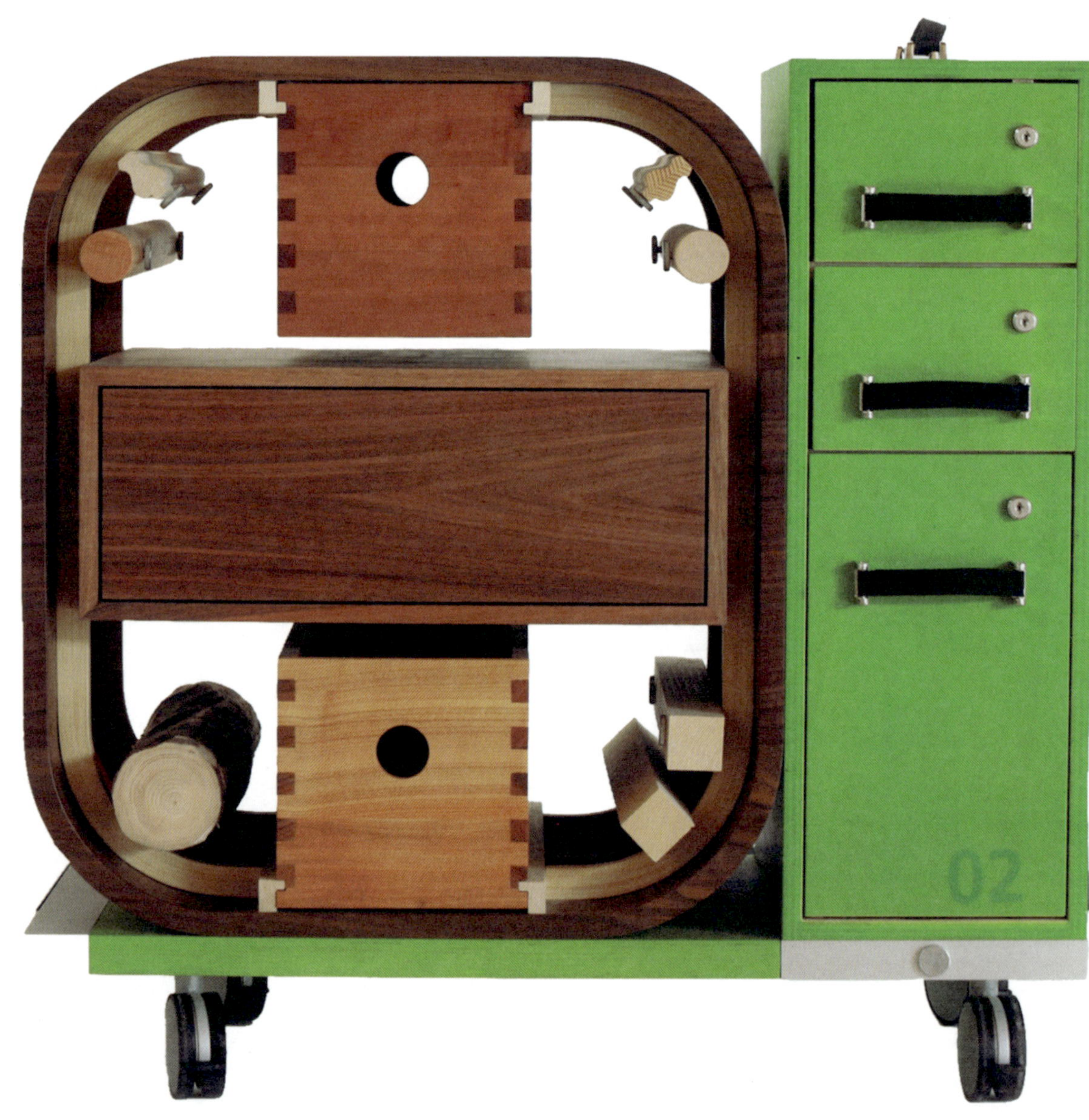

KM [lacht] Die *Lädolar*, für mich war das zunächst eigentlich ein sperriger Name, der sich von der „Lade", gemeint ist die Zunftlade, ableitet. Renate Breuß, die 2007 das Projekt *Lädolar* als damalige Geschäftsführerin des Werkraums gemeinsam mit mir konzipierte, hat sich für diesen symbolischen Namen entschieden. Die *Lädolar* sind ein schönes Nachwuchsprojekt zur Vermittlung von Lehrberufen im Handwerk. Gemeinsam mit 43 Lehrlingen aus 35 Handwerksbetrieben haben wir diese Werkboxen auf Rollen, die *Lädolar*, zur anschaulichen und haptischen Bewerbung von Lehrberufen erarbeitet. Die Rollcontainer sind alle nach demselben architektonischen Muster aufgebaut, aber individuell bestückt. Die einzelnen Container verfügen über einen angehängten Info-Laden. Hier sind markante Werkzeuge und Grundinformationen zur Ausbildung und zu den beruflichen Perspektiven aufbewahrt. Von der Gestaltung und Namensgebung her sind die Container witzig, klar, ästhetisch und motivieren die jungen Menschen, das jeweilige Gewerk im wahrsten Sinn des Wortes zu begreifen. Die Namensgebung der einzelnen Rollcontainer orientiert sich am lokalen Dialekt und spielt mit vertrauten Begriffen. Alle transportieren die bunte Vielfalt und die sinnliche Kraft des Handwerks, ohne dabei aber die Verbundenheit mit alten Ordnungen im Handwerk zu vergessen. Der Transport der kleinen Lehr-Botschafter erfolgt praktisch in zwei Großcontainern. Damit ist der Werkraum *Lädolar* schnell an vielen Orten einsetzbar. Konkret sind das Schulen, Ausstellungen, Messen und alle Plattformen der Berufsinformation. Die persönliche Begleitung durch Handwerker*innen oder Lehrlinge erlaubt vielseitige und lebendige Präsentationsformen, die schulische Vor- und Nachbereitung eine individuelle Beschäftigung mit den vorliegenden Fragebögen und den vielfältigen Informationsmaterialien.[2]

TA Die Werkraumschule klingt nach einem Erfolgsprojekt, nach einer geglückten Symbiose zwischen Schulbildung und Handwerksausbildung, zwischen Theorie und Praxis, zwischen Hand und Kopf. Gibt es Momente in der Ausbildung, die das besonders zeigen?

KM Zwischen dem zweiten und dritten Lehrjahr müssen alle Schüler*innen ein eigenständiges Projekt erarbeiten und ausführen. Die Projekte werden in der Region tatsächlich umgesetzt, wie etwa aktuell eine Spielplatzmöblierung für einen heimischen Kindergarten. Da heißt es dann gemeinsam in einer Projektgruppe eine Idee entwickeln, entwerfen, einen Werkplan zeichnen, eine Stückliste erstellen, Angebote einholen, Kosten evaluieren, ein Budget verwalten.
So begreifen die Lernenden, dass es im Handwerk auch Vorbereitung braucht. Dann setzen sie das Projekt um und es ist wirklich da, und zwar eins zu eins und es funktioniert. Es ist nicht ein artifizielles Kunstobjekt, sondern ein funktionierendes Objekt, das darüber hinaus mit dem Herausstellungsmerkmal des Werkraumes ausgestattet ist: mit einer Formgebung, die schön ist. Wir sagen unseren Schüler*innen schon: „Schaut, Handwerk ist nicht nur dazu da, eine technisch richtige Lösung zu finden, sondern hat auch etwas mit Form zu tun. Mit einer Form, die sinnlich ansprechend ist, die schön ist, die proportional richtig ist, die ein schönes Detail hat." Das formvollendete Praxisprojekt wird bei einer öffentlichen Schlussveranstaltung präsentiert. Das bleibt in Erinnerung. Die jungen Menschen haben im Projektverlauf alle Mühen der Realität erlebt, aber trotzdem steht am Ende ein sinnlich erfahrbares Objekt im Raum, das ist ein großartiges Erlebnis. Aber sie sehen auch, dass es im Handwerk ungemein wichtig ist, als Team zusammenzuarbeiten, sonst läuft gar nichts. Weder im Handwerk noch im Leben. Auch dafür ist die Werkraumschule eine gute Lehrmeisterin.

TA Danke für das Gespräch.

1 Bregenzerwälderisch für Mädchen.
2 *Lädolar*-Manual, Teil 1, 2010.

Abb. 4 *Lädolar*-Container 01 Metall/Metalltechniker*innen; Spitzname: *Isedor*. Präsentiert die Berufe Metalltechniker*in, Metallbautechniker*in, Metalldesigner*in. Renate Breuß, Klaus Metzler (Konzeption und Gestaltung), 2007, Bregenzerwald, 2021

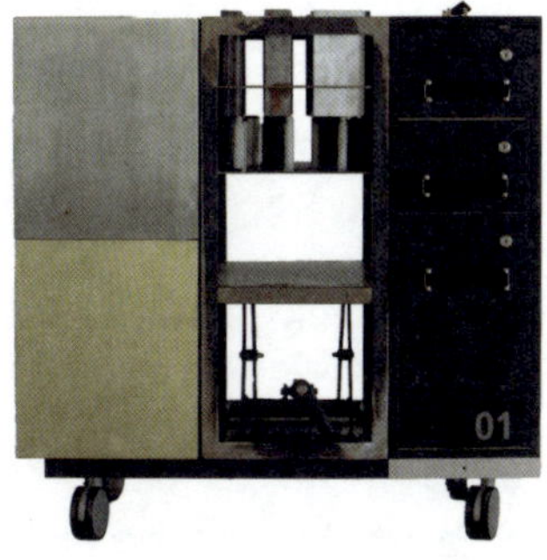

4.3 Theresia Anwander, Kerstin Stöver, Grit Weber

Handwerk und Museum

In dem Ausstellungsprojekt *Mythos Handwerk. Zwischen Ideal und Alltag* kooperieren nicht zufällig das Museum Angewandte Kunst in Frankfurt am Main, das Kunstgewerbemuseum – Staatliche Kunstsammlungen Dresden sowie das vorarlberg museum in Bregenz miteinander. Die Partner eint, dass sie in ihrem institutions- und sammlungsspezifischen Charakter dem handwerklich hergestellten Objekt einen bedeutenden Stellenwert zusprechen, mehr noch haben sich diese Institutionen in der Beschäftigung mit dem Objekt aus handwerklicher Produktion selbst begründet, definiert und ausdifferenziert. Neben den Gemeinsamkeiten der Partnerinstitutionen und ihrer Verankerung in der europäischen Kultur ergeben sich aus deren Standorten in unterschiedlich geprägten urbanen und ländlichen Räumen auch unterschiedliche Schwerpunkte und Narrationen rund um die handwerkliche Praxis.

Das Bürgertum in seinem Verhältnis zum handwerklichen Objekt

Den Gründungsaktivitäten von bürgerlichen Institutionen und Narrativen verdanken wir nicht nur die Kunstgewerbemuseen, sondern auch die Kunst- und nicht zu vergessen – auch die Volkskunst- und Völkerkundemuseen. In diesen zunächst sehr unterschiedlichen Museumstypen kann auf je unterschiedliche Art eine geistige Ausdifferenzierung des Handwerklichen nachvollzogen werden. In den Kunstgewerbemuseen erfolgt die Spezialisierung auf eine Sammlung von technisch und ästhetischen Vorbildern für Kollektive – einmal das produzierende Kollektiv der Handwerker*innen, einmal das konsumierende Kollektiv des bürgerlichen Mittelstandes. In Kunstmuseen geht es dagegen um die fortschreitende Akademisierung der bildenden Kunst, vor allem der Malerei. Mehr noch: Es geht um die Inszenierung und Aufwertung der Künstler*innen-Persönlichkeit als geistig schöpferisches Individuum.

In den Volkskunst- wie auch in den Völkerkundemuseen hingegen erfolgt die Bagatellisierung bzw. Exotisierung des gestaltenden Handwerks, das inmitten der Phase der Kolonialisierung und der imperialen Eroberung entweder von der „eigenen“, aber auf dem Land und im Privaten physisch arbeitenden Bevölkerung, oder von der als „fremd“ deklarierten Bevölkerung weiterer Weltregionen ausgeführt wird.[1] Die Aufgleisung dieser Perspektiven sollte oberflächlich für Ordnung in der bürgerlichen Welt der Industrienationen sorgen. Unter diesen Oberflächen jedoch sind gestern wie heute die Konflikte der Gesellschaft, ihre Hierarchien und ihre Segregationskräfte zu beobachten.

Abb. 1 Die Porzellanabteilung um 1940 im Frankfurter Museum für Kunsthandwerk an seinem damaligen Standort Neue Mainzer Straße 49, Frankfurt am Main

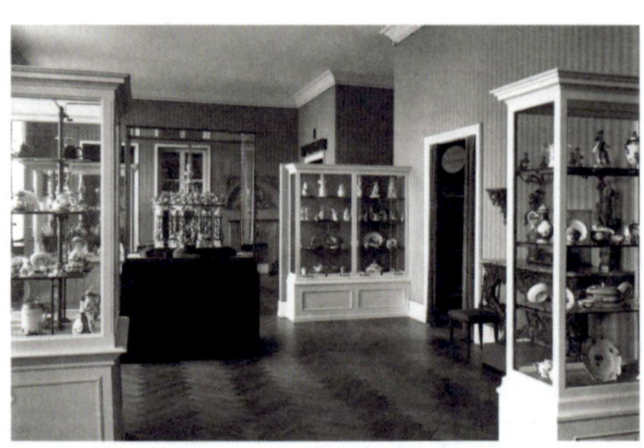

DAS EWIGE HANDWERK

IM KUNSTGEWERBE DER GEGENWART

BEISPIELE MODERNEN KUNSTHANDWERKLICHEN GESTALTENS

HERAUSGEGEBEN UND EINGELEITET VON
G. F. HARTLAUB

MIT SONDERBEITRÄGEN VON OTTO HAUPT
HANNA KRONBERGER-FRENTZEN,
RICHARD LISKER UND PAUL RENNER

W E R K B U N D — B U C H

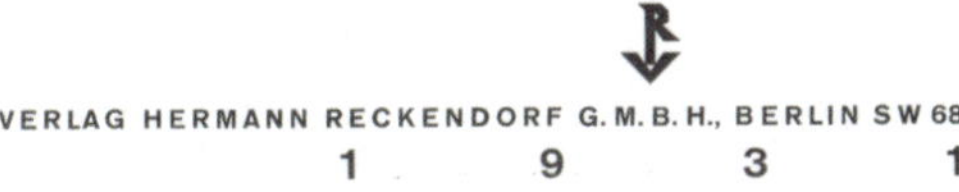

VERLAG HERMANN RECKENDORF G. M. B. H., BERLIN SW 68
1 9 3 1

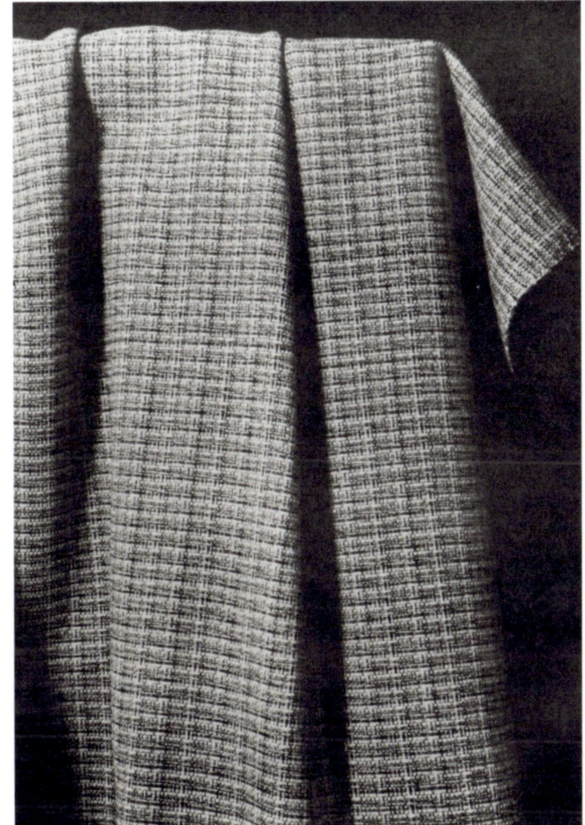

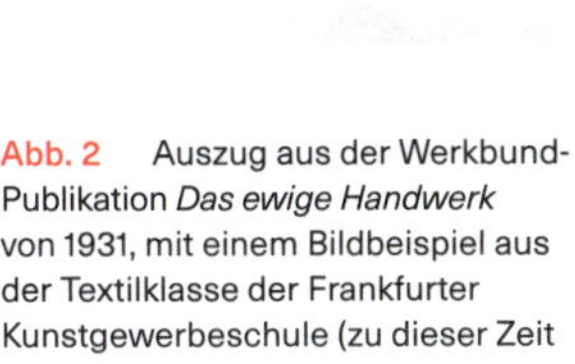

Abb. 2 Auszug aus der Werkbund-Publikation *Das ewige Handwerk* von 1931, mit einem Bildbeispiel aus der Textilklasse der Frankfurter Kunstgewerbeschule (zu dieser Zeit auch als Frankfurter Kunstschule bezeichnet)

Die Situation in Frankfurt am Main

Die Kultur- und Bildungsinstitutionen in Frankfurt fußen auf einer liberalen, weniger nationalen Kultur bürgerlicher Stiftungen, die sich in der mittelgroßen Handelsstadt am Main bereits im frühen 19. Jahrhundert herausbildete. Die Senckenberg Gesellschaft für Naturforschung, die Polytechnische Gesellschaft und ihre Tochtereinrichtungen, das Städelsche Kunstinstitut, Dr. Hoch's Konservatorium sowie die Frankfurter Universität sollen hier als die wichtigsten Frankfurter Kulturinstitutionen mäzenatischen Ursprungs genannt werden. An deren Gründung, Entwicklung und Ausdifferenzierung hatte auch die jüdische Bevölkerung Frankfurts einen hohen monetären und intellektuellen Anteil. Hinter diesen stadtbürgerlichen Aktivitäten standen die kulturellen Impulse der öffentlichen Verwaltung lange zurück.[2] Beide Sphären, die mäzenatische (privatfinanziert) und die politische (steuerfinanziert), pflegten zumindest bis zum Ersten Weltkrieg ein eher distanziertes Verhältnis zueinander.[3]

Für das Kunstgewerbe kamen die wichtigsten Impulse aus der bereits 1816 gegründeten Polytechnischen Gesellschaft. Ein Teil ihrer Mitglieder organisierte 1875 eine in der überregionalen Wahrnehmung sehr erfolgreiche kunstgewerbliche Ausstellung im Frankfurter Palais Thurn und Taxis, zwei Jahre später gründete sich der Mitteldeutsche Kunstgewerbeverein, der 1879 das Kunstgewerbemuseum mit angegliederter Bibliothek und Kunstgewerbeschule[4] initiierte. Letztere war eine Weiterentwicklung der schon 1817 gegründeten Sonntagsschule für Lehrlinge und Gesellen. Der erste Direktor von Schule und Museum war der Architekt Ferdinand Luthmer (1842–1921),[5] der noch den historistischen Gestaltungsstil umsetzte, obwohl in der nahen Künstlerkolonie des Großherzogtums Hessen-Darmstadt schon längst die gestalterische Moderne in Form eines geometrischen Jugendstils praktiziert wurde. Luthmer leitete bis zu seiner Pensionierung 1912 unangefochten die Schule und war mit über drei Jahrzehnten der Institutsdirektor mit der längsten Dienstzeit. Er war vor allem an konservativen Werten orientiert und deshalb zum Ende seiner Amtszeit als reformunfähig scharf kritisiert worden. 1912 wurden noch immer keine Frauen zur Ausbildung zugelassen und die fehlende Einbindung des Gewerbes in die Schule ließ die Frankfurter Lehranstalt gegenüber jener in Hanau und Offenbach tatsächlich alt aussehen. Für die Leitung des Museums kam bereits 1897 der Kunsthistoriker Hermann von Trenkwald (1866–1942) und löste Luthmer in seiner Funktion als Museumsdirektor ab. Während zu Anfang die Museumssammlung noch als Vorbild auch für die praktisch tätigen Kunstgewerbler angelegt war, änderte sich unter der Leitung Trenkwalds der Charakter des Erwerbens und wurde zusehends (kunst-) historisch: Weil die Vorbilder mit der Entwicklung industrieller Technologien und Herstellungsverfahren nicht mehr mithielten, verlegte man sich gewissermaßen auf das Sammeln von „Nachbildern" – mit starker Orientierung am Kunst- und Antiquitätenhandel. Die Objekte erzählten mehr vom persönlichen Geschmack der Sammelnden, der Freude am sinnlichen Erleben als vom aktuellen Bedarf der tätigen Gestalter*innen.

Doch auch Zweifel und offene Kritik wehte den so Sammelnden aus den zeitgenössischen Debatten entgegen und benannte den Widerspruch, allein aus traditionellen Vorbildern heraus die Sprache der Gegenwart entwickeln zu wollen. „Nachdem man jahrzehntelang mit den historischen Formen äußerlich dekoriert hatte, nachdem man auch mit den ‚neuen Formen' sich anfangs weidlich an der Oberfläche der Dinge gehalten hatte, stieg jetzt die Erkenntnis auf, daß in dieser Dekorierung mit Ornament nicht die Vollendung aller Dinge erblickt werden könne, ebensowenig, wie das Kunstgewerbe mit der Erfindung neuer ornamentaler Formen seine Aufgabe als gelöst zu betrachten habe. [...] Statt zu dekorieren, fing man jetzt an zu bilden." [6]

In den 1920er Jahren, als mit dem Neuen Frankfurt ein enorm progressiver und am praktischen Bedarf der Bevölkerung orientierter Wohnungsbauboom durch die Stadt und ihre Ämter rollte, schlug sich diese schon 1905 von Hermann Muthesius (1861–1927) prophezeite Gestaltbildungsmoderne im Kunstgewerbemuseum zwar auch in einigen Ausstellungen nieder (darunter *Neue deutsche Buchkunst*, 1922/23, die Werkbundausstellung *Die Form*, 1924, sowie *Der Stuhl*, 1929), nicht aber in der Sammelpraxis des Museums. Kunstgewerbeschule und Museum hatten sich schon zu weit voneinander entfernt. Die bürgerlichen Gremien des Museums widmeten sich vor allem der Herausbildung einer am Ästhetischen, nicht aber am Praktischen orientierten Urteilskraft. In den Sammlungszugängen der 1920er Jahre finden die zeitgenössischen, vor allem auch industriellen Gestaltungsansätze weitestgehend keinen Niederschlag. In dem Maße, wie der Moderne kein Zugang zu diesem Museum gestattet wurde, in dem Maße wurde auch das Handwerk musealisiert und „verewigt", indem es einer anderen, vergangenen Epoche zugerechnet wird. Anders die Kunstgewerbeschule, die unter ihrem Direktor Fritz Wichert (1878–1951) immer wieder Aufträge aus der Industrie und dem Stadtbauamt für die Kunstgewerbeausbildung in den Unterricht und die Schulwerkstätten einbinden konnte. Doch materielle Zeugnisse dieser Kooperationen fehlen weitestgehend und der Zweite Weltkrieg vernichtete zudem zahlreiche Archivbestände.

Sammeln, Vermitteln und Bewahren. Das Dresdner Kunstgewerbemuseum

In der Intention berühmter Vorbildersammlungen, wie des South Kensington Museums in London, des Kaiserlich-Königlichen Österreichischen Museums für Kunst und Industrie in Wien oder des Deutschen Gewerbe-Museums zu Berlin, wurde 1876 auch die Sammlung des Königlichen Kunstgewerbemuseums in Dresden mit dem Ziel angelegt, positiv auf die Qualität der regional produzierenden Gewerbe zu wirken und den Geschmack der Käufer zu kultivieren.[7] Allerdings bemerkte der spätere Direktor des Hauses, Karl Berling (1857–1940) folgende Besonderheit: „Man darf das Dresdner Kunstgewerbemuseum nicht ohne weiteres mit ähnlichen Sammlungen anderer Städte vergleichen, muß vielmehr beachten, daß es sich durch die in Dresden bestehenden eigenartigen Verhältnisse mehrfache Beschränkungen aufzuerlegen hat. Wohl kaum in einer anderen Stadt verlangen die Größe und die Vielseitigkeit der sonstigen Sammlungen derartige Berücksichtigungen wie hier."[8] Bis 1914 war das Museum verwaltungstechnisch der ein Jahr zuvor gegründeten Kunstgewerbeschule angeschlossen. Die Studierenden profitierten von der örtlichen Nähe beider Institutionen und dem ständig wachsenden Objektbestand des Museums, ergänzt durch eine umfassende, sich ständig erweiternde Kunstgewerbebibliothek. Nicht gesammelt wurden Werkzeuge, Formen, Schablonen, Halbfertigprodukte, es sei denn, sie besaßen selbst einen im damaligen Verständnis kunstgewerblich-gestalterischen Wert.
Im Fokus der Ausbildung stand die Auseinandersetzung mit historischen Ornamenten und Formen, Material- und Stilkunde, das Verstehen von gesellschaftlichen Zusammenhängen und deren Auswirkungen auf das gestalterische Empfinden.

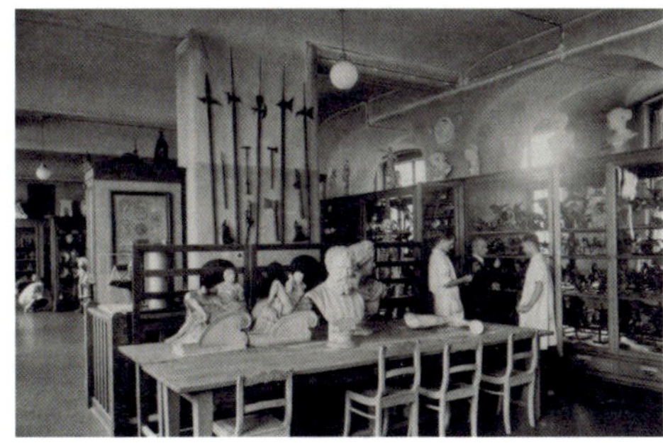

Abb. 3 Kunstgewerbeschule Dresden, Lehrmittelsammlung, ohne Jahr

Der Lehrer an der Schule und Theoretiker für Kunstgewerbe Karl Gotthelf Krumbholz (1819–1907) schrieb 1869 eine Art Ausbildungsanleitung. In seinem Buch „Anregungen und Vorschläge für eine Organisation zur Förderung des Geschmacks und zur Bildung gewerblicher Künstler" stellte er die wichtigsten Aufgaben einer solchen Einrichtung zusammen. Die besten überlieferten kunstgewerblichen Gegenstände der Vor- und Jetztzeit sollten gesammelt werden und als Unterrichtsmittel dienen, jedoch nicht als reine Kopiervorlage. Vielmehr ginge es darum „sie förmlich zu studieren, in deren Eigenschaften Prinzipien zu erkennen [...]".[9]

Für diese intensive Auseinandersetzung der Studierenden mit den Objekten war das Herauslösen dieser aus ihrem musealen Aufstellungskontext eine Voraussetzung. Das geschah zum Teil direkt in den Ausstellungsräumen, wo auf Tischen für Schüler und Fachbesucher das Gewünschte bereitgestellt werden konnte. (Abb. 3) Schnell wurden Verschleißerscheinungen und Schäden an den Objekten sichtbar. Um die für das Museum wertvollen und unersetzlichen Bestände zu schützen und doppelte sowie für den Unterricht interessante Stücke flexibler im Handling zu machen, hatte die Leitung der Kunstgewerbeschule und des -museums zu Beginn des Jahres 1897 entschieden, Unterrichtsmittel für den unmittelbaren Gebrauch aus dem allgemeinen Sammlungskonvolut des Museums auszugliedern und eine explizite „Lehrmittelsammlung" mit eigenem Inventar anzulegen. (Abb. 4) In zwei großen Sälen mit 21 Schränken, zehn Pulten und frei an der Wand hängenden Objekten konnten Lehrer, Schüler und Externe mit den Objekten arbeiten und sie studieren.

Diese fortschrittliche Institutionalisierung einer Art Objektbibliothek, die weit über die heutzutage üblichen Schau-Depots hinausging, ist leider nicht von langer Dauer gewesen.

Es entsprach dem Wunsch des dem Kunstgewerbemuseum vorgesetzten Sächsischen Ministeriums des Innern, Wanderausstellungen zu konzipieren und durchzuführen. Damit wollten die Verantwortlichen denen, die aus Zeit- oder Geldgründen nicht nach Dresden ins Museum reisen konnten, die Möglichkeit der Weiterbildung am historischen Objekt geben. Bereits ein Jahr nach Gründung des Museums wurden die ersten Ausstellungen mit bis zu 800 der „Besten Stücke aus der Textilabteilung" in acht sächsischen Städten mit etablierter Textilherstellung gezeigt.[10] Es folgten weitere zum Beispiel mit Bronzebeschlägen und Keramik. Karl Berling, in seiner Funktion als Museumsvorstand, sah allerdings die sächsischen Städte mit ihren Handwerk- und Gewerbetreibenden und die regionalen Schulen in der Pflicht, konkrete Anfragen für weitere Präsentationen und gewünschte Inhalte an das Museum zu stellen, um damit auf lokale Erfordernisse eingehen zu können. Daraus resultierte 1903 eine keramische Wanderausstellung durch vier sächsische Städte. Die Notwendigkeit derartiger Ausstellungen zeigte sich an allen Orten: Ansässige Keramikfabriken, Künstler und Handwerker „schmuggelten" ihre Waren mit ein; nach Ansicht Berlings alles in eher minderwertiger Qualität. Er nutzte deshalb die Ausstellungseröffnungen, um mit den Besitzern ins Gespräch zu kommen und seine Bestrebungen zur Qualitätsbildung darzulegen.

Abb. 4 Textilbox aus der Lehrmittelsammlung, Kunstgewerbemuseum, SKD

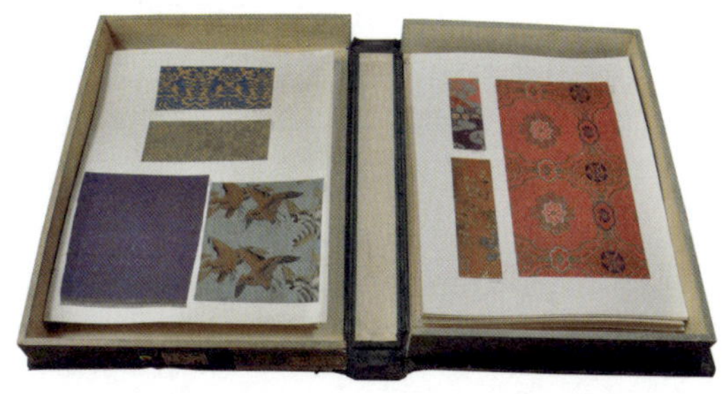

Abb. 5 Vorarlberger Landesausstellung, Bregenz 1887, Präsentation der Schenkung aus Schloss Hohenems, SW-Fotografie auf Karton, vorarlberg museum, Bregenz, Inv.-Nr. Foto 328

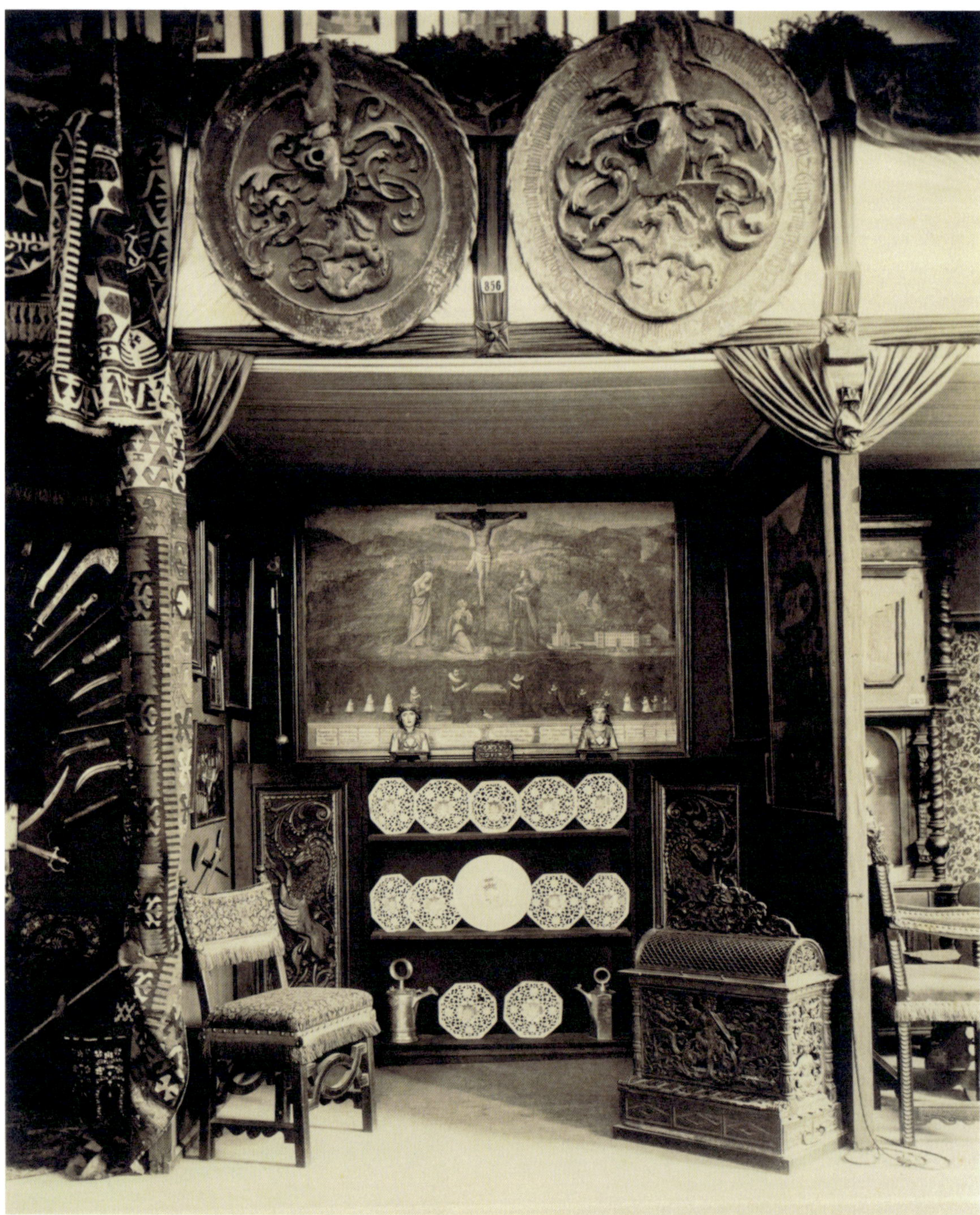

In der Nachkriegszeit ab 1945 geriet diese Art der Vermittlungsarbeit aus dem Blickfeld. Seit 2021 bietet der neu eingerichtete Design Campus in einer Sommerschule jungen Designer*innen die Möglichkeit, sich mit dem Kunstgewerbemuseum und seinen Beständen in unterschiedlichen Formaten kreativ auseinanderzusetzen.

Handwerk sammeln – Ein Blick hinter die Kulissen des vorarlberg museums

„… das technologische Fach, welches als lauter Zeuge unseres gewerbefleißigen und thätigen Ländchens sprechen sollte, wird immer äußerst stiefmütterlich bedacht.“[11]

1857 wurde in Bregenz der *Museums-Verein für Vorarlberg* mit der Zielsetzung, die Kulturgüter des Landes zu erhalten und zu sammeln, sie vor Verkauf und Verschleppung ins Ausland zu bewahren, das antike Bregenz zu erforschen und ein Museum zu errichten,[12] gegründet. Dreißig Jahre nach der Vereinsgründung fand in den Bregenzer Seeanlagen die *Erste Vorarlberger Landesausstellung* (1. September bis 4. Oktober 1887) statt. Sie war nicht nur von wirtschaftlicher Bedeutung, sondern auch ein visueller Meilenstein auf dem Wege zur Selbständigkeit des Landes. Diese vom Vorarlberger Landwirtschaftsverein organisierte Schau präsentierte die Sparten Industrie, Gewerbe, Fremdenverkehr, Landwirtschaft, Unterrichtswesen und Bildende Kunst. Mit 56.292 verkauften Eintrittskarten war der Besuch überwältigend.[13] Zur selben Zeit hatte der Museumsverein noch nicht die räumlichen Möglichkeiten, seine anwachsende Sammlung einem so großen Publikum zeigen zu können. Der Verein nutzte daher die Gewerbeausstellung zur Präsentation herausragender Exponate. (Abb. 5)
Samuel Jenny (1837–1901) setzte sich in den Folgejahren maßgeblich für den Bau des Vorarlberger Landesmuseums ein. Er war Nachkomme aus der in Hard am Bodensee ansässigen Textildynastie Jenny&Schindler, deren Türkischrotstoffe bereits 1835 auf der ersten österreichischen *Allgemeinen oder Central-Gewerbsproducten-Ausstellung*[14] mit einer Goldmedaille ausgezeichnet wurden.[15] Samuel Jenny war zudem aktiver Amateur-Archäologe und profunder Kenner der römischen Ausgrabungen in Bregenz.
Diese Fundobjekte zählen bis in unsere Gegenwart zu einem Schwerpunkt der Sammlungen des Vorarlberger Landesmuseums. 1905 entstand am Kornmarktplatz im Zentrum von Bregenz das erste Museum.

Gewerbeausstellungen beflügelten nicht nur die heimische Wirtschaft, sondern waren auch Argument für die Gründung von Spezialmuseen mit groß angelegten Handwerkssammlungen zu Studienzwecken, wie etwa das Tiroler Volkskunstmuseum in Innsbruck.[16] Auch die Gründungsmitglieder des Vorarlbergischen Landesmuseumsvereins waren bemüht, Gewerbe und Handwerk zu sammeln und richteten eine technische Sammlung ein, die allen Erwartungen zum Trotz im ersten Vereinsjahr durch keine spektakulären Sammlungsgegenstände Aufsehen erregen konnte. „Für das technologische Fach konnte, ungeachtet der Bestrebungen des Fachmannes, nur wenig gewonnen werden; einige Modelle von Hausgeräthschaften, Töpferarbeiten, das ist alles, was wir haben.“[17] In den folgenden Jahren wurde der technologische Bestand gezielt durch Ankäufe, etwa eines Spinnrads und einer Stickerei aus dem Bregenzerwald, beides Exponate der Innsbrucker Industrie Ausstellung ergänzt[18]. „[…] Theile des Tafel-Services der ausgestorbenen Grafen von Hohenems mit ihrem Wappen; ein Secretär aus dem Schloße Hohenems mit dem gräflichen Wappen, eine vorzüglich schöne Schreinerarbeit; eine reich mit Gold verzierte geschnitzte Bettstatt mit Wappen, ebendaher; […]“[19] wurden dem Kunstfach und nicht der technologischen Sammlung zugeordnet. Diese damals begonnene und nach Ästhetik, Ausführung und verwendeten Materialien bestimmte Klassifizierung lässt sich bis heute in den 53 Sammlungsinventaren nachvollziehen. Die ersten Seiten der historischen Inventarbücher des Museums sind beeindruckende Zeugnisse der damaligen Sammlungserfassung. Viele Exponate wurden detailgetreu nachgezeichnet. (Abb. 6)

Abb. 6 Abbildung eines Grabkreuzes, Adolf Hild (Zeichnung), Tusche auf Papier, vorarlberg museum, Bregenz, Inventarbuch F, Eisen, Teil 1, Blatt 1

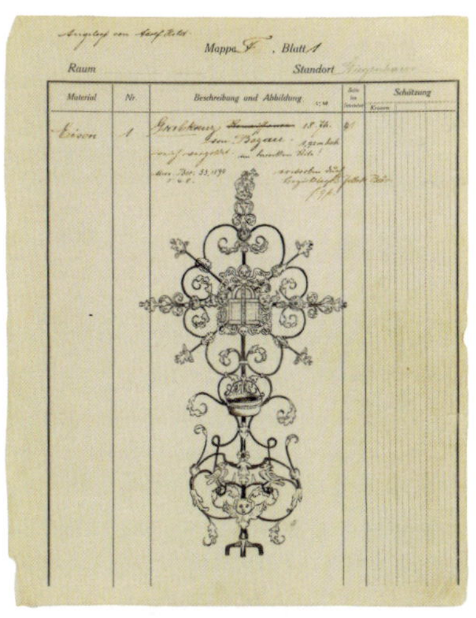

Dieses Handwerk der Illustration war besonders bei Adolf Hild (1883–1954, Museumsleitung von 1907 bis 1948) ausgeprägt.

Beim Durchblättern der Eingangsbücher wird deutlich, dass das Vorarlberger Landesmuseum in seiner Sammlungsstrategie immer als Mehrspartenhaus mit den Disziplinen Archäologie, Kunstgeschichte, Geschichte und Volkskunde agierte. Im 2013 neu errichteten vorarlberg museum am Kornmarktplatz gibt das als Schaudepot konzipierte Ausstellungsformat *Buchstäblich Vorarlberg* einen umfassenden, aber nicht vollständigen Einblick in die vielfältigen Sammlungsbestände des Museums. Die serielle Anordnung der einzelnen Objektgruppen betont in ihrer Stringenz die Schönheit der Objekte. Sie gibt dem dunkel gehaltenen Ausstellungsraum jene auratische Atmosphäre, die Museen zu speziellen Orten macht. Das Grundprinzip der opulenten Objektpräsentation ist ähnlich wie auf der Vorarlbergischen Landesausstellung von 1887. Das Schaudepot wird zum übervollen Schau-Raum. Es offeriert einen undifferenzierten Blick auf ausgewählte[20] Sammlungsbestände, es inspiriert zum Studium der einzelnen Objekte. *Buchstäblich Vorarlberg* könnte auch als Lernort historischer und aktueller Handwerkstechniken aus der Region verstanden werden. Der Fokus der Präsentation jedenfalls liegt unbestritten auf dem Objekt. Wirklich gegenwärtig und aktuell wird die Sammlung im Schaudepot nur dort, wo sich unter einen Bestand an historischen Sitzgelegenheiten Möbel aus dem Werkraum Bregenzerwald mengen. Sie stammen aus einem rezenten, an Handwerk und Design orientierten Sammlungsprojekt, dessen Ziel es ist, die prämierten Möbel aus dem Wettbewerb *Handwerk + Form*[21] in die museale Sammlung aufzunehmen . Im Grunde genommen greift das Museum hier auf ein bereits zur Gründungszeit des Hauses praktiziertes Sammlungsmuster zurück, denn schon damals fanden ausgezeichnete zeitgenössische Handwerksstücke Eingang in die kunstgewerbliche Sammlung.

Auch wenn handwerkliche Konvolute immer noch maßgeblich über Ankäufe oder Schenkungen generiert werden, kam es in den letzten Jahren hinter den Kulissen von Museumsbauten zu einer Umgewichtung im Verständnis von Sammeln. So steht nun: *verstehen, wer wir sind* in großen Lettern auf der Fassade des neu erbauten vorarlberg museums. Verstehen erfordert neue Formen des Dialogs und dazu zählt, das Unsichtbare hinter den Objekten sichtbar zu machen. Oder hörbar, denn eine sehr sinnliche Methode der Enthüllung von verborgenem Wissen, das so vielen Objekten aus unserer alltäglichen Erfahrungswelt eingeschrieben ist, bedient sich des Einfangens von Erzählungen und Stimmen. Sie bringen Geschichte zu Gehör, verleihen den Objekten durch deren Einbettung in authentische Erzählungen eine neue, man möchte fast sagen, menschliche Dimension. „Die gesammelten und zu sammelnden Stimmen bilden die Kontexte, bereiten die Welt für die Dinge, die sich in den Speichern des Museums wiederfinden. Sie bringen diese zum Leben, weil wir Gehörtes immer als gegenwärtig wahrnehmen. Geschichte wird sinnlich begreifbar."[22]

Abgesehen von der durch die Sinnlichkeit des gesprochenen Wortes provozierten Emotion ist die Einbindung von immateriellem Wissen, das aus Gesprächen und Beobachtungen generiert wird, essentiell, um handwerkliche Praktiken umfassender untersuchen zu können.[23] Denn eigentlich ist „handwerkliches Wissen [...] eine verkörperte Erfahrung, die sich nur in den routinierten Arbeitspraktiken und Fertigkeiten der Handwerker und der Sicherheit und Leichtigkeit, mit der diese ausgeführt werden, äußert".[24] Diese Fertigkeiten manifestieren sich über Körperhaltung, Bewegungsabläufe, Handgriffe, Beinarbeit oder Mimik, oder über Werkstatteinblicke. Abb. 7 Dabei wird deutlich, dass Handwerk mehr ist, als das bloß körperliche Erlernen von Handgriffen, dass Handwerk viel mit Kopfarbeit zu tun hat. Diesen immateriellen Aspekt so zu dokumentieren, dass daraus ein tieferes Verstehen von Handwerkenden und ihrem Handwerk entspringt, ist eine jener Aufgabenstellungen, die unser gegenwärtiges museales Agieren so reizvoll macht. Bleibt die Frage, ob die über Jahrzehnte unterschiedlich praktizierte Reorganisation von Wissen in Museen dazu beitragen kann, handwerkliche Kulturtechniken dauerhaft zu bewahren. Oder werden trotz aller Anstrengungen Techniken vergessen, Fertigkeiten verloren gehen, einfach weil die Praxis fehlt?

Abb. 7 Werkstatteinblick, ehemalige Bürstenwerkstatt Lang in Bregenz, vorarlberg museum, Bregenz

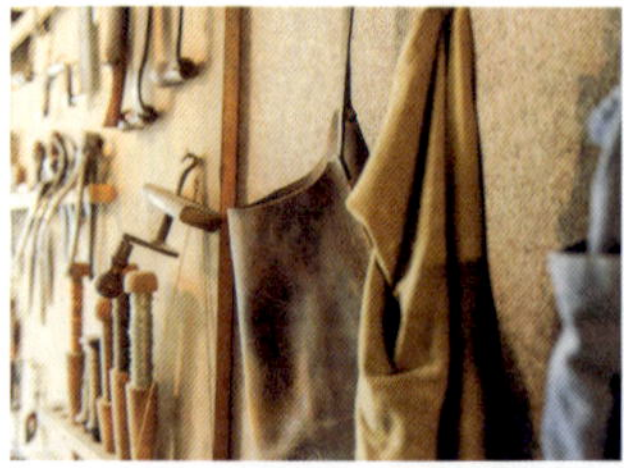

1 Vgl. auch Cardoso: Auf Kriegsfuß mit der Maschine: Kunst, Handwerk und Design im frühen 20. Jahrhundert, 2017, 46.
2 Hansert: Bürgerkultur und Kulturpolitik in Frankfurt am Main, 1992, S. 83.
3 Erst 1921 entschloss sich die Frankfurter Stadtverwaltung zur Gründung eines eigenen Amtes, welches neben der seit 1918 existierenden politischen Deputation für Wissenschaft, Kultur und Volksbildung zunächst die Rechnungsführung übernahm. Vgl. Farnung: Kulturpolitik im Dritten Reich, 2016, S. 44.
4 Nach dem Ersten Weltkrieg und der Inflation kam die Schule 1921 in die Trägerschaft der Stadt. Von 1923 bis 1933 existierte die Kunstgewerbeschule als Fusion mit dem Städelschen Kunstinstitut, widmete sich der Ausbildung sowohl der freien als auch der angewandten Kunst. In der Literatur oft unklar entweder als Städelschule, als Kunstgewerbeschule oder als Frankfurter Kunstschule bezeichnet.
5 Ferdinand Luthmer, geboren in Köln, studierte Architektur an der Berliner Bauakademie, war auch als Publizist tätig (Deutsche Möbel der Vergangenheit) und galt als Experte in der Burgenforschung.
6 Muthesius: Der Weg und das Endziel des Kunstgewerbes, 1905, S. 181–190, hier S. 182.
7 Němečková/Stöver: Liberalität als Programm. Das Dresdner Kunstgewerbemuseum als interaktiver Ort, 2017, S. 34–43.
8 Wegweiser durch das königliche Kunstgewerbemuseum Dresden, Dresden 1907, S. 4. Karl Berling bezieht seine Aussage auf die königlichen Sammlungen wie Grünes Gewölbe, Rüstkammer und Skulpturensammlung.
9 Krumbholz: Anregungen und Vorschläge für eine Organisation zur Förderung des Geschmackes und zur Bildung gewerblicher Künstler, 1869, S. 19.
10 Kalteich: Die Anfänge des Kunstgewerbemuseums, 1997.
11 Achter Rechenschaftsbericht, Vorarlberger Landesmuseumsverein, 1865, S. 15–16.
12 Chronik, Vorarlberger Landesmuseumsverein: https://www.vlmv.at/verein/chronik/ (zuletzt 03.02.2022).
13 Vorarlberger Landesausstellung 1887: https://museen vorarlberg.at/objekt.php?s =vm-20 (zuletzt 02.02.22).
14 Gewerbeprodukten-ausstellung: https://www.geschichtewiki.wien.gv.at/Gewerbeprodukten-ausstellung (zuletzt 14.01.22).
15 Natter: Schenkungen, 2007, S. 74. Musterbücher von Jenny & Schindler aus den Jahren 1827, 1828, 1830 und 1831 kamen 1888 als Schenkung von S. Jenny an das Museum.
16 Meixner: Entstehung Tiroler Volkskunstmuseum, 2020, S. 132.
17 Erster Rechenschaftsbericht, Vorarlberger Museums-Verein, 1859, S. 7.
18 Dritter Rechenschaftsbericht, Vorarlberger Museums-Verein, 1861, S. 10.
19 Ebd., S. 6.
20 Die Kurator*innen aus den Fachbereichen Archäologie, Kunstgeschichte, Geschichte und Volkskunde/Europäische Ethnologie waren 2011–2013 in die Umsetzung des Schaudepots eingebunden und für die Objektauswahl zuständig.
21 Der Wettbewerb *Handwerk + Form*, 1991 vom Handwerkerverein Andelsbuch/Österreich ausgelobt, zählt zu den wichtigsten Gestaltungswettbewerben im Handwerk; er wurde von 2000 bis 2019 im dreijährigen Rhythmus gemeinsam mit dem Werkraum Bregenzerwald organisiert.
22 Felderer/Hummer: Der Ton macht die Musik, 2016, S. 41.
23 Vgl. dazu Auszug aus Gespräch mit Anna Bertle (Kunsthistorikerin und Handwerkerin) im Februar 2022: „Trotzdem bleibt den meisten Menschen das essentielle Wissen verborgen, weil sie selber nie an die Grenzen einer Technik oder eines Materiales stoßen, auch wenn ihnen davon erzählt wird. Erst die eigene Erfahrung eröffnet diesen großen Horizont an Wissen über das eigene und über andere Handwerkskünste."
24 Hänisch: Dinge und Wissen in den Händen von Handwerkern, 2018, S. 168.

4.4 Bodil Adele Unckel

Wie viel Handwerk braucht die akademische Restaurierung?

Handwerkliche Qualifikation ist für den Erhalt unseres kulturellen Erbes unverzichtbar.
Ein wenig schwerer fällt die Einschätzung, wie viel davon eine vorrangig akademische Ausbildung leisten kann. In der öffentlichen Wahrnehmung existiert oft ein unklares Verständnis des Berufsbildes und Unkenntnis über die akademische Qualifizierung. Die Einschätzung wird dadurch erschwert, dass der Beruf einem immerwährenden inhaltlichen als auch strukturellen Wandel unterliegt. Anders als kurz nach dem Zweiten Weltkrieg sind Restaurator*innen längst keine Autodidakt*innen mehr. Die Tätigkeit der Restaurierung hat sich in den letzten Jahrzehnten von einem handwerklich-künstlerisch orientierten Beruf zu einer wissenschaftlichen Disziplin mit fundierter Hochschulausbildung entwickelt. Gegenüber der rein handwerklichen Ausübung wurde im sogenannten Bologna-Prozess um 1999, im Zuge der Vereinheitlichung des europäischen Hochschulwesens, analytischen, präventiven und kunsthistorischen Aspekten mehr Gewicht zugesprochen. Zu Recht versucht der Verband der Restauratoren in Deutschland die Berufsbezeichnung zu schützen und klare Richtlinien für die Qualifikation zu bilden. Verbindlich haben sich bisher allerdings nur die Bundesländer Mecklenburg-Vorpommern und Sachsen-Anhalt dazu verpflichtet.

Restaurierung als akademischer Beruf

Erste Anläufe, den Beruf zu institutionalisieren, gingen 1964 von der Hochschule für Bildende Künste Dresden aus. Doch endete der Studiengang mit nur einer Diplom-Abgängerin. 1968 richtete die weißensee kunsthochschule berlin einen Studiengang für Gemälderestaurierung ein, der nach vier Jahren auslief. Den ersten noch bestehenden Studiengang für Kunsttechnologie, Konservierung und Restaurierung von Kunst- und Kulturgut bietet seit 1974 wieder die Hochschule für Bildende Künste Dresden an. Acht weitere Städte in Deutschland zogen nach, wobei die Fachrichtungen, die Inhalte und die Abschlüsse bis heute variieren. Gewandelt haben sich seit dem ersten Studiengang auch die handwerklichen Voraussetzungen an den jeweiligen Schulen. Während an der Technischen Hochschule Köln (TH Köln) im Fachbereich „Restaurierung und Konservierung von Objekten aus Holz" bis zu meinem Jahrgang 2005 noch eine Lehre in einer Schreinerei/Tischlerei üblich war, war dies dann keine Zulassungsvoraussetzung mehr. Ich gehörte zu den ersten Studierenden, die ohne handwerkliche Lehre das Diplomstudium beginnen konnten. Der Unterschied meiner handwerklichen Fähigkeiten im Vergleich zu meinen vorgebildeten Kommiliton*innen beim Drechseln, beim Schnitzen und vor allem im Gebrauch mit holzbearbeitenden Maschinen war offensichtlich.

Weiterhin wurde zur Einführung der Bachelor- bzw. Masterstudiengänge an der TH Köln die Zeit des studienvorbereitenden Praktikums halbiert und das Praxissemester gekürzt. Natürlich ist ein Ausbildungsweg, der eine Lehre vor den mittlerweile eingeführten Bachelor- oder Masterabschlüssen voraussetzt, bei den gegebenen Bezahlungen an Museen und im europäischen Ausbildungsvergleich nicht haltbar. Der Verlust ist jedoch spürbar.

Ein weiterer Lehrbereich, der derzeit stärker fokussiert wird, sind analytische Verfahren, die immer häufiger eine Restaurierung begleiten. Geleistet werden diese von verschiedenen Bereichen der Naturwissenschaften, aber die grundsätzlichen Einsatzmöglichkeiten müssen auf jeden Fall in der restauratorischen Ausbildung vermittelt werden. Die E.C.C.O.-Richtlinien[1] zielen daher deutlich auf Schwerpunkte in der Analyse ab.

Die Studierenden sind immer noch gut qualifiziert, aber die Schwerpunkte sind deutlich verschoben. Präventive Maßnahmen haben einen beträchtlich höheren Stellenwert bekommen. Zum Schutze des Kunst- und Kulturgutes wird zunehmend eine zurückhaltende Restaurierungspraxis geschult. Diese präventive Vorgehensweise entwickelte sich aus der Erkenntnis,

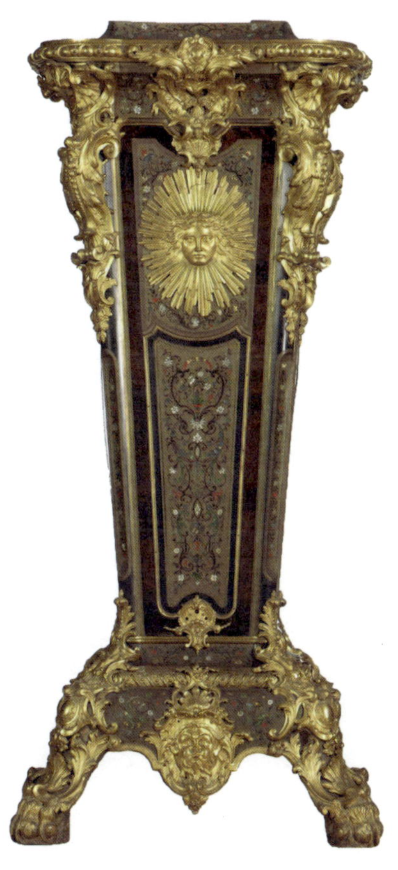

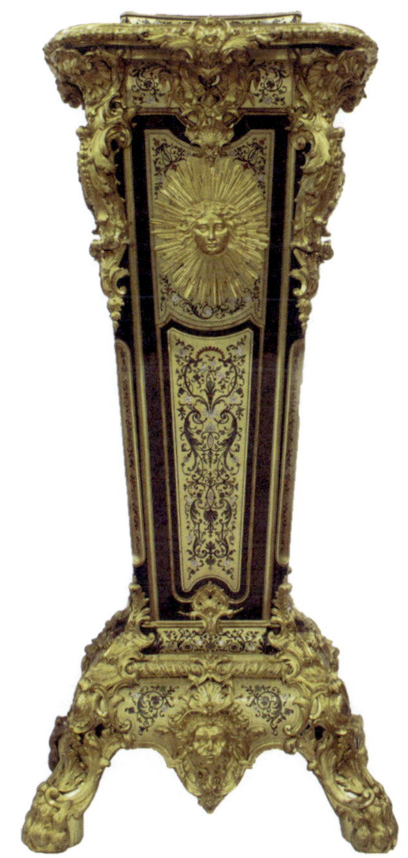

Abb. 1 Piedestal vor und nach der Restaurierung von Marketerieverlusten, deformiertem und oxidiertem Messing, ausgeschüsselten Horneinlagen, Jean-Pierre Latz (Ausführung, Kunsttischler), Paris 1739, Schildpatt, Holz, Messing, Perlmutt, Kunstgewerbemuseum, SKD, Inv.-Nr. 37616-1

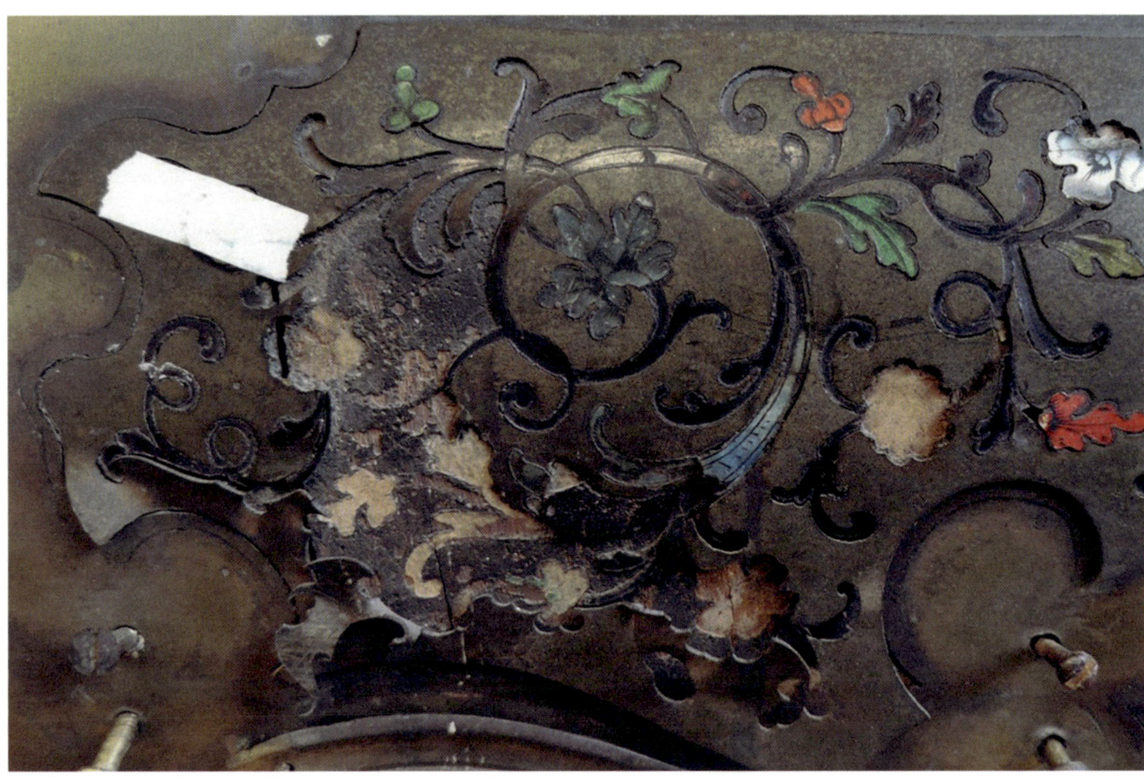

Abb. 2 Detail des Piedestals vor der Restaurierung mit Marketerieverlusten, deformiertem und oxidiertem Messing und alten Schellackkittungen, Jean-Pierre Latz (Ausführung, Kunsttischler), Paris 1739, Kunstgewerbemuseum, SKD, Inv.-Nr. 37616-1

Abb. 3 Detail des Piedestals nach der Restaurierung. Ergänzungen der Fehlstellen durch Einlagen aus Kunststoff. Ihre Herstellung erfolgte in ähnlichen handwerklichen Schritten wie beim Originalmaterial. Kunstgewerbemuseum, SKD, Inv.-Nr. 37616-1. Die Arbeit erfolgte im Rahmen des großen Restaurierungsprojektes der Möbel des Paradeappartements des Dresdner Residenzschlosses.

dass irreversible Eingriffe über die Jahrzehnte zu negativen Wechselwirkungen mit den Objekten führen können. Diesen vorzubeugen, ist von großer Wichtig- und Richtigkeit. Auch für zukünftige Generationen von Restaurator*innen sollte die Chronologie der Maßnahmen am Objekt ablesbar und sollten alle Vorgänge dokumentiert sein. Dieser theoretische Teil muss zusätzlich erst erlernt werden. Dabei sollte kritisch betrachtet werden, dass Studierende, die in die berufliche Selbständigkeit gehen, den Vorstellungen ihrer privaten Kundschaft und deren Objekten gerecht werden müssen und somit die restauratorische Zielsetzung von musealen Anforderungen abweichen kann. Für die Hochschulen stellt sich die Herausforderung, wie dies im Studium äquivalent vermittelt werden kann.

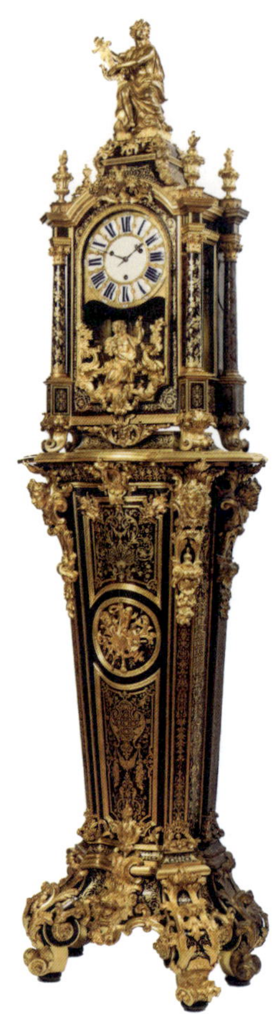

Abb. 4 Piedestal und Pendule nach der Restaurierung, Jean-Pierre Latz (Gehäuse, zugeschrieben), Etienne II Le Noir (Uhrwerk, signiert), Paris vor 1740, Kunstgewerbemuseum, SKD, Inv.-Nr. 37686. Restauriert im Projekt *Rekonstruktion Paradeappartment des Dresdner Residenzschlosses 2020–2021*

Restaurieren im Museum

Besonders in Museen, in denen Objekte dem ursprünglichen Kontext entfremdet sind, bekommt die Nachvollziehbarkeit der Objekthistorie einen immer wichtigeren Stellenwert in Bezug auf Anwendbarkeit, Nutzbarkeit oder auch Lesbarkeit von Artefakten. Dabei ist unter Berücksichtigung des Gesamtbestandes der Sammlung ein ständiges Abwägen von Aufwand und Erfordernis notwendig, um möglichst vielen Objekten gerecht zu werden. Nicht nur der Aspekt der Ausstellungsfähigkeit, sondern auch die Bestandspflege im Depot fordert konservatorische Expertise. Hier sind Eingriffe nicht nur nötig, sondern können das handwerkliche Können und Verständnis schulen und vertiefen. Verstärkt wird das knappe Zeitmanagement durch ein erhöhtes Aufkommen von Sonderausstellungen und vermehrtem Leihverkehr. Die immer schnelleren Abläufe lassen eine tiefere Auseinandersetzung nur noch mit sehr wenigen Objekten zu. Die Frage ist dann weniger, wie viel Handwerk die Restaurierung braucht, sondern wie viel ihr noch zugestanden wird. Das lässt sich natürlich nicht für alle Restaurierungsbereiche oder -tätigkeiten pauschalisieren, aber die Tendenzen bilden sich in den Museen deutlich ab. Ein steigender Teil der Arbeitszeit wird für Dokumentation von Objektzuständen und Vorgängen verwendet. Dabei muss auch abgewogen werden, welche Informationen für die Nachwelt erhaltens- und auswertbar sind.

Ein Zusammenhalten der beiden Aktivitäten Hand- und Kopfarbeit ist dabei von herausragender Bedeutung, andernfalls kann die Trennung dieser beiden Arbeitsprinzipien zu einer Dequalifizierung in der Restaurierung und zum Verlust des Verständnisses für die zu betrachtenden Artefakte führen. Die Passion eines Restaurators/einer Restauratorin macht einen großen Teil seiner/ihrer Qualifikation aus. Ethische Grundsätze können vermittelt und müssen diskutiert werden. Der manuelle Erfahrungsschatz wird auch durch wiederholtes Feedback von den Objekten selbst geprägt, nicht nur durch die Anleitung eines Mentors an der Hochschule oder am Museum. Nur wenn wir den Widerstand des Holzes oder eines anderen Materials an unseren Werkzeugen spüren, können wir eine Sicherheit beim Arbeiten entwickeln. Das sind keine messbaren Größen. Restaurierende müssen den eigenen Anspruch haben, das Objekt im sensorischen Bereich zu verstehen und Intuition für Material, Konstruktion und Zustand zu entwickeln. Die akademische Information hilft bei der Entscheidungsfindung, aber zur Interpretation gehören empirische und sensuelle Erfahrungen, die nicht in zahlenmäßigen Analysen dargestellt werden können.

Restaurator*innen im Handwerk

Einen anderen Ansatz verfolgen die Restaurator*innen im Handwerk. Über 80 Berufszweige des Handwerks sind vor allem in der Denkmalpflege, aber auch in Museen im Einsatz. Finanziell erarbeiten diese Berufszweige in Deutschland zwar nur einen kleinen Marktumsatz von 7,5 Milliarden Euro pro Jahr,[2] aber die geistigen, technischen, handwerklichen und künstlerischen Maßnahmen haben einen immensen Einfluss auf den Erhalt des kulturellen Erbes. Der konsequente Erfahrungsaustausch und die Zusammenarbeit zwischen Handwerk und denkmalpflegerisch fokussierter Restaurierung sind förderlich für beide Seiten. 1985 wurde ein eigener Abschluss als „Restaurator im Handwerk (m/w/d)" dazu etabliert, der für Meister*innen in 19 handwerklichen Berufen erlangt werden kann. Derzeit wird der Titel in den folgenden Gewerken verliehen: Buchbinderhandwerk, Gold- und Silberschmiedehandwerk, Graveurhandwerk, Holzbildhauerhandwerk, Karosserie- und Fahrzeugbauerhandwerk, Kraftfahrzeugtechnikerhandwerk, Maler- und Lackiererhandwerk inklusive Kirchenmaler*innen, Maurer- und Betonbauerhandwerk, Metallbauerhandwerk, Metallbildnerhandwerk, Orgel- und Harmoniumbauerhandwerk, Parkettlegerhandwerk, Raumausstatterhandwerk, Steinmetz- und Steinbildhauerhandwerk, Stuckateurhandwerk, Tischlerhandwerk, Uhrmacherhandwerk, Vergolderhandwerk und Zimmererhandwerk. Leider ist das Interesse, eine Fortbildung zum Restaurator/zur Restauratorin im Handwerk anzustreben, rückläufig. Diese Tendenz lässt sich auch auf das Ansehen des Handwerks innerhalb der Gesellschaft zurückführen.

Angesichts der seit der industriellen Revolution verdrängten handwerklichen und kunsthandwerklichen Berufe brauchen wir das Handwerk aber nicht nur, um unseren eigenen Beruf zu verstehen, sondern auch um die entsprechenden handwerklichen Fähigkeiten zu „konservieren". Eine Frage muss auch lauten: Wie viel handwerkliche Fähigkeiten und Wissen müssen an zukünftige Generationen weitergegeben werden? Wie viel Handwerk muss die Restaurierung bewahren, wenn ein Handwerksberuf ausstirbt oder ökonomisch in die Irrelevanz gerät? Wenn nicht mehr nachvollziehbar ist, wie in diesen Berufen Artefakte erzeugt wurden, gehen Informationen über Alterungsprozesse, Sammlungsrelevanz, kunst- und kulturgeschichtliche Hintergründe oder gesellschaftliche und ökonomische Entwicklungen des Herstellungsprozesses verloren. Aber wie kann jenseits des herkömmlichen Verständnisses von Handwerk die schöpferische Kraft vermittelt werden, wenn sie nicht selbst erlebt wird? Zur Handlungsfähigkeit von Restaurator*innen muss das Erforschen von traditionellen, mittlerweile zum Teil historischen Verfahren gehören, um die kulturhistorische Bedeutung dieser Verfahren bewerten zu können.

Die Restaurierung kann als Wellenbewegung verstanden werden, in der zeitweilig die Kopfarbeit oder die Körperarbeit mehr Gewichtung erhält. Die jeweiligen Gedankenschulen sind gesellschaftliche Momentaufnahmen, die sich über Generationen stetig ändern. Die Restaurierung braucht den offenen Disput über ethische und praktische Ansichten. Auch wenn unsere Zeit in den Museen durch viele Projekte und Prozesse getaktet wird, haben wir freie Hand bei der Umsetzung und die Intention unserer Arbeit liegt bei uns. Wir müssen immer wieder neu bewerten, was uns wichtig ist und die Initiative ergreifen, uns dafür den Raum zu schaffen.

Ich habe übrigens volles Verständnis und begrüße, wenn Sie statt meinen Text zu lesen, lieber in eine Ausstellung gehen und die Handwerkskünste an den Objekten erkennen und bewundern, die teilweise mit so unglaublicher Präzision in unterschiedlichen Generationen erschaffen wurden und denen täglich unsere Aufmerksamkeit zukommen soll. Vielleicht bemerken Sie Werkspuren, die Rückschlüsse auf den Herstellungsprozess geben, oder Sie entdecken eine kleine Unregelmäßigkeit, die das Kunstgut unverwechselbar und einzigartig macht. Vielleicht erkennen Sie eine unserer restauratorischen Maßnahmen, können eine Rekonstruktion von einem Original unterscheiden oder bilden sich eine Meinung, wie viel Akzeptanz der Alterung eines Objektes beigemessen wurde.

1 E.C.C.O. 2012, 2. Auflage der Kompetenzen für den Zugang zum Beruf des Konservators-Restaurators von Barbara Böer Alves ins Deutsche übersetzt. S. 19 ff.

2 https://www.zdh.de/ueber-uns/fachbereich-gewerbefoerderung/kultur-und-handwerk/denkmalpflege-restaurierung-baukultur/, zuletzt aufgerufen 30.10.2021. Im Vergleich zu einem deutschen Bruttoinlandsprodukt von 3,37 Billionen Euro, Stand 2020.

4.5 Anna-Lisa Reith

Transferformen von Handwerkstechniken – Kulturerbe Blaudruck transnational

Der Reservedruck fasst verschiedenste handwerkliche Textildrucktechniken zusammen, in deren Ausführung Muster auf Stoffbahnen bedeckt werden, wortwörtlich reserviert, bevor die Stoffe eingefärbt werden. Die zeitweise Versiegelung von Mustern geschieht vor dem Färben mithilfe von Wachsen, Gummiarabikum oder pflanzlichen Pasten, in Deutschland genannt Papp, die mit hölzernen Druckstöcken, Metallstiften oder Schablonen aufgebracht oder gestrichen werden. Taucht man die präparierten Stoffbahnen nun im Ganzen in die Farbe, kann diese in die Fasern einziehen. Lediglich die Stellen, die zuvor mit der Deckmasse bestrichen oder gestempelt wurden, bleiben unberührt. Nach dem Auswaschen der Deckmasse wird das finale Muster sichtbar, das im ursprünglichen Farbton des Stoffs bestehen bleibt.[1] In vielen Teilen der Welt sind Varianten des Handwerks zu finden, die sich technisch grundlegend ähneln.

Die Weitergabe des Handwerks, ebenso wie die Etablierung des Blaudrucks in Deutschland im 17. Jahrhundert, fußt auf transnationalem Wissenstransfer. Transferabläufe zwischen Kulturen bezeichnet der Kunsthistoriker Michael Falser als Übersetzungsleistung. Der Begriff Übersetzung bedeutet in der transkulturellen Forschung zunächst die reine Interaktion innerhalb oder zwischen Kulturen, dient aber auch als „methodisches Werkzeug […], um Machtkonstellationen in Kontakt-, Austausch- und Transferbeziehungen zwischen Kulturen zu kontextualisieren“.[2]

Im Folgenden wird die Verbreitungshistorie des Reservedruckverfahrens vor allem über kolonial gestrickte Verbindungen beispielhaft aufgezeigt, da Import und Export von Waren und wechselseitige Beziehungen zwischen den Staaten die Übersetzung dieser Handwerkstechnik ermöglichten. Die darüber hinausgehende Anreicherung des Blaudrucks zum identitätsstiftenden Element mit Heimatbezug, die in Deutschland mit der Ernennung des Blaudrucks zum immateriellen Kulturerbe gefestigt wurde, wird abschließend kritisch untersucht.

Übersetzte Technik

Im Zuge des kolonialen Welthandels verbreitete sich eine in Indonesien beheimatete Batiktechnik über verschiedene Teile der Welt. Von 1609 an waren indonesische Häfen bedeutende Umschlagplätze für den Weitertransport indischer Kattunstoffe. Diese Stoffe vertrieb die niederländische Ostindienkompanie unter anderem für den japanischen Markt. Verbunden durch die Handelsroute transportierten die Schiffe zwischen Indonesien und Japan auch Textilwaren mit indonesischen Batikmustern, die als Geschenke und zur Repräsentation der Handwerkskunst ausgetauscht wurden. So reisten Muster und Techniken von Indonesien weiter nach Japan.[3]

Ähnlich der Weitergabe der Reservedrucktechnik nach Japan erfährt die indonesische Batiktechnik auch ein neues Leben auf dem

Abb. 1 Tuch, Java, vor 1945, Baumwolle, Batik, Staatliche Ethnographische Sammlungen, SKD, Inv.-Nr. 82345

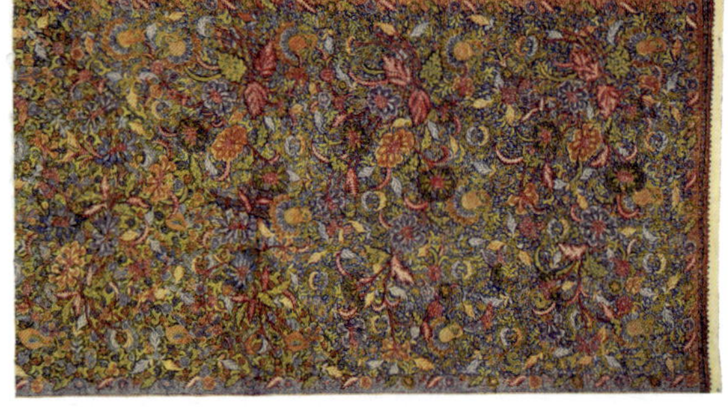

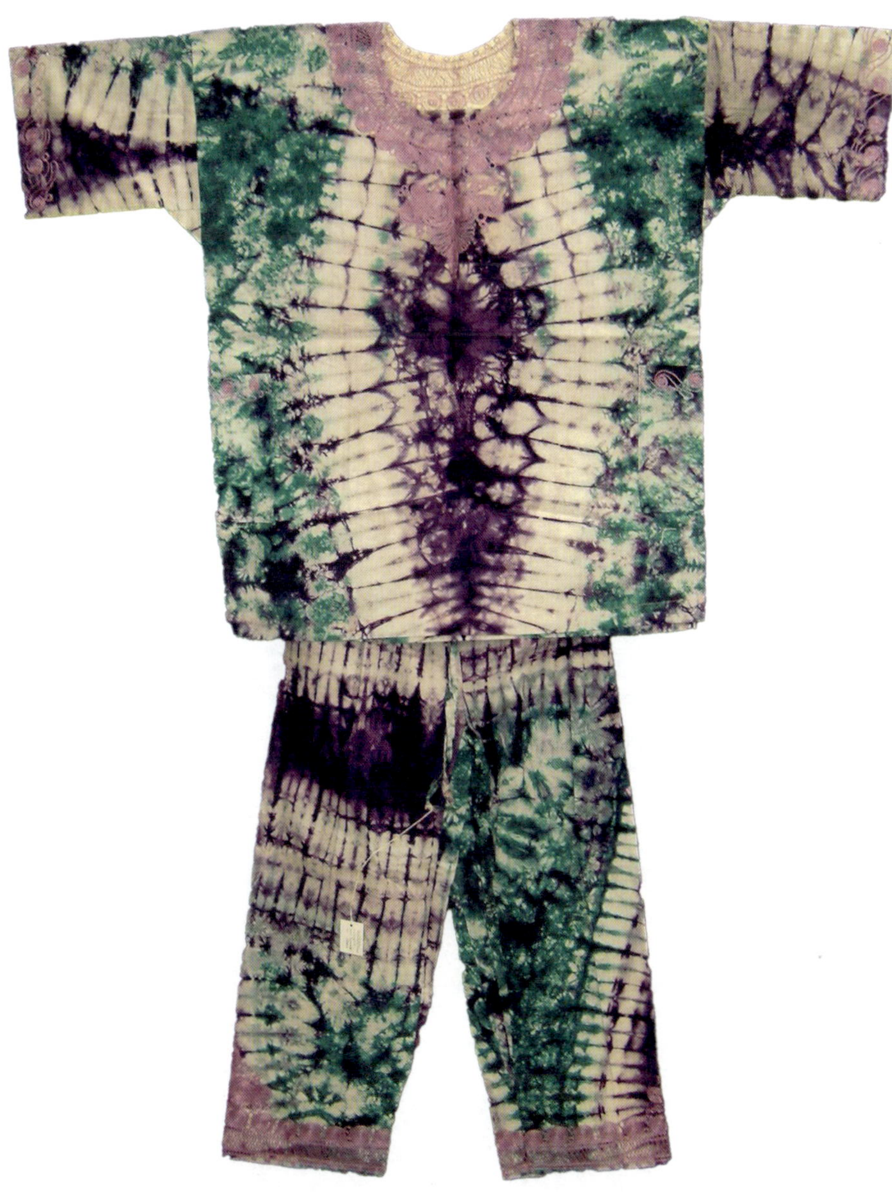

Abb. 2 Männerkleidung der Traditionalisten, Ghana, vor 1977, Baumwolle, Batik, Staatliche Ethnographische Sammlungen, SKD, Inv.-Nr. 61658

afrikanischen Kontinent. Eine Verflechtung, angestoßen durch industrielle Druckverfahren indonesischer Batikmuster auf afrikanischer Baumwolle, die auf dem indonesischen Markt als günstigere Alternative zu lokal gefertigten Textilen verkauft werden konnten. Verarbeitet wurde die Baumwolle in Großbritannien, Belgien, der Schweiz und den Niederlanden aus wirtschaftlichen Interessen. Als der Peak des Handels mit dieser günstigeren Baumwolle auf dem indonesischen Markt zur zweiten Hälfte des 19. Jahrhunderts abebbte, verlegten europäische Kaufmänner ihre Handelsschwerpunkte an die Westküste des heutigen Ghanas. Die Ästhetik der indonesischen Batikmuster traf auf Begeisterung und entwickelte sich in einigen afrikanischen Ländern weiter zu einem eigenen „visuellen Code".[4] Mit reifender afrikanischer Unabhängigkeit und Wirtschaftswachstum wurden in den 1960er Jahren auch die Produktionsstätten nach Afrika verlegt, bevor sie im ausgehenden 20. Jahrhundert zur Kostensenkung größtenteils nach China übersiedelten.[5]
In Anlehnung an die Übersetzung des Wissens um das Handwerk von der manuellen zur industriellen Arbeit sowie der damit einhergehenden Anpassung der Technik, werden afrikanische Wachsprintstoffe auch *Industrial Batik* genannt.[6]

Über die außereuropäischen Handelsinteressen der Kolonialmächte hinaus löste die Einfuhr prächtig bedruckter, fein gewebter Stoffe auch auf dem europäischen Markt Bedarf aus.[7] Verstärkt wurde das Interesse am Reservedruckverfahren mit dem Verkauf von wasch- und lichtecht färbendem Indigo aus Indien über Holland nach Deutschland. Der bisher genutzte blaue und heimisch zu erzeugende Waidfarbstoff wurde aufgrund der geringeren Haltbarkeit vom Indigo abgelöst. Zusammen mit dem Farbstoff brachten deutsche Handwerker, die das Druckverfahren in den Niederlanden erlernten, die Technik in ihre Heimaten. Der heute noch existierende Blaudruck hielt auch in nordeuropäische Nachbarländer Einzug und verbreitete sich rasant.[8] Die Handwerkstechniken „durchliefen im Prozess der Übersetzung in ihre europäischen Repräsentationsformen eine vielgestaltige Transformation durch Selektion […], Interpretation […] [als auch] Neuanordnung".[9] Die graduellen Veränderungen in Technik, Farbigkeit und Muster wurden den lokalen Ästhetik-Vorlieben, technischen Möglichkeiten und aktuellen Trends angepasst. Deutlich wird die technische und ästhetische Transformation im Vergleich von Wachsprints, die in ihrer Optik stark von Blaudruck-Tischdecken aus der Lausitz abweichen.

Abb. 3 Tuch mit Weihnachtsmotiven, Lausitz um 1980, Museum für Sächsische Volkskunst, SKD, Inv.-Nr. B 3908

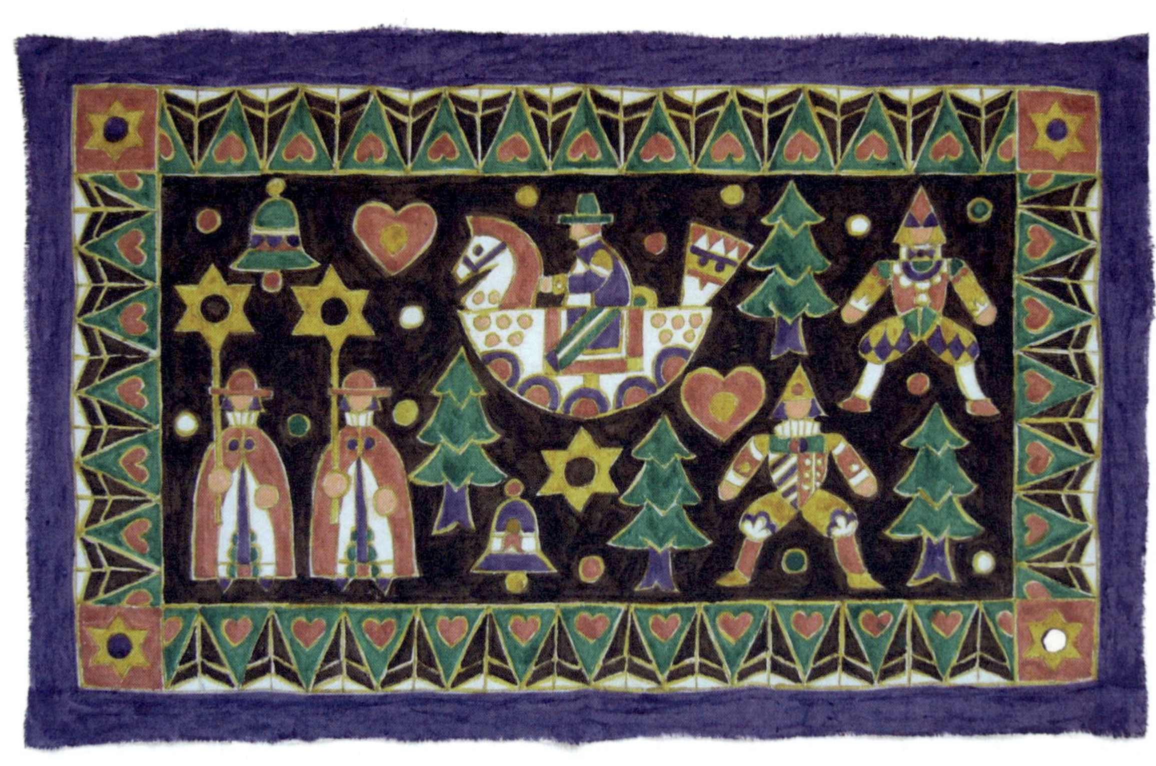

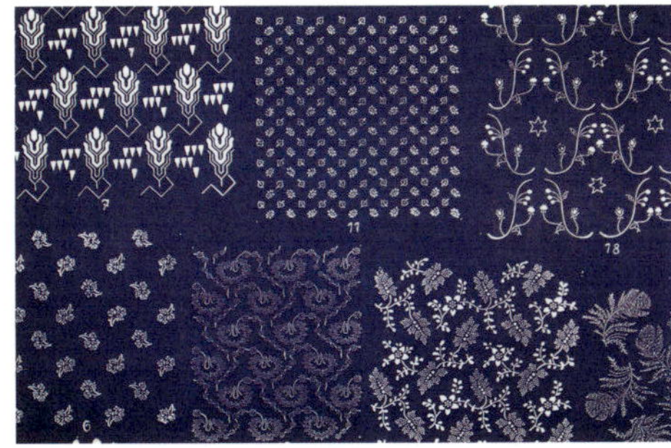

Abb. 4 Mustertuch mit verschiedenen Blaudruckmustern, Pulsnitz, Kunstgewerbemuseum, SKD

Betrachtet man diesen Übersetzungsprozess aus transkultureller Einordnung, „ermöglicht [man] dabei eine als polyvalent und reziprok konzipierte Beziehungsgeschichte".[10] Prozesse, wie die Aufnahme des Blaudrucks in Deutschland, betten sich damit in eine Historie ein, die von wechselseitigen transkulturellen Beziehungen geprägt ist. Das Machtgefälle und die ungleiche Beziehung zwischen Indonesien und den Niederlanden führten zur Übersetzung des Wissens nach Europa und Deutschland und ermöglichten den Erfolg der handwerklichen Färbetechnik. Gleiches gilt für den Transfer der Technik nach Ghana und in seine Nachbarländer, wo sie durch vernetzte Akteure übersetzt und angepasst wurde.[11]

Kulturerbe – Welche Geschichte teilen wir?

Obwohl der Blaudruck, der sich aus der Übersetzung des indonesischen Wissens herauskristallisierte, eine vermeintlich kurze Präsenz auf dem europäischen Markt verzeichnete, gilt er in einigen Regionen als Traditionshandwerk.[12] Beispielsweise „in den Trachtenregionen wie in der Lausitz [...] hielt sich der Blaudruck noch einige Zeit".[13] Im Laufe des fortschreitenden 19. Jahrhunderts, nach etwa 300 Jahren manueller Blaudruckerei, ersetzten Druckmaschinen jedoch zum Großteil deutsche Färber*innen. Lokale Identität kann nichtsdestotrotz bis heute über diese Tradition konstruiert werden, was die Ernennung des Blaudrucks zum immateriellen UNESCO-Kulturerbe im November 2018 verdeutlicht. „Helmut Holter, Präsident der Kultusministerkonferenz [...], unterstreicht: Der Blaudruck ist wahrlich ein verbindendes Handwerk – international wie national."[14] Er betont zudem eben diesen hohen Identifikationswert des Handwerks, der lokal und überregional zum Gemeinschaftsgefühl beiträgt. Der Blaudruck wird hierbei zum Element einer „Corporate Identity" erhoben, einem zusammenschweißenden Symbol, wodurch „kulturelle Identität entsteht und weiterentwickelt wird".[15] Über lokale Identitätsbildung hinaus ist das „‚Endprodukt Kulturerbe' [...] [als] soziokulturell erst konstruiertes Faktum" zudem in die Gesamtheit seiner „Produktionsbedingungen [...] und mit ihm seine[r] sozialen Akteure"[16] einzuordnen, so Michael Falser weiter. Denn die „prozessualen Abläufe [...], die im Kontakt, Austausch und damit [in] ‚Transfer'-Abläufen zwischen Kulturen"[17] geschehen, sind maßgeblich für die Entstehung von Kulturerbe. Der Blaudruck hätte ohne die niederländische Ostindien-Kompanie und das darum bestehende Machtgefüge europäischer und außereuropäischer Akteure nicht in die heutzutage in Deutschland bekannte Form übersetzt werden können. Diese Transfergeschichte erkennt auch die Deutsche UNESCO-Kommission an und „Michelle Müntefering, Staatsministerin für internationale Kulturpolitik im Auswärtigen Amt, erläutert: Im Handwerk zeigt sich seit jeher: der internationale Austausch trägt zur Weiterentwicklung von Wissen und Können bei".[18] In der Nutzung der Technik durch unterschiedliche Akteure konnten immer wieder neue Assoziationen und Identifikationspunkte entstehen, die lokale Zusammengehörigkeitsgefühle erst ermöglichen. Die regionale Identität steht jedoch auch unter der Vereinnahmung rechtspopulistischer Strömungen, die nicht davor zurückscheuen, diese zu instrumentalisieren und aus ihrem historisch gewachsenen Kontext loszulösen. Besonders die Identitäre Bewegung[19] ist daran interessiert, über eine „Corporate Identity"[20] Identifikationsmuster aufzuzeigen, oft mit Blick auf den Dreiklang „Heimat – Freiheit – Tradition". Einem statischen Kulturverständnis folgend wird der Wandel der eigenen Kultur durch Austausch und Kontakt dabei jedoch oft geleugnet, wie beispielsweise von der AfD, die gleichermaßen Teil der Neuen Rechten Bewegung ist. All diejenigen, die „importierte kulturelle Strömungen [...] der einheimischen Kultur gleichstellten [anerkennen] [...], betrachtet die AfD als ernste Bedrohung [...] [für die] kulturelle Einheit".[21] Traditionelle Handwerkstechniken oder Symbole werden damit als Merkmale einer „Verteidigungsreaktion"[22] erhöht und missbraucht, die zur Abwehr vor Fremdeinflüssen dienen soll. Wie bedeutend jedoch die „dynamische Bezeichnung von Kultur [ist], die aus Konstellationen grenzüberschreitender Mobilität konstruiert wird und in einem stetigen Prozess des Wandels eingeschrieben ist",[23] zeigt die Geschichte des Blaudrucks eindrücklich.

1 Vgl. Überrück: Blaudruck – ein Handwerk mit einer langen christlichen Bildtradition, 2018, S. 2.
2 Falser: Transkulturelle Übersetzung von Architektur, 2013, S. 82.
3 Vgl. Wronska-Friend: Batik of Java: global inspiration, 2019.
4 Pinther: Wenn die Ehe eine Erdnuß wäre ..., 1998, S. 37.
5 Vgl. Wronska-Friend: Batik of Java: global inspiration, 2019.
6 Chichi/Howard/Baines: Assessment of Consumer Preference in the Use of African Wax Prints in Ghana, 2016, S. 2.
7 Vgl. Kreismuseum Grimma: Das blaue Wunder des Blaudrucks, URL: https://museum-grimma.de/die-geschichte-des-blaudrucks (09.02.22).
8 Vgl. Überrück: Blaudruck – ein Handwerk mit einer langen christlichen Bildtradition, 2018, S. 3.
9 Vgl. Falser: Transkulturelle Übersetzung von Architektur, 2013, S. 85.
10 Juneja: Kulturerbe – Denkmalpflege transkulturell, 2013, S. 17.
11 „Gradually the Javanese design vocabulary and the technology of printing were adjusted to the needs of African consumers, with European designers assuming the role of cultural translators between these two distant parts of the world", Wronska-Friend: Batik of Java: global inspiration, 2019.
12 Vgl. Ahlswede: Blendwerk, 2015, S. 27.
13 Vgl. Kreismuseum Grimma: Das blaue Wunder des Blaudrucks, URL: https://museum-grimma.de/die-geschichte-des-blaudrucks (zuletzt 09.02.22).
14 Deutsche UNESCO-Kommission: Blaudruck in Deutschland ist Immaterielles Kulturerbe der UNESCO, URL: https://www.unesco.de/kultur-und-natur/immaterielles-kulturerbe/immaterielles-kulturerbedeutschland/blaudruck (zuletzt 09.02.22).
15 Bühler: Die Aneignung des ländlichen Raums von Rechts durch gestaltende Strategien, 2018, S. 48.
16 Ebd.
17 Falser: Transkulturelle Übersetzung von Architektur, 2013, S. 82.
18 Deutsche UNESCO-Kommission: Blaudruck in Deutschland ist Immaterielles Kulturerbe der UNESCO, URL: https://www.unesco.de/kultur-und-natur/immaterielles-kulturerbe/immaterielles-kulturerbe-deutschland/blaudruck (zuletzt 09.02.22).
19 Die Identitäre Bewegung bezeichnet eine Organisation, die durch Aktionismus, völkisch und ethnopluralistisch-kulturrassistisch ausgerichtet, besonders Jugendliche und junge Erwachsene ansprechen möchte. Wichtiger Identifikationsmarker ist dabei ihr Corporate Design, das bei Kundgebungen durch Fahnen, Fackeln und uniforme Kleidung vervollständigt wird. Vgl. Bühler: Die Aneignung des ländlichen Raums von Rechts durch gestaltende Strategien, 2018, S. 16–17.
20 Ebd., S. 48.
21 Programm für Deutschland. Das Grundsatzprogramm der Alternative für Deutschland, 2016, S. 47.
22 Hall: Rassismus und kulturelle Identität, 2017, S. 216.
23 Juneja: Kulturerbe – Denkmalpflege transkulturell, 2013, S. 17.

4.6 Eva-Maria Seng

Handwerk als immaterielles Kulturerbe

Konjunkturen der Rückbesinnung auf das Handwerk

Das Handwerk und handwerkliche Produkte unterliegen hinsichtlich der Aufmerksamkeit, der Wertschätzung und damit auch der Erforschung, Sammlung und Ausstellung Konjunkturen. Diese können ganz allgemein mit Transformationsprozessen bei der Herstellung der handwerklichen Gegenstände in Zusammenhang gebracht werden: erstens mit dem Übergang zur industriellen Produktion um und nach 1800. Als Gegenbewegung hierzu etablierte sich das britische Arts and Crafts Movement, das die Qualität handwerklich hergestellter Waren gegenüber den „seelenlosen" und als minderwertiger angesehenen industriell hergestellten Produkten betont. Die Antwort auf die Hochindustrialisierung im ausgehenden 19. Jahrhundert und der damit einhergehende Qualitätsverfall insbesondere deutscher industriell hergestellter Güter war die Gründung des Deutschen Werkbundes, der die Veredelung der gewerblichen Arbeit im Zusammenwirken von Kunst, Industrie und Handwerk durch Erziehung erreichen wollte. Die konjunkturelle Hochphase der 1920er Jahre mit der Elektrifizierung der industriellen Produktion wiederum war begleitet von der Weiterentwicklung der funktional und sachlich gestalteten Produkte am Bauhaus, die jedoch nach wie vor auf handwerklicher Ausbildung und dem Werkstattprinzip beruhten. Auch nach dem Zweiten Weltkrieg bildete die auf das Handwerk zurückgehende Ausbildung in Werkstätten den Ausgangspunkt der für die Produktgestaltung der 1950er und 1960er Jahre, der sogenannten Wirtschaftswunderjahre, so wichtigen Kaderschmiede für Industriedesigner – der Hochschule für Gestaltung in Ulm (hfg). An dieser kurzen Übersicht zu Handwerk, Gestaltung handwerklicher Gegenstände und Produktgestaltung im Industriedesign zeigt sich, dass bei aller Berufung auf handwerkliche Fähigkeiten nicht ein Stillstand oder gar eine Rückkehr oder ein Rückgriff auf traditionell vorindustriell als Einzelstücke in kleinen Stückzahlen produzierte Gegenstände das Ziel war, sondern die Entwicklung von Prototypen und Modellen für die industrielle Produktion unter dem Vorzeichen eines Qualitätsanspruches sowohl des Produktes als auch der Arbeit.[1] Auch mittelalterliche Produktionsstätten wie die Bauhütten, in denen mehrere Gewerke zusammenarbeiteten, waren stets Orte der Innovation und Weiterentwicklung der hergestellten Objekte. Das Handwerk und insbesondere die Rückbesinnung auf handwerkliche Produkte und Güter in den letzten 200 Jahren bedeuten also keineswegs einen Stillstand oder Rückschritt, sondern eher eine Referenz auf handwerkliche Entstehungsprozesse und die Einforderung von handwerklicher Ausbildung in Werkstätten im Zuge der Ausbildungsreformen an den Kunstgewerbe- und Designschulen.

Handwerk als Element der globalen Konvention zur Erhaltung des immateriellen Kulturerbes

Im Zuge globaler Listungen des kulturellen Erbes erfuhren traditionelle Handwerkstechniken erneute Aufmerksamkeit und werden explizit unter den fünf Bereichen zur Identifizierung des immateriellen Kulturerbes der UNESCO-Konvention von 2003 aufgeführt. Zu diesen zählen: 1. mündliche Traditionen und Ausdrucksformen, einschließlich der Sprache, 2. darstellende Künste wie Musik, Tanz und Theater, 3. soziale Praktiken, Rituale und Feste, 4. das Wissen und die Praktiken im Umgang mit der Natur und dem Universum und schließlich 5. das Fachwissen über traditionelle Handwerkstechniken.[2] Im letzten Bereich zur Identifizierung des immateriellen Kulturerbes werden das Handwerk bzw. Handwerkstechniken explizit genannt und auch der vierte Bereich hat zahlreiche Berührungspunkte mit dem Handwerk und insbesondere den dort verarbeiteten Materialien.

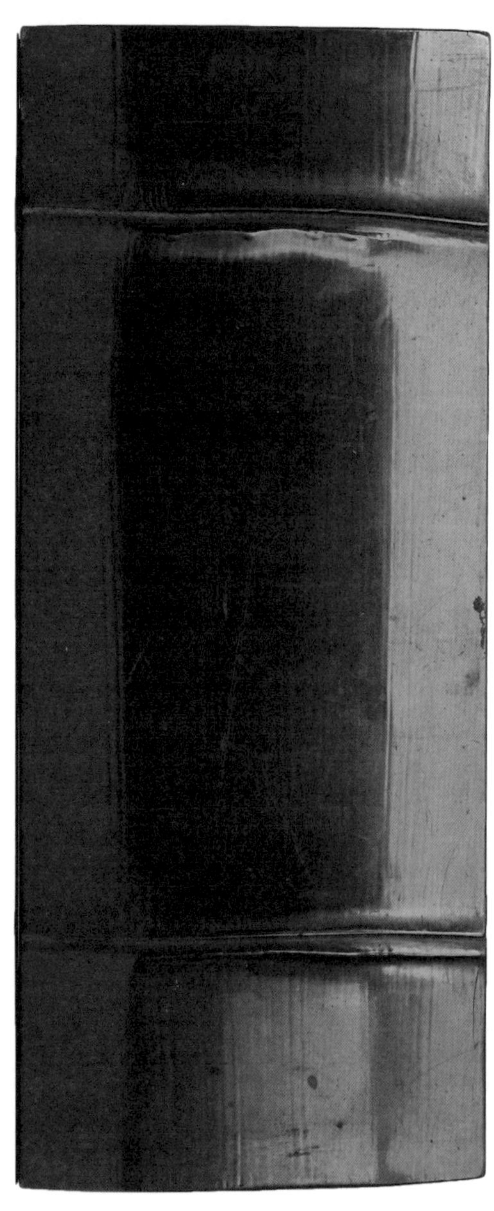

Abb. 1 Lackprobe, Japan um 1870, Holz, lackiert, Kunstgewerbemuseum, SKD, Inv.-Nr. 1306

Doch warum bedurfte es nach einer ersten Konvention zum Schutz des Kultur- und Naturerbes der Welt von 1972 noch einer weiteren Konvention?[3] Im Rahmen des Nominierungsprozesses auf die Welterbeliste war der Nachweis der Echtheit und Unversehrtheit (*authenticity and integrity*) der Stätte gefordert. Darunter verstand man lange eine von der europäischen Denkmalpflege geprägte Auffassung von Konservierung und Erhalt eines größtmöglichen Teils der Originalsubstanz des Objekts.[4] Nach den ersten Listungen wurde schon in den 1980er Jahren Kritik laut, sowohl hinsichtlich eines Gleichgewichtes zwischen Natur- und Kulturerbestätten als auch hinsichtlich einer geografischen Verteilung der Stätten auf der Welt. Dies führte 1993 zu einer „globalen Strategie für eine ausbalancierte, repräsentative und glaubwürdige Welterbeliste".[5] Diese globale Strategie kam zum Ergebnis, dass Europa gegenüber dem Rest der Welt allein schon quantitativ überrepräsentiert sei, dass historische Städte, christliche Monumente, insbesondere aus der Gotik oder überhaupt dem Mittelalter, gegenüber Objekten aus anderen Epochen zu stark vertreten seien. Dies gelte auch für die elitäre Architektur wie den Schlossbau oder herausragende Profanbauten. Kaum vertreten seien dagegen Denkmäler des 20. Jahrhunderts, Zeugnisse noch lebender Kulturen, regionale Kulturtraditionen oder archäologische Stätten. Die bislang in erster Linie historisch und ästhetisch orientierte Typologisierung zur Aufnahme in die Welterbeliste werde freilich laut ICOMOS, dem Internationalen Rat für Denkmalpflege, der die UNESCO in Fragen des Kulturerbes berät, der Vielfalt des Kulturerbes der Welt nicht gerecht. Vielmehr müsse die Welterbeliste die kulturelle Vielfalt der Menschheit widerspiegeln. Hintergrund dieser Forderung ist der immer wieder kritisierte Eurozentrismus der Welterbeliste. Dieser habe nicht zuletzt seine Ursachen in den Aufnahmekriterien, die den abendländischen Vorstellungen von Kunst- und Denkmalpflege entsprängen und anthropologische Gesichtspunkte nicht beachteten.[6] Diese vorgetragenen Probleme führten einerseits zur Neuformulierung des Konzepts von Authentizität im Dokument von Nara und andererseits zur weiteren Konvention zum immateriellen Kulturerbe, die insbesondere von asiatischen, afrikanischen und lateinamerikanischen Staaten eingefordert wurde.

Ausgangspunkt der neuerlichen Auseinandersetzung und Neuformulierung des Authentizitätskonzeptes war die Ratifizierung der Welterbekonvention durch Japan 1992 und die erste Eintragung japanischer Stätten, wie die des Tempelareals Hōryūji in der Stadt Ikaruga (Präfektur Nara) 1993 mit 48 buddhistischen Monumenten aus Holz, die sich bis ins 7./8. bis 12. Jahrhundert zurückführen lassen und zu den ältesten erhaltenen Holzgebäuden der Welt zählen. Die Diskussion auf der Konferenz von Nara und der vorbereitende Workshop in Bergen in Norwegen zeigten, dass für die Europäer, und hier verkörpert vom damaligen ICOMOS-Präsidenten Raymond Lemaire (1921–1997), die Authentizität vor allem an die materielle Substanz gekoppelt war. Der Holzarchitektur, die bei der historischen japanischen Architektur dominierte, wurde dabei aufgrund der notwendigen häufigeren Erneuerung gegenüber Steinbauten ein niedrigerer Grad an Authentizität zugesprochen. Einerseits blieb hier ohne Berücksichtigung, dass auch Steinbauten einer fortlaufenden Erneuerung und Auswechslung von Steinen und damit einer Veränderung in Form und materieller Substanz unterworfen sind, andererseits wurde im Laufe der Diskussion deutlich, dass auch die USA, Kanada, Australien und auch Norwegen, der Austragungsort des Workshops, an einer Reflexion über Authentizität und denkmalpflegerische Erhaltungsmaßnahmen bei Holzarchitektur interessiert waren – also allesamt Länder, deren historische Bauten großteils in Holz ausgeführt sind. Schließlich verhandelte man auf der Tagung fünf Aspekte: 1. Design/Form, 2. Material/Substance, 3. Techniques/Tradition, 4. Aims/Intentions – Function und 5. Context/Setting – Spirit.[7] Dabei wurde deutlich, dass für einige Teilnehmer Konservierung nicht nur die Erhaltung der materiellen Substanz, sondern auch die des Geistes, der nicht-physischen Essenz und Authentizität des Erbes, in Bezug zur Gesellschaft bedeutete. Für Larsen war Authentizität vor allem an verbindliche Kriterien der Ausbildung auf nationalem und internationalem Niveau und die Kommunikation und den Dialog darüber gekoppelt.[8]

Abb. 2 Die Porzellanmalerei, die in Porzellanmanufakturen weitergegeben und -entwickelt wird, ist seit 2016 immaterielles Kulturerbe in Deutschland

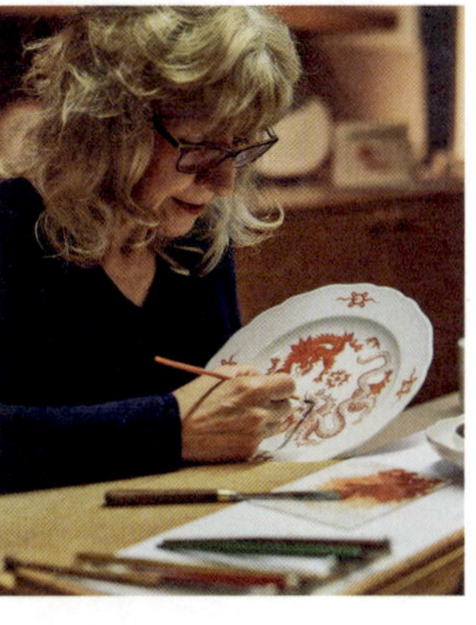

Das Nara-Dokument zur Authentizität erbrachte, wie zu erwarten, keine universal gültigen Kriterien, sondern trug der Vielfalt des kulturellen Erbes und der unterschiedlichen Einstellungen der Kulturen und Gesellschaften zur Authentizität Rechnung. Authentizität gilt nun nicht mehr als Denkmalwert an sich. Um sie zu beurteilen, sollen nun Informationsquellen herangezogen werden, die Auskunft über Glaubwürdigkeit und Verlässlichkeit der ursprünglichen und später hinzugekommenen Merkmale des Kulturerbes erwarten lassen. Unter Informationsquellen versteht man Aussagen zu Form und Gestalt, Material und Substanz, Funktion und Gebrauch, Bauweise, Herstellung und Handwerkstechniken sowie Ort und Situation. Diese bezeichnen die stets neu zu bestimmenden Voraussetzungen, um Authentizität feststellen zu können.[9]

Japan hatte damit die Tür für eine multikulturalistische Perspektive in der Welterbekonvention geöffnet,[10] die zu einer Modifizierung in der Sichtweise auf Monumente führte, letztendlich aber den Weg zur weiteren Konvention zum immateriellen Kulturerbe anbahnte. Substanz beziehungsweise Materialität spielten in den Formulierungen von 2003 nur noch eine untergeordnete Rolle als Trägerschicht. Stattdessen traten Tradierung, Wiederholung und Weitergabe kultureller Praktiken in den Vordergrund, wobei das immaterielle Kulturerbe von Generation zu Generation weitergegeben, ständig neu geschaffen, gestaltet und vermittelt werden soll. Das Kriterium der Authentizität war damit durch das Prinzip der dynamischen Tradierung ersetzt worden.

Von der Substanz zur Herstellung, Tradierung und Weitergabe

Japan ging auch mit der Hinwendung zu immateriellem Kulturerbe und traditionellen Handwerkstechniken, wie sie dann in der Konvention von 2003 aufgeführt wurden, auf seinem Gebiet voraus. So wurde das Gesetz zum Schutz kultureller Güter (Law for the Protection of Cultural Properties) von 1950 im Jahre 1954 um die Bereiche des immateriellen Kulturerbes erweitert, wobei insbesondere Handwerkstechniken und -kenntnisse als „Living National Treasures" geschützt und erhalten werden sollten. Hierunter verstand man die elitäre Bühnenkunst wie das *Nōgaku*-Theater und das *Kabuki*-Tanzdrama sowie eine Reihe spezieller Kunst- und Handwerkstechniken. (Abb. 1) Auch Südkorea erließ 1962 ein Gesetz zum Schutz des Kulturerbes (Act No. 961, 1962), das im Bereich des immateriellen Kulturerbes nicht nur die klassischen Künste wie in Japan, sondern ebenso darstellende Volkskünste, Kunsthandwerk und handwerkliche Techniken, die spezifisch für die verschiedenen Regionen standen, umfasste.[11]

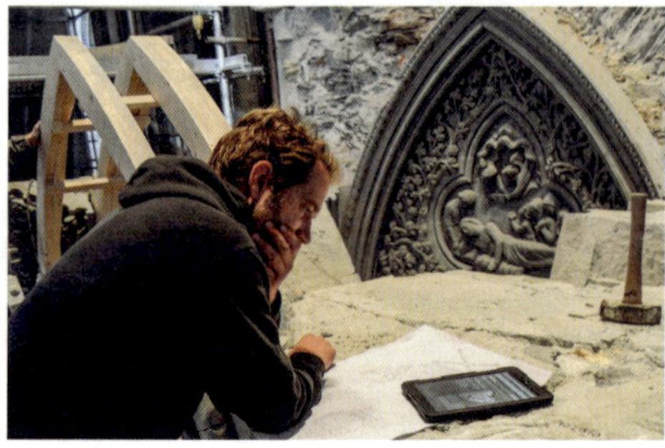

Abb. 3 Traditionelle und innovative Arbeitstechniken kommen im Bauhüttenwesen, hier in der Dombauhütte Trondheim, gleichermaßen zum Einsatz

Doch wie sieht es nun heute seit Einführung des „Übereinkommens zur Erhaltung des immateriellen Kulturerbes" von 2003 aus?[12] Deutschland ist der Konvention erst 2013 beigetreten. Bei den Eintragungen, die mit dem Handwerk beziehungsweise handwerklichen Techniken in Verbindung gebracht werden können, wurden neben den eher dem Kunsthandwerk zuzurechnenden Handwerkstechniken – wie dem Musikinstrumentenbau, der Porzellanmalerei, (Abb. 2) dem Drechslerhandwerk oder der manuellen Glasfertigung – von Beginn an auch das Köhlerhandwerk, das Reetdachdeckerhandwerk oder die Flößerei eingetragen. Im Dezember 2020 wurden durch den Zwischenstaatlichen Ausschuss, der Vertretung der Mitgliedsstaaten, auf Vorschlag Japans die traditionellen Fertigkeiten, Techniken und das Wissen zur Erhaltung und Weitergabe der Holzarchitektur in Japan und die Weitergabe, Dokumentation und Bewahrung und Förderung von Handwerkstechniken und -wissen im Bauhüttenwesen als transnationaler serieller Antrag von 18 Bauhütten in fünf europäischen Ländern eingeschrieben.[13] (Abb. 3) Damit schließt sich der Kreis zwischen japanischer Holzarchitektur und europäischer Steinarchitektur und damit auch die Verbindung zwischen materiellem Objekt und dessen Genese. Im Mittelpunkt stehen nun nicht mehr der Entwurf und das fertige Objekt, sondern gerade auch der Prozess der Herstellung mit allen seinen Arbeitsschritten und damit das Dazwischen und die damit einhergehende Sicht auf anthropologische und materiale Gesichtspunkte.[14] Die Konvention zum immateriellen Kulturerbe hat so in den letzten Jahren dazu beigetragen, erneut das Handwerk, handwerkliche Techniken und Fertigkeiten und deren Weitergabe wieder ins Blickfeld zu nehmen.

1 Seng: Made in Germany – The German Werkbund 2019, S. 72–86, hier S. 72; Schriefers: Handform versus Industrieform?, 2018, S. 109–124; Elkar: Handwerk unterwegs in die Moderne, 2017, S. 15–38, hier S. 28 ff.

2 https://ich.unesco.org/en/convention (zuletzt 20.02.2022).

3 https://whc.unesco.org/en/conventiontext/ (zuletzt 20.02.2022).

4 Seng: Authentizität und kulturelles Erbe, 2021, S. 35–52.

5 UNESCO: WHC-98/Conf.203/12, Report Synthesis and Action Plan on the Global Strategy for a representative and credible World Heritage List, 1998, S. 7 f. Braun: Die Repräsentativitätsprobleme der UNESCO-Welterbeliste, 2007, S. 41–51.

6 Seng: Kulturerbe zwischen Globalisierung und Lokalisierung, 2013, S. 69–82, v. a. S. 75 ff. Braun: Die Repräsentativitätsprobleme der UNESCO-Welterbeliste, 2007, S. 41–51.

7 Larsen/Marstein/Preparatory Workshop: Summary Report, Conference on Authenticity in Relation to the World Heritage Convention, 1994, S. 127–138, hier S. 132 f.

8 Die Diskussionsbeiträge stammten von Jukka Jokilehto, einem führenden Mitarbeiter des Internationalen Studienzentrums für die Erhaltung und Restaurierung von Kulturgut ICCROM in Rom und von Knut Einar Larsen, einem norwegischen Architekturhistoriker und Kenner japanischer und norwegischer Holzarchitektur und zugleich Generalsekretär des International Wood Committee von ICOMOS. Vgl. Jokilehto: Questions about authenticity, 1994, S. 9–35, hier S. 24 und Larsen: Authenticity in the context of World Heritage: Japan and the Universal, 1995, S. 65–82, hier S. 75.

9 https://www.icomos.org/charters/nara-e.pdf (zuletzt 25.02.2022). Larsen: Nara Conference on Authenticity. Conference de Nara sur l'Authenticité 1994, 1995. Dort alle Beiträge, die Teilnehmerlisten, Programm, die beiden Fassungen des Nara-Dokumentes in Englisch und Französisch.

10 Sand: UNESCO and the Strange Career of Multiculturalism, 2016, S. 1–25, hier S. 11 f. https://lareviewofbooks.org/article/unesco-and-the-strange-career-of-multiculturalism/ (zuletzt 25.02.2022).

11 Aikawa-Faure: Excellence and authenticity, 2014.

12 https://ich.unesco.org/en/convention (zuletzt 25.02.2022).

13 https://sumikai.com/nachrichten-aus-japan/kultur/traditionelle-architekturtechniken-aus-japan-werden-zum-unesco-kulturerbe-285667/ (zuletzt 25.02.2022). https://www.unesco.de/kultur-und-natur/immaterielles-kulturerbe/immaterielles-kulturerbe-deutschland/bauhuetten wesen (zuletzt 25.02.2022). Seng: Die internationale Kandidatur „Bauhüttenwesen“ für das immaterielle Kulturerbe der UNESCO, 2020, S. 29–39.

14 Seng/Göttmann: Das Forschungsprojekt Wesersandstein und die Tagung „Dokument, Objekt, Genese“ im interdisziplinären Raum, 2021, S. 19–80, hier S. 21–34.

4.7 Florian Coulmas

Handwerk der Zeit – Transfer eines Zeitsystems und seines Handwerks

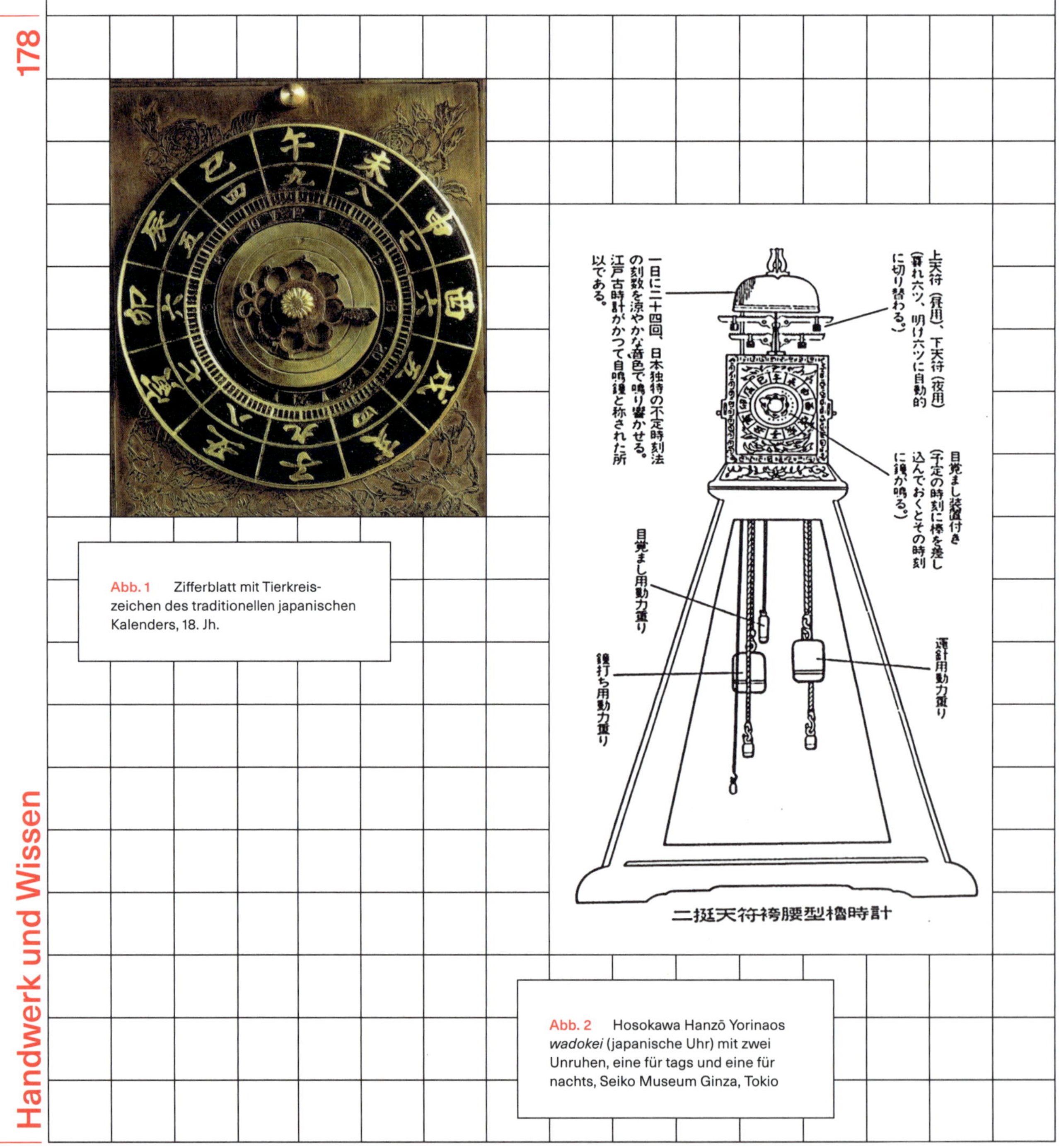

Abb. 1 Zifferblatt mit Tierkreiszeichen des traditionellen japanischen Kalenders, 18. Jh.

Abb. 2 Hosokawa Hanzō Yorinaos *wadokei* (japanische Uhr) mit zwei Unruhen, eine für tags und eine für nachts, Seiko Museum Ginza, Tokio

Vormoderne Zeit

Die erste mechanische Uhr brachten portugiesische Missionare im 16. Jahrhundert nach Japan, zusammen mit der ersten Muskete. Beide Werkzeuge haben die Welt verändert: Waffengetöse und Ticken der Uhr skandierten den Weg in die Moderne.

Um sie ihrer gewohnten Zeiteinteilung anzupassen, machten Handwerker aus der portugiesischen Uhr die *wadokei* oder „japanische Uhr“, die zwölf *koku* hatte, je sechs am Tag und in der Nacht.[1] Anders als die Stunde war die *koku* keine konstante Einheit, sondern variierte mit der Dauer des Tageslichts.

Die zwölf *koku* entsprachen den zwölf Tierkreiszeichen des traditionellen Kalenders. (Abb. 1) Die ließen sich mühelos auf einem Zifferblatt abbilden, aber ihre variable Länge darzustellen, war schwierig.

Eine Konstruktionszeichnung von Hosokawa Hanzō Yorinao (1741–1796) lässt die Lösung des Problems deutlich erkennen. Die japanische Uhr hat zwei Unruhen und einen Hebel, um die Zeitmessung morgens und abends umzustellen; ingeniös, aber abwegig. (Abb. 2)

Die *wadokei*, der man zweimal am Tag sagen muss, wie spät es ist, sollte die Gewohnheiten der vormodernen Lebensführung in die Moderne hinüberretten, ein vergebliches Unterfangen, wie die Menschen schnell merkten, als Japan den Gregorianischen Kalender übernahm, im sechsten Jahr der Meiji-Ära (1868–1912), das dadurch zu 1873 AD wurde.

1 Tsunoyama: Tokei no shakaishi, 2014, bietet eine ausführliche Darstellung der Sozialgeschichte der Zeitmessung in japanischer Sprache. Vgl. auch Coulmas: Japanische Zeiten, 2000.

Moderne Zeit – Vom Handwerk zur Industrie

Fukuzawa Yukichi (1835–1901), dessen Porträt heute die 10.000-Yen-Note ziert, begriff, dass die mit der Kalenderreform einhergehende Modernisierung bedeutete, alles zu kommerzialisieren, insbesondere die Zeit. Seinen Landsleuten erklärte er deshalb mit einer Broschüre die neue Uhr. (Abb. 3)

Das neue Zeitregime setzte sich schnell durch, und bald hatte jeder Haushalt eine Uhr. Davon profitierten zunächst schweizerische und amerikanische Firmen, aber die importierten Uhren mussten gelegentlich repariert werden. Hattori Kintarō (1860–1934) war einer der ersten, die damit ihren Lebensunterhalt verdienten. In Tokio geboren und aufgewachsen, ging er mit dreizehn Jahren dortselbst bei dem Uhrenladen Kameda in die Lehre. Gerade achtzehn Jahre alt, eröffnete er seine eigene Werkstatt, aus der er im Laufe seines Lebens ein „Königreich“[2] machte, die Firma Seiko.

Keine kostbaren Prunkstücke wie die japanischen Standuhren wollte Hattori produzieren, sondern Gebrauchsgegenstände für jeden, denn Stundenpläne, Abfahrtszeiten und Arbeitsschichten integrierten die Uhr ins tägliche Leben.

2 Vom „Königreich Seiko“ spricht Wakayamas Buch über Hattoris Lebensgeschichte (Wakayama: Seikō, 1992).

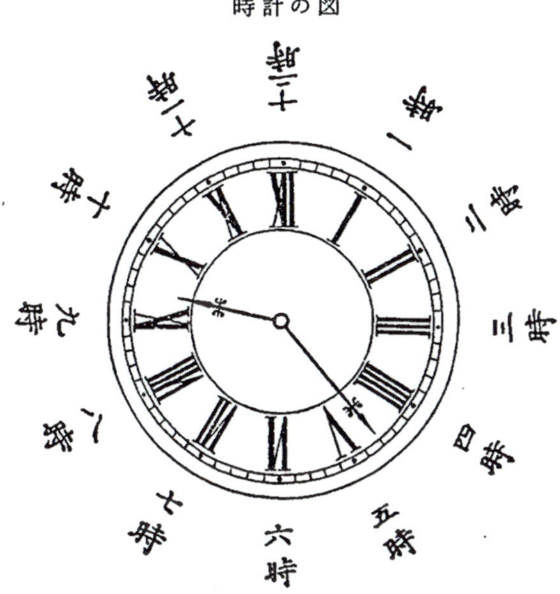

Abb. 3 „Wie man die Uhr liest“, eine Seite aus Fukuzawa Yukichi, *Kairekiben* (Über die Kalenderreform), 1873, erschienen am ersten Tag des ersten Monats des sechsten Jahres der Meiji-Ära

Tapferkeit

Das japanische Wort *seiko* kann Präzision oder Erfolg bedeuten. Es charakterisiert Hattori Kintarōs Vision ebenso wie die Geschichte der Firma. 1881 machte er sich mit „K. Hattori & Co.“ selbständig, einem Betrieb für Import – aus der Schweiz, Deutschland und den USA – und Großhandel von Uhren, Fertigteilen und Rohstoffen, um dann 1892 mit fünfzehn Angestellten die Firma Seiko zu gründen, die nach und nach alle Einzelteile im Haus herstellen sollte. Er begann mit Wanduhren, deren Mechanik einfacher und in der Herstellung billiger war als die kleinerer Uhren.

Auf Wand- und Standuhren folgten Wecker, Taschenuhren und Armbanduhren. Der Umsatz wuchs rapide, und die für eine immer exaktere Zeitmessung erforderlichen technischen Kenntnisse hielten Schritt. Die ständige Verbesserung durch Modifikation kleiner Details (*kaizen*), für die die japanische Produktionskultur heute berühmt ist, hatte in Seiko ein Vorbild.

Die gesellschaftliche Wirksamkeit der Uhr beruht darauf, dass eine genauso geht wie alle anderen – ein Massenprodukt, wie auch die Einzelteile. Die Hersteller der Einzelteile brauchen nicht zu wissen, wozu sie dienen; wichtig sind allein Gleichförmigkeit und Zuverlässigkeit – wie bei Gewehren.

Schon in der Anfangsphase des Aufbaus der japanischen Uhrenindustrie wurde die Verwandtschaft von Uhr und Gewehr konkret, als nämlich im Russisch-Japanischen Krieg 1904/05 die erste im Land hergestellte Taschenuhr verwendet wurde, um Angriffe zu koordinieren. Dass eben diese Uhr zur Tapferkeitsmedaille der Kaiserlichen Armee wurde, zeugt von der Bedeutung dieses Einsatzes. Die Firma, die sie herstellte, Seiko, war nur etwas mehr als ein Jahrzehnt alt.

Seikos Verbindung zum Militär war nicht nur symbolisch. Als die Vorräte der Armee nach der Schlacht von Nanshan (24./25. Mai 1904) knapp wurden, bekam die Firma den Auftrag, Munition herzustellen, und produzierte in kurzer Zeit 6,7 Millionen Patronen, Zünder und Ambosse. Der Ausflug in die Waffenindustrie dauerte nur ein knappes Jahr, aber Seiko erwarb dabei nützliche technische Kenntnisse und erlebte die enge Verbindung von Zeitmessung und Kriegsführung. Nach Kriegsende erhielt Seiko weiter lukrative Aufträge vom Militär.[3]

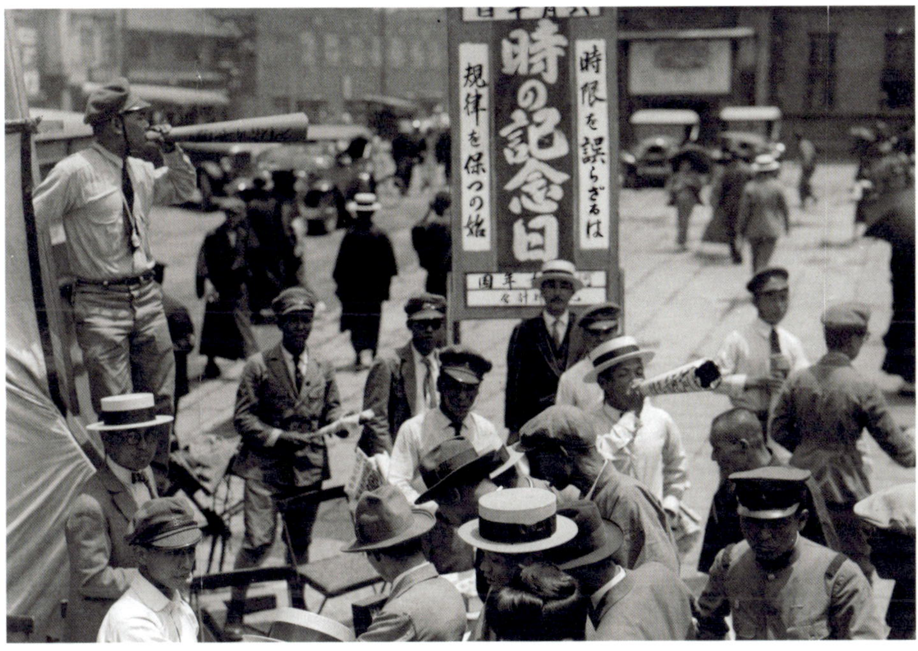

Abb. 4 „Disziplin beginnt mit Pünktlichkeit.“ Gedenktag der Zeit, 10. Juni 1929, vor einem Bahnhof in Osaka

Vor diesem Hintergrund nehmen sich die Namen, die Seiko seinen nächsten Taschenuhrmodellen gab, wie Fußnoten zum politischen Geschehen aus. Da war zunächst die luxuriöse „Excellent“, von der der Kaiserliche Hof jährlich 150 Stück als Geschenk kaufte, was dem Prestige der Marke sehr förderlich war. 1909 ging dann die erste Taschenuhr in Produktion, deren Einzelteile Seiko sämtlich selbst herstellte.[4] Sie wurde für das nächste Jahrzehnt zum Aushängeschild der Firma und hieß den Zeitgeist verkörpernd „Empire“. (Abb. 5) Einflussreiche Reformer der Meiji-Zeit hatten erkannt, dass man eine effektive Kriegsmaschine brauchte, um von den Großmächten anerkannt zu werden.

3 Uchida: Evolution of Seiko, 2000, S. 48 f.
4 Ebd., S. 54 f.

In diesem Sinne war Japan intensiv mit dem Aufbau seines Imperiums beschäftigt: Nach dem Ersten Japanisch-Chinesischen Krieg 1894/95 vereinnahmte es Taiwan, 1900 intervenierte es gemeinsam mit den Westmächten in China, 1905 besiegte es als erstes nicht-westliches Land eine europäische Großmacht und 1910 sollte es Korea annektieren. Dass die „westlichen Mächte Japan erst als ‚zivilisierte Nation' anerkannten, nachdem es zwei Kriege gewonnen hatte", wie der Politikwissenschaftler Mushakoji Kinhide bemerkt,[5] zeigte sich in Versailles, wo das Japanische Empire als vollberechtigtes Mitglied an den Friedensverhandlungen teilnehmen durfte.

Seiko war nicht der einzige Uhrenhersteller, der damals groß wurde, symbolisiert aber wie kein anderer Japans „späte Modernisierung" und dessen Aufstieg von einem selbstzentrierten Feudalreich zu einer mächtigen Industrienation. Die Etablierung eines strengen Zeitregimes hatte daran großen Anteil. 1920 wurde der 10. Juni in Japan offiziell zum „Gedenktag der Zeit" erklärt. (Abb. 4) Im Rahmen einer „Kampagne zur Verbesserung der Lebensführung" hieß es dazu in einem öffentlichen Aufruf: „Disziplin beginnt mit Pünktlichkeit." Seither ist Zeitdisziplin (*jikan kiritsu*) zu einer der hervorstechenden Tugenden Japans geworden. Und der Uhrturm des Gebäudes im noblen Einkaufsviertel Ginza, wo Firmengründer Hattori Kintarō angefangen hatte, ist heute ein Wahrzeichen Tokios. In der Nacht vom 31. Dezember versammeln sich dort Menschen, um das Neue Jahr zu begrüßen.

5 Mushakoji: Ethno-politics in contemporary Japan, 2015, S. 47.

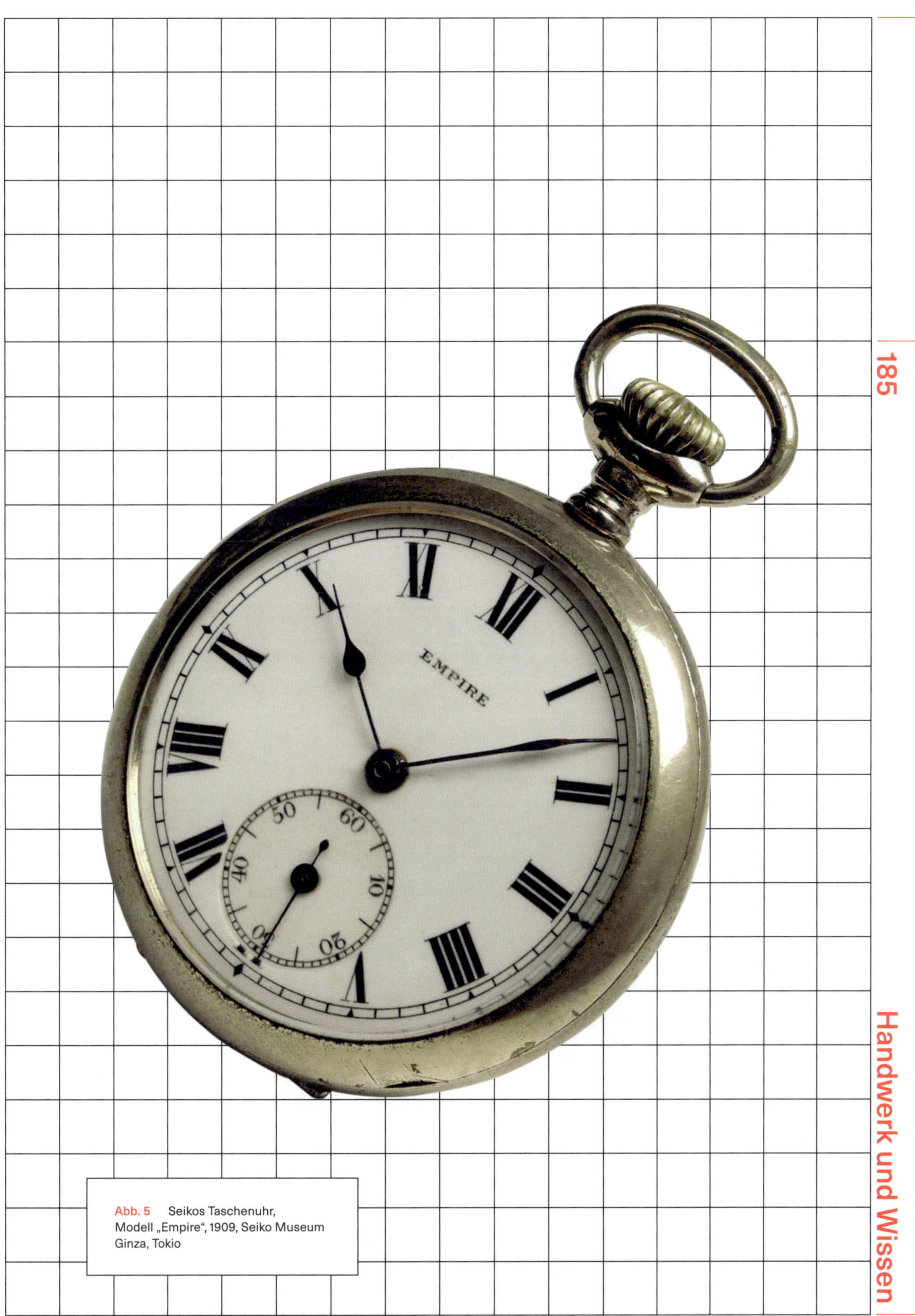

Abb. 5 Seikos Taschenuhr, Modell „Empire“, 1909, Seiko Museum Ginza, Tokio

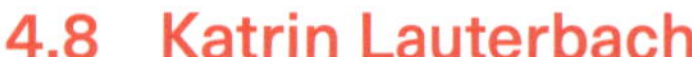

4.8 Katrin Lauterbach

Kunstfertigkeit in Draht und Blech – Das Handwerk der Rastelbinder

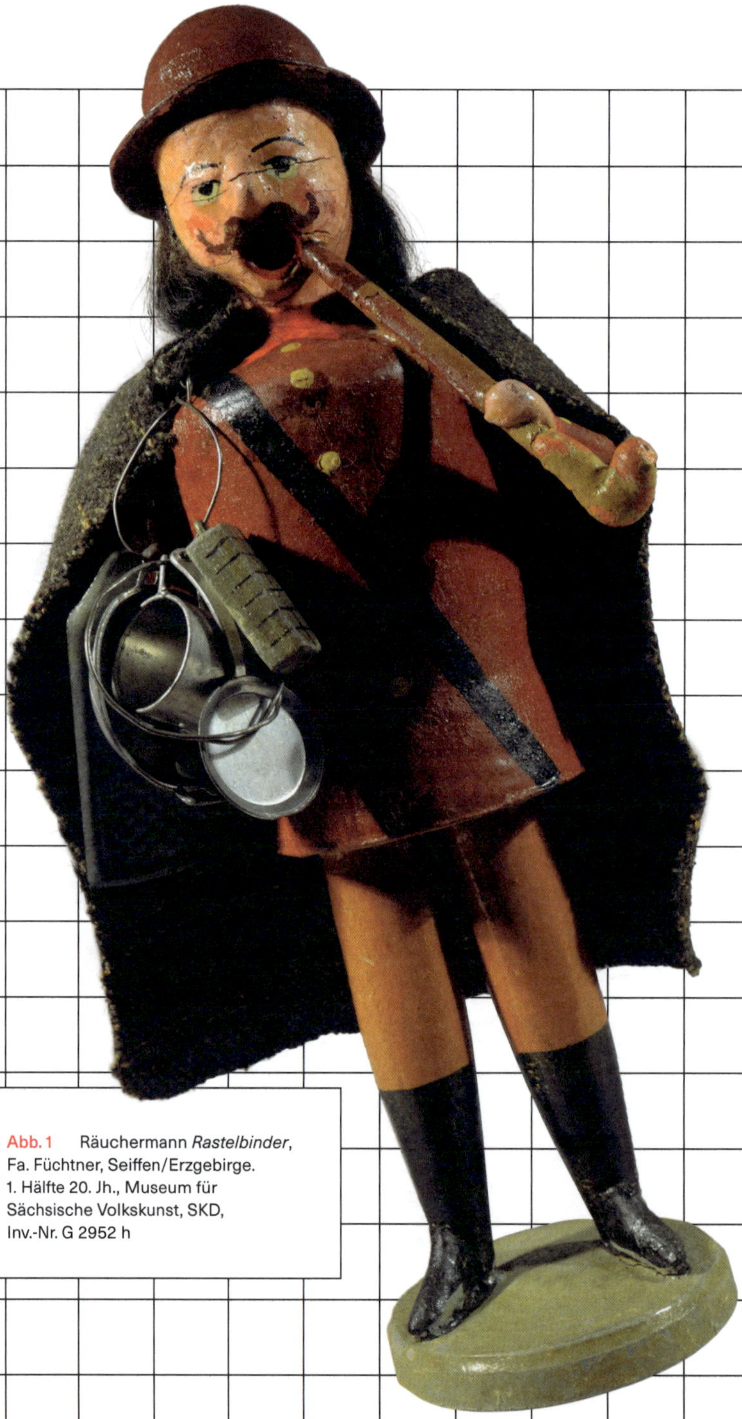

Abb. 1 Räuchermann *Rastelbinder*, Fa. Füchtner, Seiffen/Erzgebirge. 1. Hälfte 20. Jh., Museum für Sächsische Volkskunst, SKD, Inv.-Nr. G 2952 h

Ein Rastelbinder kann einen zerbrochenen Krug allein mit einem Mehl-Wasser-Kleber und einem das Gefäß fest umspannenden Drahtgeflecht so reparieren, dass es bestenfalls wieder wasserdicht wird. Mit Blech und Nieten flickt er löchrige Töpfe oder wechselt ganze Böden aus. Geschickte Drahtflechter fertigten Topfuntersetzer, Schöpfkellen, Schneebesen, Kleiderbügel, Körbe und vieles mehr. Für Kinder ersannen sie Spielzeuge und für die Erwachsenen individuelle Vogelkäfige und Schmuckkästchen. Ihr bestes Geschäft machten die Rastelbinder jedoch mit diversen Arten von Mausefallen.

Das Wort „Rastel, n." bedeutet laut dem Grimm'schen Wörterbuch: „in Östreich gitter, drahtgitter, besonders rost für ein bügeleisen oder drahtgeflecht um einen topf; aus dem lat. *rastellum*, was nicht nur rechen, sondern auch netzgeflecht und raufe ausdrückte [...]. rastelbinder, rastelmacher heiszen östreichisch die herumziehenden slovakischen kesselflicker, der name hat sich weiter verbreitet."[1] Im Slowakischen heißen Rastelbinder „drotár", abgeleitet vom slawischen Wort „drot" für Draht.[2]

Die Drahtbinderei soll bereits in der Mitte des 16. Jahrhunderts auf dem Gebiet der heutigen Westslowakei im geografischen Dreieck zwischen den Städten Bytča, Žilina und Čadca entstanden sein.[3] Die gebirgigen steinigen Böden warfen nur unzureichende Erträge ab. Aus der Not entstand ein Handwerk, das mit einfachsten Mitteln – mit Eisendraht, Zange, Hammer und ein paar Nieten – auf Reisen ausgeführt werden konnte, um sich mittels Reparaturarbeiten einen Zuverdienst zu sichern. Wegen ihrer äußeren Erscheinung verwechselte man sie oft mit dem sogenannten

1 Artikel „Rastel, n."; in: Deutsches Wörterbuch von Jacob und Wilhelm Grimm, 1893, Sp. 153 bzw. digitalisierte Fassung <https://www.woerterbuchnetz.de/DWB?lemid=R00912>, (zuletzt: 20.11.2021). Damit ist auch der Irrtum beseitigt, dass der Name Rastelbinder erzgebirgischen Ursprungs sei und für *Reste* (im erzgebirgischen: „Rasteln") stünde. (Hennig: Der „Rastelbinder", 2001, S. 26–27; Jatzke: Vom Rastelbinder und dem umstrickten Topf, 2003, S. 127–129.

2 Guleja et al.: Svet drotárov, 1992, S. 8.

3 Ebd., S. 13.

„fahrenden Volk", was zur Klischeebildung beitrug. Philipp Galen (1813–1899) schrieb 1875 einen Roman mit dem Titel *Der Rastelbinder*, die gleichnamige Operette von Franz Lehár (1870–1948) wurde 1902 in Wien uraufgeführt und auch in der erzgebirgischen Volkskunst lebt die Figur als Räuchermann bis heute fort. (Abb. 1)

Bis zum Beginn des 19. Jahrhunderts waren die Drahtbinder Handwerker, die ausschließlich individuelle Lösungen direkt vor Ort anfertigten und selbst verkauften. In der Blütezeit bereisten sie ganz Europa und nördliche Teile Afrikas. Die kaufkräftigen deutschen Gebiete waren ein wichtiges Ziel der Drahtbinder, hier wurde nun auch Neuware vorsorglich umflochten, um eine längere Lebensdauer zu sichern. (Abb. 2) In der zweiten Hälfte des 19. Jahrhunderts wurden dafür Manufakturen und Fabriken gegründet, die nun für einen großen Markt produzierten. Auch in Polen, Russland, auf dem Balkan und in den USA entstanden Fabriken.

Nach dem Zweiten Weltkrieg kam das Handwerk in seiner ursprünglichen Form endgültig zum Erliegen.[4] Im Waagtalmuseum im Schloss Budatín in Žilina wird seit den 1990er Jahren die Geschichte der Drahtbinderei erforscht.[5] Wertvolle Exponate werden hier konserviert und in einer 2016 neu eingerichteten Dauerausstellung präsentiert.[6] Die Drahtbinderei und ihre Tradition wurde 2019 in die repräsentative UNESCO-Liste des immateriellen Kulturerbes der Menschheit aufgenommen.

4 Dokumentarfilm von Babette Ellen, Ende einer Reise. Von Drahtbindern und Mausefallenhändlern, mosaikfilm, München 2005, widmet sich den letzten lebenden Drahtbindern, die noch vor dem Zweiten Weltkrieg auf Wanderschaft waren.

5 Guleja et al.: Svet drotárov, 1992.

6 https://zilina-gallery.sk/index.php?/category/3911.

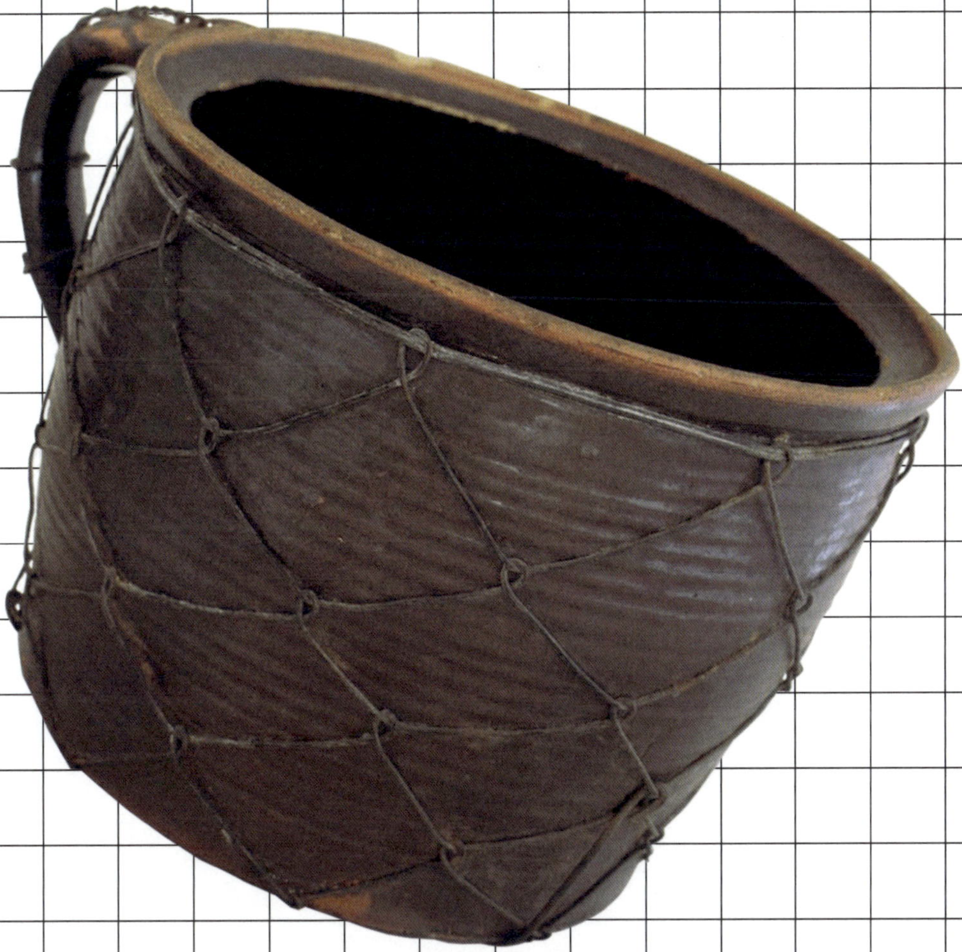

Abb. 2 Henkeltopf, Irdenware, Lehmglasur, außenseitig komplett mit Griff und Boden in Drahtgeflecht eingebunden, 2. Hälfte 19. Jh., Heimatmuseum Dohna

4.9 Kerstin Stöver

Vom Verschwinden des Unsichtbaren

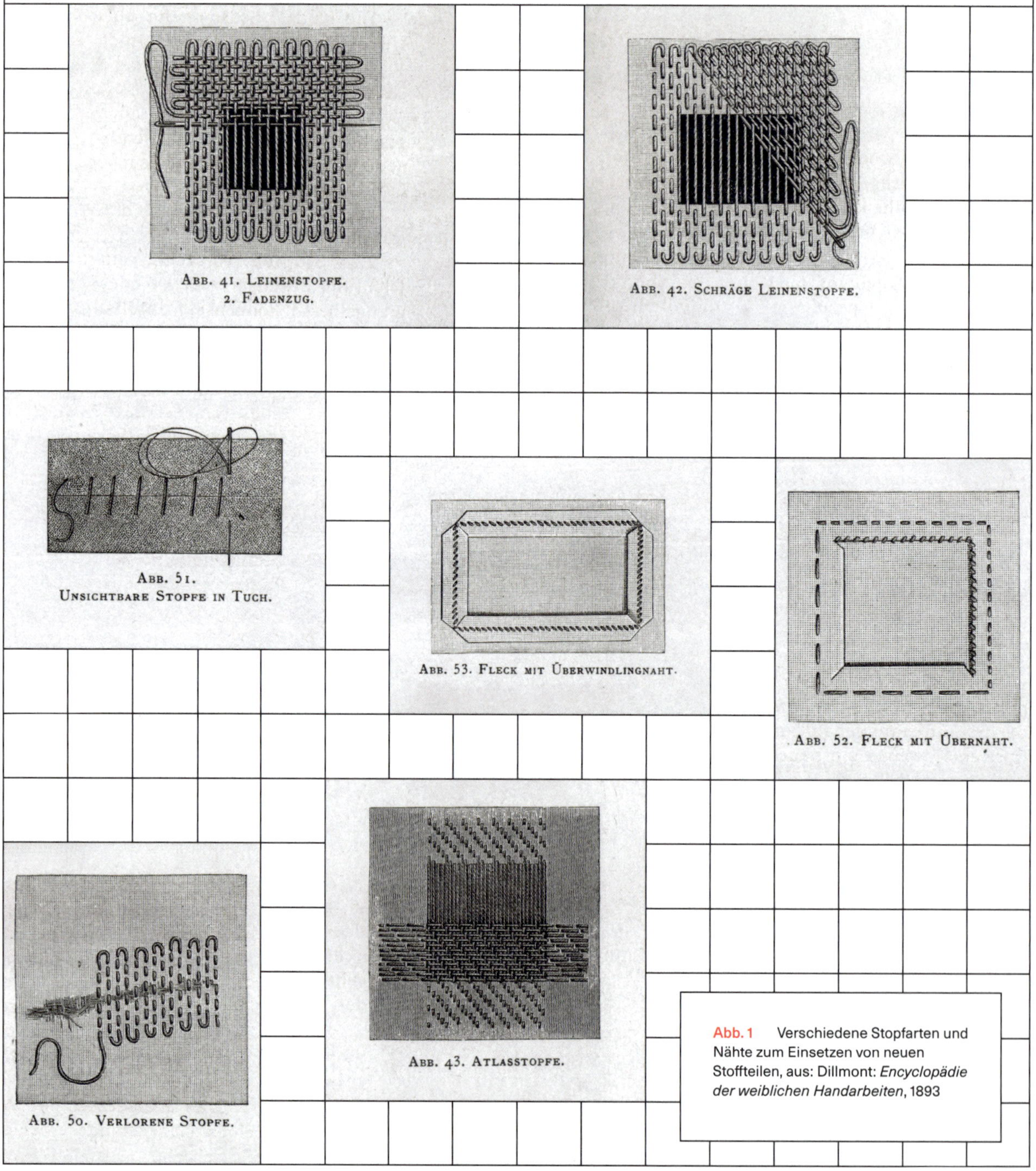

Abb. 41. Leinenstopfe. 2. Fadenzug.

Abb. 42. Schräge Leinenstopfe.

Abb. 51. Unsichtbare Stopfe in Tuch.

Abb. 53. Fleck mit Überwindlingnaht.

Abb. 52. Fleck mit Übernaht.

Abb. 50. Verlorene Stopfe.

Abb. 43. Atlasstopfe.

Abb. 1 Verschiedene Stopfarten und Nähte zum Einsetzen von neuen Stoffteilen, aus: Dillmont: *Encyclopädie der weiblichen Handarbeiten*, 1893

1893 veröffentlichte Thérèse de Dillmont (1846–1890) ihre *Enzyklopädie der weiblichen Handarbeiten* und schrieb dazu im Vorwort: „Der gänzliche Mangel eines Werkes, welches in Wort und Bild alle unter dem Namen WEIBLICHE HANDARBEITEN gemeinte Fertigkeiten vereint enthält, bewog mich, meine im Laufe der Jahre durch unausgesetzte Uebungen erworbenen Kenntnisse in diesem Fache niederzulegen.“ Handarbeiten wie Häkeln, Stricken, Klöppeln, Sticken, Nähen – die aus unserer heutigen Sicht den (meist) weiblichen Freizeitbeschäftigungen zugeordnet werden – wurden in vielen Haushalten für die Eigenversorgung, aber auch zum Broterwerb ausgeführt. Der Umgang mit textilem Material bildete ein wichtiges Tätigkeitsfeld der bürgerlichen Haus- und Ehefrau, deren Hauptaufgabe in der Organisation des Haushaltes unter der Prämisse der Sparsamkeit und der Schaffung eines angenehmen gemütlichen Heimes lag.

Durch aufwendige Handarbeit entstanden aus oftmals einfachem Material hochwertige, optisch ansprechende und in der Familie wertgeschätzte Produkte, gearbeitet in scheinbaren Mußestunden. Neben der Nützlichkeit sollte die Handarbeit jedoch von Kindheit an – schon drei- bis vierjährige Mädchen erhielten in Strickschulen den ersten Unterricht im Strümpfestricken – die Sittsamkeit der Mädchen und jungen Frauen fördern und schützen und sie an die häusliche Umgebung binden.

Einen nicht zu unterschätzenden Teil des weiblichen Wirkens nahm das „Ausbessern“ ein – das Handwerk des Reparierens. Nicht nur schlechte soziale Bedingungen, sondern auch familiäre Traditionen erforderten von den Hausfrauen oder dem angestellten weiblichen Personal Fähigkeiten im Ausbessern der unterschiedlichsten textilen

Bestände eines Hauses: Kleidung, Haushaltswäsche, Dekorationstextilien. Vor allem die oftmals über Generationen vererbte Tischwäsche, aber auch (seidene) Kleiderstoffe und Spitzen sollten lange und möglichst ohne sichtbare Gebrauchs- und Reparaturspuren erhalten bleiben. Die handwerkliche Kunst bestand somit im Verbergen. Dillmont schätzte dabei die Fähigkeit, durch Benutzung oder unbedachten Umgang entstandene Schäden so zu beheben, dass sie nicht sichtbar sind, ebenso hoch ein wie eine tadellose Neuausführung.

Voraussetzung dafür waren – wie in anderen Gewerken auch – das Wissen um Techniken, Materialkunde und gutes Handwerksgerät. Eine der wichtigsten Arten des Ausbesserns war das Stopfen. Hierbei war ein Grundwissen in den Webtechniken erforderlich, um sich für die richtige Stopfart zu entscheiden. Man unterschied zum Beispiel je nach Bindungsart des Gewebes Leinenstopfe, Köperstopfe, Damast- und Atlasstopfe, ergänzt durch verlorene oder unsichtbare Stopfe. Die Ausführung erforderte große Genauigkeit und gleichmäßiges Arbeiten, um das gewünschte Ergebnis zu erzielen. In größere Schadstellen wurden neue Gewebe – bestenfalls Stücke des Originalstoffes – eingesetzt. Auch hier gab es unterschiedliche Techniken wie die Übernaht und Überwindlingnaht. Nur bei sorgsamer Ausführung wurden die Stiche gleichmäßig und es bildeten sich keine unschönen Falten. (Abb. 1)

Ebenso wichtig wie das Können der Näherin war die Qualität der Gerätschaften. Nähnadeln sollten aus gutem Stahl sein. Als Test sollte man sie zu brechen versuchen, gelingt dies leicht oder krümmt sich der Stahl ohne Widerstand, ist das verwendete Material schlecht; ein fühlbar starker Widerstand mit reinem Bruch spricht für einen guten Stahl. Auch Größe und Stärke der Nadeln wurden genau definiert, und die Nutzerin war angehalten, einen guten Vorrat von vier Sorten bereitzuhalten. Für Weißware sollte die Näherin zum Beispiel kurze bis halblange Nadeln verwenden, aber beim Stopfen zu langen Nadeln greifen. Auch war stets darauf zu achten, dass die Nadel etwas stärker als der Faden sei, um einen leichten Durchzug durch den Stoff zu gewährleisten.

Als ebenso wichtig galt die Wahl der Schere: eine größere mit einer stumpfen und einer spitzen Klinge zum Zuschneiden, eine zweite, kleinere mit zwei spitzen Klingen. Auch sollte man darauf achten, dass die Ringe der Scheren weit genug sind, um die Hand bei längerem Gebrauch nicht zu ermüden oder die Finger durch unschöne Dellen zu entstellen.[1]

Die Auswahl an Fingerhüten war groß, ob Bein, Silber oder Stahl, wobei nur letztere tatsächlich genügend Halt boten.

Gutes Handwerkszeug war auch im handarbeitlichen Bereich nicht billig und wurde deshalb sorgsam aufbewahrt und gepflegt. Gegen Rost streute man unter anderem Federweiß in die Nadelschachteln, neuen Glanz erhielten die Gerätschaften durch die Verwendung von Stahlpulver.

Die sorgfältige, erhaltende Pflege von Kleidungsstücken und Haushaltswäsche blieb in den meisten Haushalten lange, wenn auch in unterschiedlichem Maße erhalten. Vor allem in Zeiten des Mangels, nach dem Ersten Weltkrieg, der Weltwirtschaftskrise und nach 1945 war das Wissen um textile Hand- und Reparaturarbeiten existenziell.
Mit dem wirtschaftlichen Aufschwung der 1950er Jahre, den schnell wechselnden und preiswerten Modeangeboten, unter anderem der großen Kaufhäuser, nahm das

1 Dillmont: Enzyklopädie der weiblichen Handarbeiten, 1893, S. 2 ff.

Abb. 2 *Am Fenster*, Fritz von Uhde, 1890/91, Öl auf Leinwand, Städel Museum, Frankfurt am Main

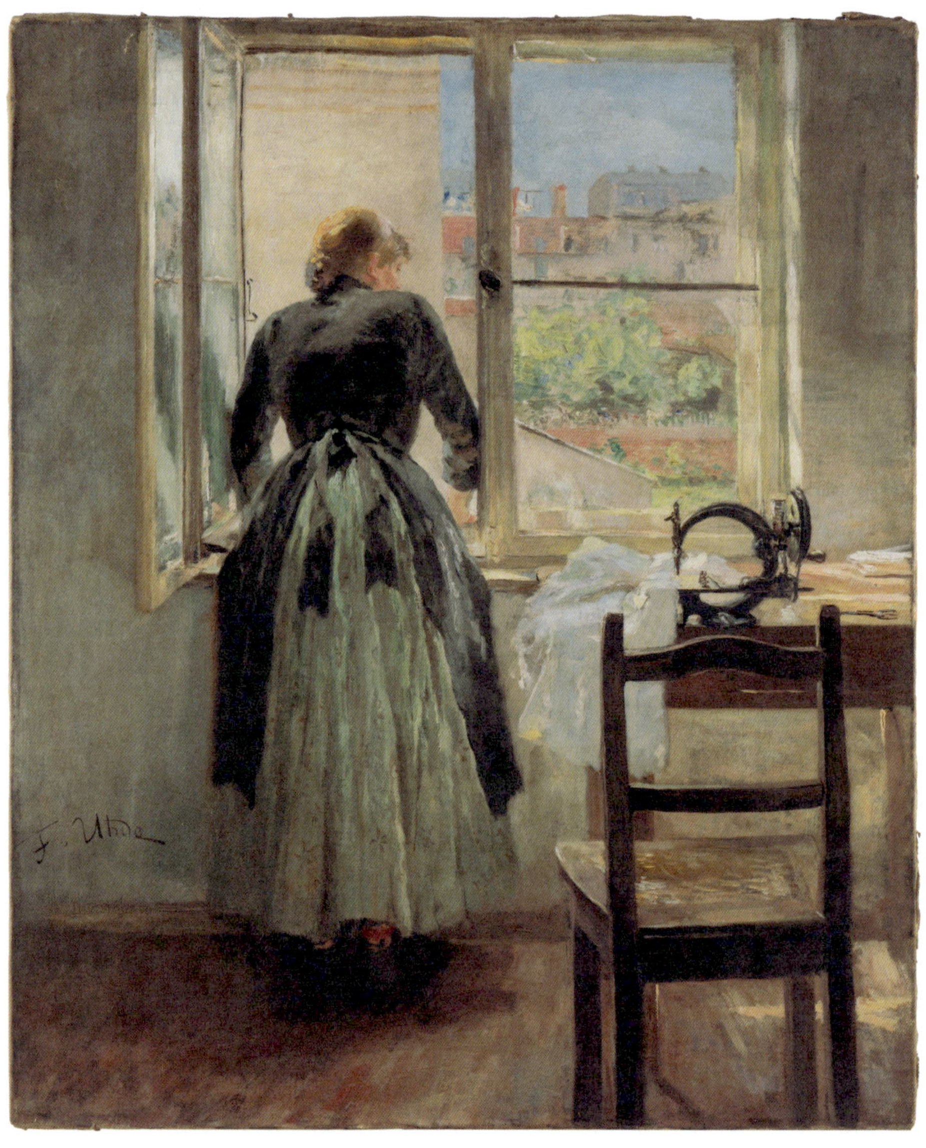

Interesse an der Langlebigkeit von Textilien vor allem in der Bundesrepublik ab. Neu ersetzt kaputt! Anders sah es in der DDR aus. Ein eingeschränktes und oftmals am Geschmack der Kundschaft vorbei produziertes Textilangebot forderte und förderte die private Kreativität. Hohe Preise zum Beispiel bei Damen-Feinstrumpfhosen verlangten weiterhin den gekonnten Umgang mit Stopfpilz und Repassiernadel, um Laufmaschen Stück für Stück wieder nach oben zu häkeln.

Dem aktuellen inflationären Trend des Wegwerfens und Entsorgens von Textilien, forciert durch einen zunehmend globalen Markt, und der dadurch erfolgenden regelrechten Überflutung des europäischen Marktes mit billig eingeführten Textilien trotzend, entwickelte sich in den letzten Jahren eine Gegenbewegung. Dabei geht es nicht nur um die nachhaltige Herstellung von Textilien zu fairen Konditionen, sondern auch zunehmend um die Wertschätzung und Weiterverwendung bereits vorhandener Kleidung. Europaweit entstehen sogenannte Repair-Cafés. Unter fachkundiger Anleitung wird neben defekten Geräten, Fahrrädern und Möbeln auch Kleidung repariert und geändert. Vorhandene Literatur bietet die Möglichkeit, sich auch theoretisches Wissen anzulesen, um dabei vor allem bei der jüngeren Generation ein Selbstverständnis für diese alte neue Art des handwerklichen Umgangs zu entwickeln und einen Mentalitätswandel zu vollziehen.

Eine beliebte Tendenz sind auch Handarbeitsblogs, in denen man sich nicht nur zu alten und neuen Handarbeitstechniken austauschen, sondern auch fast vergessene Reparaturtechniken, wie zum Beispiel die des Kunststopfens, wieder erlernen kann.

Wie hoch ist der Anteil an Frauen in deutschen Handwerksbetrieben? Und wie viele von ihnen sind Handwerkerinnen?

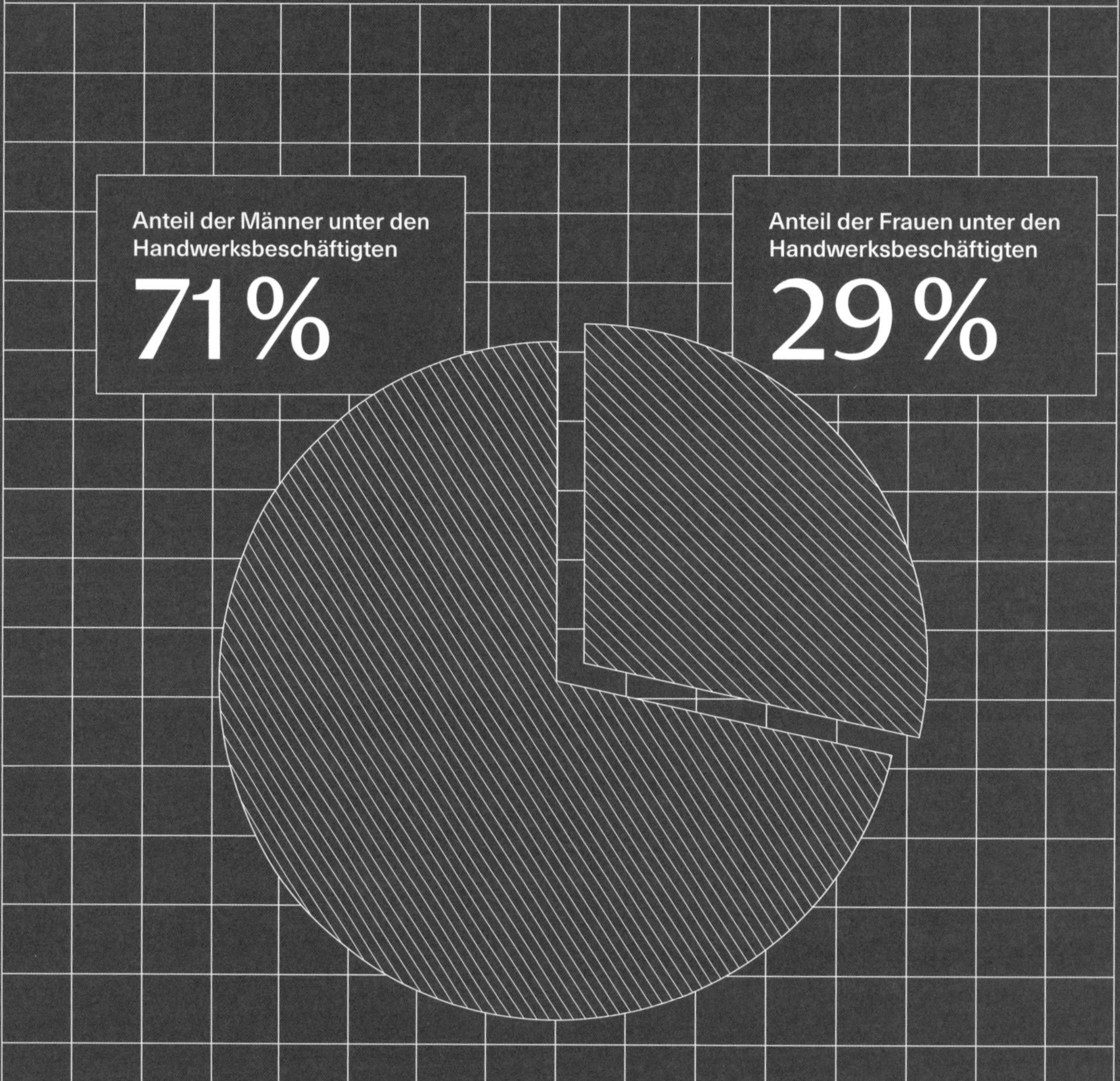

Anteil der Männer unter den Handwerksbeschäftigten

71%

Anteil der Frauen unter den Handwerksbeschäftigten

29%

Quelle: Sächsisches Staatsministerium für Wirtschaft, Arbeit und Verkehr: „Das Sächsische Handwerk 2019“, S. 50, Tabelle 30.

2017 waren 29 Prozent der Beschäftigten in deutschen Handwerksbetrieben weiblich. Ein Großteil von ihnen arbeitete aber gar nicht handwerklich, sondern im kaufmännischen Bereich. So waren 71,2 Prozent der kaufmännischen Fachkräfte in Handwerksbetrieben Frauen. Von den Auszubildenden im Handwerk waren nur 16,7 Prozent weiblich; bei den technischen Fachkräften waren es 14 Prozent. Unter den Handwerker*innen mit Meister*innentitel machten Frauen nur noch 12,5 Prozent aus. Sprich: je höher die Qualifikation im Handwerk, desto niedriger der Frauenanteil.

Technische Fachkräfte (Gesellinnen)

14 %

Kaufmännische Fachkräfte

71,2 %

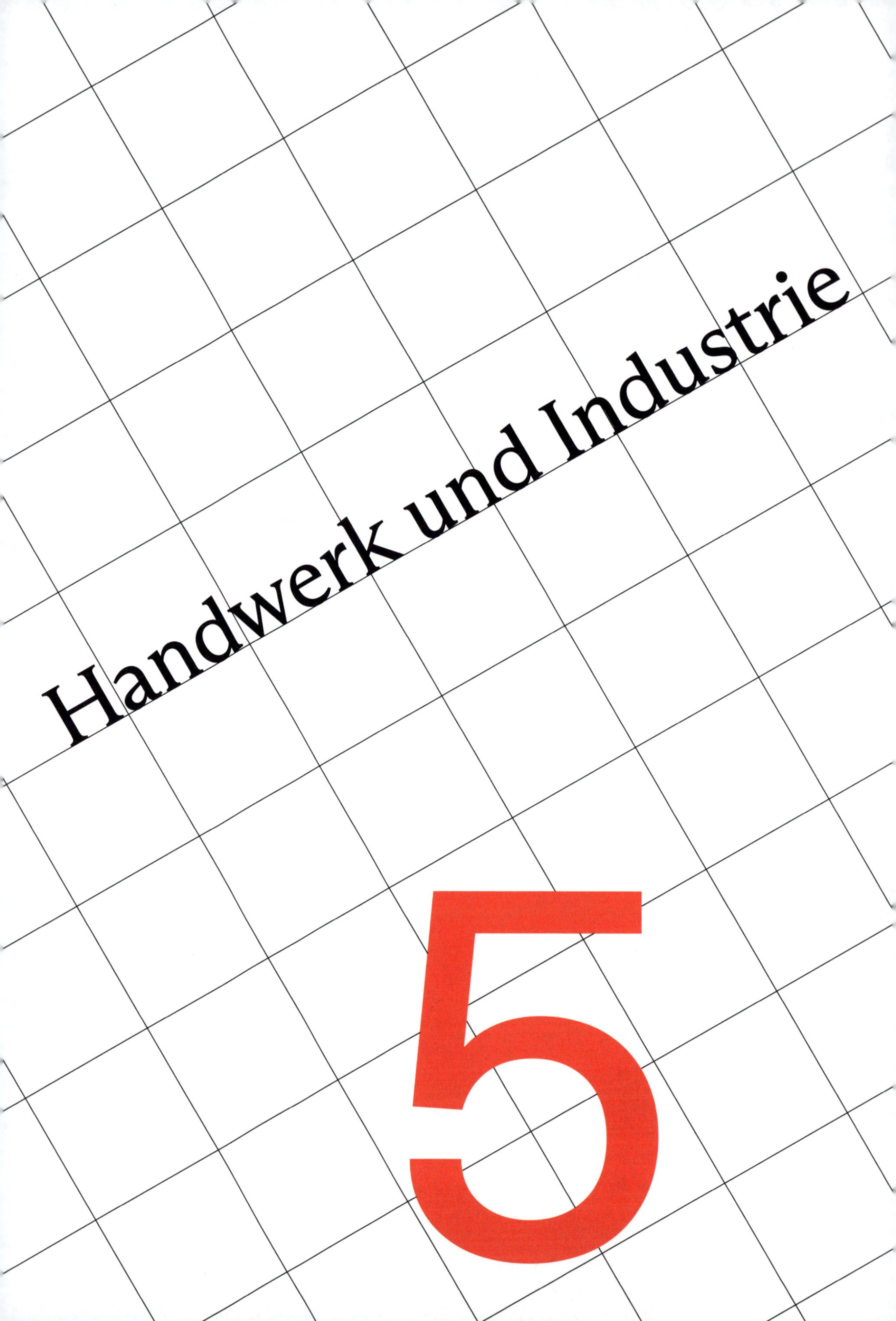
Handwerk und Industrie
5

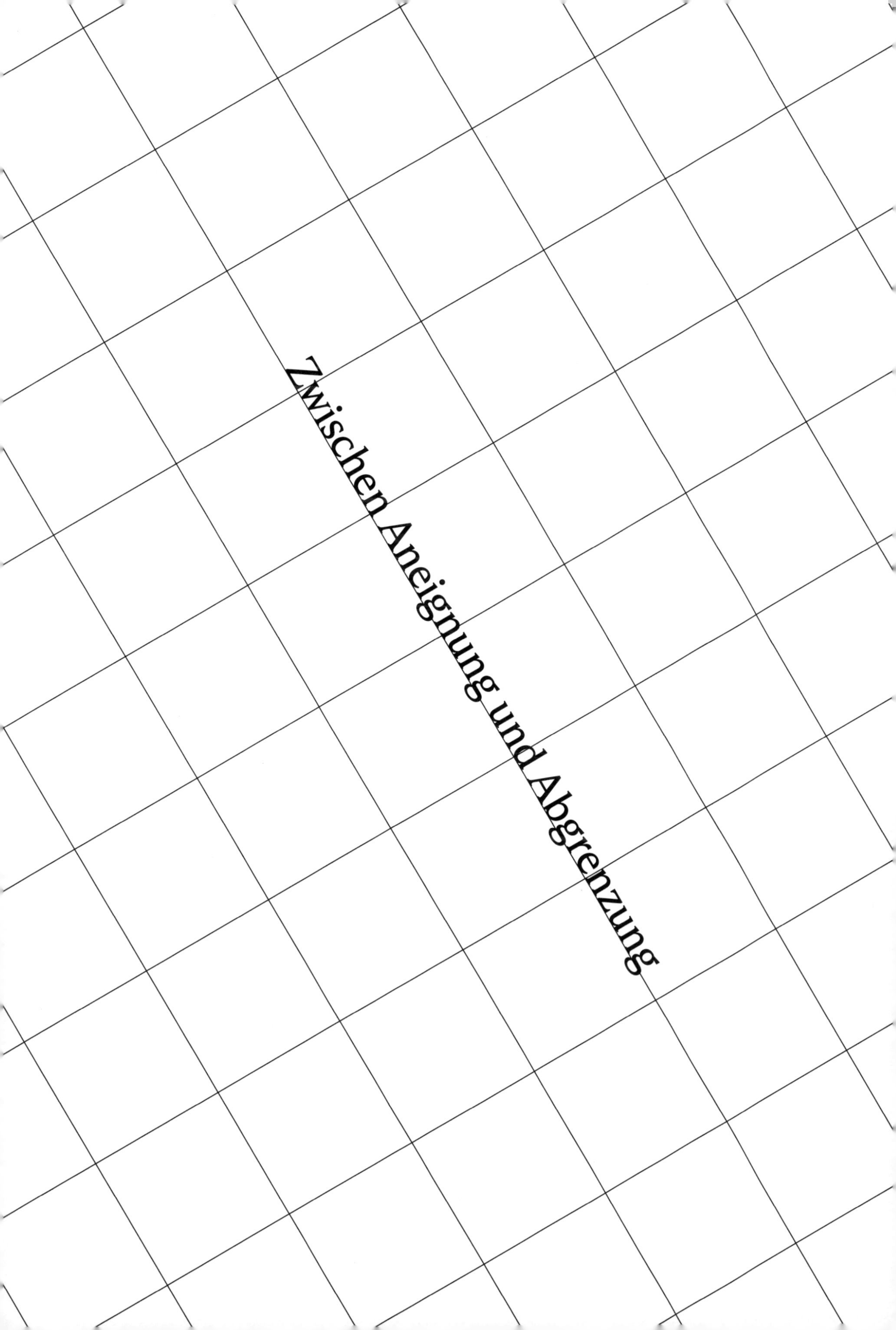
Zwischen Aneignung und Abgrenzung

5.1 Grit Weber

Vor der Masse – Die Bedeutung von handwerklichen Arbeitsschritten in industrieller Produktion

Über die komplexen Beziehungen zwischen Handwerk und Industrie

Vor der Industrialisierung erledigte der Mensch die Herstellung seiner Dingwelten handwerklich; mit zunehmender Arbeitsteilung und höherem Maschineneinsatz wurde das traditionelle Handwerk aus den Fertigungsprozessen verdrängt. Zahlreiche Beispiele lassen sich finden, die diesen Verdrängungsprozess als eine Art Entwicklungslogik der Industrialisierung und Automatisierung bestätigen. Doch es gibt ebenso viele Beispiele, die das Verhältnis der arbeitenden Hand zur industriell-maschinellen Produktion deutlich vielschichtiger und weit weniger linear oder gar evolutionär darstellen.

Der Digitalisierungsgrad der Maschinen in einer zeitgenössischen Schreinerwerkstatt, die ihre Zugehörigkeit zum Handwerk als Mitglied der entsprechenden Innung beglaubigt, lässt uns Lai*innen verwundert fragen, wo und wie viel Handwerk hier tatsächlich noch durchgeführt wird. Umgekehrt kann der Besuch einer Modellbauabteilung eines industriellen Haushaltgeräteherstellers ein stichhaltiger Beleg für die gegenteilige Aussage sein: Händische und handwerkliche Planungs- und Fertigungsschritte spielen heute immer noch eine zentrale Rolle, um ein Massenprodukt überhaupt in Serie herstellen und am Markt erfolgreich positionieren zu können.

Doch auch so manche Herstellungsverfahren im europäischen Handwerk vergangener Jahrhunderte zeigen, dass aufgegliederte Arbeitsschritte auch in der Produktion eines Unikats oder einer kleinen Serie bereits selbstverständlich existierten. Arbeitsteilung ist wohl ein Indiz, nicht aber die Erfindung des industriellen Zeitalters. Schon innerhalb traditioneller Betriebe wurden die aufeinander abgestimmten Tätigkeiten von unterschiedlich qualifizierten Personen durchgeführt. Je weiter unten innerhalb der betrieblichen Struktur jemand tätig war, desto niedriger war die Entlohnung, desto monotoner, gefährlicher und schmutziger waren die Verrichtungen. Auch gesundheitlich belastende oder „nur“ vorbereitende Tätigkeiten, deren Ergebnisse im Endprodukt unsichtbar blieben, führten meist jene aus, die in der Hierarchie am unteren Ende standen. Die Industrialisierung und der zunehmende Maschineneinsatz haben zwar schrittweise zu einer Entlastung der Arbeitenden und teilweise auch zur Steigerung der Produktqualität geführt, doch wo auch heute die Automatisierung noch nicht greift und die Maschinenanschaffung sich ökonomisch nicht lohnt, werden körperlich belastende Tätigkeiten von Personen mit schlechter Entlohnung vorgenommen, wird die Herstellung von schwerer Handarbeit ins osteuropäische oder außereuropäische Ausland abgeschoben.[1] Das Verhältnis zwischen handwerklichen und industriellen Fertigungsstrukturen bleibt also komplex.

Abb. 1 *Der Hutformenbauer Gerhard Herrmann in seiner Werkstatt in der Leipziger Birkenstraße,* Heidi Vogel-Hennig (Fotografin), 1986, Stadtgeschichtliches Museum Leipzig

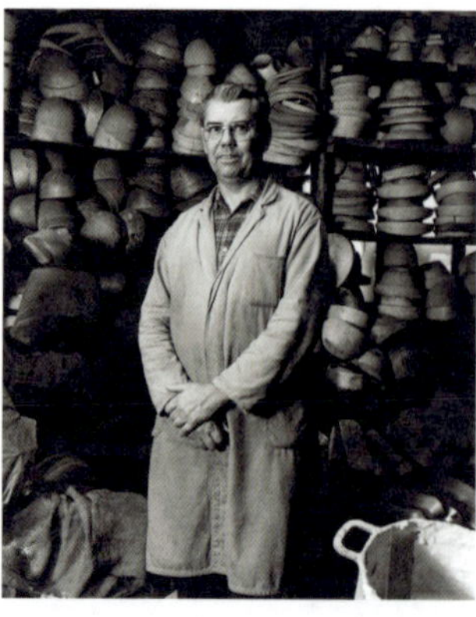

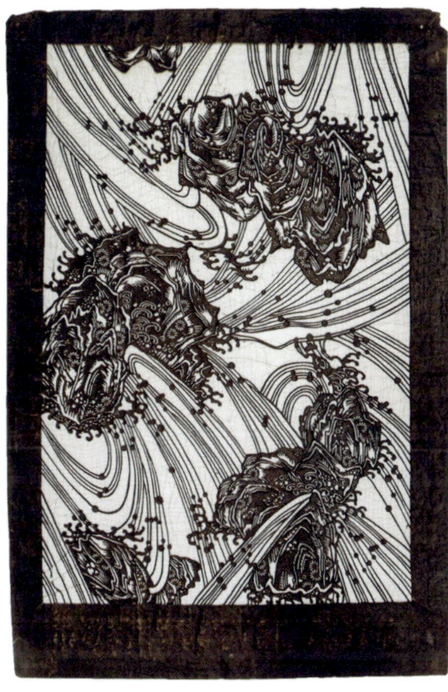

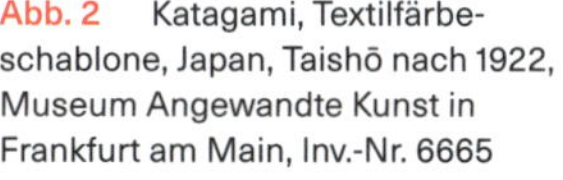

Abb. 2 Katagami, Textilfärbeschablone, Japan, Taishō nach 1922, Museum Angewandte Kunst in Frankfurt am Main, Inv.-Nr. 6665

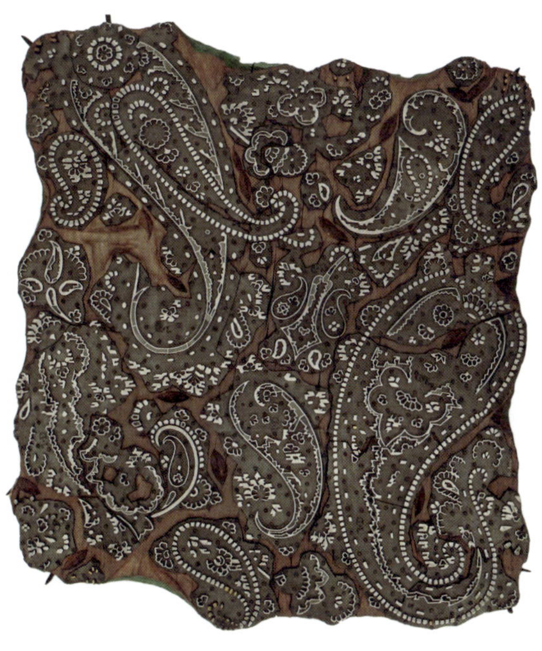

Abb. 3 Einer von insgesamt sechs Druckstöcken für ein mehrfarbiges Paisleymuster, Großbritannien, Mitte 19. Jh., Holz und Metall, Museum Angewandte Kunst in Frankfurt am Main, Inv.-Nr. 14168e

Neben der maschinellen Ausstattung und dem Delegieren und Auslagern ungeliebter Arbeiten lohnt sich auch ein Blick in den Kosmos jener Hilfsmittel, die die Fertigungsschritte kleiner Serien oder Einzelstücke schon Jahrhunderte vor der Industrialisierung zu standardisieren halfen und Verfahren rationeller machten. Schablonen, Matrizen, Muster, Gesenke und auch Ornamentsammlungen sind Objekte und Bildwerke, an die wiederkehrende Arbeitsschritte abgegeben werden konnten. Das Gedächtnis der Berufstätigen übertrug sich, wenn man so will, an das Gedächtnis des Materials oder der gezeichneten Linie. So gibt es Schnittmuster für Kleidungsstücke und Schablonen für Stuhlbeine, Stickvorlagen für Heimtextilien und Wäsche, die Form- und Farbideen zu verstetigen und zu variieren halfen, Schablonen und Modeln für das Färben von Textilien, Stöcke für Tapeten- und Stoffdruckverfahren, Modeln für Gebäck und Pfefferkuchen. Es gibt grob vorgedrechselte Buchenholzleisten für die Schuhherstellung, die die Schuhmacher*innen nur noch an die Fußformen der Kundschaft anpassen mussten, um auf diesem „Fußmodell" den endgültigen Schuh zu formen. Darüber hinaus zeigen zahlreiche gezeichnete und später in Auflage gedruckte Entwürfe und Ornamentblätter, wie alte und neue Formideen gespeichert und in einem überregional funktionierenden Vertrieb anderen zur Verfügung gestellt werden konnten. Die historischen Beispiele dieser zuweilen zu Unrecht als bloße Hilfsmittel für die Herstellung von Endprodukten dargestellten Teilschritte fanden mit zunehmender Industrialisierung als Formenschatz Eingang in diverse Museumssammlungen, wurden inventarisiert und aufbewahrt, jedoch um den Preis, dass sie von dem ursprünglichen Herstellungskontext entkoppelt und häufig auf ihre ästhetische Erscheinung hin reduziert betrachtet wurden. Dabei entwickelten sich aus der Herstellung dieser Speichermedien und Hilfsmittel wiederum eigene historische Berufe, wie die des Ise-Katagami-Schneidens, der Bild- und Formenstecherei, des Musterzeichnens oder heute der des Modellbaus.

Komplexität verringern – Das Modell als Denkstück

Das Museum Angewandte Kunst in Frankfurt am Main, wie viele seiner Schwestermuseen auch, sammelt etliche Objekte, die man als „Modelle“ bezeichnen kann. Darunter befinden sich etwas mehr als einhundert Miniaturmöbel aus dem 16. bis 19. Jahrhundert, deren Verwendung, so sie nicht als Spielzeugmöbel für Kinder einzustufen sind, wohl bis heute nicht eindeutig geklärt ist.[2] Obwohl der Nutzungszusammenhang dieser historischen Beispiele offene Fragen aufwirft,[3] kann anhand dieser Gruppe, wie auch anhand der Miniaturmöbel des 20. Jahrhunderts, festgestellt werden, dass die Faszination an der Betrachtung, am Berühren, Bewegen und am mehr oder weniger spielerischen Umgang mit Dingen, die gegenüber der realen Objektumgebung stark verkleinert oder vereinfacht sind, auch nach der Adoleszenz lebendig bleibt. Die Anziehung von Miniaturen mag dabei für eine spezifische, eine mittelbare Form der Mensch-Umwelt-Beziehung sprechen: Verkleinerungen machen den Akt der Erfassung und Aneignung von Welt für den Menschen anschaulicher, übersichtlicher, bewältigbarer. Sie dienen der Orientierung.[4] Modelle sind aber nicht nur Medien, sondern sie haben auch die Eigenschaften von Arbeitsinstrumenten, die sowohl als geistiges als auch als handwerklich-praktisches Werkzeug bei der Umsetzung dieses vorgestellten Weltentwurfes zur Anwendung kommen. Dieser doppelte Charakter wird vor allem in den wissenschaftlich-technischen Modell(rechnungen) offenbar, er gilt aber auch für jene eher einfachen Miniaturen von Designer-Stühlen, die die Vitra AG seit mehr als zwei Jahrzehnten produziert und vertreibt und von denen sich ebenfalls Stücke in der Sammlung des Museum Angewandte Kunst befinden.[5] Deren Nutzungszusammenhang changiert zwischen Anschauungs- und Schulungsbeispiel sowie exklusivem Souvenir und Sammlungsobjekt.

Der Modellbau im Kontext des Industriedesigns

Eindeutig in einem Funktionsprozess eingebunden hingegen ist eine weitere Gruppe von Modellen, die während der Entwicklung eines Gebrauchsproduktes als dreidimensionale Einzelstücke in einer Modellabteilung, hier der Firma Braun GmbH, handwerklich hergestellt wurden, um die formalen und funktionalen Ideen und Designentscheidungen ab der ersten Skizze auf Papier bis zum Massenfabrikat zu verdeutlichen.[6] Neben der funktionalen Einbindung in den Designprozess unterscheidet sich diese

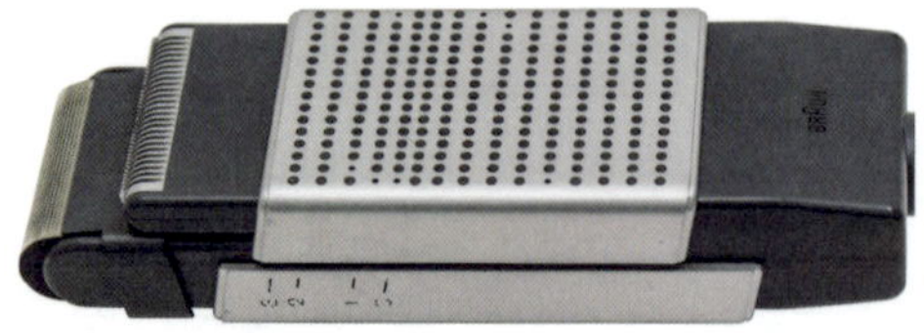

Abb. 4 Designmodell eines elektrischen Rasierers, um 1989, Design: Roland Ullmann, Hersteller: Braun GmbH, Museum Angewandte Kunst in Frankfurt am Main, Inv.-Nr. BR-211

Modellgruppe von den oben beschriebenen dadurch, dass die Gegenstände gegenüber dem Zielobjekt nicht verkleinert wurden, damit sie schon im frühesten Stadium des Designprozesses helfen, die Beziehung zwischen dem menschlichen Körper und dem künftigen Produkt zu überprüfen und zu perfektionieren. Besonders bei der Entwicklung von Artikeln für die Körperhygiene, wie elektrischen Rasierern oder Zahnbürsten, geht es darum, dem Menschen die händische Anwendung einer kleinen Maschine in Gesichtsnähe oder am Körper ohne visuelle Überprüfung vor allem über das Eigengewicht, die Griffigkeit von Oberflächen, die praktikable Form von Halter und Griffen, von Knöpfen, Schub- oder Kippschaltern haptisch zu vermitteln. Dennoch sind auch diese Modelle gegenüber dem Endprodukt weniger komplex, um die Designentscheidungen didaktisch aufzuschlüsseln: Im ersten Schritt geht es um die Formfindung der äußeren Gestalt, dann kommen nach und nach Funktionssimulationen, Gewicht-, Material- und Farbentscheidungen hinzu, bis zu jenem Moment, an dem Modell und Endprodukt für Lai*innen optisch *und* haptisch kaum noch auseinanderzuhalten sind, außer in dem, dass das Modell nicht die Funktion des Produktes erfüllt, sondern diese nur virtualisiert.

Die für die Entwurfsmodelle verwendeten Materialien und Materialkombinationen unterscheiden sich von jenen der in Serie produzierten und für den Gebrauch vorgesehenen Endprodukte dabei grundlegend. So sind die historischen Modelle oft noch aus Papier, Metall und Holz gemacht; die jüngeren bestehen vor allem aus diversen Kunststoffen wie Ebazell 260[7], Ureol oder Delrin[8], aus Plexiglas für die Darstellung transparenter Teile, aber auch aus Aluminium und aus farbigen Lacken in unterschiedlicher Qualität. Ihre Herstellung erfolgt nicht in Serie, sondern in Einzelanfertigung, doch mit vielfältigem Einsatz von Maschinen.[9]

Die Wahl der Materialien folgt dabei unterschiedlichen Kriterien: So ist das schaumartige Ebazell für die frühesten Modellstufen geeignet, da mit ihm schnell und leicht die grobe Form nachgebildet werden kann. Modelle aus Ureol hingegen sind leicht und werden für die Verkörperung von großen Teilen verwendet, sie sind aufgrund ihrer grobporigen Oberfläche jedoch schlecht zu lackieren. Das elastische Delrin wird aufgrund seiner guten Gleiteigenschaften für Funktionsteile am Modell zum Einsatz gebracht, während Aluminium für die Darstellung aller metallischen Flächen am künftigen Produkt genutzt wird, was nicht nur für die Überprüfung der Ästhetik, sondern erneut der Haptik wichtig ist. Die Materialbearbeitung aus dem ganzen Stück erfolgt heute hauptsächlich durch Computerfräsen, vereinzelt noch durch elektrische Fräs- und Drehbänke. Seltener wird der 3D-Druck eingesetzt, da das hier zu verwendende Material für die Simulation des Zielobjektes ungeeignet ist. Anders als die Designer*innen der Abteilung Produktgestaltung sind die Modellbauer*innen nicht über ein Studium, sondern über verschiedene Wege der handwerklichen Berufsausbildung zu ihrer Tätigkeit gekommen: als Werkzeugmacher*in, Feinmechaniker*in oder Mechatroniker*in; darüber hinaus gibt es den Lehrberuf des Technischen Modellbaus. Innerhalb dessen kann man sich für drei Fachrichtungen entscheiden: Gießerei, Karosserie und Produktion sowie Anschauung.

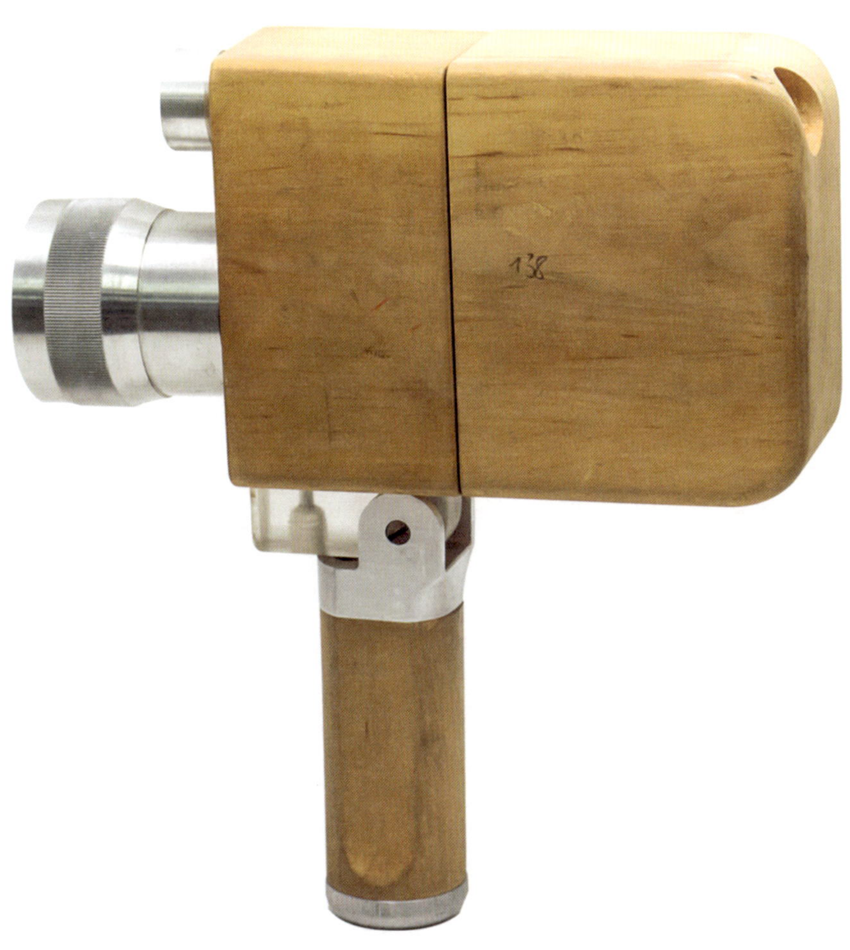

Abb. 5 Designmodell einer Nizo-Kamera, um 1967, Design: Robert Oberheim, Hersteller: Braun GmbH, Museum Angewandte Kunst in Frankfurt am Main, Inv.-Nr. BR-185

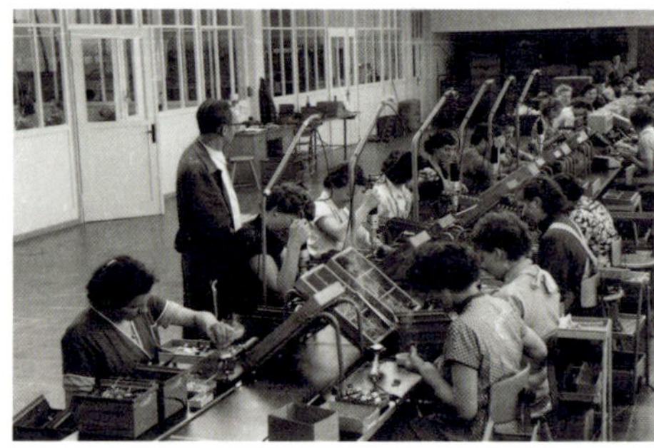

Abb. 6 Montage von Rasierern, Werk der Braun GmbH in Walldürn, 1955, Braun P&G, Braun Archiv, Kronberg

Die Hand in der Industrieproduktion

Zwischen Handwerk und Industrie existierten und existieren also vielfältige Verbindungen und Überschneidungen. Noch komplexer wird es, wenn wir uns nicht auf das berufsförmig etablierte und institutionell verfestigte Handwerk konzentrieren, sondern auch auf dessen „kleine Schwester" Handarbeit achten und diese in unsere Betrachtung einbeziehen.[10] So haben sich etliche Zeugnisse erhalten, die auch in der industriellen Produktion – vor allem in der Elektro-, aber auch in der Textil- und Schmuckindustrie – den Einsatz der Hand noch weit über die automatisierte Herstellung hinaus als notwendig belegten. Hier sind vor allem Sortier-, Montage-, Verpackungs-, Schleif-, Lackier- und Prüfverfahren zu nennen, Tätigkeiten also, bei denen feinmotorische, vor allem aber taktile Leistungen der Hand und der Fingerkuppen gefragt sind. Auch das Durchführen von Teil- und Endschritten am Produkt, für das die Maschine (noch) nicht fein genug arbeitet, gehört dazu. Hier sei beispielhaft das Nachsticken per Hand oder mit einer handgeführten Maschine von industriell gefertigten Textilien genannt. Noch vor wenigen Jahrzehnten wurden diese Tätigkeiten von Frauen ausgeführt, die nach einer kurzen Einarbeitungszeit im niedrigen Lohnsektor eingesetzt wurden. Zwar gab es für viele dieser händischen Tätigkeiten innerhalb einer eigentlich industriell gedachten Fertigungskette keine eigene Berufsausbildung, jedoch waren die traditionell im häuslichen Umfeld erworbenen Fertigkeiten sowie Fleiß, Präzision und Schnelligkeit gefragt.

Während die Bildbeispiele der Firma Braun GmbH Handarbeit innerhalb der Werksproduktion illustrieren, sind uns aus dem Bregenzerwald Kleinteil-Montagen der Firma Zumtobel oder der Bachmann electronic GmbH bekannt, die bis in die 1990er Jahre hinein sogar in Heimarbeit gefertigt wurden.[11] (siehe Beitrag S. 206). Strukturell wird Heimarbeit eher dem ländlichen Raum zugeordnet, aber auch in den Städten und deren Einzugsgebieten war sie noch erstaunlich lange eine nicht unübliche Erwerbsform.[12] So waren für die Lederindustrie der Stadt Offenbach, die zuweilen auch als „maschinenlose" Industrie bezeichnet wird, weil man zur Herstellung nur Leder, Leim, wenige einfache Werkzeuge, aber geschickte Hände benötigte, auch private Haushalte der umliegenden Ortschaften Produktionsstandorte.[13] Erst mit dem Niedergang der heimischen Lederindustrie seit den 1970er Jahren und dem Abwandern der Produktion in Regionen mit niedrigerem Lohnniveau erlosch auch hier die Branche und mit ihr die Heimarbeit – um nur wenige Jahrzehnte später durch das Homeoffice im Dienstleistungssektor zu neuer Blüte zu gelangen.

Seit den 1950er Jahren bis Ende der 1970er Jahre hat sich in den Industrienationen die industrielle Fertigung weiter stark automatisiert: Maschinen sind vielseitiger und präziser geworden und einzelne Arbeitsschritte konnten in komplexen Produktionsanlagen zusammengefasst werden. Nur noch wenige Arbeitskräfte waren nötig, um diese teil- oder vollautomatisierten Anlagen zu steuern. Doch die menschliche Hand ist aus den Montagehallen nie ganz verschwunden.

Abb. 7 Karl und Magdalena Lindner mit ihrem Neffen Rainer Kranz in der heimischen Werkstatt in Obertshausen/Hausen, undatiert (wohl Mitte der 1950er Jahre), Heimat- und Geschichtsverein Obertshausen

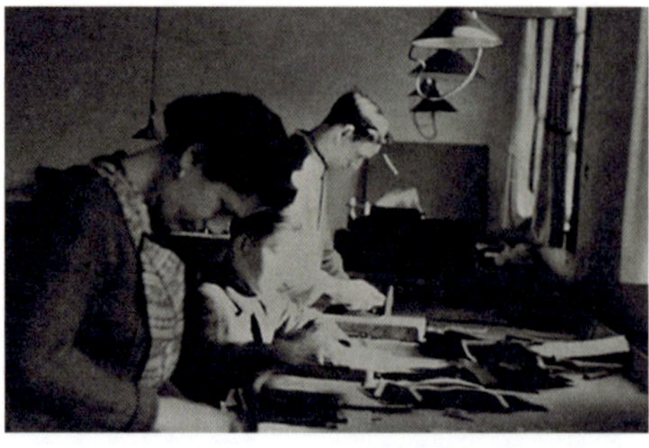

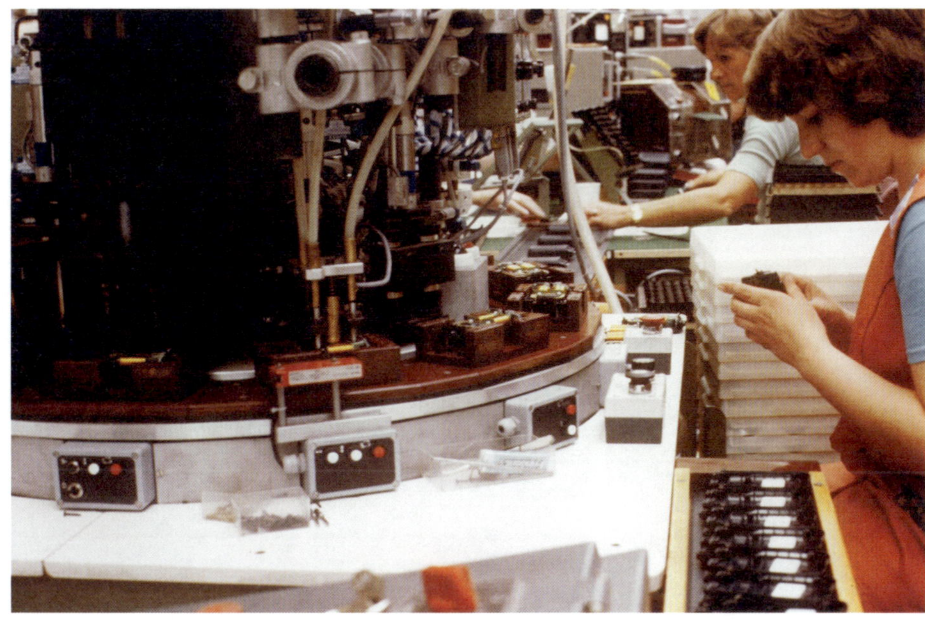

Abb. 8 Montage von Rasierern, Werk der Braun GmbH in Walldürn, undatiert (um 1980), Braun P&G, Braun Archiv, Kronberg

1 Vgl. Kurz: Handwerk oder Design, 2015, S. 70–71 und 209.
2 Vgl. Himmelheber: Kleine Möbel, 1979, S. 12.
3 Handelt es sich bei diesen Miniaturen etwa um Vorlagen für Handwerkswerkstätten oder Manufakturen, konnte anhand dieser Details ein Herstellungsauftrag besprochen werden oder sind es einfach nur kleine, spielerische Dekorationselemente für die private Wohnausstattung?
4 Vgl. Bock: Das Modell zwischen Denkbild und Werkzeug, 2005, S. 13.
5 Die Stuhlminiaturen der Vita AG sind gegenüber den Originalprodukten auf ein Sechstel verkleinert und diesen auch in Details (Material, Schrauben, Konstruktionsweisen sowie Polster und Oberflächen) optisch nachempfunden.
6 Als Beispiele sollen hier genannt sein das Modell einer Nizo-Kamera von Robert Oberheim und das einer Kaffeemaschine von Dieter Rams und Jürgen Greubel, beide aus dem Jahr 1970, das Modell eines Radioweckers von 1982 mit Tapefunktion von Dieter Lubs oder das Modell eines tragbaren Fernsehgerätes von 1962, das Dieter Rams entwickelte, dessen funktionierendes Zielgerät aber nie in Produktion ging.
7 Auch Stylingblock genannt.
8 Chemisch: Polyoxymethylen.
9 Den derzeit fünf männlichen Mitarbeitern stehen drei Drehbänke, zwei CNC-Fräsen, drei Achs-Fräsmaschinen, zwei Ständer-Bohrmaschinen, zwei Band- und eine Metallbandsäge zur Verfügung; des Weiteren sind zwei Teller- und eine Stichelschleifmaschine sowie zwei klassische Kreissägen im Einsatz.
10 Über die Abgrenzung zwischen Handwerk und Handarbeit siehe Glossar.
11 Motter/Grabherr-Schneider: Heimarbeit. Wirtschaftswunder am Küchentisch, 2019, S. 12.
12 Vgl. Pabstmann/Wiegand-Stempel: Am Küchentisch, 2020.
13 Vgl. Gier: Heimarbeit, 1920; sowie Lippert: Heimarbeit in der deutschen Schuhindustrie, 1916.

5.2 Barbara Motter

Nach der Masse – Anpassungen industrieller Ware an die reale Existenz

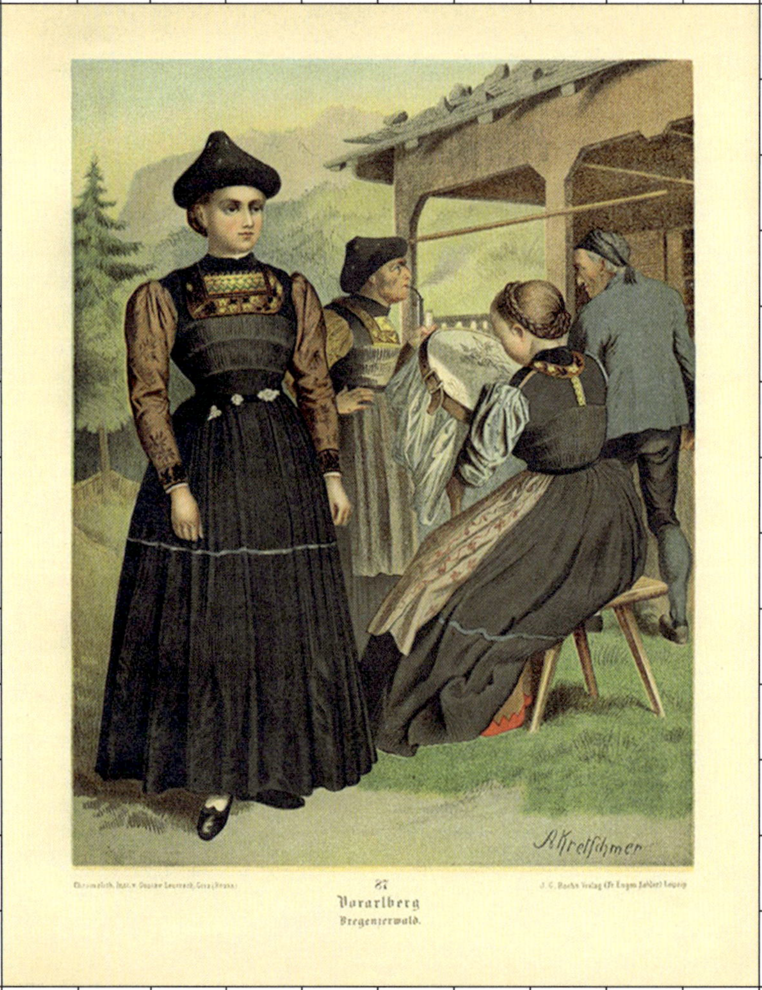

Abb. 1 *Handstickerin in Juppe im Bregenzerwald*, Albert Kretschmer, aus: *Deutsche Volkstrachten, Originalzeichnungen mit erklärendem Text*, 1887, vorarlberg museum, Bregenz, Inv.-Nr. Rep 1849

Industrielle Produktion wird landläufig mit Massenproduktion, monotonen Handgriffen, abstumpfenden Arbeitsbedingungen, wenig Qualifikation und mit eher minderer Qualität der Erzeugnisse assoziiert – Handwerk hingegen mit der Herstellung von Einzelstücken oder Serien, mit schöpferischer Arbeit, mit Ausbildung und Können und mit Qualitätsprodukten. Mit Blick auf die historische Heimarbeit fällt jedoch ein anderer Gegensatz besonders ins Auge: der sozialrechtliche Unterschied dieser Produktionsformen.

Heimarbeiter*innen waren stets lohnabhängige Arbeitnehmer*innen, die in privaten Räumlichkeiten Aufträge von Unternehmen erledigten.[1] Sie hatten bis 1918 praktisch keine arbeitsrechtliche Absicherung, später wenig beziehungsweise weniger als ihre Kolleg*innen in der Fabrik.

Handwerker*innen (sofern nicht in einem Betrieb als Fachkräfte angestellt) sind und waren selbständige Gewerbetreibende, die Aufträge direkt durchführten. Sie waren historisch in Zünften organisiert. Heimarbeitende hatten im Gegensatz dazu nie eine gemeinsame Interessensvertretung.

Was allerdings beide Produktionsformen eint, ist die Handarbeit. Dass diese im einen Fall monoton und unqualifiziert, im anderen kunstfertig und kreativ war, wäre eine grobe Vereinfachung. Dazu ein Blick auf die Textilerzeugung, die über Jahrhunderte der „Leitsektor der fabrikindustriellen Fertigung“[2] in Vorarlberg war. Gerade der Bregenzerwald (ein entlegener Teil Vorarlbergs) kann als Wiege der Industrialisierung im Land gelten. Er war eine dezentrale „Fabrik“, wo in den bäuerlichen Haushalten anfänglich für Schweizer Unternehmer, später für heimische Fabrikanten gesponnen, gewoben und vor allem gestickt wurde. Was am Ende des 18. Jahrhunderts neu hinzukam, war nicht die handwerkliche

1 Das österreichische Heimarbeitsgesetz von 1954 wurde wiederholt novelliert. Es ist bis heute gültig.

2 Vgl. Komlosy: Handwerk im Schatten der Fabrik, 2019, S. 13.

Tätigkeit oder der Arbeitsplatz zu Hause, sondern die Abhängigkeit von Verlegern und Auftraggebern, die auf internationalen Märkten agierten. Die ersten Stickereiaufträge für die europäische Luxusindustrie brachten einzelnen Heimarbeiterinnen (es waren überwiegend Frauen) sogar gutes Geld. Die plötzlich finanziell selbständigeren Frauen wurden übrigens in der ländlichen Gesellschaft vor allem von der Geistlichkeit kritisiert.[3] Der Hype um die feinen, gut bezahlten Gewebe war rasch vorüber.

Die meisten Frauen verdienten allerdings sehr wenig.[4] Die durch die Erbpraxis der Realteilung kleinen bäuerlichen Haushalte konnten aber trotzdem nicht auf diesen Teil des Familieneinkommens verzichten. Interessant ist, dass speziell rund um die Stickerei, die spätestens ab der Verbreitung der kleinen Kettenstichstick- oder Nachstickmaschinen[5] eindeutig eine Massenproduktion war, eine Art Idealisierung der weiblichen Heimarbeiterinnen stattgefunden hat. Fingerfertigkeit, Bescheidenheit, Fleiß – all das wurde den weiblichen Handstickerinnen zugeschrieben. Romantisierende Darstellungen auf zeitgenössischen Gemälden oder in der Literatur des 19. Jahrhunderts prägten die Vorstellung von der *edlen* Heimarbeit, bei der, glaubt man den Bildern, in der regionalen Tracht, der schönen Festtagsjuppe, gearbeitet wurde.

Was daran aber durchaus einer Realität in der textilen Heimarbeit entsprach, war das handwerkliche Geschick, das die Frauen und auch die wenigen Männer, die fallweise als Heimarbeiter arbeiteten, auszeichnete. Da die Arbeit schon seit Ende des 18. Jahrhunderts weit verbreitet war, wuchsen die Kinder über mehrere Generationen mit dieser handwerklichen Früherziehung auf.

3 Vgl. Fitz: Die Frühindustrialisierung Vorarlbergs und ihre Auswirkungen auf die Familienstruktur, Dornbirn 1985.

4 Vgl. die Schilderung vom Elend der Stickerinnen des sozialkritischen Schriftstellers und Bauern Franz Michael Felder; in: Felder: Reich und Arm: eine Geschichte aus dem Bregenzerwalde, Leipzig 1868.

5 Diese Maschinen wurden in der zweiten Hälfte des 19. Jahrhunderts erfunden, hatten die Größe von Nähmaschinen und waren auf einem kleinen Tisch montiert. Sie waren erschwinglich und erhöhten die Produktionsmenge eines Haushalts um ein Vielfaches.

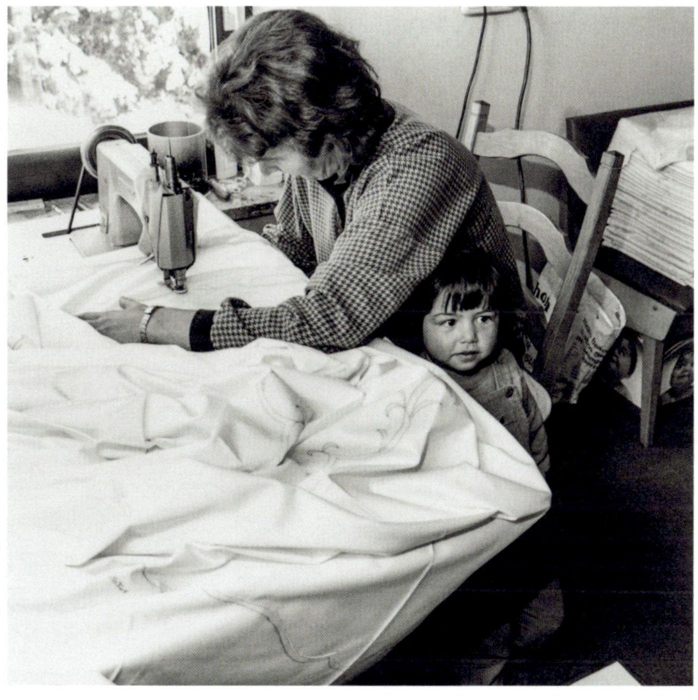

Abb. 2 Heimarbeiterin mit Kind, 1991, aus: Aktion-Zeitung der Vorarlberger Arbeiterkammer, Nr. 2/1991

Sie mussten stets bei verschiedenen Handgriffen mitarbeiten und ihre Mütter und Großmütter unterstützen.

Die motorischen Fähigkeiten wurden von den Zwischenmeister*innen (auch Fergger*innen) und Kolleg*innen bewertet – es gab in jedem Dorf bekannte „Meisterinnen", die auch bei den Auftraggeber*innen hohe Anerkennung genossen. In den zahlreichen Interviews, die im Rahmen des Projekts *Heimarbeit in Vorarlberg nach 1945* geführt wurden, erwähnten Frauen stets diesen Aspekt. Eine Besucherin der Ausstellung in Schwarzenberg im Jahr 2017 schrieb:

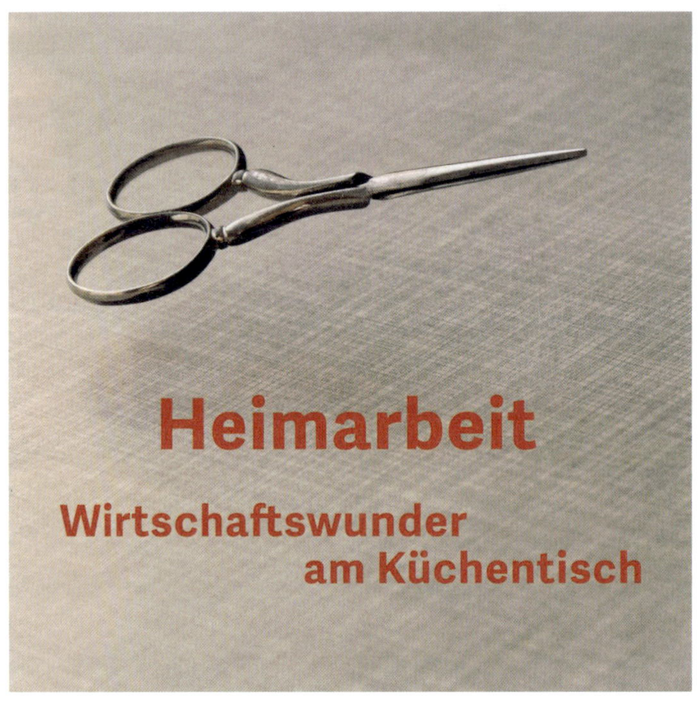

Abb. 3 Ausstellungssujet *Heimarbeit. Wirtschaftswunder am Küchentisch*, 2017–2019, motter design (Gestaltung), Till Hückels (Fotografie)

„Beim Nachsticken werden die fehlenden Muster mit der Maschine und mit verschiedenen Stichen nachgemacht. Es sollte so sein, dass man keinen Unterschied sieht. Also ‚Künstlerarbeit'. Ich habe es sehr gerne gemacht. Konnte bei den Kindern sein und manchen Schilling fürs neue Haus verdienen. Die Suppen, die unbeaufsichtigt über den Herd gelaufen sind, sind vergessen.“ [6]

Die Arbeit war beliebt, da „frau“ mit ihr (fast) alles „unter einen Hut“ bringen konnte. Auch für Unternehmen waren die externen Arbeitskräfte, mit denen

6 Anonymer Eintrag ins Gästebuch der Ausstellung *Heimarbeit. Wirtschaftswunder am Küchentisch*, Angelika Kauffmann Museum, Schwarzenberg, 2017/2018.

arbeitsrechtlich flexibel auf Konjunkturschwankungen reagiert werden konnte, ein großer Gewinn. Der sprichwörtliche Fleiß, das Geschick und die Verlässlichkeit waren aber sicher ein Resultat der prekären Arbeitsverhältnisse. Bereits kleine Fehler hatten direkte Folgen auf den Stücklohn oder führten dazu, dass die Arbeiterin vom Fergger oder der Ferggerin keine oder nur schlechtere Aufträge zugeteilt bekam. Heimarbeit war zudem außerhalb des Vorarlberger Ballungszentrums Rheintal bis in die 1990er Jahre für Frauen mit jüngeren Kindern meist die einzige Möglichkeit zum Geldverdienen, was die Abhängigkeit von den Aufträgen verstärkte. Eine schlechte Verkehrsinfrastruktur, mangelnde öffentliche Kinderbetreuungseinrichtungen und traditionelle Rollenbilder förderten das Arbeitsmodell sehr lange – nach 1945 übrigens auch in der Elektro- oder Metallbranche und in anderen Sparten der Textilproduktion, wie der Strickerei, Wirkerei und Konfektion.

Und noch eine letzte wichtige Eigenschaft, die Heimarbeiter*innen mit ausgebildeten Handwerker*innen gemeinsam hatten: Das Werkzeug war ihnen „heilig“.[7] Jede*r Arbeiter*in der Textilbranche hatte ihr *Lieblingsscherle* oder ihr *Maschinele*, mit dem er/sie in der Küche, im Schlafzimmer, in einer Nebenkammer oft rund um die Uhr hunderte Meter Stoff oder tausende Stoffteile verarbeitete.

Die Scheren wurden auch regelmäßig bei bekannten Scherenschleifereien auf Kosten der Auftraggeber geschliffen. Aufgrund dieser Bedeutung haben wir dieses wichtige Handwerkzeug 2017/2018 im Ausstellungssujet verewigt.[8]

7 „Das Werkzeug ist dem Handwerker heilig, denn mit einem guten Werkzeug fällt die Arbeit leichter!“ und „Wer darauf keinen Wert legt, ist kein Handwerker“, Zitate von Hubert Moschinger; in: Schallaburg Kulturbetriebsges.m.b.H., Der Hände Werk, Bd. I. Vieler Hände Werk, Ausstellungskatalog Schallaburg 2019, S. 12.

8 Heimarbeit. Wirtschaftswunder am Küchentisch. Ausstellungen im Angelika Kauffmann Museum, Schwarzenberg 2017/18 und im Stadtmuseum Dornbirn 2018/19. Dazu Motter/Grabherr-Schneider: Heimarbeit. Wirtschaftswunder am Küchentisch, Dornbirn 2019 und www.heimarbeit-vorarlberg.at (Aufruf 20.11.2021).

5.3 Pascal Heß

Was die Maschine noch nicht kann – Handarbeit in industrieller Fertigung

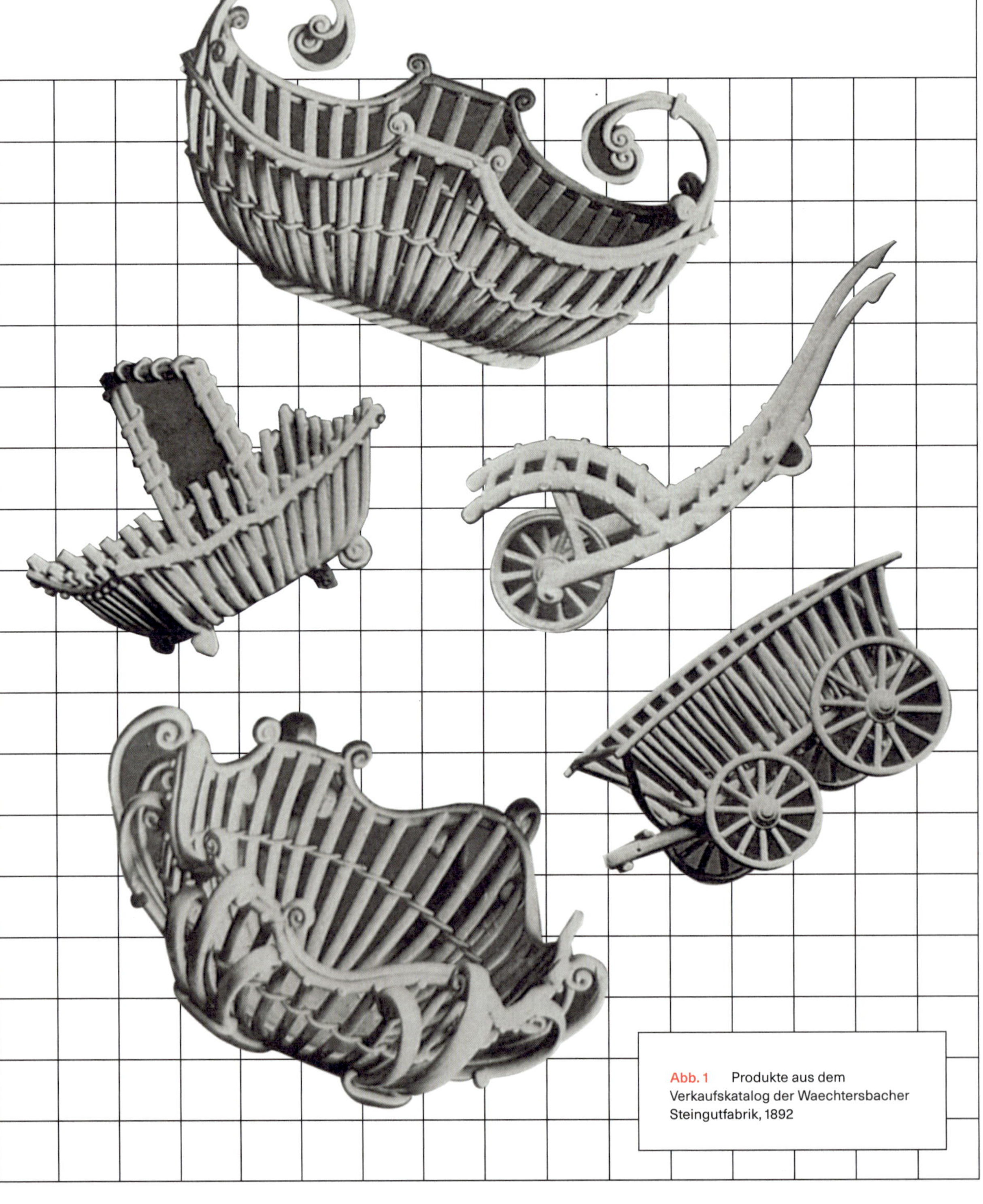

Abb. 1 Produkte aus dem Verkaufskatalog der Waechtersbacher Steingutfabrik, 1892

Die Waechtersbacher Steingutfabrik zählte seit 1832 zu den bedeutendsten Herstellern von künstlerischer und Gebrauchskeramik im deutschen Sprachraum. In ihren Blütezeiten arbeitete sie für die Künstlerkolonie Darmstadt und setzte Entwürfe von Joseph Maria Olbrich (1867–1908), Ernst Riegel (1871–1939) oder Albin Müller (1871–1941) um. Später entwarfen neben Ursula Fesca (1900–1975) auch Ettore Sottsass (1917–2007), Michael Graves (1934–2015) und Zaha Hadid (1950–2016) für die Firma, die zahlreiche technische und gestalterische Innovationen entwickelte.

Bis zur Einstellung 2011 stand die Produktion in dem Spannungsfeld von hohen Anteilen handwerklicher Tätigkeiten, die in industrielle Prozesse eingebettet waren. Im 19. Jahrhundert investierte der Direktor Max Rösler (1840–1922)[1] in den Ausbau industrieller Abläufe und die damit verbundenen technischen Fortschritte, wertete die Produkte aber gleichzeitig durch handwerklich ausgeführte Gestaltungsmerkmale auf und kommunizierte letzteres als Qualitätsmerkmal an die Kund*innen. (Abb. 1)

In diesem Zeitraum, gegen Ende der 1880er Jahre, fällt die Gründung der Körbchenflechterei als Unterabteilung der Zierformerei. Karl Leonhardt (1860–1911), eigentlich als Maler angestellt, entwickelte die Idee, aus feuchten Tonsträngen ganze Körbe und Flechtformen zusammenzufügen.[2] Die Nachfrage nach den Produkten war groß und der folgende Direktor Dr. Richard König (1860–1902)[3] notiert von der Leipziger Frühjahrsmesse 1894: „Unsere Neuheiten – besonders der neue Geflecht [sic!] – haben großes Aufsehen erregt.“[4]

1 Sparkassen-Kulturstiftung Hessen-Thüringen (Hg.): Wächtersbacher Steingut, 2001, S. 10 f.: Max Rösler leitete die Fabrik von 1874 bis 1890.

2 Frensch: Wächtersbacher Steingut, 1978, S. 136. Volker Kirchner, Brachttal und Wächtersbach, hat Frenschs Angaben durch Archivrecherchen korrigieren können: Karl Leonhards Vorname wurde nicht mit C geschrieben und er war als Porzellanmaler, nicht als Zuckerbäcker ausgebildet. Außerdem ist davon auszugehen, dass er seit 1882 beschäftigt war, da er 1907 sein 25-jähriges Dienstjubiläum feierte. Bereits 1890 war er als Flechtereiaufseher angestellt.

3 Sparkassen-Kulturstiftung Hessen-Thüringen (Hg.): Wächtersbacher Steingut, 2001, S. 11: Nach Röslers Weggang wurde die Direktion aufgeteilt: Kaufmännischer Direktor wurde Jakob Staubach (1890–1926), technischer Direktor wurde Dr. Richard König.

In anderen Fabriken wurden ähnliche Produkte in einer Form in einem Stück gegossen. Die Herstellung konnte dadurch stark rationalisiert und industrialisiert werden. Den Stücken war jedoch anzusehen, dass es sich nicht wirklich um Flechtwerk handelte. Eine weitere Technik, Flechtwerk vorzutäuschen, war einem Objekt in der Gussform eine reliefierte Oberfläche zu geben, deren Zwischenräume nach dem Guss und vor dem ersten Brand ausgeschnitten wurden.

In der Waechtersbacher Steingutfabrik sprach man dagegen der Übereinstimmung von Form und Technik einen hohen Wert zu – die Bedeutung lag in der Authentizität des Flechtwerkes. In einem Fotoalbum vom Juni 1930[5] hat sich ein Einblick in das Produktionsverfahren erhalten:

Hinter der Zierformerin und auf dem Trockenregal sind deutlich die Model oder Grundformen zu sehen, über denen die Körbchen von Hand aufgebaut wurden. Im Vordergrund auf dem Brett liegen maschinell hergestellte, feuchte Tonstränge, die die Frau mithilfe des Schlickers in der Waschschüssel zur Rechten miteinander verband. Deutlich ist zu sehen, dass sie das auf dem Kopf stehende Körbchen von Hand zusammensetzte. Erst legte sie den unteren Ring als Rand und dann oben die Bodenplatte auf. Daran setzte sie die senkrechten Stränge. Nach jedem Strang wurde das mittlere Band kreuzförmig mäandernd über und unter den Strang geführt. Die fertigen Körbchen trockneten in den Regalen, bevor sie vom Model genommen und in den Brennofen gestellt wurden. (Abb. 2)

Das Model, eine Gipsform, zeigt die industrielle Normierung des Produktes an. Jedes Körbchen besitzt die gleichen Maße, besteht aus der gleichen Menge Material und der gleichen Anzahl an Strängen.

4 Fürstliches Archiv Ysenburg-Büdingen: BüdA 9III20. Vermittelt durch Volker Kirchner, Brachttal und Wächtersbach.

5 Das Foto der Zierformerin entstand für ein Album, das die Direktion der Steingutfabrik im Juni 1930 dem Fürsten von Ysenburg-Wächtersbach zum 80. Geburtstag schenkte. Heute Bibliothek des Fürsten Ysenburg-Büdingen. Reproduktion von Volker Kirchner.

Abb. 2 Zierformerin, Waechtersbacher Steingutfabrik, 1930, Bibliothek des Fürsten Ysenburg-Büdingen

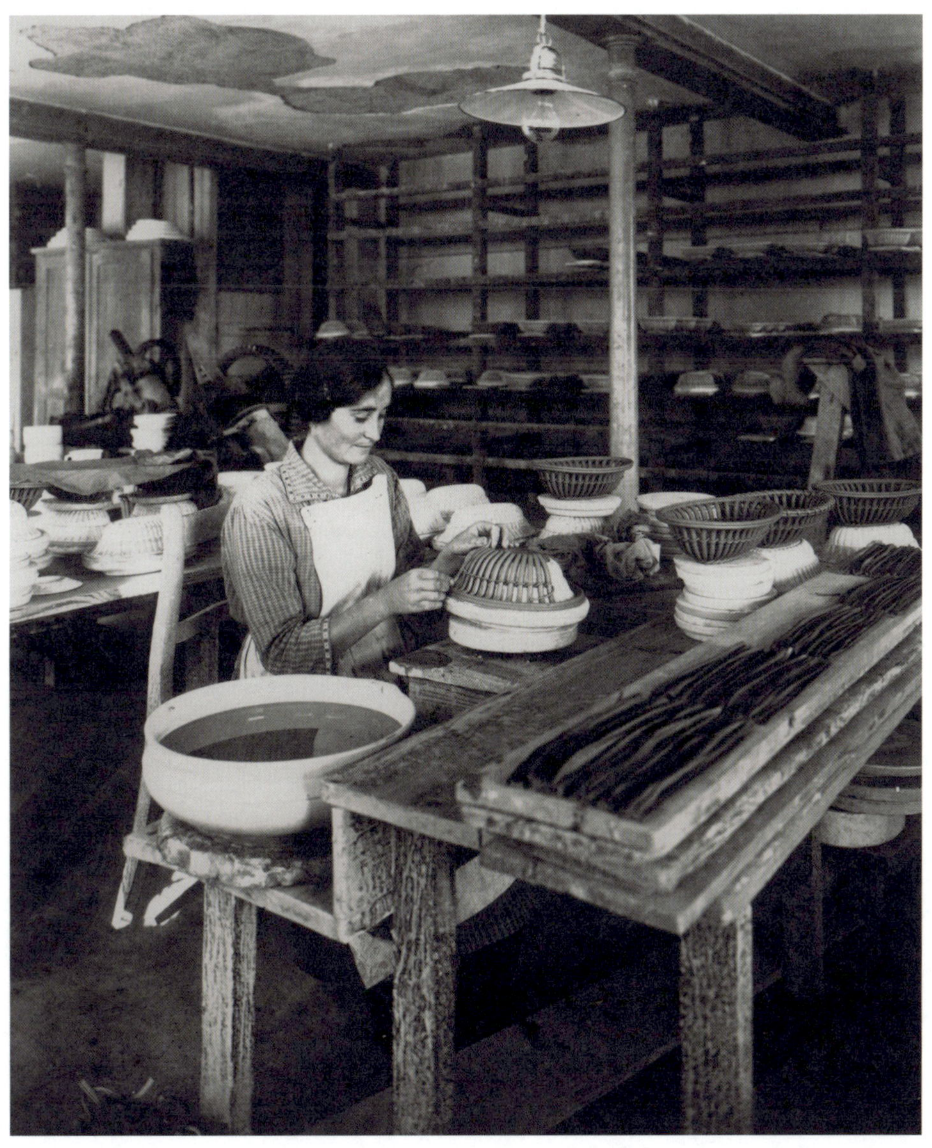

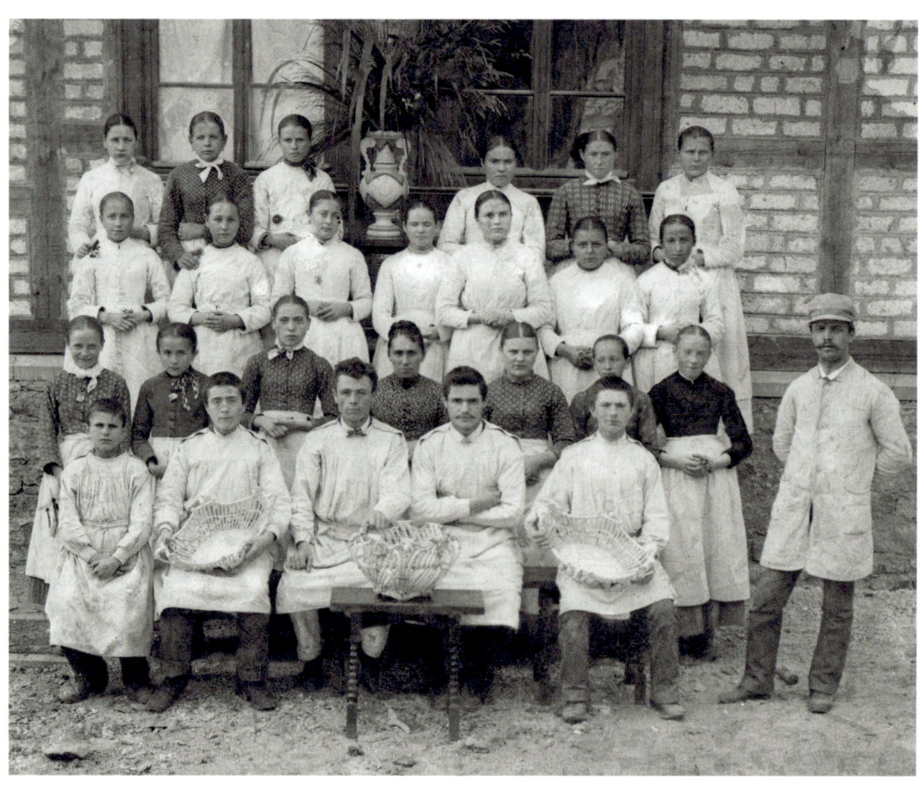

Abb. 3 Abteilung der Körbchenflechterei unter Karl Leonhardt, 1893/94, Archiv der Waechtersbacher Steingutfabrik, Zentrum für Regionalgeschichte des Main-Kinzig-Kreises

Auch die Stränge selbst sind nur industriell herzustellen. Sie wurden in der Massepresse im Hintergrund verdichtet. Bei einer Fertigung von Hand kommt es nicht nur zu unterschiedlichen Dicken, sondern vor allem zu Lufteinschlüssen, was zu Brüchen beim Brand führt.

Während die Einzelelemente in der industriellen Produktion entstanden und auch das Ergebnis industriell normiert war, kennzeichnete ausschließliche Handarbeit den Prozess. Das erklärt, warum die Zierformerei außergewöhnlich viele Mitarbeiter*innen hatte. Der Zeitaufwand war im Vergleich zur regulären Produktion deutlich höher. Ein Foto der Abteilung von 1893[6] zeigt mit Karl Leonhardt rechts im Bild 26 Personen. (Abb. 3) Die meisten sind Frauen oder sogar junge Mädchen. Deren Gehälter waren deutlich geringer als die der Männer, so konnten die Produktionskosten gesenkt werden. Außerdem galt die Arbeit nicht als körperlich schwer, das Flechten und die Feinarbeit überdies als typisch weiblich.

In der Flechterei der Waechtersbacher Steingutfabrik treten die Konfliktlinien zwischen Handwerk und Industrie exemplarisch zutage. Die handwerkliche Arbeit übernimmt das, was maschinell nicht zu leisten ist. Die Authentizität der Flechterei ist dabei ein entscheidender Faktor. Und doch soll die handwerkliche Arbeit nicht individuell, sondern standardisiert wirken, um eine höhere Wertigkeit zu vermitteln. Die deswegen höheren Personalkosten werden durch die Anstellung günstigerer Arbeitskräfte aufgefangen. Wo das Handwerk also die Authentizität des Flechtwerks verbürgt, darf es die Individualität des arbeitenden Menschen nicht mehr zeigen.

6 Das Foto der Angestellten der Zierformerei entstand 1893 oder 1894. Archiv der Waechtersbacher Steingutfabrik, Zentrum für Regionalgeschichte des Main-Kinzig-Kreises. Reproduktion Volker Kirchner.

5.4 Thomas A. Geisler im Gespräch mit Markus Freitag

Taschen machen – Unikate am laufenden Band

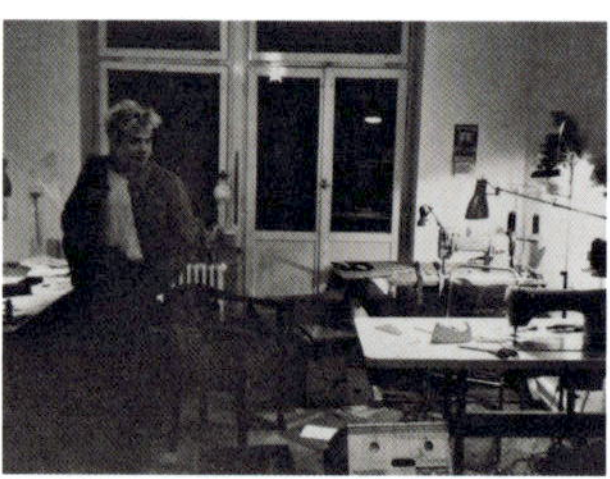

Abb. 1 Der erste Produktionsort der Brüder war die WG an der Hohlstraße in Zürich. Sie wuschen die Planen in der Badewanne und nähten sie mit einer Industrie-Nähmaschine zusammen

Vor fast genau 30 Jahren produzierten die beiden Brüder Daniel und Markus Freitag ihre erste Kuriertasche. Sie waren keine ausgebildeten Gürtler oder Sattler, hatten aber ein Gespür für Materialien und Themen wie Nachhaltigkeit und Kreislaufwirtschaft, noch bevor diese die Designbranche maßgeblich bestimmten. Ihr Handwerk war und ist weniger mit der Nähmaschine verbunden als mit der Gestaltung von Produktionsabläufen und der cleveren Vermarktung ihrer Produkte. Die FREITAG-Taschen sind mittlerweile ein globaler Brand – zumindest für ein bestimmtes Klientel –, jedes Stück ein Unikat und doch in Serie hergestellt.

Thomas A. Geisler: Viele werden sich vielleicht fragen, was FREITAG-Taschen im Kontext von Handwerk verloren haben. Ich habe keine Ahnung, wie viele Taschen pro Jahr heute hergestellt werden, aber im Sommer 1993 gab es die ersten Messenger-Bags, und die habt ihr selbst gefertigt. Wollt ihr etwas zur Entstehung der ersten Tasche sagen? War von Anfang an klar, dass daraus ein arbeitsteiliges Serienprodukt werden sollte?

Markus Freitag: Um Himmels willen, als Gestalter möchte man ja nie mehr als zwei Mal dasselbe tun. Deshalb war es eigentlich nicht primär unsere Idee, so viel vom Gleichen herzustellen und damit eine ganze Taschenfabrik aufzubauen, von der aus wir mittlerweile rund 400.000 Produkte pro Jahr in die ganze Welt verkaufen. Wobei, das müssen wir gleich wieder etwas relativieren: Als Studenten wollten wir damit natürlich auch irgendwie unser Studium finanzieren – und bei FREITAG-Taschen handelt es sich ja bekanntlich um Unikate. Diese in immer wieder neuen Formen und Funktionen zu fertigen, neue Materialitäten miteinzubeziehen und kreislauffähige Services wie zum Beispiel unsere Tauschplattform zu entwickeln – dabei wird's uns bis heute nicht langweilig.

TAG Die ersten Taschen entstanden in einer 3-Zimmer-WG in der Hohlstrasse in Zürich, die ihr auch als Werkstatt bezeichnet. Ihr seid handwerklich begabt, aber nicht ausgebildet – also nicht im traditionellen Sinne. Woher hattet ihr eine Ahnung, was es braucht, Taschen zu produzieren, welche Werkzeuge, welche Materialien, welche Handgriffe etc.?

MF Daniel und ich sind beide und jeder auf seine Art so etwas wie Allrounder. Zusammen hatten wir dann bereits vier Hände, und auch wenn diese im Taschenmachen zunächst nicht geübt waren, hat es für die ersten einigermaßen brauchbaren Prototypen ausgereicht. Dass es das geeignete Werkzeug, allem voran eine robuste Dreifachtransport-Sattlernähmaschine braucht, haben wir spätestens dann gemerkt, als wir die erste Haushaltsmaschine ramponiert haben. Die wichtigste Ausbildung haben wir wohl zu Hause in unserem Gartenschuppen genossen, da konnten wir schon als kleine Jungs mit allen möglichen Materialien etwas ausprobieren, scheitern und wieder ausprobieren. Heute nennt man das bei FREITAG *design thinking*, *rapid prototyping* und *fail early*.

TAG Als urbanen Rohstoff habt ihr euch für gebrauchte Lkw-Planen entschieden. Waren das ökonomische oder ökologische Beweggründe – oder gab das Material auch schon den gestalterischen Spielraum vor? Die ersten Taschen waren farblich noch sehr zurückhaltend im Gegensatz zur heutigen Vielfältigkeit.

MF Ökonomisch betrachtet, haben wir schnell gemerkt, dass es günstiger wäre, ein neues, billiges Lkw-Planen-ähnliches Material zu verarbeiten, als die echten alten Lkw-Planen in ganz Europa zusammenzusuchen, sauber zu schrubben und in individuelle Stücke zu schneiden. In erster Linie waren das ökologische Beweggründe. Schon im Kindergartenalter wurde uns das Kompostieren beigebracht, ein paar Jahre später haben Daniel und ich das Familienauto abgeschafft und als wir in unserer Berufslehre in der Werbe- und Kommunikationsbranche bemerkt haben, dass wir einen Haufen Müll produzieren, versuchten wir fortan, wenn immer möglich auf Recyclingmaterial umzustellen. Dabei entstand ein kleiner Materialbaukasten, in dem zuerst alte Auto-Sicherheitsgurte und ausrangierte Fahrradschläuche weitere Verwendung fanden. Später hatten wir das Bedürfnis nach einem robusten, regenfesten Messenger-Bag, um unsere Grafikentwürfe mit dem Velo quer durch die Stadt zu transportieren. Dann kam die Studenten-Wohnsituation dazu – direkt an der Zürcher Stadtautobahn mit Blick auf die vorbeidonnernden, bunt bedruckten Lkws. Diese dann nach dem Ablauf ihres ersten Lebens in Stücke zu schneiden, war unser Versuch, den motorisierten Schwerverkehr von der Straße auf die Fahrräder zu verlagern.

Abb. 2 Seit 1993 schenken die beiden Designer Daniel und Markus Freitag ausgedienten LKW-Planen ein nächstes Leben als hoch funktionale Taschen und Accessoires

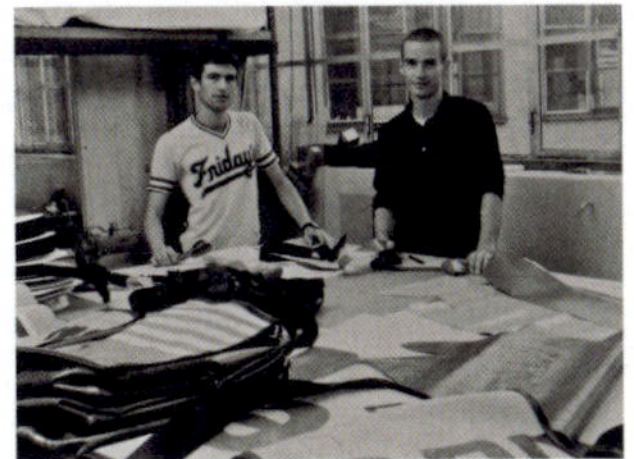

TAG Als ihr gestartet seid, lagen Entwurf, Produktion und Vertrieb in euren beiden Händen – ganz so wie Handwerk über Jahrhunderte betrieben wurde. Als was habt ihr euch damals gesehen: Designer, Handwerker, Gründer – der Begriff Start-up war damals noch nicht so geläufig? Seht ihr euch heute als Unternehmer?

MF Ja, Begriffe wie Start-up und Business-Plan haben wir erst viele Jahre später kennengelernt. Wir denken, es war schon damals eine Mischung von allem. Gute Designer*innen verstehen auch etwas vom Handwerk. Und gute Handwerker*innen und Designer*innen haben große Chancen, auch unternehmerisch erfolgreich zu sein. Heute sehen wir uns als Unternehmer, genauer gesagt als Co-Unternehmer. Zum einen hat das damit zu tun, dass wir mit neuen Partnern an neuen Ideen arbeiten – wir sind zum Beispiel daran, eine neuartige, kreislauffähige Lkw-Plane zu entwickeln – und zum anderen auch damit, dass bei FREITAG mittlerweile viele Unternehmer*innen im Unternehmen tätig sind. Wir haben schon „klassische Angestellte", aber da wir selbstorganisiert sind, spielt sehr viel Eigenverantwortung mit hinein.

TAG Ab wann wurde euch klar, es braucht mehrere Hände und eine größere Werkstatt? War das Wachstum von vorneherein Teil eines Wirtschaftsplans? Die Skalierung vom Einzelstück zur Serie erfolgte nicht von heute auf morgen, welche Schritte habt ihr gesetzt und wann wusstet ihr, jetzt produzieren wir genug? Gibt es ein „limit to grow"?

MF Das „limit to grow" lernt man vermutlich ohnehin erst dann wirklich kennen, wenn man es bereits überschritten hat. Aber FREITAG hat sich stetig und in jeder Hinsicht über organisches Wachstum weiterentwickelt. Wir haben immer wieder verschiedene Grenzen kennengelernt und diese auch immer wieder etwas nach oben verschoben. Solange wir unseren Grundsätzen treu bleiben, erachten wir auch Wachstum als legitim, zumal wir davon überzeugt sind, mit unserem Produkt gerade in der Branche einen gewissen Vorbildcharakter zu haben. Entsprechend finden wir es gut, wenn unsere Ideen noch etwas bekannter werden und unserer Umwelt auch indirekt ein positiver Impact zugutekommt.

TAG Henry Ford soll einmal gesagt haben: „Jeder Kunde kann ein Auto in jeder gewünschten Farbe haben, so lange es schwarz ist." FREITAG-Taschen gibt es auch in Schwarz, aber eigentlich sind sie für ihre bunte Vielfalt bekannt. Waren fordistische Prinzipien wie Standardisierung, Effizienz in Abläufen, Logistik, alles was man so vom Fließband kennt, dennoch relevant im Aufbau eurer Produktion?

MF Ja, unbedingt. Ein Unikat wie die FREITAG-Tasche zu einem knapp noch erschwinglichen Preis in Europa herzustellen, war und ist nur möglich, wenn wir uns ständig Gedanken machen, wie wir unsere Handgriffe und Abläufe noch weiter optimieren können – ohne dass die gestalterische Qualität des einzelnen Produktes darunter leidet.

TAG Die Arbeitsschritte in der Produktion bis hin zum Vertrieb sind bei euch heute in viele Schritte separiert. Ihr würdet euch aber trotzdem nicht als Industriebetrieb bezeichnen, oder? Womit stellt ihr sicher, trotzdem Einzelstücke zu produzieren?

MF Nein, ein klassischer Industriebetrieb sind wir nicht, viel eher so etwas wie eine große Manufaktur mit einem europäischen Netzwerk an Produktionspartnern. Tatsächlich sind es zum großen Teil noch immer die gleichen manuellen Arbeitsschritte und Handgriffe wie 1993 in unserer ersten kleinen WG-Werkstatt. Auch der Zuschnitt ist Designarbeit. Zu jedem Taschenmodell gibt es ein Set an Schablonen, welche die Bag-Designer*innen so auf der Plane arrangieren, dass möglichst viele, möglichst schöne Taschen aus einer Plane geschnitten werden können.

TAG Kann man bei euch eigentlich eine Ausbildung machen, die im weitesten Sinne noch mit Handwerk vergleichbar ist? Eure „Häute" müssen zwar nicht gegerbt werden, aber durchlaufen doch einen ziemlichen Vorbereitungsprozess. Schnitttechniker*in würde mir noch einfallen, als klassischer Ausbildungsberuf in der Modebranche. Welches handwerkliche Wissen oder welche Fertigkeit setzt ihr voraus, wo bildet ihr selber aus?

MF In den letzten Jahren haben wir unser Ausbildungsangebot insgesamt stark ausgebaut, mit Lehrstellen im Bereich Polydesign, Mediamatik, IT, Logistik, Detailhandel sowie Praktikumsstellen für Holistic Design, Visual Design, Sustainability und Social Media. Den eigentlichen Zuschnitt der Tasche vermitteln wir mehrheitlich „on the job". Denn dort zählt eben nicht nur der Schnitt, sondern auch das dreidimensionale Vorstellungsvermögen. Schließlich sind es unsere Bag-Designer*innen im Zuschnitt, die darüber entscheiden, wie das fertige Unikat aussieht.

TAG Mit euren Produkten befriedigt ihr den Kund*innenwunsch nach Individualisierung, ohne dabei einen Maßanzug zu produzieren. Ist das ein Geheimnis eures Erfolges? Abgesehen davon, dass wohl die meisten Kund*innen ein Taschenmodell in unterschiedlichen Farbkombinationen haben wollen. War die Idee der „Collectibles" von Anfang an ein Teil eurer Strategie – im Marketingsprech würde man von Kund*innenbindung sprechen?

MF Durch unsere Wohnsituation direkt an der Stadtautobahn ist uns früh aufgefallen, dass wir es in Bezug auf die Lkws mit einer sehr großen Arten- und Farbenvielfalt zu tun haben. Dass Unikate sich zu einem so lange anhaltenden Megatrend entwickeln, haben wir damals nicht geahnt. Dass wir sozusagen Sammlerstücke herstellen, ist aber ein sehr erfreulicher Nebeneffekt und Teil des Erfolgs. Gerade in asiatischen Metropolen gibt es zahlreiche FREITAG-Sammler*innen, die sich selbständig untereinander organisieren und sich an ihren Treffen mit ihren schönsten Taschen ablichten lassen. Das Ergebnis davon lässt sich unter #frtg entdecken.

TAG Ihr seid ja schon im vorigen Jahrhundert gegründet, euer 30-jähriges Firmenjubiläum steht kurz bevor. In der heutigen Schnelllebigkeit könnte man beinahe von einem Traditionsunternehmen sprechen. Wie ist es gelungen, trotz der Expansion bei euren Ursprüngen – fast möchte man „Leisten" sagen – zu bleiben? Die FREITAG-Tasche kommt aus Zürich, ist aber ebenso in Tokio, New York oder Moskau zu Hause. Lokalität und Authentizität sind Buzzwords im Handwerk, euch scheint das mit einem Serienprodukt gelungen zu sein – wie geht das?

MF Authentizität auf allen Ebenen hat uns vermutlich tatsächlich zu so etwas wie einem jungen Traditionsunternehmen werden lassen. Und ja, die Lokalität ist trotz unserer internationalen Ausrichtung auch Teil unserer DNA. Das hat nicht nur damit zu tun, dass unser Hauptproduktionsstandort noch immer in Zürich ist, sondern auch damit, dass wir Unikate fertigen. Es lohnt sich, in verschiedenen FREITAG-Stores vorbeizuschauen, denn in jedem Laden unterscheidet sich die Auswahl vollständig.

Abb. 3 Seit 2011 befindet sich der Firmensitz von FREITAG in Zürich-Oerlikon. Hier wird ein großer Teil der LKW-Planen zerlegt, gewaschen und zugeschnitten

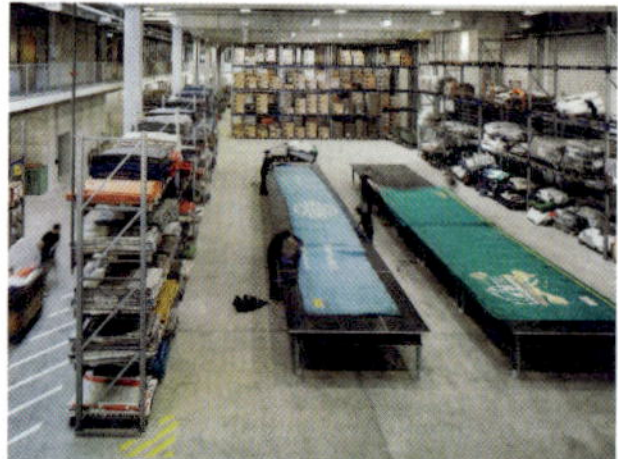

Abb. 4 Für das Design sind die Bag-Designer*innen verantwortlich. Am Schneidetisch wird die Tasche mit einem scharfen Messer und einer Schablone zugeschnitten

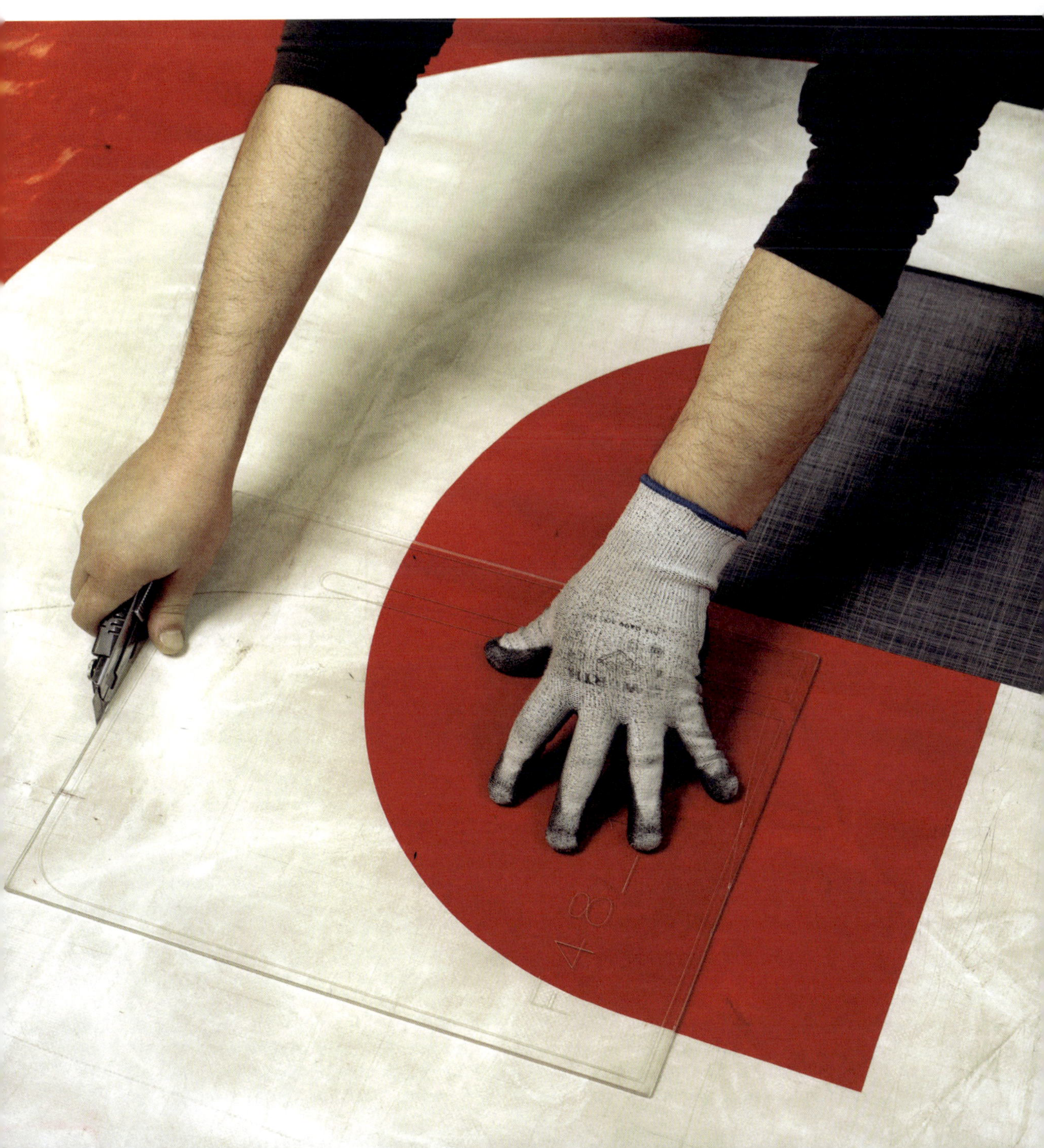

5.5 Ute Thomas im Gespräch mit Alexander Giermann

Man kann so schön ins Land kieken!

Alexander Giermann arbeitet seit acht Jahren für die Dresdner Firma cp.max Rotortechnik und kümmert sich gemeinsam mit seinen Kollegen um die Wartung von Windenergieanlagen, erstellt Gutachten, repariert Schäden und wuchtet Rotoren aus. Dafür sind handwerkliche Tätigkeiten erforderlich, die, gerade bei Reparaturen, möglichst kaum sichtbar werden sollen. Er arbeitet dafür an Industrieanlagen auf der ganzen Welt.

Ute Thomas: Was haben Sie gelernt? Welche Ausbildung haben Sie gemacht?

Alexander Giermann: Gelernt habe ich Verfahrensmechaniker für Kautschuk und Kunststofftechnik im Bereich Faserverbundwerkstoffe. Ich habe eine gewisse Affinität zu Windkraftanlagen. Als ich noch an der Küste gewohnt habe, ich komme eigentlich aus Stralsund (Mecklenburg-Vorpommern), fand ich die immer sehr faszinierend. Ich hatte damals ein Fachgymnasium für Bautechnik besucht und wir mussten dafür auch Bauwerke analysieren. Ich hatte mir die Windkraftanlage ausgesucht. Später bin ich nach Dresden gezogen, und als meine jetzige Firma Mitarbeiter*innen für die Reparatur von Windkraftanlagen suchte, habe ich ein Praktikum gemacht und bin geblieben.

UT Sehen Sie sich persönlich als Handwerker?

AG Wir setzen zwar Maschinen ein, aber die Form geben wir vor. Ja, ich glaube, wir sind Handwerker. Die Arbeit ist sehr speziell, die Reparatur ist Handarbeit und wir müssen immer auf das Material und den Schaden reagieren. Mir würde keine passendere Kategorie für meine Arbeit einfallen.

UT Wo ist Ihr Arbeitsort?

AG Ich arbeite außen an Windkraftanlagen meistens in einer Höhe von 40 bis 140 Metern. Wir arbeiten maximal bis zur Höhe der Gondel, also da, wo die Nabe der Anlage ist.

UT Klettern Sie gern? Wie haben Sie es geschafft, sich an diese großen Höhen zu gewöhnen?

AG Klettern gehe ich gar nicht, null. Ich komme von der Küste, für mich zählt der Wassersport. Für Berge habe ich wenig übrig, außer, dass sie natürlich schön aussehen. Beim Klettern haben Sie immer was zum Festhalten, beim Arbeiten auf der Windkraftanlage hängen Sie frei an zwei Seilen, das ist schon etwas ganz anderes. Aber ich hatte nie Schwierigkeiten mit der Höhe. Ich war länger bei der Bundeswehr und bin aus großer Höhe aus dem Flugzeug gesprungen, das hat mich nie gestört. Alle Höhenarbeiter*innen haben eigentlich weniger Angst vor der Höhe, wir haben Angst vor dem Absturz. Das sind zwei komplett verschiedene Dinge.

UT Welche persönlichen Voraussetzungen sind für Ihre Arbeit notwendig? Gibt es Einstellungsvoraussetzungen?

AG Die körperliche Fitness ist extrem wichtig. Alle drei Jahre, für über Vierzigjährige alle zwei Jahre, müssen wir zu einer arbeitsmedizinischen Untersuchung. Sie entscheidet über die allgemeine Höhentauglichkeit und damit darüber, ob ich in meinem Beruf weitermachen darf oder nicht. Das ist wichtig, so hat man für sich und die Kollegen, auf die man sich verlassen muss, die Sicherheit, dass alle fit genug sind für den Job. Wenn Sie offshore arbeiten möchten, sind die Bedingungen sogar noch strenger. Sobald Sie außen an der Anlage mit Seilen arbeiten, brauchen Sie zusätzlich eine Höhenarbeiter*innen-Ausbildung.

UT Ohne die arbeitsmedizinische Zulassung können Sie nicht weiterarbeiten. Haben Sie einen Plan B für diesen Fall?

AG Ja, das ist ein Risiko des Berufs. Das können Sie nur so lange machen, solange Sie fit sind. Einige Kollegen sind in den Innendienst gewechselt. Unsere Firma kann das aber nur bedingt auffangen. Jeder muss da selbst für sich sorgen. Einen Plan B habe ich. Ich könnte beispielsweise in die Fertigung wechseln oder zum Bootsbau. Ich versuche die Kontakte dahin zu pflegen. Mit unserer Tätigkeit haben Sie keine Chance auf eine Berufsunfähigkeitsversicherung. Sie brauchen sich nur das Knöchelgelenk brechen und dadurch einen etwas unsichereren Stand haben, dann bekommen Sie keine arbeitsmedizinische Zulassung und sind berufsunfähig.

Deshalb immer gut auf sich aufpassen! Bei mir ist die Arbeit die Fitness, aber etwas Ausdauer und Muskeln trainiere ich schon, und ich ernähre mich vernünftig.

UT Womit müssen Sie während Ihrer Arbeit umgehen, wovon sind Sie abhängig?

AG Umgehen muss ich vor allem mit dem Wetter, davon bin ich extrem abhängig. Es gibt Bedingungen, Nässe zum Beispiel, da kann ich nichts sinnvoll reparieren, weil es dann nicht mehr dauerhaft hält. Bei Minusgraden und elf Metern Wind pro Sekunde wird es auch irgendwann kritisch für die eigene Sicherheit, wenn man die Hände nicht mehr richtig einsetzen kann vor Kälte. Bildet gefrierender Nebel Eisfahnen am Seil, wird es problematisch wieder runterzukommen. Hohe Temperaturen sind eher unkompliziert, oben weht immer ein bisschen Wind und man kann auf der Schattenseite arbeiten. Jeder hat so seine eigene Schmerzgrenze, ab welchen Bedingungen er nicht mehr arbeitet. Da wird dann auch die Höhe wieder relevant, in der man sich ja die ganze Zeit befindet. Aber sonst ist es eigentlich eine rein sitzende Tätigkeit. Das heißt, ich sitze wirklich die ganze Zeit auf einem Brett, das ich mir selbst gebaut habe, und mache meine Arbeit.

UT Wie sieht Ihr Arbeitstag aus?

AG Wenn ich zur Reparatur einer Anlage fahre, bin ich kurz vor acht mit meinem Kollegen an der Anlage. Wir arbeiten immer zu zweit. Der Kollege hält die Anlage an, wenn wir den ersten Tag vor Ort sind. Dann werden die Seile oben an der Anlage befestigt und nach unten gelassen. Auch ein Elektrokabel wird mit abgelassen, für unsere Werkzeuge. In einer Seilwinde hängend, fahre ich hoch zum Ort der Reparatur. Dort muss ich mich zunächst in den Seilen selbst sichern und die Seilwinde ausbauen, damit ich später wieder mit einem Abseilgerät runterkomme. Dann positioniere ich mich in den Seilen für die Reparatur. Ich muss vorher genau planen, in welcher Reihenfolge ich die Schäden abarbeite und welche ich zusammen reparieren kann, da ich mich jedes Mal neu positionieren muss. Und die Seile dürfen keine frische Reparaturstelle berühren und alles aufreißen. Während und auch nach der Reparatur wird die Arbeit sorgfältig dokumentiert. Die reparierte Stelle wird fotografiert, die Wetterbedingungen bei der Reparatur protokolliert, wie viel und welche Art Chemikalien und Material verbraucht und verarbeitet wurden. Das ist zwar aufwendig, aber wichtig, vor allem, wenn ein reparierter Schaden wieder aufgeht. Dann hat man einen Nachweis, dass man sich an die Verarbeitungsvorschriften der jeweiligen Materialien gehalten hat.

UT Wie wird ein Riss in einem Rotorblatt repariert?

AG Die Haut des Rotorblattes besteht aus verschiedenen Schichten von Glasfasermatten, die miteinander „verklebt“ sind. Darunter folgt als Kernmaterial eine Konstruktion aus Balsaholz oder einem speziellen Schaum, innen folgen wieder verbundene Schichten aus Glasfaser. Bei der Reparatur schleife ich zuerst die oberste Lage weg, dann kann ich den Schaden begutachten. Man sieht Rissen von außen schlecht an, wie tief sie gehen. Ich entferne alle Schichten, die beschädigt sind. Ist das Kernmaterial beschädigt, wird die Reparatur aufwendiger. Auf die beschädigte Stelle laminiere ich ein etwas größeres „Pflaster“ aus sich überlappenden Glasfaserschichten. Das „Pflaster“ muss möglichst Nass-in-Nass in einem Durchgang aufgebracht werden. Die Reparaturstelle ist dabei ständig auch dem Wind ausgesetzt, das Blatt arbeitet und bewegt sich, das muss ich beim Reparieren ausgleichen. Nach dem Anrühren des Laminierharzes habe ich nur eine begrenzte Verarbeitungszeit, bevor das Aushärten einsetzt. Das können bei 20 Grad auch mal nur 15 Minuten sein. Wenn ich länger Zeit brauche, muss ich entweder warten, bis es kühler ist, eine andere Chemikalie einsetzen oder nur eine Lage laminieren. Das hat auch viel mit Erfahrung zu tun. Die Aushärtezeit nutzen wir meist für eine Pause. Manchmal muss man den Vorgang in einzelne Schritte unterteilen und dann den ausgehärteten Teil zum Weiterlaminieren nochmal anschleifen. Bei größeren Schäden, die bis zur innersten Schicht durchgehen, muss man auch mal in das Blatt hineinkriechen, um zuerst die innenliegende Schicht zu reparieren und dann von außen weiterzumachen.

UT Dann müssen Sie also auch viel Material und Werkzeug zum Ort der Reparatur transportieren?

AG Jeder richtet sich dafür sein Sitzbrett besonders ein. Ich habe zwei Plastikkisten links und rechts, in denen meine Arbeitssachen sortiert sind. Dort sind Lack, Laminierharz und andere Chemikalien, womit die Schichten verbunden werden. Ich habe Elektrowerkzeuge und kleinere Werkzeuge, wie Schere, Spatel, Pinsel, Klebeband, mit und auch einen Mülleimer. Die Austauschmaterialien sind in einem extra verschlossenen Eimer, damit die Glasfasern sauber bleiben und nicht geknickt werden. Dann haben wir noch den Sicherungsgurt an, Abseilgeräte, Steig- und Verbindungsklemmen für die Seilarbeit dabei. Das sind etwa 25 Kilo Gepäck, zum Glück gibt's die Seilwinde zum Hochziehen. Runter kommen Sie mit der Schwerkraft!

UT Welche Aufgaben hat der Kollege unten?

AG Er ist für meine Sicherung zuständig und assistiert von unten, falls ich irgendetwas brauche. Bei einer Reparatur sieht man meist erst oben, wie viel Material tatsächlich benötigt wird. Das funke ich dann zum Kollegen, er schneidet die passende Größe zu und ich ziehe mir das Material dann nach oben. Der Kollege kann auch

Abb. 1 Alexander Giermann, cp.max Rotortechnik Dresden, bei der Reparatur an einer Windanlage

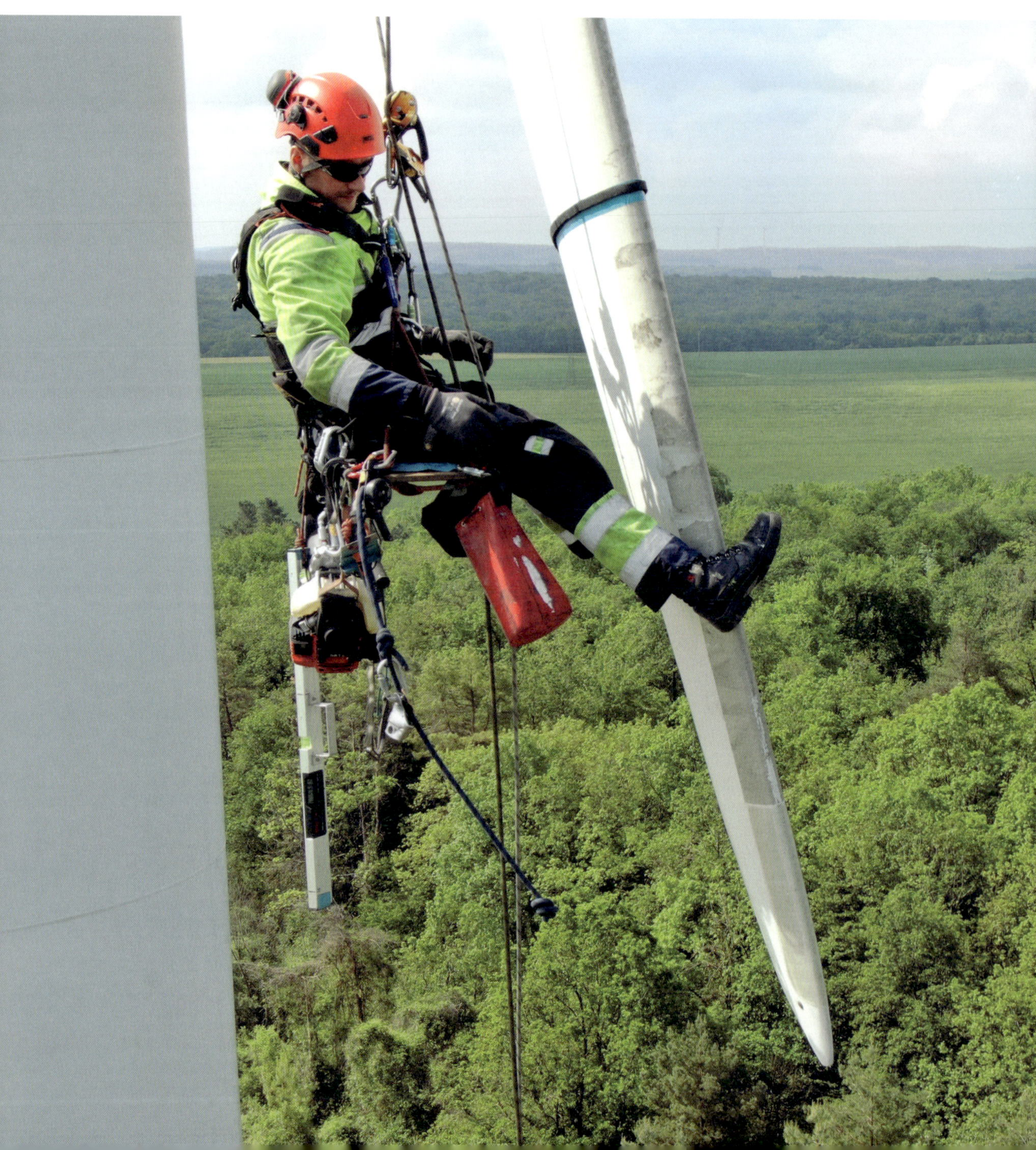

die Anlage oder das Blatt von unten drehen, damit ich beispielsweise besser an eine Reparaturstelle herankomme oder der Schleifstaub nicht ständig ins Gesicht weht. Es entscheidet jedes Team selbst, wie oft nach oben und unten gewechselt wird. Manche machen das wochenweise, manche täglich oder pro Anlage. Der Zusammenhalt unter den Kollegen ist großartig. Das hängt auch mit der Art der Arbeit zusammen, man muss sich auf seine Kollegen verlassen können, ihnen vertrauen. Außerdem ist man oft lange zusammen unterwegs, das geht nicht, wenn Sie sich da nicht mit ihrem Kollegen verstehen. Es ist aber gut, immer mal mit einem anderen Kollegen unterwegs sein zu können, da in unserem Beruf immer ein bisschen Fluktuation besteht.

UT Ist Ihre Arbeit gefährlich?

AG Gefährlich suggeriert unkontrollierbar, das ist die Arbeit definitiv nicht. Es ist ein kalkulierbares Risiko. Wir üben Rettungsszenarien im Team. Der Kollege, der unten für meine Sicherung zuständig ist, muss wissen, wie er mich im Notfall heil nach unten kriegt und dann medizinisch versorgt. Wenn ich „on shore" arbeite, also an Land, hängt mein Leben davon ab, denn nicht jede Region hat eine Höhenrettung. Da stünde im schlimmsten Fall die Feuerwehr da und wüsste nicht, wie sie an mich rankommt. Ein Kollege, der dann Bescheid weiß und Anweisungen geben kann, ist extrem wichtig. Offshore ist es ganz anders. Dort stehen sehr viel mehr auf die Situation ausgebildete Rettungskräfte zur Verfügung. Alle Teams im Windpark müssten bei einem Unfall, der mir passiert, und sei es nur ein gebrochener kleiner Finger, die Arbeit unterbrechen, solange ich mit dem Helikopter geholt werde und das Rettungsteam beschäftigt ist. Es ist einem schon bewusst, dass man einen Fehler in den Seilen unter Umständen nur einmal macht. Wichtig ist, dass Sie sich fit fühlen für die Arbeit. Wenn Sie Windgeschwindigkeiten von zwölf Metern pro Sekunde haben (45 bis 50 Kilometer pro Stunde), dann kann das für den einen kein Problem sein, der andere fühlt sich unsicher. Besser man bleibt dann als Team am Boden. Wir kriegen keinen großen Zeitdruck von der Firma, die Sicherheit geht immer vor. Druck ist in unserem Beruf genau das Falsche. Angst in einer Situation kann dazu führen, dass man die Kontrolle verliert und am Ende Fehler macht.

UT Wie wichtig ist Erfahrung in Bezug auf eine gute Reparatur und die verwendeten Materialien?

AG Die Schäden sind manchmal von außen nur zu erahnen. Darunter kann ein größerer Schaden versteckt sein oder es ist doch nur ein Makel im Material und kein Riss. Das muss man abschätzen und genau schauen können. Der Aufbau der Blätter unterscheidet sich je nach Anlagentyp. Die Rotorblätter neuer Anlagen werden immer leichter konstruiert, mit weniger Glasfaserlagen. Bei alten Anlagen, die schon zwanzig Jahre laufen, sind es vielleicht zwanzig Lagen, bei ganz neuen Anlagen manchmal nur noch zwei oder drei Außenschichten. Die Reparaturanfälligkeit erhöht sich und die Reparatur muss sorgfältiger ausgeführt werden, was wiederum Erfahrung erfordert.

UT Was schätzen Sie an Ihrer Arbeit?

AG Der Ausblick ist einmalig! Man kann sehr schön „ins Land kieken"! Und diese riesigen Maschinen bei der Reparatur selbst zu steuern, ist schon beeindruckend! Wenn ich zu einem Auftrag rausfahre, bin ich ein bisschen mein eigener Herr. Wichtig ist am Ende das Resultat, der Weg dahin wird Ihnen überlassen. Ich bin ziemlich viel im Ausland unterwegs, da sehen und erleben Sie natürlich auch einiges. Man ist dann ja auch gleich ein paar Wochen da. In China habe ich Leute ausgebildet, in der Seilarbeit und in Reparaturtechniken. Mit zwanzig ist die Arbeit für alle noch toll, wenn sie älter werden, überlegen viele, ob das ständige Unterwegssein und Familie noch vereinbar sind. Es gibt auch immer neue Entwicklungen, weil neue Anlagentypen, Konstruktionen oder neue Steuerungssoftware dazukommen.

UT Nicht erst die Digitalisierung bringt auch in handwerklichen Berufen immer wieder Neuentwicklungen mit sich, in denen Handarbeit durch Maschineneinsatz ersetzt wird. Kann man Ihre Tätigkeit auch von einer Maschine ersetzen lassen?

AG Ein Rotorblatt wird nie durch eine Maschine repariert werden können, weil das so speziell ist. Jeder Schaden ist ein Unikat, jeder muss anders repariert werden und irgendjemand müsste das Gerät steuern können. Ich kann mir nicht vorstellen, dass es mal einen Algorithmus geben könnte, der einer Maschine das erklären könnte. Es ist zu komplex. Die Reparateure werden zumindest die nächsten dreißig Jahre Arbeit haben, bevor es eventuell andere Formen der Energieerzeugung gibt. Bei Gutachten kommen aber schon seit einigen Jahren auch Drohnen zum Einsatz. Auch für die Kontrolle des Blitzschutzes gibt es mittlerweile Drohnen.

UT Danke für das Gespräch!

5.6 Julia Psilitelis

Imitation des Handwerklichen – Krautstrunk-Gläser in musealen Sammlungen

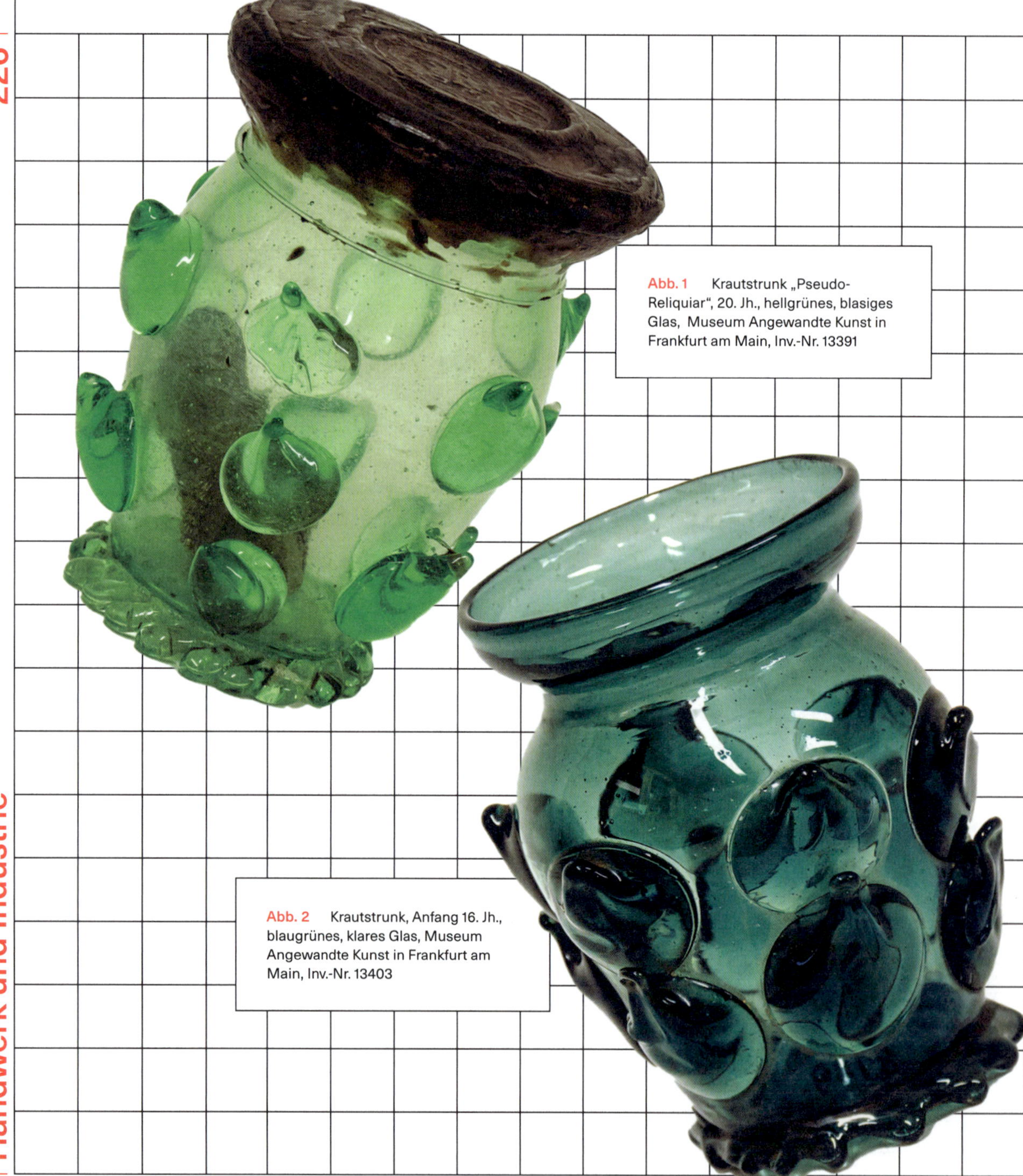

Abb. 1 Krautstrunk „Pseudo-Reliquiar", 20. Jh., hellgrünes, blasiges Glas, Museum Angewandte Kunst in Frankfurt am Main, Inv.-Nr. 13391

Abb. 2 Krautstrunk, Anfang 16. Jh., blaugrünes, klares Glas, Museum Angewandte Kunst in Frankfurt am Main, Inv.-Nr. 13403

Im Jahr 1972 schenkte die Curt- und Muzzi-Pfoh-Stiftung dem heutigen Museum Angewandte Kunst in Frankfurt am Main einige mittelalterliche Krautstrünke. In der wissenschaftlichen Bearbeitung wurde ein Teil der Gläser jedoch umdatiert. Margrit Bauer schreibt 1975 über den Krautstrunk mit der Inventarnummer 13391, (Abb. 1) dass es sich bei diesem und weiteren Exemplaren um Fälschungen aus dem 20. Jahrhundert handelt.[1]

Der Krautstrunk ist eine der häufigsten Glasformen aus dem Mittelalter. Außer als Trinkgefäß für Bier und Wein wurde das Glas auch als mit Wachs verschlossener Reliquienbehälter verwendet.[2] Der Name beschreibt die Ähnlichkeit zu einem entblätterten Kohlstrunk, mit breiten, nach oben gezogenen Nuppen als Blattansätzen.[3] Die fassförmige Gestaltung hat eine ausgebogene Lippe, einen eingestochenen Boden, Fadenverzierungen am Hals oder einen häufig gezackten Fadenwulst am Fuß. (Abb. 2) Das Glas ist durchsichtig und kommt in gelblich-grünen, bläulichgrünen oder hellgrünen Farbtönen (auch als Waldglas bezeichnet) vor. Die Nuppen auf der Glaswandung können unterschiedlich groß sein, eine mehr oder weniger ausgezogene Spitze haben, versetzt angeordnet sein.

Krautstrünke werden bis heute produziert: zum Teil zu Anschauungszwecken, als Alternative zu Originalobjekten, zum Teil gezielt als Fälschung – und wohl am häufigsten, um die Kaufnachfrage zu bedienen. Von Fälschungen wird gesprochen, wenn Produkte in einer Täuschungsabsicht hergestellt und gehandelt werden.[4] Repliken hingegen kopieren sowohl konkrete Objekte (bis heute eine beliebte Strategie für Gläser in Museumsshops[5])

1 Bauer: Europäisches und aussereuropäisches Glas, 1975, S. 39–40.

2 Dünser: Nuppenbecher, sog. Krautstrunk; Ausstellung *Sehen, wer wir sind. 100 Objekte aus der Sammlung des vorarlberg museums*, 2020.

3 Vgl. Rademacher: Der Krautstrunk, 1963, S. 111.

4 Schaich/Baumgartner (Hgg.): Reine Formsache. Deutsches Formglas 15. bis 19. Jahrhundert, 2007, S. 323.

5 Krautstrunk nach Vorbild eines Objektes der Museumssammlung: Hällisch-Fränkisches Museum; Webseite Museumsshop, URL: https://www.haellisch-fraenkisches-museum.de/de/besuch/museumsshop (zuletzt 12.12.2021).

oder den Stil ohne spezifische Vorlage und werden von Produzent*innen als Nachahmungen verkauft. Belege zur Herkunft und des Herstellungsdatums sind eine wichtige Hilfe zur Datierung. Bei Krautstrünken, die als Reliquienbehälter dienten, können Urkunden belegen, wann das Objekt geweiht und in seinen Platz eingesetzt wurde.[6] Als weiterer Anhaltspunkt für eine Datierung dienen regelmäßig historische Drucke und Gemälde.[7]

Margrit Bauer begründet die Datierung einiger Gläser ins 20. Jahrhundert mit der intensiven, kräftigen, schimmernden Farbe und einer schlechteren Glasqualität im Vergleich zu vielen mittelalterlichen Gläsern. Die Standfläche sei mechanisch abgeschliffen, was bei historischen Krautstrünken ausgeschlossen ist, da sie vom Glasmacher am Ofen vollendet und nicht nach dem Erkalten bearbeitet wurden.[8] Darüber hinaus vermutet sie, dass die regelmäßig gezackten Fußfäden mit einer Schere eingeschnitten worden seien, einer Technik, die nicht aus dem Mittelalter bekannt ist. Im Gegensatz zu alten Gläsern sind die Nuppen der neuen weniger rund, unregelmäßiger und nicht so sorgfältig mit der Wandung verschmolzen. Außerdem sind die Spitzen vieler Nuppen nicht wie gewöhnlich nach oben ausgerichtet. Schließlich erscheint kurios, dass „fast alle Gefäße mit einem Wachsdeckel verschlossen sind – einige ohne Inhalt".[9]

Alle Krautstrünke der Schenkung wurden durch den Vorbesitzer in den 1950er Jahren in Südtirol erworben. Die vorausgegangene Einstufung eines weiteren aus Südtirol stammenden und sich heute im Rheinischen Landesmuseum Bonn befindlichen Konvoluts[10] als Fälschung verfestigte

6 Vgl. Baumgartner/Krueger: Krautstrünke, 1988, S. 338

7 Vgl. ebd., S. 340 und Rademacher: Der Krautstrunk, 1963, S. 112.

8 Schaich/Baumgartner (Hgg.): Reine Formsache. Deutsches Formglas 15. bis 19. Jahrhundert, 2007, S. 18.

9 Bauer: Europäisches und aussereuropäisches Glas, 1975, S. 39–40. Siehe für die Unterscheidungskriterien auch Saldern: Originals, Reproductions, Fakes, 1972, S. 316.

10 Es handelt sich um die Krautstrünke aus der Sammlung W. Bremen, seit den 1980er Jahren als Dauerleihgabe des LVR-LandesMuseum Bonn in der Fälschungsabteilung des Glasmuseums Hentrich. Siehe: E-Mail von Alexandra Käss, LVR Bonn, an Julia Psilitelis, vom 10.01.2022.

die Vermutung auch bei den Objekten der Schenkung. Unter den Bonner Objekten fanden sich genaue Gegenstücke zu den Krautstrünken in der Frankfurter Sammlung.[11] Exzellente Kunsthandwerker*innen sind nach intensiver Auseinandersetzung mit mittelalterlichen Glasblastechniken allerdings auch heute in der Lage, Krautstrünke so nachzubilden, dass es nicht immer möglich ist, Repliken allein durch eine stilistische Analyse zu erkennen.[12]

11 Bauer: Europäisches und aussereuropäisches Glas, 1975, S. 40.

12 Saldern: Originals, Reproductions, Fakes, 1972, S. 304, 316.

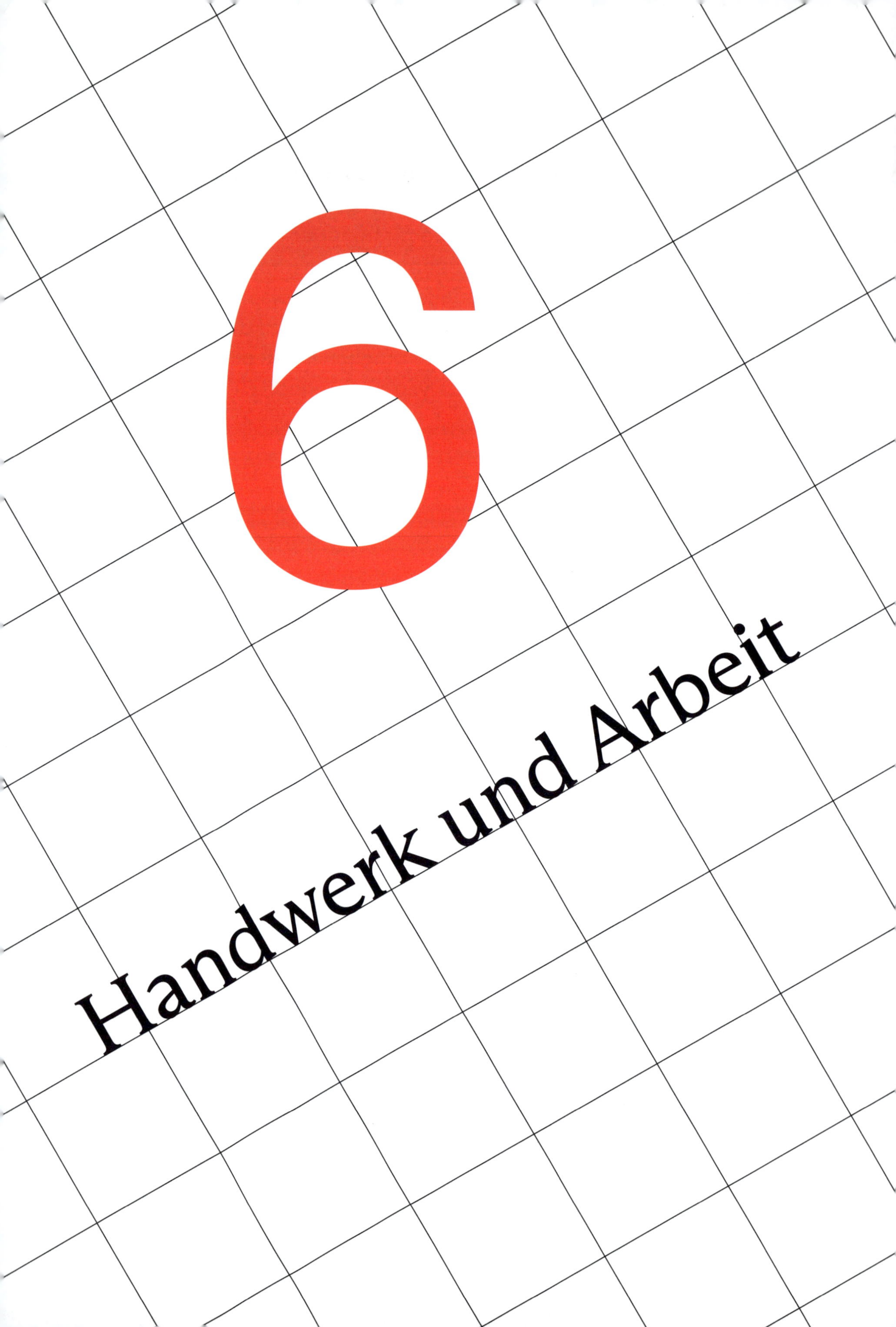

6

Handwerk und Arbeit

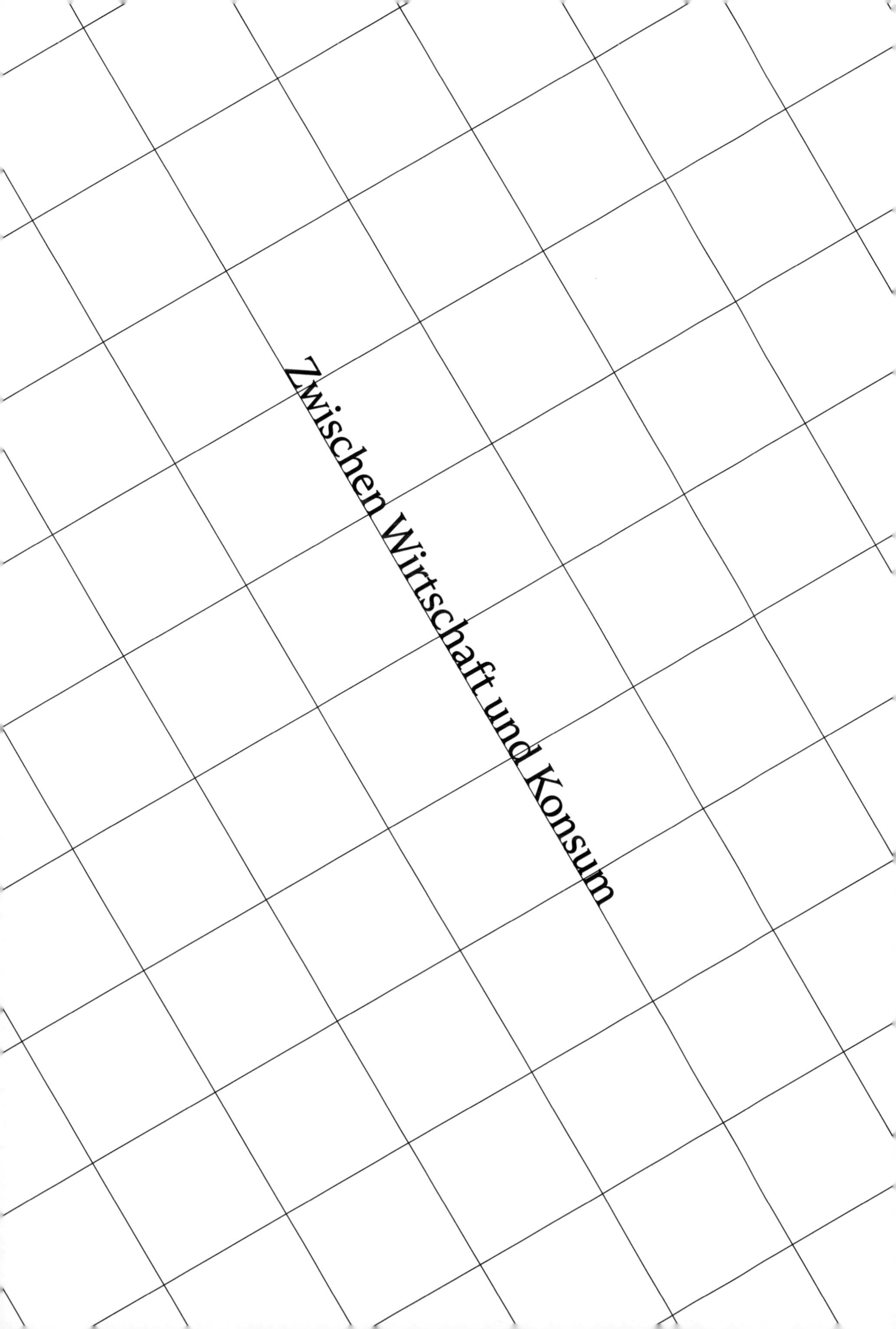
Zwischen Wirtschaft und Konsum

6.1 Franziska Schaaf

Luxus und Grundbedarf

Luxus und Grundbedarf sind zwei wichtige Kategorien in der Konsumgeschichte, aber sie sind auch für die Konstruktion des Mythos Handwerk ausschlaggebend. Auf den ersten Blick erscheinen sie als unvereinbare Gegensätze. Als Luxus gilt, was über die Deckung des durchschnittlichen Grundbedarfs hinausgeht, nur für einige wenige erschwinglich ist, aber von vielen als erstrebenswert angesehen wird. Das, was zur Deckung des Alltäglichen notwendig ist, wird als Grundbedarf definiert. Einige handwerkliche Objekte gelten als Luxus: Stoffe mit eingewebten Gold- und Silberfäden, Einlegearbeiten mit kostbaren Hölzern oder maßgeschneiderte Anzüge und Kleider markieren einen gehobenen Lebensstil. Gleichzeitig sind viele handwerkliche Prinzipien auf die Sicherung des Grundbedarfs ausgerichtet: So ist das Verwerten von Resten und Abfällen, das Reparieren, Aufarbeiten und Flicken nicht nur innerhalb vieler handwerklicher Berufe wichtig, sondern bildet auch die Erwerbsgrundlage für eigenständige Handwerksberufe. Betrachtet man aber beides genauer, wird schnell deutlich, dass die Unterscheidung zwischen Luxus und Grundbedarf weder pauschal noch im Einzelfall genau zu treffen ist. Beispielsweise war es bis zur Durchsetzung industriell hergestellter Massenware üblich, dass Bekleidung auf Maß geschneidert wurde. Heute werden in hochpreisigen Designerkollektionen bereits genutzte Materialien aufbereitet und „upgecycelt"; Reparaturen von Keramik mit Blattgold nach der japanischen *Kintsugi*-Technik gelten als chic. Aber trifft dies auch auf mehrmals geflickte Hosen zu? Lassen sich billig hergestellte Waren überhaupt reparieren oder ist das nur bei wertvollen Möbeln möglich? Ist Seife, die zu Kriegszeiten selbstgemacht werden musste,[1] vergleichbar mit „Naturseife", die heute in Do-it-yourself-Workshops gefertigt wird? Diese Beispiele zeigen: Weder steht „das Handwerkliche" für individualisierten Luxuskonsum noch „das Industrielle" für wertlose, standardisierte Massenware; zudem arbeiten in beiden Sparten Handwerker*innen. Statt zweier Gegensätze sind Luxus und Grundbedarf also eher Pole, zwischen denen sich handwerkliche Praktiken und Objekte bewegen. Entscheidend dabei ist, wer was wann für wen unter welchen Bedingungen herstellt oder erledigt – und mit welchem materiellen und ideellen Werten die Ergebnisse handwerklicher Arbeit versehen werden können. Diese Werte, die den Mythos Handwerk ausmachen, werden nicht nur in musealen Sammlungen und Ausstellungen erzeugt. Auch und vor allem Mediendiskurse prägen gesellschaftliche Auffassungen und Vorstellungen über handwerkliche Berufe, Praktiken und Objekte. Das, was in Zeitschriften, Fernsehsendungen, Zeitungsporträts, in Social Media, Blogs und YouTube-Tutorials über Handwerker*innen gesagt wird, spielt eine wichtige Rolle dabei, welches Ansehen handwerkliche Berufe und Branchen haben oder welche Objekte und Herstellungstechniken im Trend liegen. Dass in den 2010er Jahren wieder viele Menschen handarbeiten und von einem „DIY-Boom" die Rede ist, hat viel damit zu tun, dass darüber berichtet wird. Wichtig ist aber auch, was nicht gesagt wird und ausgelassen wird: In TV-Dokumentationen wie *Der Letzte seines Standes?* oder Lifestyleporträts in Zeitschriften wie *Landlust* und *Flow* findet man keine Informationen über Verdienst und Sozialversicherungskosten. Wenn von Entbehrungen berichtet wird, geht es meist um vergangene Zeiten, die aber überwiegend mit einem nostalgischen Blick bedacht werden. Dabei wird besonders das „alte" Handwerk als selbstbestimmte Tätigkeit im Familienbetrieb imaginiert, wobei Handwerker*innen den Grundbedarf im engen Austausch mit einer anscheinend intakten, oftmals dörflichen Gemeinschaft deckten. In der Gegenwart werden Handwerker*innen, die mit „alten" Techniken arbeiten und besonders „stilechte" Objekte herstellen, als kompetente und zugleich sehr zufriedene Subjekte beschrieben, die ihre Arbeit lieben und an langen Arbeitstagen und häufig bis ins hohe Alter tätig sind. Besonders Quereinsteiger*innen, die seit der Novelle der Handwerksordnung 2004/05 für viele, darunter auch einige traditionelle Handwerksberufe zugelassen wurden, argumentieren in Medienporträts

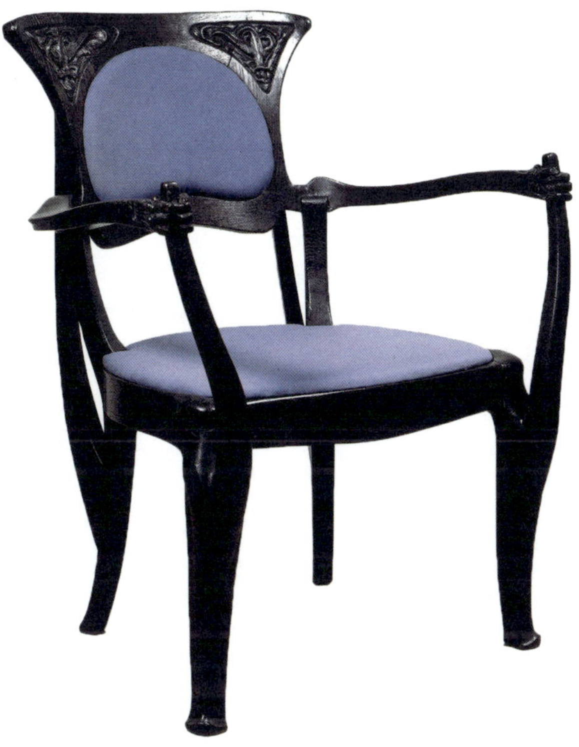

Abb. 1 Armlehnstuhl, Bernhard Pankok (Entwurf), 1898, Eiche, Museum für Angewandte Kunst in Frankfurt am Main, Inv.-Nr. 12979no

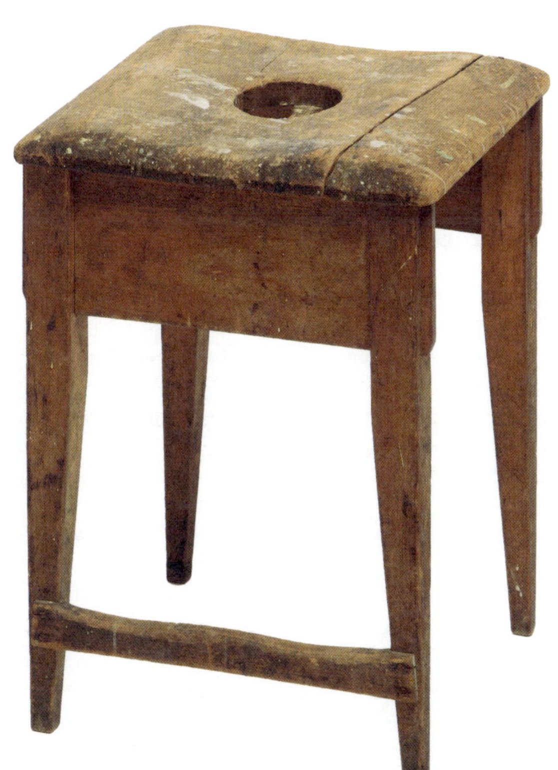

Abb. 2 Arbeitshocker, Richard Riemerschmid (Entwurf zugeschrieben), Deutsche Werkstätten Hellerau (Ausführung), Holz, Kunstgewerbemuseum, SKD, Inv.-Nr. 57519

mit „Liebe" und „Leidenschaft". Zehn Jahre zuvor wurde in Zeitungsporträts noch die familiäre Prägung als ausschlaggebend bei der Berufswahl in „alten" Handwerksberufen geltend gemacht – kaum jemand sprach von „Liebe". Seit den 2010er Jahren wird der Weg zum Handwerksberuf immer wieder als Lifestyleentscheidung präsentiert, mit einer Bedarfsdeckung hat dies nichts mehr zu tun. Aber ist es ein Luxus, wenn jemand seinen Beruf liebt? Oder ist dies nicht vielmehr ein Grundbedürfnis, das in einer Wohlstandsgesellschaft Ergebnis einer *„Humanisierung der Arbeit"*[2] sein sollte?

Das Spannungsverhältnis zwischen Luxus und Grundbedarf ist also nicht nur auf Ebene der hergestellten Objekte in den Blick zu nehmen, sondern auch auf Ebene der Tätigkeiten. Zwar gilt das Handwerk in der Diskursgeschichte der Arbeit immer als mühselige Arbeit und im Mittelalter werden Arbeit und Handwerk synonym verwendet.[3] Trotzdem konnte sich schon Gottfried Wilhelm Leibniz (1646–1716) 1671 vorstellen, dass man einst nur aus Vergnügen handwerklich tätig sein würde, eben dann, wenn es nicht notwendig wäre.[4] Mit Blick auf das Heimwerken des Wirtschaftswunders[5], den „DIY-Boom" seit den 2000er Jahren oder die vielen Handarbeits- und Handwerkstutorials im Internet und das Kursangebot in Museen der Gegenwart scheint es so, als wäre diese Vorstellung längst Realität. Aber auch handwerkliche Berufe werden mit Selbstverwirklichung, Autonomie und Kreativität assoziiert. Was Luxus ist, kann durch den Verweis auf einfache, handwerkliche Herstellung zum Gebrauchsgegenstand reduziert werden, was Grundbedarf ist, kann so perfekt gefertigt sein, dass es nicht mühselig oder ärmlich, sondern luxuriös wirkt.

Ob das Pendel mal mehr in Richtung Grundbedarf, mal mehr in Richtung Luxus schlägt, ist über die Jahrhunderte und Jahrzehnte hinweg also kontextabhängig. Das beschreibt nicht nur Reinhild Kreis in ihrer umfangreichen Konsumgeschichte des Selbermachens,[6] sondern dies lässt sich auch mit Blick auf den Hype um das alte Handwerk in der Gegenwart belegen. Richard E. Ocejo stellt in seiner Studie zu „hippen" Handwerksberufen im New York der 2010er Jahre fest, dass die Anstellung als Barbier, Metzger oder Schnapsbrenner zunehmend von männlichen Akademikern als attraktive Alternative zu Kreativ- und Wissensberufen angesehen wird.[7] Ocejo bemerkt aber auch, dass dies nicht auf andere Gewerke wie „plumbers, electricians or maintenance workers" zutrifft.[8] Offensichtlich gelten also nur bestimmte Handwerksberufe und -objekte als prestigeträchtig, und diese Zuschreibungen sind nur für einen bestimmten Zeitpunkt und an bestimmten Orten gültig. Ocejo hält die große öffentliche Sichtbarkeit der urbanen, „hippen" Handwerker – man denke an die gläserne Metzgerei in der Kreuzberger Markthalle Neun – und die Anerkennung ihrer Arbeit durch wissende Konsument*innen aus gesellschaftlichen Eliten für entscheidend.[9] Damit Handwerk als Luxus eingeordnet werden kann, muss also glaubhaft werden, dass das Wissen über die „richtigen" und hochwertigen Zutaten und Materialien sowie die „richtige" handwerkliche Herstellung vorhanden ist und gepflegt wird. Dieser Umstand bringt neben Handwerksordnungen und -kammern meist auch die Rolle von – womöglich akademisch gebildeten – Sachverständigen mit ins Spiel, die den Wert handwerklicher Arbeit beurteilen. Es ist aber genauso wichtig, dass Handwerker*innen ihre Kompetenz und ihre Authentizität entsprechend performen und vermarkten können. Viele Handwerksbetriebe weisen in ihren Internetauftritten auf die lange familiäre Tradition hin, geben auf Social Media Auskunft über Fertigungsprozesse und profitieren nicht zuletzt von der großen medialen Aufmerksamkeit. Handwerksbetriebe, die im Fernsehen oder in Lifestylemagazinen porträtiert wurden, können sicher sein, dass ihre Auftragsnachfrage steigt. Dabei wird meist die industrielle Produktion als Gegenbeispiel herangezogen: Sie ist die Norm, gegenüber der das Handwerk als Kuriosum herausgestellt und damit als Gegenstand der Medienberichterstattung legitimiert wird. Die Wertigkeit von handwerklichen Objekten wird zwar auch mit hochpreisigen Grundstoffen legitimiert, vor allem jedoch durch eine Überbetonung von Zeit: Wertvoll ist, was lange dauert. Dies gilt sowohl für den mühseligen Herstellungsprozess, der in vielen Medienporträts, aber auch im musealen Kontext detailreich geschildert wird, als auch für die Beständigkeit der Objekte, die in Restaurationsprozessen nahezu unendlich verlängert werden kann. Zudem ist die überdurchschnittlich lange Wartezeit auf das fertige Objekt ein Kriterium für Luxusgüter.[10] Weil die Herstellung vieler handwerklicher Objekte nicht beschleunigt werden kann, wird mit einer „natürlichen" Knappheit auch ein hoher Preis begründet. Zugleich werden Traditionalität, also eine seit Jahrhunderten weitgehend unveränderte Herstellungsweise, und – paradoxerweise zugleich – die beständige Ausrichtung an Optimierung und Perfektion betont.[11] Ausgerechnet im Marketing von handwerklichen Luxusprodukten wird also, wie auch Simon Bieling feststellt, nicht mit Überfluss und „frivoler Verschwendung" argumentiert,[12] sondern vielmehr auf Aspekte der Notwendigkeit verwiesen. Mehr noch: Erst der Verweis auf Grundbedarf und Notwendigkeit macht viele handwerkliche Produkte zu hochpreisigen Luxusobjekten. Wie ist das möglich? Hier greift ein Argumentationsmuster, das verschiedene Bestandteile des Mythos Handwerk miteinander vermengt. Es ist ein Zusammenspiel aus kulturellem Wissen, normativen Zuschreibungen und Storytelling, das sich besonders gut an einem prominenten Beispiel erläutern lässt: Der Versandhändler *Manufactum* ist sinnbildlich geworden für handwerklich hergestellte Luxusprodukte. Markenzeichen des Warenkatalogs, in dem seit den 1980er Jahren eine wachsende Auswahl an handwerklich hergestellten Produkten angeboten wird, sind ausführliche Beschreibungen der handwerklichen Betriebe und Herstellungsvorgänge. Der oft bemühte Vergleich mit dem Musealen ist also plausibel:[13] Indem die Betriebsgeschichte und der Herstellungsprozess detailliert beschrieben und gewürdigt werden, erscheinen die überdeutlich als Gebrauchsgegenstände markierten Produkte als besondere, kulturell bedeutsame, hochwertige Artikel. Die Produktbeschreibung à la *Manufactum* wurde vor allem mit dem Erstarken der Ökologiebewegung zu einem weit verbreiteten Marketingtool: Die einfachen und „natürlichen" Materialien, der Verzicht auf verschmutzende und energietreibende Industrieproduktion, das Beibehalten des gleichen Designs und die Langlebigkeit der Produkte stellen die Angebote des Warenhauses als ökologisch nachhaltige, aber auch ethisch wertvolle Konsumobjekte heraus. Die in dieser Argumentation erzeugte Wertigkeit wird als gesellschaftliche Verantwortung beschrieben, die über die Objekte vom Hersteller auf die kaufkräftigen Konsument*innen übertragen wird. Diese Position ist sowohl für konservative und, betrachtet man das Portfolio des Manufactum-Verlags,[14] extrem rechte als auch für liberale, grüne und linke Diskursteilnehmer*innen attraktiv. Vollzogen wird damit eine Aufwertung vieler Artikel, die lange Zeit eben nicht als Luxus galten, sondern zum Grundbedarf gehörten.

Wer legt also fest, was Luxus ist und was Grundbedarf? Wohin wird das Pendel in den nächsten Jahrzehnten ausschlagen? Insgesamt scheint die Überlegung angebracht, dass in Zeiten des Überflusses der Verzicht genutzt wird, um einen gehobenen Lebensstil zu markieren. Darauf weist der andauernde Trend zur minimalistischen Einrichtung, asketischen Ernährung und Abstinenz von Genussmitteln deutlich hin. Ob sich diese Tendenz in den gegenwärtigen Krisenzeiten halten wird, bleibt abzuwarten.

1 Vgl. Kreis: Selbermachen, 2020, S. 282.
2 Vgl. dazu ausführlich Kleinöder et al.: „Humanisierung der Arbeit", 2019.
3 Vgl. Ehmer: Arbeitsdiskurse, 2016, S. 98.
4 Vgl. Conze: Arbeit, 1972, S. 169.
5 Vgl. Voges: Selbst ist der Mann, 2017.
6 Kreis: Selbermachen, 2020.
7 Ocejo: Masters of Craft, 2017.
8 Ebd., S. 262.
9 Ebd.
10 Vgl. Bieling: Arbeiten lassen, 2014, S. 50.
11 Vgl. ebd.
12 Ebd., S. 47.
13 Vgl. Bönisch-Brednich: Der Manufactum-Katalog, 2002.
14 Manufactum-Gründer Thomas Hoof verkaufte 2007 seine Unternehmensanteil komplett an die Otto-Gruppe, der Verlag Manuscriptum, der neben Gartenratgebern und Handwerksklassikern auch neurechte und verschwörungstheoretische Schriften publiziert, ist bis heute in seinem Besitz, vgl. Willenbrock: Der Aus-Aussteiger, 2021 (2011).

6.2 Philipp Lorig

Traditionalisierung in der Erneuerung – Über Handwerk und Mythen in der Plattform-Ökonomie

„Der Mythos leugnet nicht die Dinge, seine Funktion besteht im Gegenteil darin, von ihnen zu sprechen. Er reinigt sie nur einfach, er macht sie unschuldig, er gründet sie als Natur und Ewigkeit, er gibt ihnen eine Klarheit, die nicht die der Erklärung ist, sondern die der Feststellung."[1]

„Also gut, es gibt auch von der Sache her oder andersrum gesagt im Jahr hat man vielleicht drei, vier Aufträge, wo mal das Geld keine Rolle spielt, wo man im Prinzip 'ne gute Arbeit hat, wo man sagt ok, macht Spaß. Aber ansonsten ist das im Prinzip nur Dumpingpreise, wo man sagt, gut entweder sitzt man daheeme oder www.wurschteln.de. Man wurschtelt sich so weiter durch und man hat ein paar Fänge. Das ist heutzutage, das ist nun mal so."[2]

Ich treffe Herrn Zug[3] auf einer Baustelle im Randgebiet einer ostdeutschen Großstadt. Im Vorgespräch meinte er, er hätte keine Zeit für ein Interview, ich könne ihn aber während seiner Arbeit befragen. Letztendlich sitzen wir in meinem Auto und reden, während er Pause macht. Als wären sie bestellt worden, sammeln im angrenzenden Park unschwer an ihren Westen erkennbare sogenannte Ein-Euro-Jobber Müll auf. Herr Zug zeigt auf sie und meint, sie wären schon arme Schweine, aber Hartz IV hätte hauptsächlich dazu geführt, dass die Leute entweder faulenzen oder für Handwerker wie ihn die Preise kaputtmachen. Aus diesem Grund nimmt er erst recht die Handwerksaufträge für fünf Euro die Stunde an, um den Leuten zu zeigen, dass es noch gute und qualitativ saubere Arbeit in diesem Beruf gibt. Er sei ein Einzelkämpfer – kollektives Einstehen für bessere Preise, Arbeitsbedingungen und Arbeitssicherheit interessieren ihn nicht, dazu würde ihm sowieso die Zeit fehlen.

Auch Herrn Helmut – er hat die fünfzig schon überschritten – treffe ich auf der Baustelle eines Einfamilienhauses in einer ostdeutschen Kleinstadt. Er malert und erzählt währenddessen seine Lebensgeschichte. Die Arbeitslosigkeit kam bei ihm nicht wie bei vielen anderen direkt nach der Wende, sondern erst gegen Ende der 1990er Jahre. Er ist solo-selbständig, führt wie alle anderen befragten Handwerker*innen ein sogenanntes Ein-Personen-Unternehmen. Aufträge für seine Handwerks-Dienstleistungen sucht er – auch dies eint ihn mit den anderen Interviewten – online über die Plattform MyHammer.de. Warum er dies macht, beschreibt er folgendermaßen:

„[...] und jetzt kommen im Prinzip wir und streichen eine Wohnung für 400 Euro. Normalerweise müssten wir zum Teufel gejagt werden, wir machen doch völlig die Preise kaputt, so ist es doch, sind wir doch mal ehrlich. [...] Aber wir wollen es doch alle so. [...] Sie können ja auch in irgendeine Autowerkstatt gehen, [...] bei Mercedes oder Peugeot oder bei Ford [...] und ihr Auto reparieren lassen, sie können natürlich auch in eine freie Werkstatt gehen. Ist natürlich wesentlich billiger. So ist das heutzutage genauso auch im Handwerk. Der Kunde will immer den günstigsten Preis und den bekommt er auf jeden Fall im Internet. Im Internet brauchst du nicht zu diskutieren, da machst du einfach 'nen Preis und wartest, ob es klappt oder nicht. Fast immer klappt es."

Auch er wurschtelt sich durch, wie er seinen Arbeits- und Lebensalltag beschreibt, und hofft, bis zur Rente noch körperlich durchzuhalten. Eine Rente, die zum Leben nicht reichen wird, da er so gut wie nie in eine Rentenversicherung eingezahlt hat.

Ein weiterer Handwerker, mit dem ich dieses Mal in meiner Wohnung ein Interview führe, ist Herr Esau. Er erzählt, dass er seine Arbeit danach ausrichtet, nach Abschluss der Dienstleistung eine positive Bewertung durch die Kund*innen zu bekommen. Dafür arbeitet er im Sinne einer „subjektiven Dienstleistungsarbeit"[4] im Kundengespräch vor und immer wieder auch unentgeltlich nach:

„Ich sag den Kunden immer, wenn etwas sein sollte, wenn sie nach der Abnahme nicht ganz zufrieden sind und wenn noch etwas zu tun ist: lieber anrufen, als direkt öffentlich abzuwerten. Wenn irgendwas dreckig sein sollte oder wenn die Farbe nicht gedeckt hat, dann komm ich da gerne nochmal hingefahren, ist doch kein Thema, dann arbeite ich nochmal nach. Aber so 'ne negative Bewertung, die kann dir das Genick brechen."

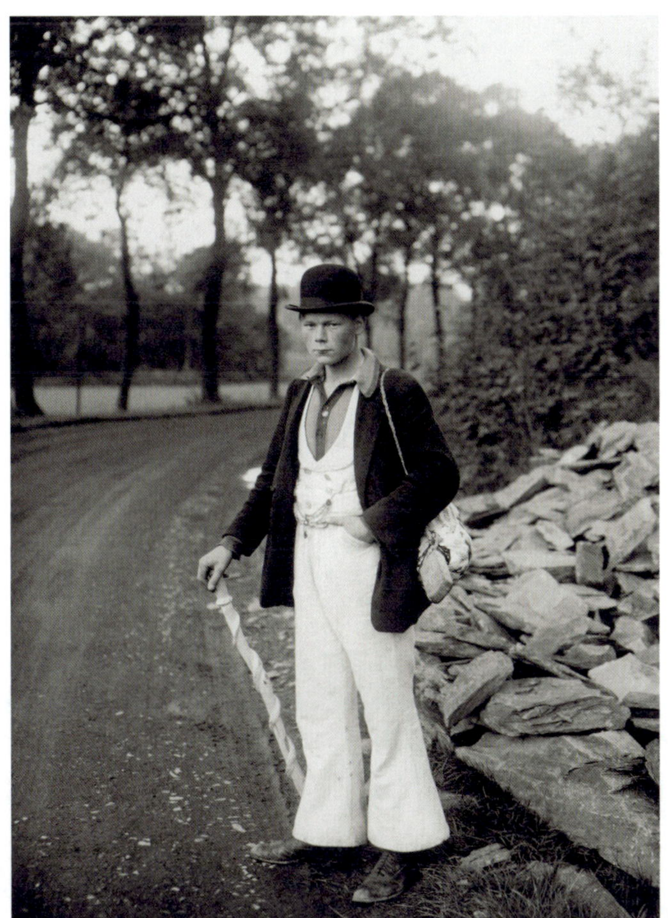

Abb. 1 Wandernder Maurergeselle, aus der Serie: Menschen des 20. Jahrhunderts, August Sander (Fotograf), um 1927, S/W-Fotografie, Die Photographische Sammlung/SK Stiftung Kultur, Köln, Inv.-Nr. ASA-11-6700

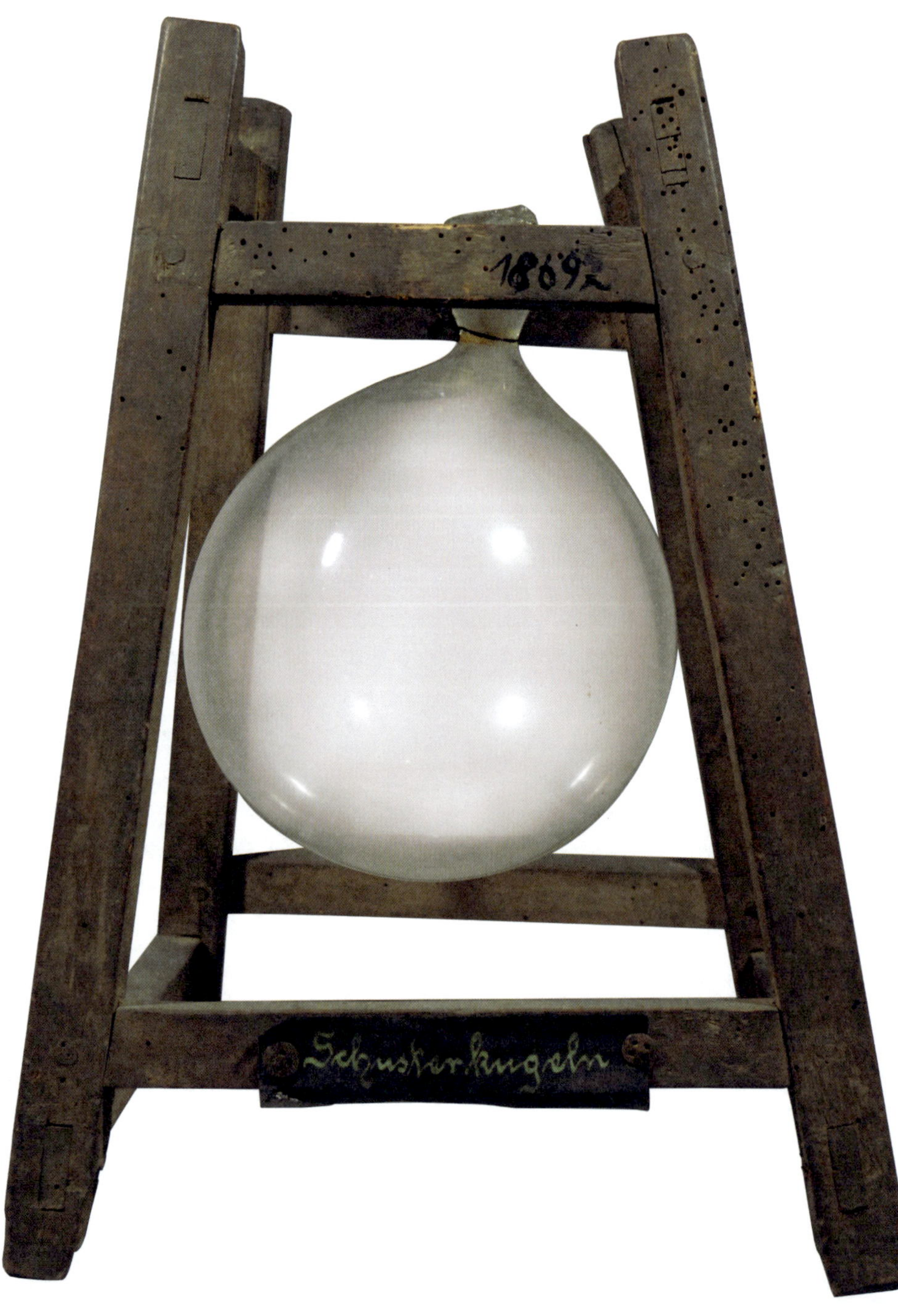

Abb. 2 Gestell mit Schusterkugel, zur Verstärkung des Kerzenlichts wurde die Kugel mit Wasser gefüllt und vor die Kerze gestellt, Deutschland, 2. Hälfte 19. Jh., Holzgestell, mundgeblasene Glaskugel, Museum für Sächsische Volkskunst, SKD, Inv.-Nr. C 878

Da er davon ausgeht, dass seine Konkurrent*innen auf den Auftrag einen niedrigeren Preis bieten, um ihre Chancen zu erhöhen, spielt auch er in diesem Unterbietungswettbewerb mit. Er rechnet es mir an einem Beispiel vor: Materialkosten, Anfahrt, ein ungefährer Tagessatz, den er gerne bekommen würde, von wie viel Stunden er ausgeht usw. Nun kann er ein billigeres Angebot machen in der Hoffnung, dadurch den Zuschlag zu bekommen. Ob er wirklich nur die angedachten Stunden braucht und ob in der Auftragsbeschreibung alles vermerkt wurde, weiß er nicht. Aber auch wenn alles wie erwartet ablaufen würde, ist der von ihm selbst aufgestellte, an der Realität bemessene Stundenlohn einstellig. Er sei „sein eigener Herr" und hätte die Freiheit, Urlaub zu machen, wann er wolle. Gleich darauf erzählt er, dass er jeden Auftrag annähme, weil man ja nicht wissen könne, was komme. Wie bei allen anderen Interviewten beträgt seine durchschnittliche Sicherheit der Lebensplanung über Aufträge einen bis anderthalb Monate. Am Mythos der freien Zeiteinteilung hält er unumwunden fest. Die spezifische Logik seiner Biografie deckt sich damit auffällig mit den Überlegungen der Selbständigenforscherin Julia Egbringhoff zum Typus des „unberechenbaren Hin-und-Her",[5] zwischen Dauerstress und Leerlauf, Kundenakquise und permanenten ökonomischen Existenzsorgen.
Er versucht, „das Beste draus zu machen", denn es „muss ja irgendwie weitergehen, durchkämpfen sag ich mal, das hilft alles nicht". Sein Bild dieser (Arbeits-) Gesellschaft ist eines einer klaren Verteilung von oben und unten. Seine Position darin stellt er nicht in Frage, ganz im Gegenteil erkennt er sie als eine Naturgegebenheit an und driftet als „Grenzgänger am Arbeitsmarkt"[6] zwischen Aufträgen und Phasen der Arbeitslosigkeit.

Solo-Selbständige, die ihre handwerklichen Dienstleistungen bei MyHammer.de anbieten, machen in Bereichen wie den hier beschriebenen sehr ähnliche Erfahrungen, von denen an anderer Stelle ausführlicher berichtet wird.[7] Dass das Erlebte, zum Beispiel die Arbeitsbedingungen, die Preisbildung, die Konkurrenzverhältnisse und Bewertungen annähernd gleich subjektiv erfahren und bewertet werden, weist auf objektive Bedingungen hin. Denen sich die Handwerker*innen bei MyHammer.de ausgeliefert sehen, die sie aber aus einer marktlogischen Sicht anerkennen und deren Spielregeln sie verinnerlichen und befolgen. Denn ihr online vermittelter „Werkeltag"[8] findet nicht im luftleeren Raum, sondern in einem zunehmend digitalisierten kapitalistischen Produktionsmodell und System permanenter Bewährung statt. In dem bis in den Niedriglohnsektor hinein Unternehmertum und Eigenverantwortung zu erlernende Persönlichkeitsattribute sind, um die Passfähigkeit der Teilnahme am Arbeitsmarkt zu gewährleisten oder zu erhalten.

Als Solo-Selbständige gehören sie dazu noch einer Erwerbstätigengruppe an, die im Vergleich zur Gruppe der abhängig Beschäftigten spezifische Charakteristika der Einkommensverteilung aufweist, welche auf erhöhte Prekarisierungspotenziale hinweisen. Etwa ein Drittel aller Solo-Selbständige ist in einer deutlich prekären Erwerbssituation mit niedrigem individuellem Einkommen am Rande des Existenzminimums.[9] Auf der Haushaltsebene zeigt sich weiterführend, dass die monatlichen Haushaltsersparnisse im Verhältnis zum monatlichen Haushaltsnettoeinkommen am niedrigsten sind. Rund 65 Prozent der Solo-Selbständigen geben an, überhaupt keine Vermögensbildung durch Spareinlagen zu tätigen oder vornehmen zu können.[10]

Den größten Zuwachs hatte die Solo-Selbständigen in Deutschland Mitte der 2000er Jahre im Rahmen der Hartz-IV-Reformen. Die neuen Möglichkeiten an Existenzgründungen – landläufig auch unter der Bezeichnung „Ich-AG" bekannt – ließen gerade im Handwerk und Baugewerbe die Gründungen in die Solo-Selbständigkeit in die Höhe schnellen. Zusätzlich befeuert durch die sogenannte Handwerksnovelle, die Auflösung der Meisterpflicht in 53 von 94 Gewerken im Jahre 2004. Auch alle von mir befragten Handwerker*innen haben in dieser Zeit ein Ein-Personen-Unternehmen gegründet, um der Arbeitslosigkeit und dem Regime von Fördern und Fordern zu entfliehen, in das sie auf keinen Fall zurückwollen.
Ihre Gründungsmotivation folgt nicht einer „Ökonomie der Selbstverwirklichung", auch wenn dies diskursiv so vermittelt wird, sondern einer „Ökonomie der Not".[11] Anders formuliert: Die Handwerker*innen folgen einer „Rationalität der fehlenden Alternative".[12] So kann diese Form der Gründung im Handwerk mit der Arbeitssoziologin Andrea Bührmann auch als „prekäres Unternehmertum" beschrieben werden, das sich dadurch auszeichnet, dass aufgrund der fehlenden Alternativen in schon bestehende Märkte gegründet wird, meistens kaum unternehmerische Fachkenntnisse und ökonomisches und kulturelles Kapital vorhanden sind. Unternehmertum, das sich im Falle des digital vermittelten Handwerks durch geringes Einkommen, eine hohe Unsicherheit der Lebensplanung und eine individuelle Ankopplung der Akteur*innen an den Markt über die Person der Kund*innen auszeichnet.[13] Prekarität als Dauerzustand, die Bewältigung der prekären Erwerbsbedingungen und davon abhängig die Ausgestaltung des Lebensalltags werden somit zur zentralen Herausforderung der unternehmerischen Existenz. Ein Unternehmertum, an dessen Aufstiegsmythos die Handwerker*innen glauben, der sie aber im Sinne eines negativen Klebeeffekts im Niedriglohnsektor verharren lässt:
Um über die Runden zu kommen, werden immer weiter Aufträge mit niedriger Vergütung

angenommen, wodurch sich der prekäre Lebensalltag ständig aufs Neue reproduziert und sich die Handwerker*innen dauerhaft in dieser instabilen Lebenssituation einrichten. Sie sind nicht arm trotz Arbeit, sondern *weil* sie arbeiten. Der „stumme Zwang der ökonomischen Verhältnisse",[14] den Karl Marx (1818–1883) vor Augen hatte und der aktuell durch den Philosophen Søren Mau als eine Macht beschrieben wird, die sich indirekt an das Subjekt wendet, indem sie auf seine Umwelt einwirkt,[15] hat auch im digitalen 21. Jahrhundert nichts an seiner Wirkmächtigkeit verloren. Ganz im Gegenteil. Der Mythos der unternehmerischen Selbstentfaltung wird unter den Bedingungen der Marktabhängigkeit, des Konkurrenzdrucks und der Verwandlung der produktiven Kräfte in Produktivkräfte des Marktes auf eine Funktion der Selbsterhaltung reduziert. Ihre unsichere Teilnahme am „heiligen Markt"[16] bezahlen die Handwerker*innen zudem mit einer hochgradigen zeitlichen Entgrenzung von Arbeit und Leben durch ständige Erreichbarkeit für Kund*innen sowie kontinuierliche, digitale Auftragsakquise, Profilpflege und Kontrolle in Form der Selbststeuerung weit über den Arbeitsprozess hinaus. Eine Selbstorganisation, die dennoch fremdorganisiert bleibt. Auch zeichnet sich Handwerk in dieser Form und digitalen Vermittlung neben der Entfremdung vom Arbeitsprodukt, dessen Gebrauchswert und der damit verbundene Produzentenstolz erst durch die Zufriedenheit der Kund*innen und ihre öffentlichen Bewertungen zur Anerkennung gelangen, durch eine soziale Entfremdung aus. Denn als abhängig-freie Dienstleistende entwickeln die Handwerker*innen eine entpersönlichende Kundenorientierung und Selbstwahrnehmung als Produkt, um durch übermäßiges Eingehen auf Kund*innenwünsche die Chance auf eine positive Bewertung zu erhöhen. Die Berufsehre, die laut Oskar Negt und Alexander Kluge im Handwerk neben dem Geld als weitere Bezahlung erfolgen muss,[17] wird aber ihres Eigensinns beraubt, wenn die Leistung der vollendeten Arbeit nur noch durch die marktbezogene Kund*innenzufriedenheit bemessen wird. Gingen die Handwerker des 19. Jahrhunderts zu ihren Meistern ein patriarchales Verhältnis ein, wodurch diese einen Einfluss auf das ganze Leben ausüben konnten, sind die hier vorgestellten Handwerker*innen nicht den Meister*innen, sondern den Launen der Kund*innen ausgesetzt. Plattform-vermittelte Handwerksarbeit lässt sich somit als Ausdruck einer kapitalistischen Produktionsweise betrachten, die um ihrer Weiterentwicklung willen auf traditionale, an vorkapitalistische Zeiten erinnernde Arbeitskraftverwertung unter neuen, digitalen Bedingungen zurückgreift. Der Form nach unabhängig, gestaltet sich die Arbeit der solo-selbständigen Handwerker*innen durch den finanziellen Zwang zum Arbeitskraftverkauf auf dem freien Internetmarkt als hierarchisches Abhängigkeitsverhältnis und Prokrustesbett:

„Denn aller Rede von ‚Selbstbestimmung' oder ‚freier Zeiteinteilung' zum Trotz: Nur wer arm ist und keine Alternative hat, nimmt in Kauf, auf Mindestlohn, Sozial- und Krankenversicherung oder einen gesicherten arbeitsrechtlichen Status zu verzichten [...]. Die negativen Konsequenzen dieses Plattformkapitalismus sind keine unerwünschten oder zu vermeidenden Nebeneffekte, sondern kennzeichnen dessen maßgebliche Logik."[18]

Im Gegensatz zur verbreiteten mythischen Vorstellung von Solo-Selbständigen als autonome und selbstbestimmte Arbeitsmarktakteur*innen kann der Arbeitsalltag und die handwerkliche Dienstleistungsarbeit zumindest für die hier im Fokus stehende Erwerbstätigengruppe als modernes Tagelöhnertum bezeichnet werden. Über die Förderung qua „Ich-AG" als Ausweg aus der Arbeitslosigkeit und Abhängigkeit von staatlicher Alimentierung rutschen die Handwerker*innen auf den Arbeitsmarkt und müssen als Träger*innen eines individuellen Verwendbarkeits- und Verwertungsprofils die Regeln des Marktes internalisieren. Sammelpunkt der Suche nach Erwerbsarbeit ist nun aber nicht mehr eine Straßenecke, an der täglich auf Käufer*innen der eigenen Arbeitskraft gewartet wird, sondern das Internet und die dafür bereitgestellten Intermediäre wie MyHammer.de.

Aus der geteilten Alltagserfahrung und damit verbundenen Feststellung der sozialen Realität prekärer Erwerbsarbeit und objektiver Zwänge werden im Selbstbild und den Erklärungen der Handwerker*innen ihr Beruf und dessen Ausübung schlussendlich, dem Mythos gleich, durch den Verlust ihrer historischen Eigenschaften bestimmt. Die Dinge und gewordenen Verhältnisse verlieren die Erinnerung an ihre Herstellung,[19] sie verwandeln sich in Naturdinge. Es erfolgt eine Reduktion auf Bekanntes, wodurch die Position in der Gesellschaft und der Arbeits- und Lebensalltag der Handwerker*innen ihnen selbst als unveränderliche Naturgesetzlichkeit und unbeeinflussbare Normalität erscheinen. Die Vorstellung einer Veränderbarkeit der Welt rückt dadurch aber in immer weitere Ferne. Der Mythos erscheint hier als Bild des Menschen selbst, das auf den Horizont seines Erlebens projiziert wird. Diese Form des auf objektiv vermittelte, subjektive Erfahrungsstrukturen rückgreifenden, handlungsanleitenden Alltagsbewusstseins findet ihren Ausdruck im Routinewissen der hier vorgestellten Handwerker: im Festhalten an dem, was ist. Als „objektiv notwendiges und zugleich falsches Bewußtsein"[20] ist es mithin der *adäquate* Ausdruck einer *verkehrten* Welt, in der die Zukunft im Verlauf des Arbeitsalltages suspendiert und im Zuge des „Durchkämpfens" einer Gegenwart des finanziellen Überlebens gewichen ist.[21]

So ähneln die Handwerker*innen der Plattformökonomie – mehr als sie selbst wissen und ohne dass dies ihnen in die Schuhe geschoben werden kann und mehr als den meisten von uns wohl lieb sein mag – dem tragischen Helden des griechischen Mythos, aus dessen Bann sich die unsrige Gesellschaft – so scheint es – ganz und gar nicht befreit hat:

„Er windet sich durch, das ist sein Überleben, und aller Ruhm, den er selbst und die andern ihm dabei gewähren, bestätigt bloß, daß die Heroenwürde nur gewonnen wird, indem der Drang zum ganzen, allgemeinen, ungeteilten Glück sich demütigt.“[22]

1 Barthes: Mythen des Alltags, 1970, S. 131.
2 Herr Helmut, 51 Jahre, Maler und Lackierer; in: Lorig: Handwerk als prekäres Unternehmertum, 2018, S. 5.
3 Alle Namen der Interviewten sind anonymisiert.
4 Voß: Zeitdiagnose, Arbeit, Wandel, 2006, S. 221–229, hier S. 225.
5 Egbringhoff: Ständig selbst, 2007, S. 189.
6 Grimm: Sicherheitsbedürfnisse von Grenzgängern am Arbeitsmarkt, 2010.
7 Lorig: Handwerk als prekäres Unternehmertum, 2018.
8 Marx: Das Kapital, 1973, S. 272.
9 Pongratz: Die Solo-Selbständigen, 2020, S. 11–34, hier S. 16.
10 Bonin/Krause-Pilatus/Rinne/Gehlen/Molitor: Selbstständige Erwerbstätigkeit in Deutschland, 2020, S. 42.
11 Bögenhold: Der Gründerboom, 1987, S. 8.
12 Struck: Biographie und neue Selbständigkeit in Ostdeutschland, 1999, S. 175–194, hier S. 179.
13 Bührmann/Pongratz: Prekäres Unternehmertum, 2010, S. 7–25.
14 Marx: Das Kapital, 1973, S. 765.
15 Mau: Stummer Zwang, 2021, S. 17.
16 Kurnitzky: Der heilige Markt, 1994.
17 Negt/Kluge: Geschichte und Eigensinn, 1981, S. 176: „Wo sich Mühe nicht sichtbar macht, sich kein Selbstbewusstsein des besonderen Berufs anbringen lässt, ist es nicht handwerklich, bringt kein Brot. Es muss Berufsehre dabei sein, eine Zahlung, die Anerkennung und Markierung des Handwerks enthält, und eine zweite Bezahlung, die in Geld erfolgt.“
18 Waitz: Gig-Economy, unsichtbare Arbeit und Plattformkapitalismus, 2017, S. 178–183, hier S. 183.
19 Barthes: Mythen des Alltags, 1970, S. 130.
20 Adorno: Beitrag zur Ideologienlehre, 2003, S. 457–477, hier S. 465.
21 Bahl: Lebensmodelle in der Dienstleistungsgesellschaft, 2014, S. 230.
22 Horkheimer/Adorno: Dialektik der Aufklärung, 2003, S. 76.

Altersvorsorge im Handwerk – Wie viel Rente bleibt Handwerkern?

(In dieser Statistik wurden ausschließlich männliche Personen erfasst.)

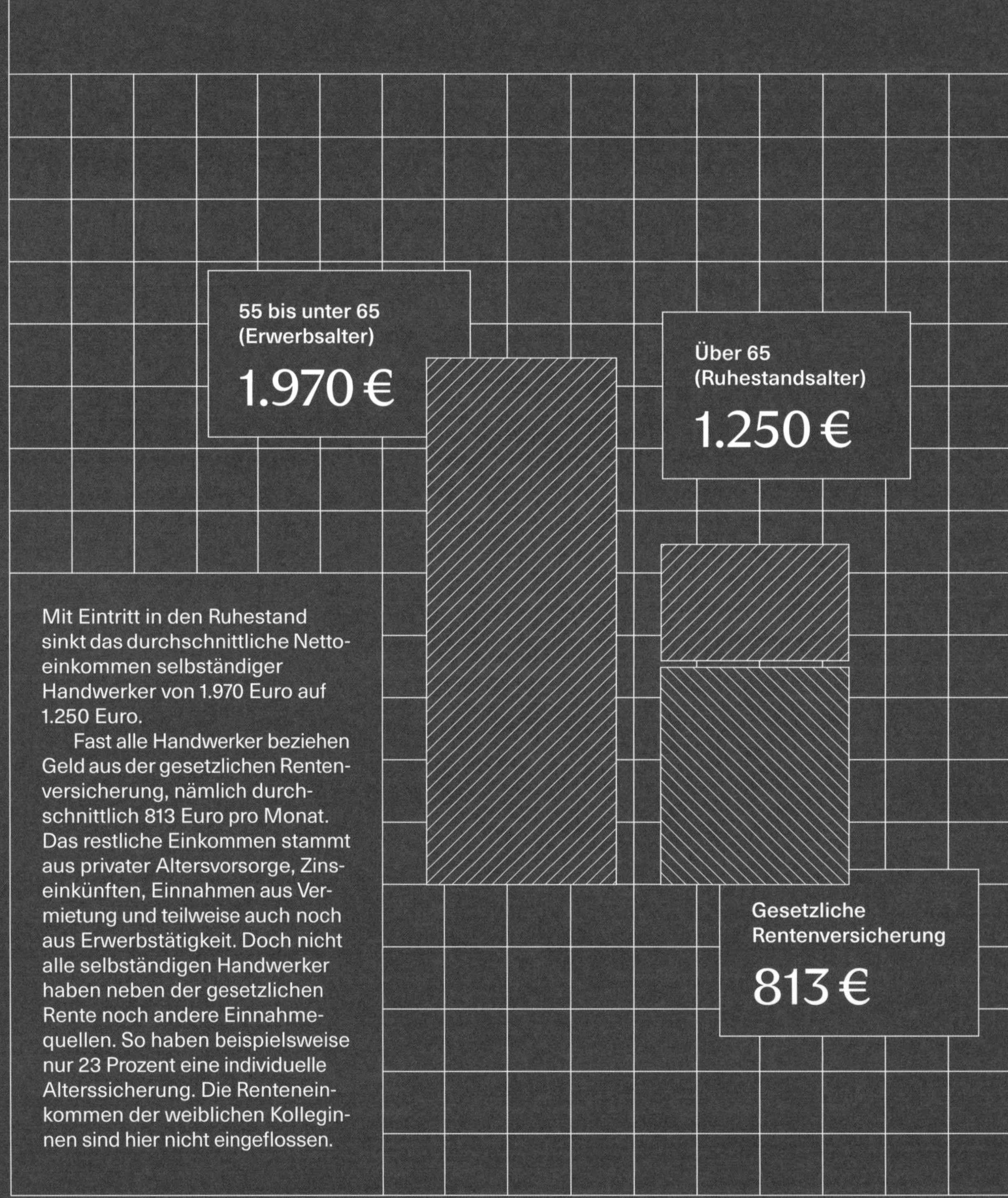

Mit Eintritt in den Ruhestand sinkt das durchschnittliche Nettoeinkommen selbständiger Handwerker von 1.970 Euro auf 1.250 Euro.

Fast alle Handwerker beziehen Geld aus der gesetzlichen Rentenversicherung, nämlich durchschnittlich 813 Euro pro Monat. Das restliche Einkommen stammt aus privater Altersvorsorge, Zinseinkünften, Einnahmen aus Vermietung und teilweise auch noch aus Erwerbstätigkeit. Doch nicht alle selbständigen Handwerker haben neben der gesetzlichen Rente noch andere Einnahmequellen. So haben beispielsweise nur 23 Prozent eine individuelle Alterssicherung. Die Renteneinkommen der weiblichen Kolleginnen sind hier nicht eingeflossen.

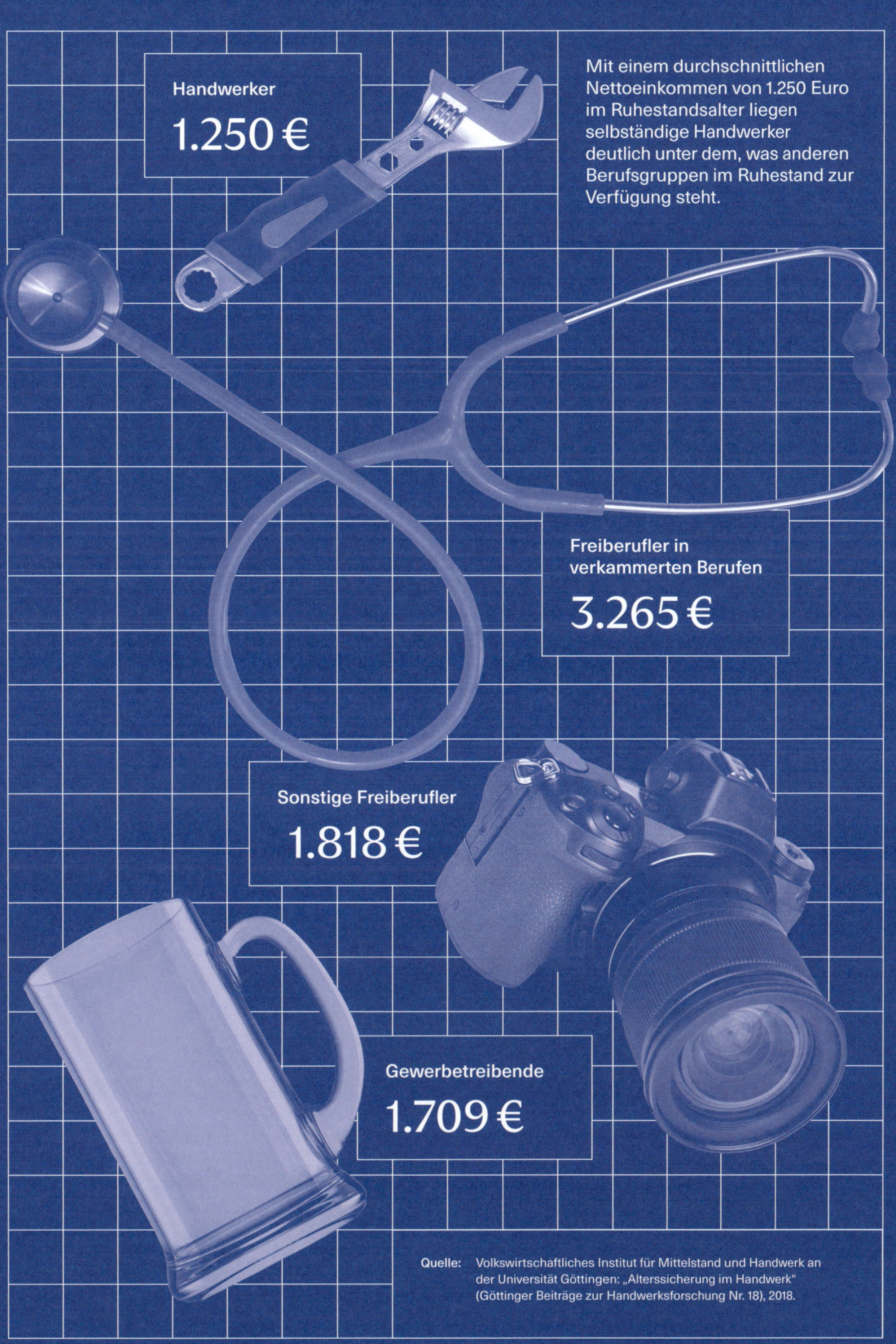
Handwerker
1.250 €
Mit einem durchschnittlichen Nettoeinkommen von 1.250 Euro im Ruhestandsalter liegen selbständige Handwerker deutlich unter dem, was anderen Berufsgruppen im Ruhestand zur Verfügung steht.
Freiberufler in verkammerten Berufen
3.265 €
Sonstige Freiberufler
1.818 €
Gewerbetreibende
1.709 €
Quelle: Volkswirtschaftliches Institut für Mittelstand und Handwerk an der Universität Göttingen: „Alterssicherung im Handwerk“ (Göttinger Beiträge zur Handwerksforschung Nr. 18), 2018.

6.3 Grit Weber im Gespräch mit Edmund Kempel und Sebastian Benner

Hand ab – Was der Verlust unseres wichtigsten Werkzeuges bedeuten kann. Ein Gespräch mit Patient und Arzt

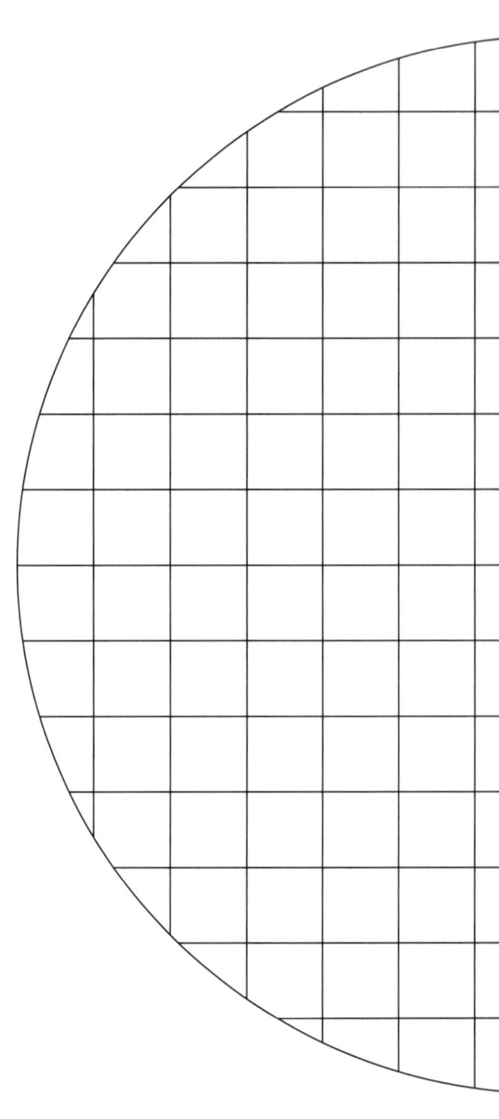

Edmund Kempel hatte im August 2021 an einer Maschine zur Herstellung von Industriepapieren einen schweren Arbeitsunfall, bei dem er seine linke Hand verlor. An der Berufsgenossenschaftlichen Unfallklinik in Frankfurt am Main hat ihn ein Team aus Ärzten der Hand- und Unfallchirurgie sowie ein Orthopädietechniker über viele Wochen medizinisch versorgt. Seit Oktober trägt er eine sogenannte myoelektrische, multiartikulierende Handprothese. Die motorbetriebenen Finger und der Daumen der Prothese steuert Edmund Kempel über die Muskelkontraktionen seines Unterarmes. Wir haben ihn gemeinsam mit Sebastian Benner, Leitender Oberarzt des Servicezentrums und der Rehabilitation und Sektionsleiter Technische Orthopädie, im Dezember 2021 auf ein Gespräch getroffen, in dem es darum ging, ob und wie der Verlust einer menschlichen Hand durch den Einsatz einer modernen Prothetik ausgeglichen werden kann.

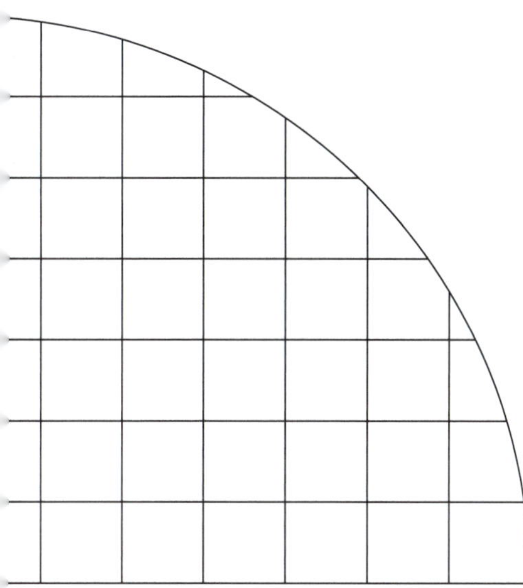

Grit Weber: Können Sie beschreiben, wie lange es gedauert hat, bis Sie im Kopf realisiert haben: Ich habe meine Hand verloren?
Edmund Kempel: ... es ist immer noch da ... Ich wache manchmal auf und ich muss mich erst einmal fragen: Habe ich es geträumt oder habe ich wirklich einen Unfall gehabt? Das passiert bis jetzt noch, zwar seltener, aber es passiert. Ich denke auch, dass die Phantomschmerzen immer noch daher kommen, dass mein Gehirn nicht akzeptiert, dass ich meine Hand verloren habe.
GW Neben den Schmerzen, was ist am schwierigsten zu akzeptieren, eine Hand verloren zu haben?
EK Schwer ist es, wenn ich in die Öffentlichkeit gehe. Ich weiß, die Leute gucken, sie haben Respekt, keiner lacht mich aus, oder so ... aber ich selber fühle mich nicht gut. Aber egal, wie ich mich fühle, ich gehe raus. Und im Kopf die Gedanken, als der Unfall passierte: Es hätte auch anders ausgehen können.
GW Und umgekehrt: Was macht Ihnen kaum Probleme?
EK Ich hätte nie geglaubt, dass es so etwas wie diese Hightech-Hand gibt und dass ich erstaunlich gut damit klarkomme. Wenn ich diese Hand nicht anhabe, dann fühle ich mich nackt und es ist unangenehm. Mit Prothese fühle ich mich normaler.
GW Die Wundheilung ist ja recht gut gegangen und nach und nach hat man Ihnen die Prothese angepasst. Wenn Sie aber noch mal zurückdenken: Was waren Ihre ersten Erfahrungen mit diesem Ersatz?
EK Das war Verzweiflung, das war aber auch Hoffnung und Freude und gleichzeitig auch Frust. Zuerst war immer der Gedanke im Kopf: Das ist nicht meine Hand.
GW Wie nehmen Sie sie heute war? Ist es ein Teil Ihres Körpers oder sehen Sie sie eher als eine eigene Art Maschine?
EK Nein, das ist mein Körper. Manchmal geliebt, manchmal gehasst – aber es ist mein Körper. Ich sage auch nicht „Prothese“, sondern „meine Hand“.
GW Sie lernen nun diese Prothese über die Muskeln Ihres Unterarmes zu steuern und können schon einen Kugelschreiber greifen, einen Kaffeebecher halten, das Handy aufnehmen oder sich einen Stuhl heranziehen. Rein motorisch: Was hingegen ist wirklich schwer zu lernen?
EK Rein motorisch ist das einfache Greifen, beispielsweise eine Flasche nehmen, eine komplett simple Sache. Das habe ich schnell gelernt. Aber so einen weichen, elastischen Kaffeebecher heben, da muss ich ein „Gefühl“ dafür entwickeln, damit ich ihn nicht zerdrücke. Die Kraft zu dosieren, sie an den Gegenstand anzupassen, das ist schwer.

Hinzu kommt noch Folgendes: Weil ich Linkshänder war, fällt mir das Lernen mit der linken Seite leichter. Wenn ich Rechtshänder gewesen wäre, der schon vorher die linke Hand nie richtig eingesetzt hat, würde mir das schwerer fallen. Das ist ein Vorteil. Der Nachteil ist, dass gleichzeitig die rechte Hand lernen muss, was vorher die linke gemacht hat.

Abb. 1 Handprothese Vincent Evolution 4, Vincent Systems, Karlsruhe

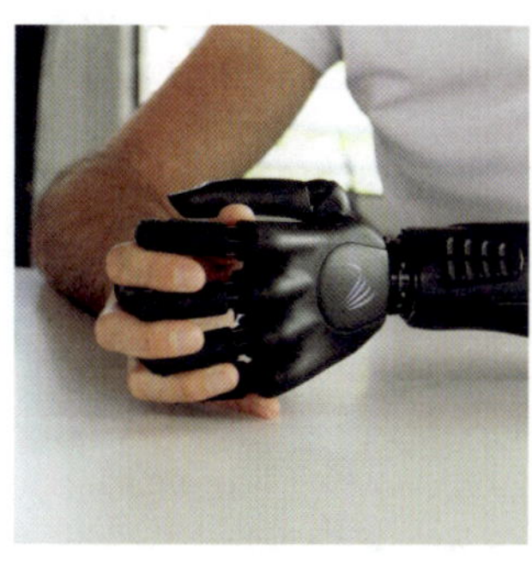

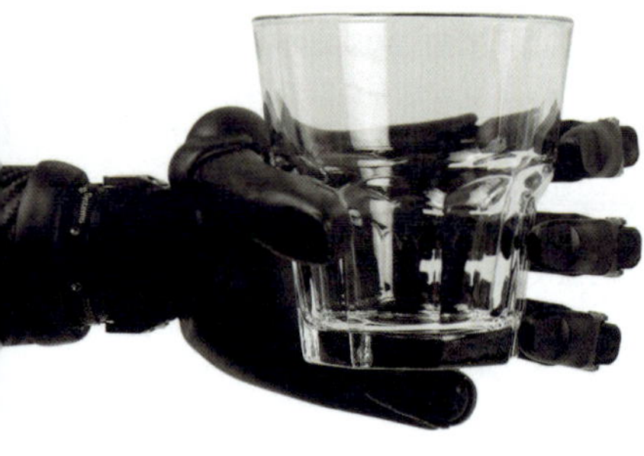

Abb. 2 Tassengriff mit abstützendem kleinen Finger gegen das Durchrutschen des Wasserglases

GW Das heißt, Sie müssen eigentlich beide Hände neu programmieren?
EK Ja, zum Beispiel zu Hause die elektrischen Werkzeuge: Bohrmaschine, Stichsäge habe ich immer mit links bedient, das muss ich nun neu lernen. Den Umgang mit dem Hammer muss ich neu lernen, aber auch das Werfen ... Auch muss ich jetzt immer sehen und mit dem Auge kontrollieren, was ich mit den Geräten tue.
GW Sonst wird es wieder schnell gefährlich! Hat sich denn Ihre Wahrnehmung auf die Leistungen der menschlichen Hand, was sie kann, durch den Verlust geändert?
EK Auf jeden Fall. Erst dann versteht man, was man verloren hat. Man nimmt die Dinge von Geburt an als normal hin: Du greifst, du packst, du schraubst wie selbstverständlich.
GW Welchen Handgriff erkennen Sie denn jetzt als sehr komplexen Vorgang?
EK Schrauben. Die Drehbewegungen und das Verwringen der Finger, das kann die Prothese nicht. Dafür muss ich heute den ganzen Körper einsetzen.
GW Auch fehlt Ihnen an der linken Hand Ihr ganzes Fingerspitzengefühl, der Tastsinn, die ganze Information, die über die Nerven der Fingerkuppen an Sie übermittelt wird ... Setzen Sie dafür verstärkt Ihre andere Hand ein, um solche Oberflächen, Widerstände, Temperaturen der Materialien zu erspüren?
EK Auf jeden Fall. Vor allem die Tastsinne der Finger, die sind ja wie Augen. Da muss ich heute richtig hinschauen, um diese Information zu bekommen.
GW Ich rekapituliere mal: Sie haben die Prothese nach der vollständigen Wundheilung im Oktober 2021 bekommen. Also erst seit etwa sieben Wochen können Sie damit üben. Wenn ich, als Laiin, Sie sehe, finde ich, Sie haben schon viele Griffe drauf. Wie schätzen Sie selber Ihre motorischen Fähigkeiten ein? Was möchten Sie in einem Jahr, was in drei Jahren können?
EK Ich möchte alles fließender können. Das kommt auf jeden Fall, das weiß ich. Dass ich nicht überlege, wie ich etwas greifen muss. Ich denke, in einem Jahr bin ich so weit. In drei Jahren – keine Ahnung ... kann ich nicht vorhersagen. Aber wahrscheinlich zieh ich die Hand dann überhaupt nicht mehr aus.
GW Wie geht es bei Ihnen beruflich weiter?
EK Ich werde bei derselben Firma bleiben. Es gibt mehrere Möglichkeiten, die ich machen könnte. Zum Beispiel Material prüfen oder an der Pforte sitzen. Eine Tastatur kann ich links nur mit einem Finger bedienen. Auch das Arbeiten mit der Schaufel oder dem Besen ist eingeschränkt.
Sebastian Benner: Mit dieser Prothese sollte man keine groben Tätigkeiten verrichten. Dafür ist sie zu filigran und geht zu schnell kaputt. Für handwerkliche Tätigkeiten gibt es stabilere Prothesenarten, die dann aber deutlich weniger Griffoptionen haben. Auch ist es noch nicht möglich, die einzelnen Finger zu spreizen, sodass die Bedienung der Computertastatur weiterhin eingeschränkt bleibt.
GW Wie viele „Griffe" kann die Hand ausführen?
SB Die menschliche Hand kann fast unendlich viele unterschiedliche Griffe ausführen. Es gibt bestimmte Standardgriffe – den Schlüsselgriff, den Klemmgriff, den Pinzettengriff –, die zum Beispiel für eine Unfall-Begutachtung geprüft werden, um zu sehen, wo Einschränkungen bleiben werden. Die Prothese ermöglicht wiederum Griffe, die anders funktionieren, als sie die menschliche Hand normalerweise ausübt, zum Beispiel den Cup-Holder-Griff: Die Langfinger umgreifen den Kaffeebecher, mit Ausnahme des kleinen Fingers, der sich mehr beugt, sodass er den Kaffeebecher von unten stützen kann, damit dieser nicht durch die Hand rutscht.
GW Das ist dann also eine Art Maschinen-Griff ...
SB So könnte man es sagen. Es sind Griffe, die häufig gebraucht werden und möglichst praktikabel sein müssen. So wie beispielsweise der Scheckkartengriff oder der Pinzettengriff zum Schnürsenkelbinden.
EK Ich öffne oder schließe mit dem Scheckkarten-Griff auch den Reißverschluss der Jacke ...
SB Die Anbieter der Prothesen werben mit vielen Griffen, aber es ist nicht so, dass die Anwender*innen tatsächlich all diese Griffe nutzen. Die Nutzer*innen müssen durch die Kontraktion der Unterarmbeuge- und -streckmuskulatur eine Art Morsezeichen ausführen, damit die

Abb. 3 Dreifingergriff beim Halten eines Zauberwürfels

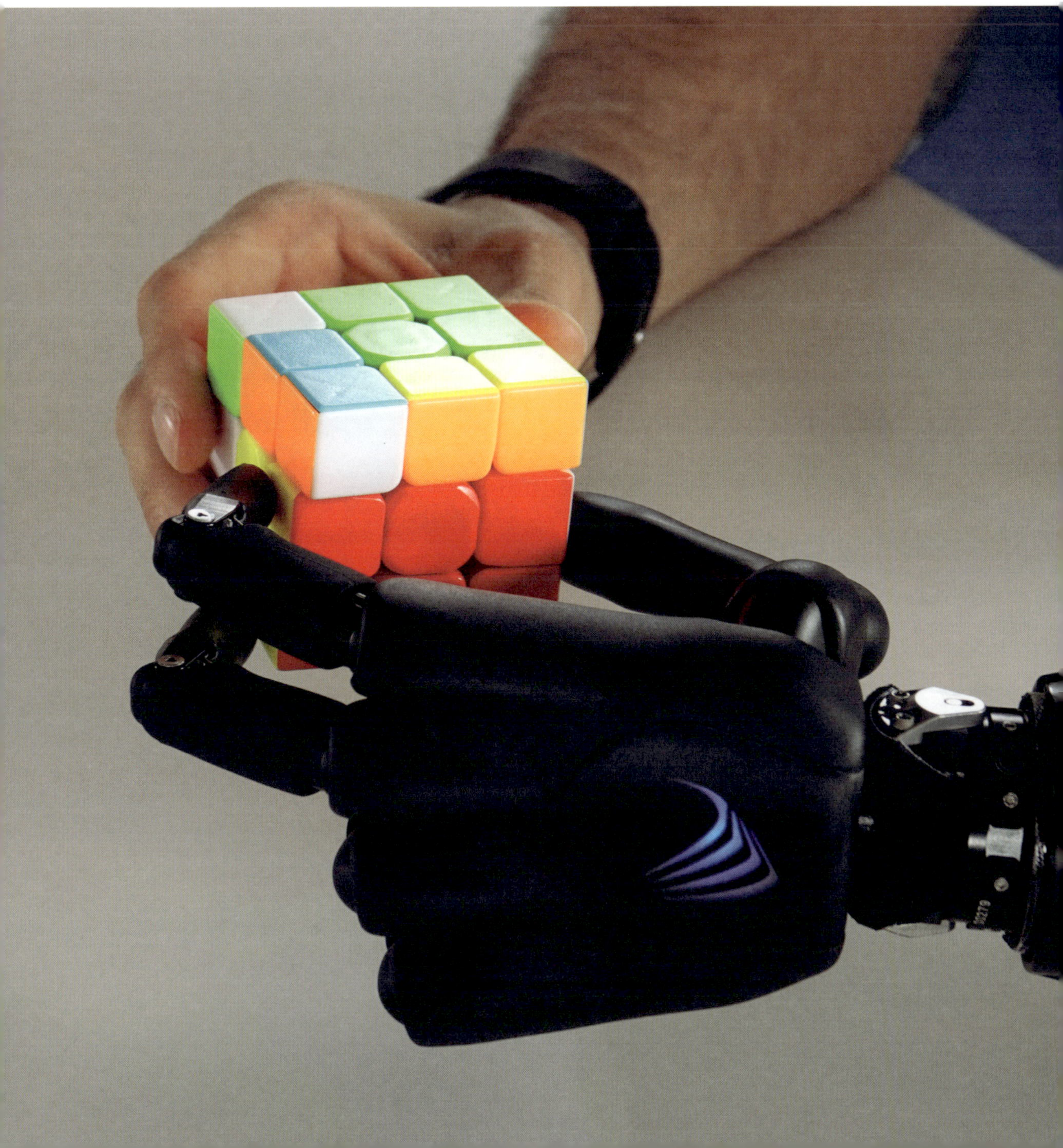

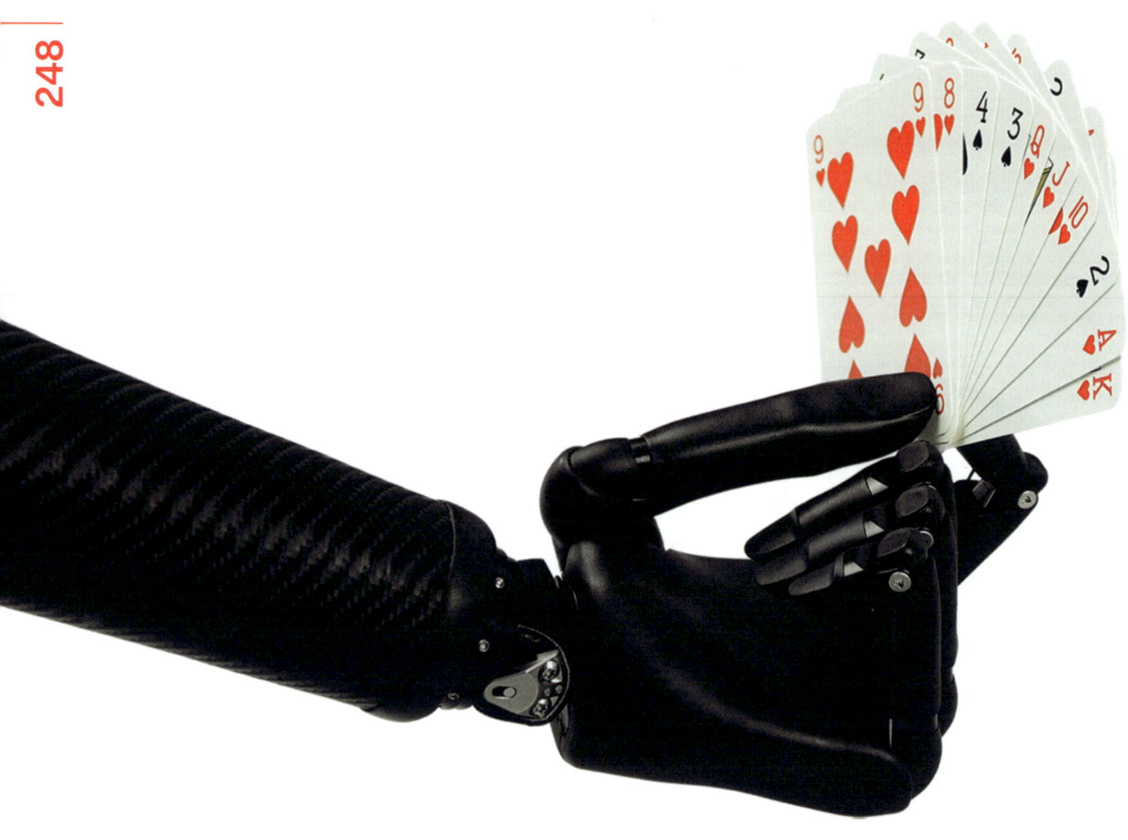

Abb. 4 Pinzettengriff, hier beim Kartenspielen

Prothese in den gewünschten Griff geht. Hierdurch wird klar, dass der/die Patient*in auch kognitiv gefordert ist und wissen muss, welche Kontraktionsabfolge der Muskulatur zu welchem Handgriff führt. Es macht keinen Sinn zu wissen, meine Hand kann sechsundzwanzig Griffe.
Im Alltag würde das viel zu lang dauern, spezielle und selten genutzte Griffe anzusteuern.

EK Ich nutze hauptsächlich fünf bis sechs Griffe, den Rest kaum. Ich muss wissen, was ich brauche.

GW Wie viele Menschen mit Handverletzungen haben Sie schon behandelt und wie viele Amputationen waren dabei?

SB Als Unfallchirurg und Orthopäde bin ich eher ein Allrounder und kein ausgewiesener Handchirurg. In mehr als zehn Jahren Notarzttätigkeit im Rettungshubschrauber habe ich jedoch häufig Handverletzungen gesehen und erstbehandelt. Auch in meiner Tätigkeit in der Notaufnahme habe ich unzählige Handverletzungen behandelt. Glücklicherweise handelt es sich bei diesen Verletzungen – der im Alltag sehr exponierten Hand – nur selten um Amputationen. Meistens sind einzelne Finger davon betroffen. Amputationen der Hand oder sogar des gesamten Armes sind selten. Im letzten Jahr haben wir sieben Patient*innen mit einer Prothese versorgen müssen. Ein Patient war auf Höhe des Oberarmes amputiert.

GW Was kommt Ihnen dabei immer noch erstaunlich vor?

SB ... wie unterschiedlich die Menschen damit umgehen: Zuerst bricht für alle eine Welt zusammen. Aber mit einer gewissen Energie und Neugier, die Prothese zu nutzen und damit zu lernen, geht es erstaunlich schnell nach oben. Und es gibt viele, die eine Begeisterung für dieses Hightech-Mittel entwickelt haben. Sie ja auch, oder?

EK Auf jeden Fall. Ich beschäftige mich damit.

GW Welche Rolle spielen bei der Verarbeitung der Situation das Alter, die körperliche und geistige Verfasstheit?

SB Dadurch, dass wir es meistens mit Arbeitsunfällen zu tun haben, sind die Patient*innen nicht älter als 65 Jahre. Je jünger sie sind, desto mehr Chancen haben sie, mit der neuen Situation zurechtzukommen. Auch für das Ansteuern der Prothese braucht es Menschen, die kognitiv in der Lage sind, eine Handprothese zu steuern.

GW Was hilft diesen Menschen nach solchen Erfahrungen am meisten?

SB Sie müssen ärztlich gut versorgt werden, sie brauchen einen entzündungsfreien, gut geformten Stumpf, damit sie vom Orthopädietechniker eine gute Prothese gebaut bekommen.
Auf dem anderen Papier stehen die psychologische Versorgung und die Schmerztherapie.
Das sind die Grundvoraussetzungen. Dann ist die Frage, wie stabil ist jemand familiär eingebettet, wie ist das soziale Umfeld ...

EK Wenn ich hier in der Klinik bin, bin ich umgeben von Menschen mit einer Verletzung. Da fühle ich mich oft wohler. Du bist einer von vielen. Zu Hause bist du der Einzige, der anders ist. Zum Beispiel mein Nachbar hat jetzt Angst, mich anzusprechen, die gehen mir aus dem Weg.

GW In Prozent: Welchen Anteil am Verarbeiten und Neubeginn nach einer Amputation haben die Medizin und die Technik, was bewirken der Wille und der Charakter einer Person, und welchen Anteil hat das private Umfeld?

SB Ohne den entsprechenden Willen und auch den Charakter der Person wird es schwer. Wenn die medizinisch-technische Versorgung und das Zusammenspiel von Ärzt*innen, Psycholog*innen, Therapeut*innen und Orthopädietechniker*innen nicht funktioniert, wird man eher nicht zum Ziel kommen. Das Gesellschaftliche ist zwar wichtig, macht aber aus meiner Sicht nicht das Wesentliche aus. Ich würde daher sagen, das Verhältnis liegt bei 40 Prozent zu 40 Prozent zu 20 Prozent.

GW Vielen Dank für das Gespräch!

Anzahl meldepflichtiger Unfälle nach Werkzeug (2020)

Trennmaschine, Kettensäge
565

Winkelschleifer, Flex, Trennschleifmaschine
6.575

Schleifmaschine, Poliermaschine, Hobelmaschine
625

Schlagschrauber
699

Stichsäge
584

Handbohrmaschine
4.159

Nagelpistole
581

Kreissäge
1.840

Quelle: Deutsche Gesetzliche Unfallversicherung (DGUV): „Arbeitsunfallgeschehen 2020".

Schneidehand-
werkzeuge
(z. B. Scheren)

740

Schraubenzieher

1.883

Baumschere, Zange,
Drahtschere,
Heckenschere,
Gartenschere

1.709

Hebel, Greiferzange,
Brechstange etc.

1.368

Hammer, Steinschlägel,
Steinspalthammer

8.435

Handsäge

897

Schrauben-
schlüssel

3.721

Cutter, Messer,
Kochmesser

37.324

Welche Folgen haben Unfälle im Handwerk?

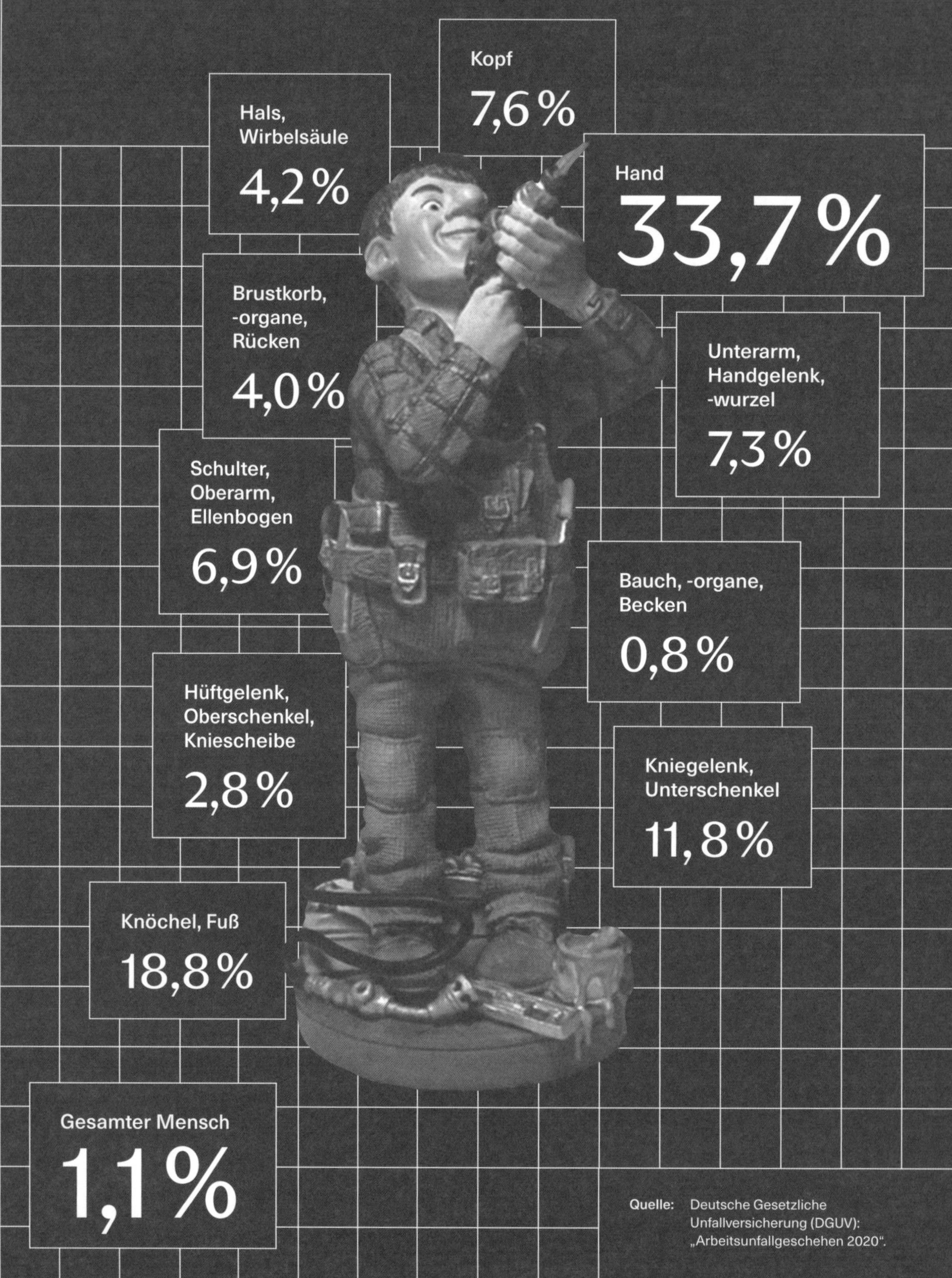

Quelle: Deutsche Gesetzliche Unfallversicherung (DGUV): „Arbeitsunfallgeschehen 2020".

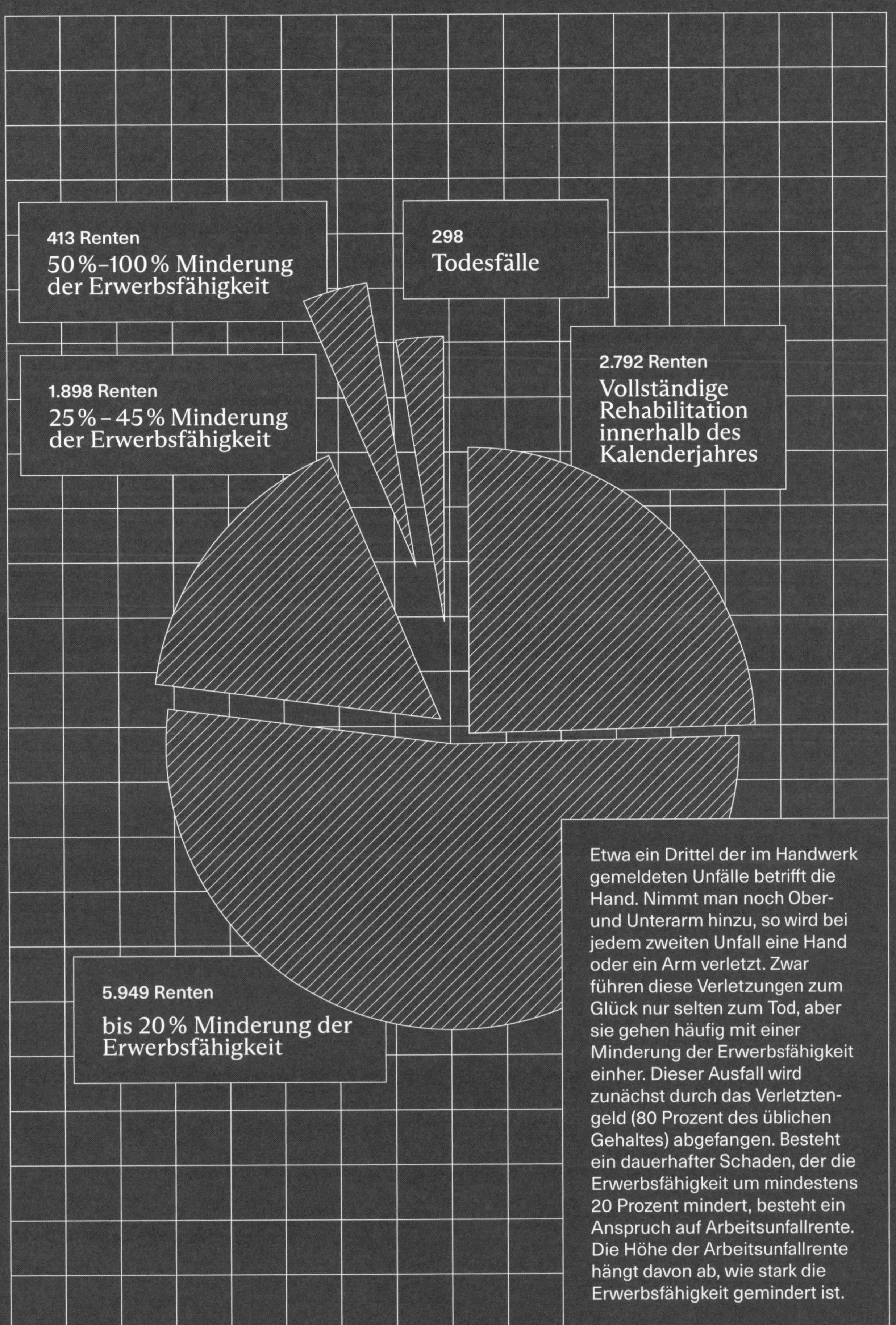

Etwa ein Drittel der im Handwerk gemeldeten Unfälle betrifft die Hand. Nimmt man noch Ober- und Unterarm hinzu, so wird bei jedem zweiten Unfall eine Hand oder ein Arm verletzt. Zwar führen diese Verletzungen zum Glück nur selten zum Tod, aber sie gehen häufig mit einer Minderung der Erwerbsfähigkeit einher. Dieser Ausfall wird zunächst durch das Verletztengeld (80 Prozent des üblichen Gehaltes) abgefangen. Besteht ein dauerhafter Schaden, der die Erwerbsfähigkeit um mindestens 20 Prozent mindert, besteht ein Anspruch auf Arbeitsunfallrente. Die Höhe der Arbeitsunfallrente hängt davon ab, wie stark die Erwerbsfähigkeit gemindert ist.

6.4 Kerstin Stöver

Expansion in der Nische – Handwerk in der DDR zwischen Hindernissen und schwejkscher Kreativität

„Die sozialistische Umgestaltung des Handwerks [...] kann maßgeblich dazu beitragen, vorhandene Disproportionen und Schwierigkeiten in der volkswirtschaftlichen Bedarfsentwicklung zu beseitigen [...]. Sie dient damit auch der Sicherung des Friedens und der Isolierung der Atomaufrüstungspolitiker in Westdeutschland."[1]

Das Verhältnis zwischen der DDR-Staats- und Parteiführung und dem Handwerk ist zu jeder Zeit als ambivalent zu bewerten. Einerseits wurde „das Handwerk" durch seine individuellen Strukturen als politisch schwer einzuschätzender und zu lenkender Produktionszweig von Staatsseite kritisch betrachtet, andererseits waren sich alle Seiten einig, dass es ohne ihn nicht möglich war, die angestrebte „Befriedigung der Bedürfnisse der Bevölkerung"[2] zu erreichen. Das führte zu einem ständigen Ringen und Ausloten von Möglichkeiten und Grenzen aller wirtschaftlich und gesellschaftlich Beteiligten.

Abb. 1 Signet der Firma Hermann Ehrlich, Kunstgewerbemuseum, SKD, Inv.-Nr. 57811

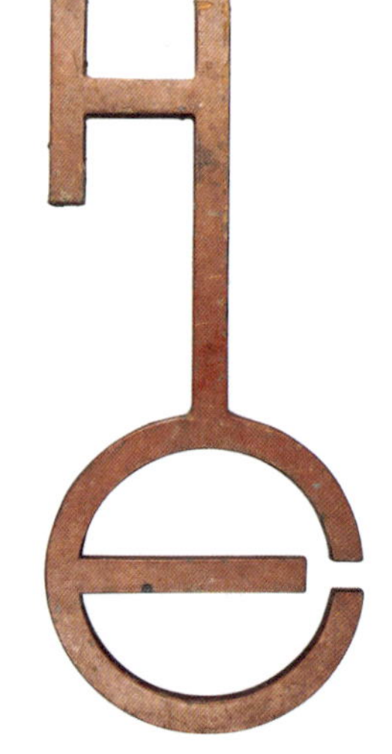

Eine umfassende Beschreibung „des Handwerks" in der DDR ist im Rahmen eines einzigen Aufsatzes unmöglich, deshalb soll im Folgenden ein holzverarbeitender Handwerksbetrieb beispielhaft betrachtet werden.

Die Firma Ehrlich Innenausbau wurde 1913 von dem Innenarchitekten Hermann Ehrlich gegründet und ließ sich in der Dresdner Innenstadt nieder. Das Profil der Werkstatt reichte von Kleinmöbeln, kunsthandwerklichen Gebrauchsgegenständen bis zur planerischen und praktischen Umsetzung von Innenraumgestaltungen. Die regelmäßige Teilnahme an der Grassimesse in Leipzig ist sowohl in der Firma als auch in den Unterlagen der Messe gut dokumentiert und gibt einen Einblick in das vielfältige und kreative Schaffen. Es zeigt Hermann Ehrlichs Interesse an den Ideen des Bauhauses und des Deutschen Werkbundes. (Abb. 1) Der Vertrieb der Produkte erfolgte deutschlandweit in einschlägigen Geschäften und den „Dürerhäusern".[3]

Wie fast die gesamte Innenstadt Dresdens, fielen am 13. Februar 1945 auch Werkstatt, Lager und Garage den Flammen zum Opfer. Mit dem Aufbau wurde noch im selben Monat begonnen, sodass bald wieder die ersten Aufträge angenommen werden konnten: Särge aus alten Schränken für Kriegsopfer, Fensterreparaturen in umliegenden Häusern, Schilder für die sowjetische Kommandantur und andere Notwendigkeiten. Ab 1947 wurden jedoch auch die ersten kleineren Artikel wie Dosen, Windlichter und Schalen hergestellt und damit die Voraussetzungen für die Teilnahme an der Grassimesse in Leipzig im Herbst 1948 gelegt.

Gesundheitlich durch erhebliche Brandwunden stark angeschlagen, starb Hermann Ehrlich bereits 1946. Die Leitung der Firma wurde nun – bis 1957 – von der Witwe, Dora Ehrlich, übernommen. Sie versuchte, Geld für den Wiederaufbau zu besorgen und die provisorisch reparierte Werkstatt instand zu setzen. Für den mittlerweile 19-jährigen Sohn Peter musste eine Ausbildung mit Lehrvertrag gesucht werden. In einem sogenannten Umschülerkurs konnte er das

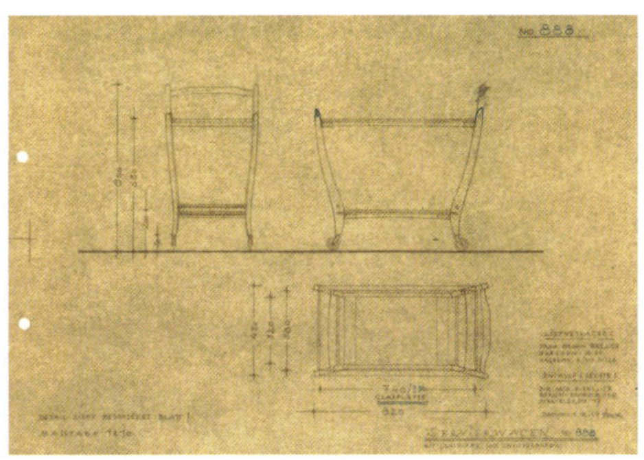

Abb. 2 Entwurfszeichnung Servierwagen Modell 888, 1954, Firma Hermann Ehrlich, Kunstgewerbemuseum, SKD, Nachlass Peter Ehrlich

Tischlerhandwerk erlernen und im Herbst 1947 die Gesellenprüfung vor der Handwerkskammer ablegen. Es schloss sich die Aufnahme für das Fach Innenarchitektur an der Hochschule für Werkkunst Dresden, der Nachfolgeeinrichtung der Kunstgewerbeschule, an. Das Studium begann mit der Erbringung eigener Handwerksleistungen bei der baulichen Herrichtung des stark kriegsgeschädigten Schulgebäudes. Die theoretische Ausbildung in Dresden erfolgte unter anderem durch renommierte Künstler wie Hans Theo Richter (1902–1969) und Erich Fraas (1893–1974), aber auch durch den exzellenten Kenner der modernen Kunst und Netzwerker Will Grohmann (1887–1968). Mit seinen an der klassischen Moderne orientierten Lehrinhalten galt Grohmann jedoch bald als politisch nicht mehr tragbar und verließ die Schule. Sein Nachfolger wurde Ludwig Renn (1889–1979), kommunistischer Schriftsteller und ehemaliger Spanienkämpfer. Seine Vorlesungen bezeichnete Peter Ehrlich später als „heiter aber ohne Tiefgang“.[4]

Nach bestandener Diplomprüfung 1953 bot der elterliche Betrieb ausreichend Arbeit, aber Ehrlich bewarb sich DDR-weit in verschiedenen volkseigenen Betrieben, um Erfahrungen im Möbelbau zu sammeln. Nach Absagen oder an Bedingungen, wie den Eintritt in die SED, geknüpfte Zusagen erfolgte die Anstellung im Institut für Innenarchitektur der neu gegründeten Bauakademie in Berlin. In der Zwischenzeit begann Peter Ehrlichs Frau Ingrid ihre Mitarbeit im Familienbetrieb, der nun durch doppelte Frauenpower geführt wurde. Peters Arbeit war erfolgreich und auch finanziell komfortabel, da der Durchschnittslohn in der Hauptstadt der DDR 25 bis 30 Prozent höher lag als in der übrigen Republik.

Nach dem Aufstand am 17. Juni 1953 verschärften sich die politischen Bedingungen auch für das Handwerk. Die DDR-Staatsführung trieb die Eingliederung der Betriebe in Produktionsgenossenschaften des Handwerks (PGH) voran. Dies bedeutete zwar eine größere Sicherheit in der Materialzuteilung, aber auch die Verstaatlichung des Maschinenbestandes und keine freie Entscheidung in Arbeitsabläufen und der Produktgestaltung. Außerdem drängte die politische Führung verstärkt auf eine Mitgliedschaft in der Sozialistischen Einheitspartei Deutschlands (SED).

Die Regierung der DDR, vor allem Walter Ulbricht persönlich, suchte verstärkt nach einer neuen, sich vom als dekadent bewerteten Westen abgrenzenden Identität. Absurderweise wurden die Ideen des Bauhauses sowie der Gestaltungsansatz – die Form folge der Funktion – aufgenommen, jedoch völlig uminterpretiert.
Die Funktion bestand von nun an in der Schaffung einer sozialistischen Tradition und Identität.
Das bedeutete architektonisch einen Rückgriff auf die repräsentativen Monumentalbauten des Klassizismus und in der Inneneinrichtung auf – keineswegs ressourcenschonend – ornamental verzierte, folkloristische Produkte, die sich an der Formensprache Osteuropas, vor allem der Sowjetunion, orientierten und damit eine auch optisch sichtbare Zugehörigkeit zum sozialistischen Staatenverbund signalisieren sollten.

In dieser Zeit entschied Peter Ehrlich, nach Dresden zurückzukehren, die Leitung des elterlichen Betriebes zu übernehmen, um Leuchten und Kleinmöbel nach eigenem Entwurf herzustellen. Während der nötigen bürokratischen Erledigungen arbeitete Peter Ehrlich 1956/57 noch als Architekt im Entwurfsbüro für Hochbau Dresden, bis er am 26. Juni 1957 seinen Gewerbeschein erhielt. Damit begann der Ausbau der Werkstatt zu einem anerkannten Betrieb des sächsischen Handwerks.

Auf der Grassimesse im selben Jahr war die Firma mit einem umfangreichen Sortiment vertreten und Peter Ehrlich bewarb sich mit Erfolg um die offizielle Bezeichnung „Anerkannter Kunsthandwerker“. Der Titel wurde nach Einreichung von Einzelartikeln oder Serien von einer unabhängigen Handwerkerkommission vergeben. Bis in die zweite Hälfte der 1950er Jahre verlief die Präsentation des deutsch-deutschen Kunsthandwerks auf der Messe unter der Obhut einer gesamtdeutschen Jury. Dann blieben zunehmend die Interessenten aus der Bundesrepublik aus und das Ostberliner Institut für angewandte Kunst entschied von nun an allein darüber, was als gutes Kunsthandwerk einzuordnen und somit für die Grassimesse zuzulassen war.

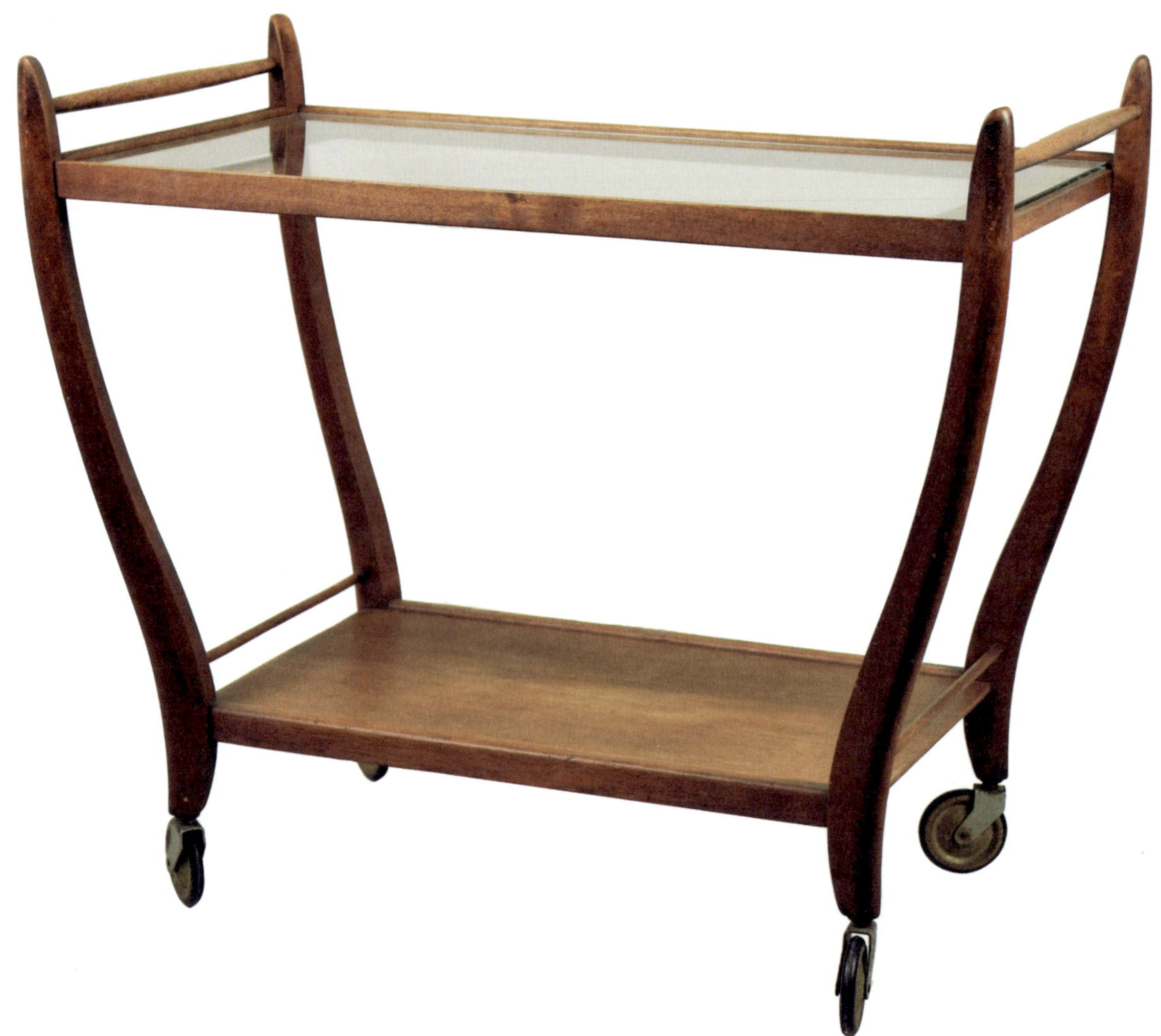

Abb. 3 Servierwagen Modell 888, Firma Peter Ehrlich (Ausführung), um 1960, Kunstgewerbemuseum, SKD, Inv.-Nr. 57816

Trotzdem blieb die Messe für Peter Ehrlich ein Markt für die Einholung umfangreicher Aufträge. Die Messebestellungen wurden von Dresden aus in Holzkisten per Bahn verschickt oder von Kund*innen persönlich abgeholt. Die Preise für die Ware waren nicht frei regulierbar, sondern staatlicherseits mit einer maximalen Gewinnspanne von zehn Prozent vorgegeben. Jährliche Steuerprüfungen kontrollierten Kalkulationen und Gewinne und verhängten gegebenenfalls empfindliche Steuernachzahlungen.

Als anerkannter Kunsthandwerksbetrieb hatte die Firma Ehrlich den Vorteil, keine allgemeinen Tischleraufträge von der Örtlichen Versorgungswirtschaft, einem Fachressort des Rates der Stadt Dresden, annehmen zu müssen. Stattdessen bemühte sich Peter Ehrlich um Einrichtungsaufträge für Hotels und Ferienheime. Nicht alle Entwürfe wurden in der eigenen Werkstatt ausgeführt, sondern entstanden in Kooperation mit anderen Handwerksbetrieben wie der Einkaufs- und Liefergenossenschaft Holz in Dippoldiswalde. Der in Quohren bei Dresden ansässige Stuhlbauer Paul Nedeß baute über viele Jahre hinweg den Servierwagen 888, (Abb. 2–3) die Firma Thiermann in Pirna fertigte weitere Servierwagenmodelle.

Ab 1960 gab es in der DDR eine erneute Welle der Verstaatlichung. Der Staat kaufte sich in Privatbetriebe ein, in der Landwirtschaft wurde die Kollektivierung fast abgeschlossen und im Handwerk gab es eine erneute Offensive, die Firmen in die Produktionsgenossenschaft des Handwerks (PGH) oder das staatliche Dienstleistungskombinat einzugliedern. Um dieser Misere zu entgehen und sich Rückhalt zu sichern, trat Peter Ehrlich der Nationaldemokratischen Partei Deutschlands (NDPD)[5], einer der Blockparteien der DDR, bei – ein probates Mittel, sich einerseits staatlichem Druck zu entziehen und andererseits eine gewisse Kooperationsbereitschaft zu signalisieren. Laut Peter Ehrlich bemühte sich diese Partei besonders um das Kunsthandwerk und war auf allen entsprechenden Messen unterstützend präsent. Zur gleichen Zeit entwickelten sich Exportbeziehungen in die ČSSR und nach Bulgarien. Trotz dieser breiten Vertriebsaufstellung von Messeteilnahmen, Verkaufsausstellungen in der gesamten Republik, Exporten, Inneneinrichtungen, Verkauf über Kulturzentren und den Staatlichen Kunsthandel blieben individuelle Privatverkäufe existenznotwendig.

Ein politisches Bestreben der Außenhandelsinstitutionen der DDR war es, kunsthandwerkliche Produkte ins westliche Ausland zu verkaufen. Die von ihrer Seite ausgehandelten und den Kaufwunsch fördernden Dumpingpreise sorgten bald dafür, dass die künstlerische und handwerkliche Qualität nicht mithalten konnte. Das private Handwerk, aber auch die PGHs zogen sich daher bald aus diesem Geschäft zurück.

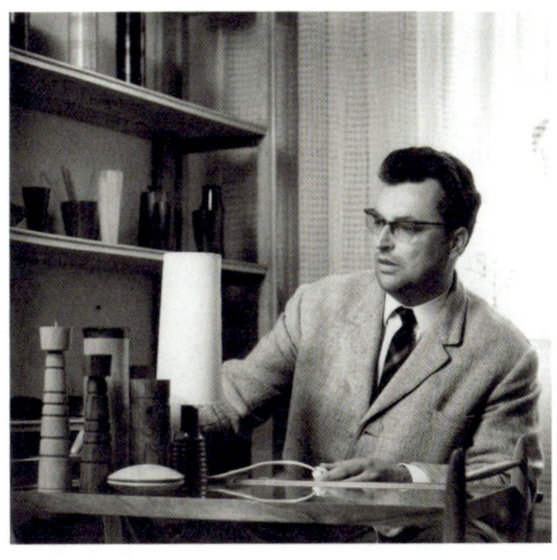

Abb. 4 Peter Ehrlich mit Produkten seiner Firma, um 1960, Kunstgewerbemuseum, SKD, Nachlass Peter Ehrlich

Ab 1970 war die Firma Ehrlich nicht mehr auf der Leipziger Messe als Einzelaussteller vertreten. Die Aufträge überstiegen zu dieser Zeit die möglichen Herstellungszahlen, sodass neue Kund*innen nicht mehr aufgenommen werden konnten und der Aufwand, den eine Messeteilnahme erforderte, nicht vertretbar war.

Trotz voller Auftragsbücher war eine Erweiterung des Betriebes nicht möglich: Maximal zehn sogenannte Vollbeschäftigteneinheiten (VBE) waren erlaubt, durch Teilzeitverträge immerhin ein wenig flexibel handhabbar. Damit fehlte jegliche Perspektive, jedoch motivierten persönliche Kontakte zu Kund*innen mit individuellen oder anspruchsvollen Aufträgen Peter Ehrlich und seine Mitarbeiter*innen.

Einer dieser neuen Kund*innen war das Institut für Denkmalpflege mit spannenden Aufträgen für das Fasanenschlösschen in Moritzburg, Fenster im Stallhof des Dresdner Residenzschlosses und das Gestühl für die Katholische Hofkirche. Problematisch war der offiziell genehmigte Stundenlohn von 5,70 Mark, der damit geringer ausfiel als der tatsächlich durch Ehrlich gezahlte Stundenlohn. Die selbst zu tragende Differenz konnte Ehrlich steuerlich nicht geltend machen, sie wurde zudem als Gewinn verbucht und somit versteuert. Damit entstand der Firma doppelter Verlust – ein von staatlicher Seite eingesetztes bewährtes Mittel, um selbständige Handwerksbetriebe an der sprichwörtlichen kurzen Leine zu halten. Verkäufe von Waren ohne Rechnung waren die Reaktion darauf – eine Gratwanderung.

Eine Herausforderung stellte in allen Jahren die Materialbeschaffung dar. Nicht nur exotische Hölzer, sondern auch einheimische mussten auf teils kreative Art organisiert werden. Regulär erfolgte der Materialbezug über die Einkaufs- und Liefergenossenschaft. Zusätzlich half ein guter Kontakt zum Dresdner Grünflächenamt, um bei geplanten Abholzungen ganze Bäume abzuholen. Wirtschaftlich war es sinnvoll, einen hohen Lagerbestand und damit verbundene Auslagen vorzuweisen, die dann zu einer Minimierung des zu versteuernden Umsatzes führten. Für die in den 1980er Jahren aufgenommene Herstellung von Lampen wurde unter anderem aus dem Chemiehandel der Kunststoff Decilith für die Schirme benötigt – ohne Beziehungen unmöglich! Der Ehemann einer angestellten Näherin aus Schwerin besorgte dort das notwendige Material, das dann in Dresden thermoplastisch in Form gefaltet wurde. Die Alternative bildeten Schirme aus handgewebten Stoffen aus der Lausitz.

Die Verbindung zwischen den Kunsthandwerksbetrieben war oftmals sehr eng und kollegial. Da die Nachfrage das Angebot in vielen Fällen überstieg, war Konkurrenzdenken obsolet, wichtiger waren gemeinsame Strategien in täglichen Belangen und in der Auseinandersetzung mit zuständigen Behörden. In diesem Zusammenhang wurde Peter Ehrlich gebeten, die Leitung der Berufsgruppe Kunsthandwerk in der Handwerkskammer Dresden zu übernehmen. In dieser Funktion war Ehrlich häufig DDR-weit unterwegs und versuchte mit Einsatz und Fingerspitzengefühl die Interessen der unterschiedlichen Handwerksbetriebe des Bezirkes Dresden zu vertreten und gegebenenfalls vermittelnd einzugreifen.[6] Peter Ehrlich oblag auch die Artikelauswahl für Verkaufsausstellungen in den Galerien oder der Internationalen Gartenausstellung in Erfurt. Ein Höhepunkt war eine große Schau 1970 im Museum für Kunsthandwerk Dresden.[7] Es folgten Ausstellungen in insgesamt zwölf Städten in der Sowjetunion, in Syrien, ČSSR, Ungarn, Bulgarien, Kuba und Schweden, eine Präsentation in den noch nicht restaurierten Räumen des Historischen Grünen Gewölbes sowie die Teilnahme an der alle vier Jahre stattfindenden Kunstausstellung der DDR. Die Mitarbeit an den Vorbereitungen kostete Ehrlich viel Einsatz und Zeit, war unbezahlt, gab aber die Möglichkeit zum direkten Austausch mit politischen und wirtschaftlichen Entscheidungsträgern und führte zu manchen Anekdoten: In den 1980er Jahren erschien ein Referent des Dresdner Oberbürgermeisters in der Werkstatt, um ausgewählte Stücke als Gastgeschenke zu erwerben. Ehrlich lehnte den Verkauf mit dem Hinweis ab, dass ihm die Einstellung eines Drechslerlehrlings mit der Begründung, dass Drechslerei volkswirtschaftlich unnötig sei, verwehrt worden war. So könne auch die Stadt keine derartigen Dinge erwerben. Kurze Zeit später kam die Einstellungsgenehmigung, die nun wiederum Ehrlich ablehnte. Der Oberbürgermeister erhielt einige ausgewählte Artikel.

1989 trat Sohn Stephan nach seiner Lehre im Tischlerhandwerk und einem Studium in Halle an der Hochschule Burg Giebichenstein in die Firma ein und übernahm sie 1993. Der jüngere Sohn Andreas arbeitete als Drechsler zeitweise ebenfalls im elterlichen Betrieb, bevor er sich nach erfolgreicher Meisterprüfung 1990 mit eigener Firma selbständig machte.

Durch die gesellschaftlichen und politischen Umwälzungen war eine grundlegende Neuorientierung notwendig – die Abkehr von der Fertigung kunsthandwerklicher Artikel und Hinwendung zur Innenraumgestaltung öffentlicher Gebäude und zu ausgesuchten privaten Auftraggeber*innen.

1998 wurde die Firma aus wirtschaftlichen Gründen geschlossen. Teile des Nachlasses mit Objekten, Fotos und Dokumenten gingen an das Kunstgewerbemuseum Dresden.

Abb. 5 Berufungsurkunde für Peter Ehrlich in den Arbeitskreis für Kunsthandwerk des Bezirkes Dresden, 1986, Kunstgewerbemuseum, SKD, Nachlass Peter Ehrlich

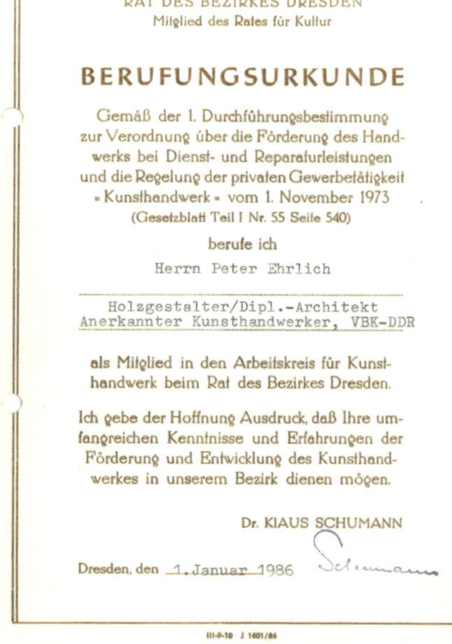

RAT DES BEZIRKES DRESDEN
Mitglied des Rates für Kultur

BERUFUNGSURKUNDE

Gemäß der 1. Durchführungsbestimmung zur Verordnung über die Förderung des Handwerks bei Dienst- und Reparaturleistungen und die Regelung der privaten Gewerbetätigkeit »Kunsthandwerk« vom 1. November 1973 (Gesetzblatt Teil I Nr. 55 Seite 540)

berufe ich

Herrn Peter Ehrlich

Holzgestalter/Dipl.-Architekt
Anerkannter Kunsthandwerker, VBK-DDR

als Mitglied in den Arbeitskreis für Kunsthandwerk beim Rat des Bezirkes Dresden.

Ich gebe der Hoffnung Ausdruck, daß Ihre umfangreichen Kenntnisse und Erfahrungen der Förderung und Entwicklung des Kunsthandwerkes in unserem Bezirk dienen mögen.

Dr. KIAUS SCHUMANN

Dresden, den 1. Januar 1986 Schumann

III-9-10 J 1601/86

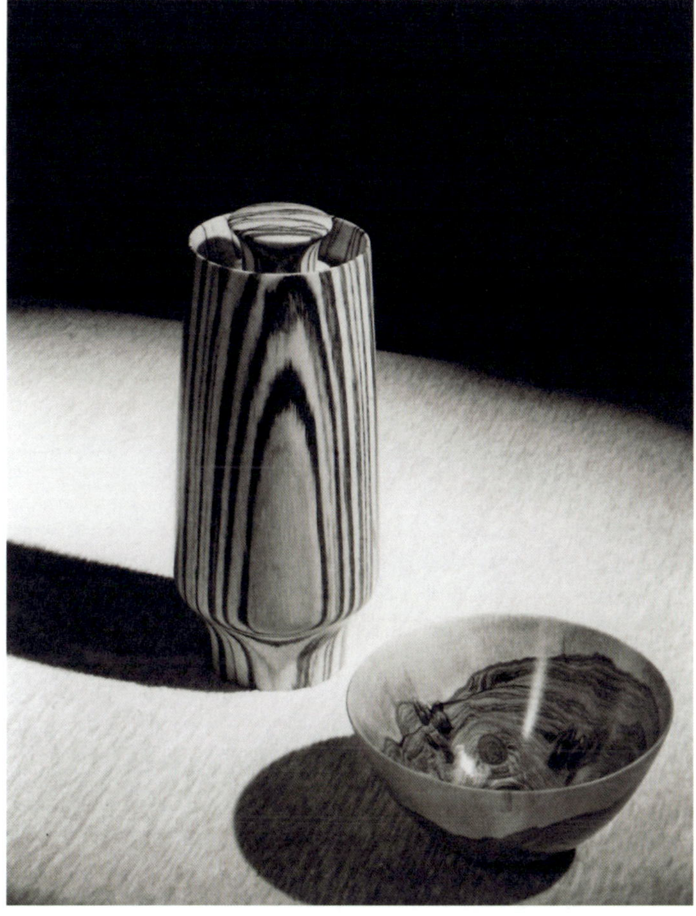

Abb. 6 Dose und Schale, Firma Peter Ehrlich, Datierung unbekannt, Fotografie, Kunstgewerbemuseum, SKD, Nachlass Peter Ehrlich

1 Lohse/Voigtsberger: Handwerk, Privatindustrie und Aufbau des Sozialismus, 1959, S. 5. Zitat Walter Ulbricht.
2 Feststehende und häufig verwendete Zielformulierung in öffentlichen Reden und Publikationen in der DDR.
3 Seit den 1930er Jahren firmierten die Verkaufsstellen des durch den Nationalsozialismus gleichgeschalteten Deutschen Werkbundes unter dem Namen Dürerhaus. Die Bezeichnung wird verschiedentlich für kunsthandwerkliche Verkaufsstellen bis heute beibehalten, allerdings unabhängig vom Deutschen Werkbund.
4 Ehrlich: Erinnerungen 1927–1999, S. 8. Nachlass im Kunstgewerbemuseum Dresden.
5 Gegründet 1948 auf Bestreben der SED, um den bereits bestehenden Parteien CDU und LPD eine „künstliche Konkurrenz" zu bieten, nach 1989 in der FDP aufgegangen.
6 Briefwechsel Peter Ehrlich, Nachlass Kunstgewerbemuseum Dresden.
7 *Kunsthandwerk des Bezirkes Dresden*, 01.07.–15.10.1970, Schloss Pillnitz.

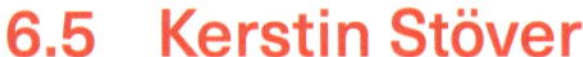

6.5 Kerstin Stöver

Bedarfsgerechte Kleidung – Das Maß der Individualität

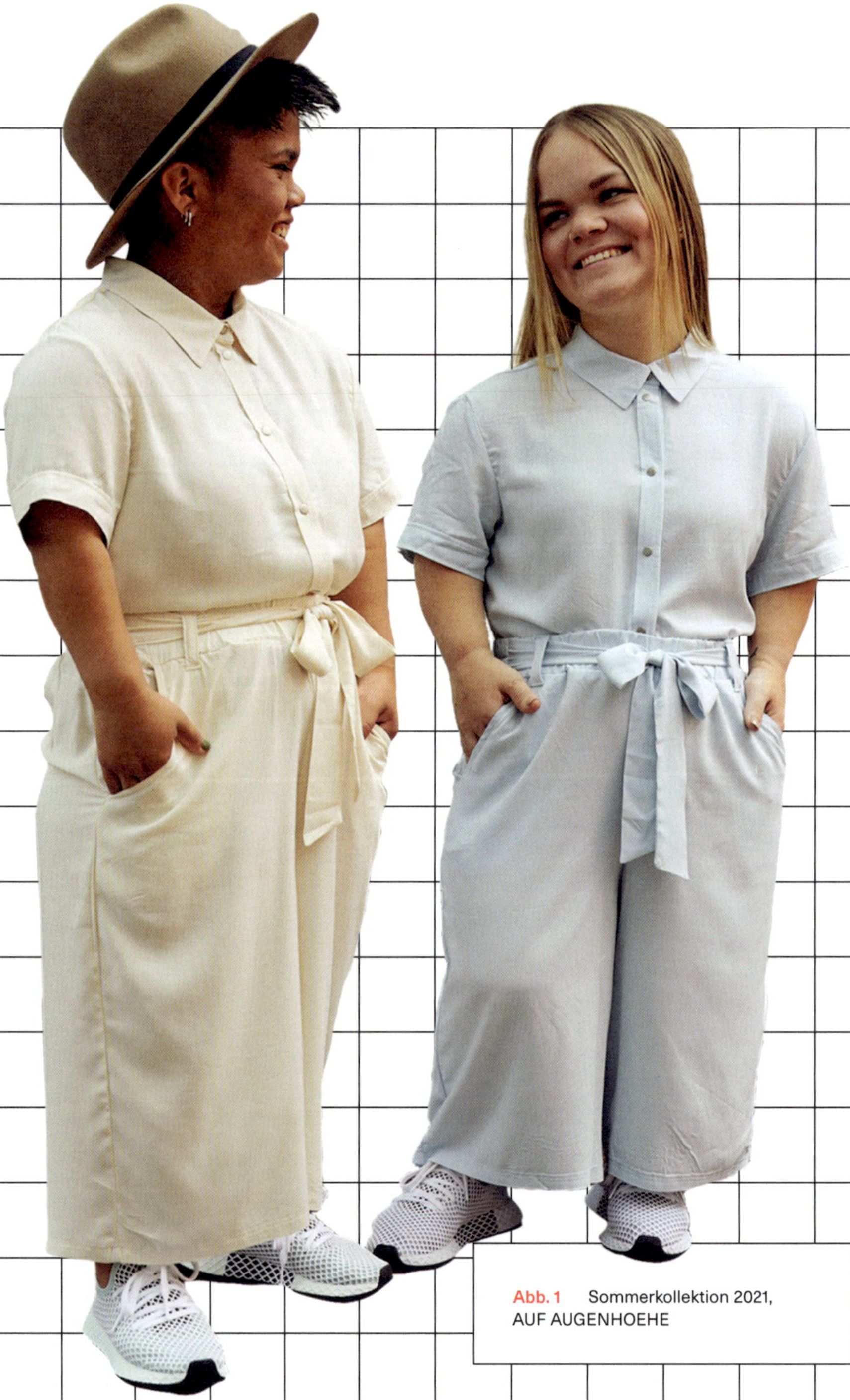

Abb. 1 Sommerkollektion 2021, AUF AUGENHOEHE

Maß, Norm, Standard, Konfektion – Begriffe, die in unserer industrialisierten und globalisierten Welt allgegenwärtig sind.

In der Kleidung ist die Konfektionsgröße ein Maß, das nach den durchschnittlichen Körpermaßen plus einer Bequemlichkeitszugabe festgelegt wurde, hinterlegt unter der europäischen Norm EN 13402, die zwischen Normgrößen für Männer, Frauen und Kinder unterscheidet.

Die Kleidermode als ein gesellschaftlicher Parameter für Verhaltens-, Denk- und Gestaltungsmuster wird in ihrer heutigen schnelllebigen Form geprägt vom Massenkonsum, omnipräsent in Medien und Werbung. Dabei gibt es gesellschaftlich favorisierte und als „ideal" verhandelte Maße, die dem Großteil der Bevölkerung als Orientierung dienen und mit unterschiedlichen Mitteln für die eigene Person angestrebt werden.

Ein kleiner, jedoch sehr heterogener Teil der Bevölkerung ist davon allerdings ausgeschlossen. Individuelle körperliche Besonderheiten lassen eine selbstverständliche Teilhabe am allgemeinen „Modekarussell" nicht zu. Zwei Beispiele sollen dies verdeutlichen und gleichzeitig kreative, engagierte und sehr empathische Lösungen aufzeigen, die den so häufig theoretisch, fast „modisch" strapazierten Begriff der Diversität mit Leben füllen.

Das Berliner Modelabel AUF AUGENHOEHE sieht sein Kerngeschäft in der Herstellung von Mode für Kleinwüchsige. Die studierte Modedesignerin Sema Gedik erfuhr in ihrem eigenen privaten Umfeld, wie unmöglich es war, an- und entsprechende Kleidung für Kleinwüchsige zu erwerben, schon gar nicht mit dem Anspruch modisch und chic. 2013 reiste sie deshalb durch die Welt und begann mit dem manuellen Vermessen kleinwüchsiger Menschen, um ein eigenes Konfektionsgrößensystem zu entwickeln.

2017 erfolgte die Gründung des Labels AUF AUGENHOEHE als Gediks Beitrag, auf Ausgrenzung und Ignorierung dieser Bevölkerungsgruppe aufmerksam zu machen und deren Partizipation an einer gleichberechtigten Modewelt gesellschaftlich einzufordern und zu ermöglichen.

Ihr Motto: „Schöne Kleidung, die passt, kann nur in enger Zusammenarbeit entstehen."

Mit dem eigenen Maßesystem entstanden manuell die ersten Gipsmodelle, da konventionelle Schneiderpuppen den benötigten Proportionen in keiner Weise entsprachen, sowie handgezeichnete Schnittkonstruktionen. Die Erkenntnis aus diesem Prozess war, dass nur die intensive Zusammenarbeit und der Austausch mit den potenziellen Kund*innen zu einem gelungenen Ergebnis führen kann. Zur Ergänzung ist die individuelle Planung von 3D-Figurinen in Arbeit.

Aktuell werden die Entwürfe unter anderem mit einer kleinwüchsigen Designerin entwickelt und in einem eigens aufgebauten Berliner Netzwerk in verschiedenen Schneiderwerkstätten gefertigt. Für Sportbekleidung sowie Strick- und Wirkwaren arbeitet Gedik mit Firmen in Bremen und Metzingen zusammen.

Ein anderes Beispiel zeigt das Hamburger Unternehmen einzigNaht von Sandra und Christian Brunner. Selber Eltern eines behinderten Kindes, stellten sich ihnen die täglichen Herausforderungen der Suche nach passender Kleidung. Weder in einschlägigen Geschäften noch online war Entsprechendes zu finden. Sandra Brunner entschied, sich selber das Nähen beizubringen und konnte damit ihre Tochter nicht nur zweckmäßig, sondern auch altersgerecht chic einkleiden. Darauf wiederholt angesprochen, gründete sie 2018 das Startup einzigNaht, um auf

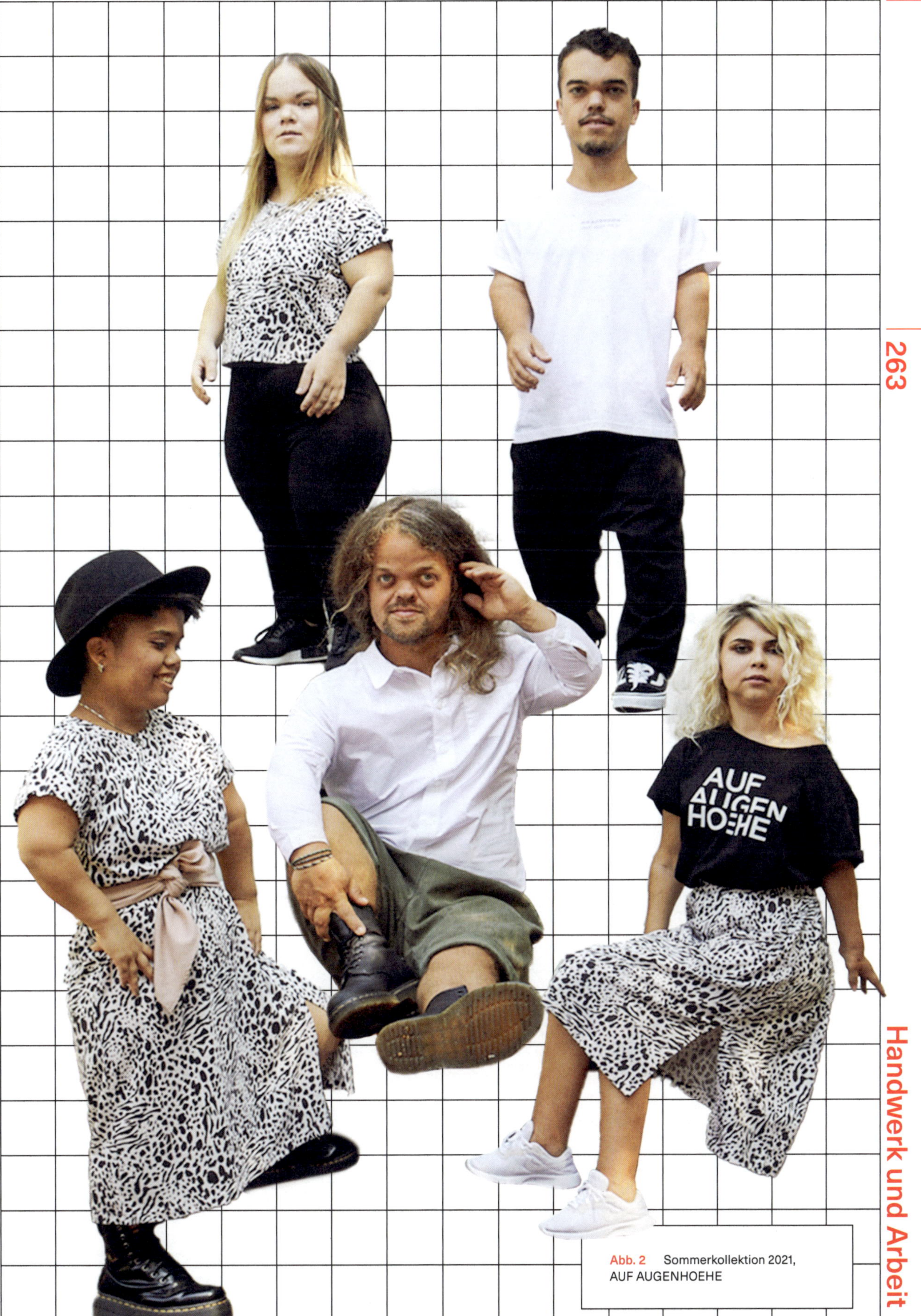

Abb. 2 Sommerkollektion 2021, AUF AUGENHOEHE

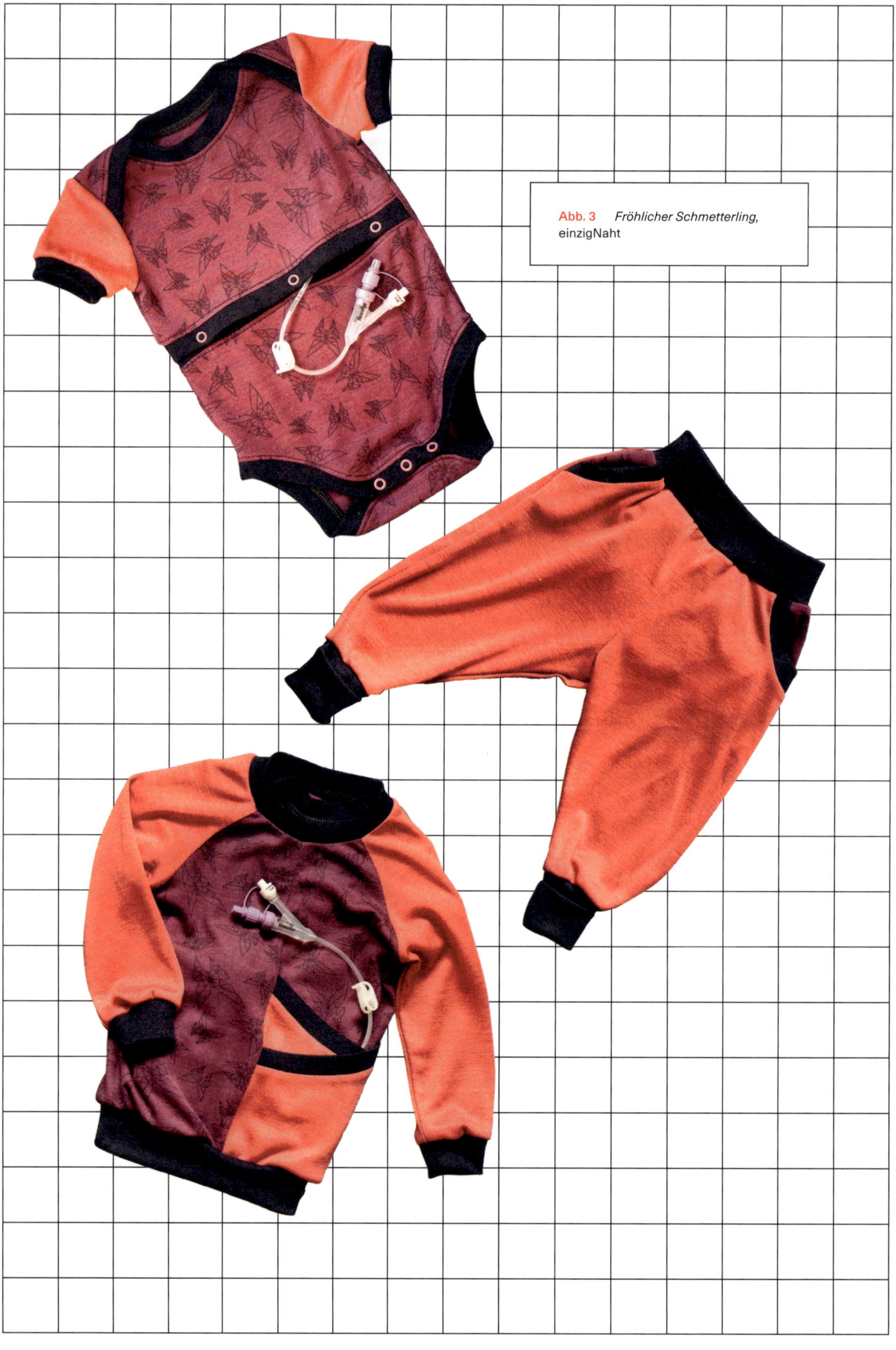

Abb. 3 *Fröhlicher Schmetterling,* einzigNaht

individuelle Bestellung maßgefertigte Kleidung für Kinder mit den unterschiedlichsten körperlichen Besonderheiten anzufertigen.

Die persönlichen Bedürfnisse jedes Kindes stehen im Vordergrund. Zur individuellen Abnahme der Maße gehört zusätzlich die Berücksichtigung von eventuellen medizinischen Notwendigkeiten wie Ein- und Ausgänge für Nahrungssonden, Stoma, Ports, Orthesen. Besonderes Augenmerk wird dabei auf Passgenauigkeit, Tragekomfort, Bewegungsfreiheit, aber auch das schonende An- und Auskleiden gelegt. Neben den modischen Wünschen und Vorstellungen der Eltern sind dabei oftmals auch Abstimmungen mit Physiotherapeut*innen und Pflegediensten sinnvoll.

Abgesehen von den praktischen Aspekten soll die Kleidung aber vor allem eins: Freude beim Tragen und Ansehen machen, ein trendiges Design haben, den Kindern Selbstbewusstsein schenken – einen ganz selbstverständlichen Charme ausstrahlen.

Das Thema Nachhaltigkeit spielt eine entscheidende Rolle bei der Auswahl der Materialien: gut verarbeitete und damit strapazierfähige Gewebe mit zertifiziertem Bio-Herstellungsnachweis. Die entsprechenden Stoffe bezieht einzigNaht von Händlern aus Deutschland. Dank dieses hochwertigen Materials können Temperaturschwankungen ausgeglichen und Schwitzen nahezu verhindert werden. einzigNaht bietet damit den Kindern den einzigartigen Wohlfühlfaktor einer „zweiten Haut". Das Gewebe verfügt über einen Abperl-Effekt, was weniger häufiges Waschen bedeutet.

Das Thema Inklusion umfasst für einzigNaht nicht nur die Herstellung von einzigartiger Kinderkleidung, sondern das Unternehmen bietet über den Verein einzigArtige Inklusion e.V. Nähpatenschaften an, um auch finanziell schlecht gestellten Eltern von Kindern mit Behinderungen den Erwerb maßgefertigter Kleidung zu ermöglichen.

Laut Aussage der Handwerkskammer Hamburg ein Novum, möchte das Nähatelier in nächster Zeit explizit Menschen mit Behinderung einstellen, sowohl zum Nähen als auch im Marketing, im Kundenkontakt, aber auch bei der Betreuung der Social-Media-Plattformen.

Abb. 4 Sandra Brunner in ihrer Werkstatt

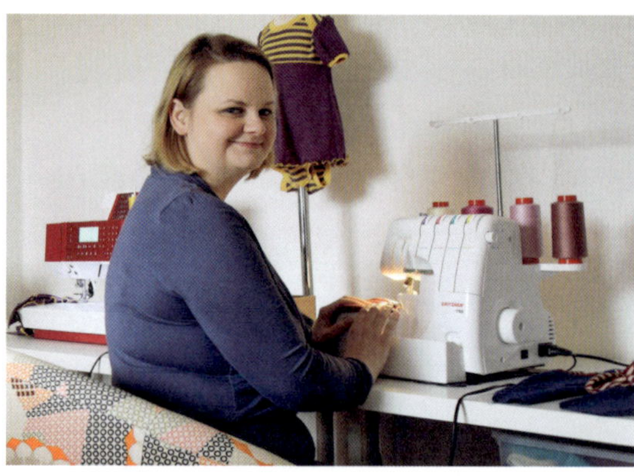

Epilog

Was wird Handwerk in Zukunft sein?

Ein Fragenkatalog

Wie global kann und soll Handwerk sein?

Wie nachhaltig kann Handwerk arbeiten?

Handwerk in der Zukunft – Folklore oder unverzichtbare Arbeitswelt?

Bist Du Handwerker*in der Zukunft?

Hand oder/und Kopf? Ausbildung, Studium oder beides?

Wird sich Handwerk als materielle und sinnlich erfahrbare Realität zum Gegenpol einer digitalen Welt etablieren?

Handwerken – Hauptfach in der Schule wie Lesen, Schreiben, Rechnen?

Handwerken am Gymnasium – Pflicht oder Kür?

Wann kommt „German Next Top-Craftswoman“?

Welchen Stellenwert werden handwerkliche Fähigkeiten in der schulischen Ausbildung haben

Wie notwendig wird die Meisterpflicht sein?

Wird es noch eine Meisterpflicht geben?

Werden in Zukunft die gekauften Dinge häufiger repariert statt ersetzt?

Handarbeit und Handwerk – wie definieren wir diese Begriffe in Zukunft?

Künstliche Intelligenz – ist sie Konkurrent oder Unterstützung im Handwerk der Zukunft?

Was sind die Werkzeuge, Materialien und Techniken der Zukunft?

Wie werden wir uns global austauschen?

Welche Handwerkstraditionen werden sich erhalten?

Welche Handwerksberufe werden verschwinden?

Wie wird Handwerk im Museum aufbewahrt, was wird gesammelt werden?

Wie werden handwerkliche Produkte in Zukunft gestaltet?

Werden Handwerker*innen die neue Elite sein?

Wird Handwerk als Therapieform an Bedeutung gewinnen?

Kann Handwerk Frieden fördern?

Wann verdienen Handwerker*innen mehr als Professor*innen?

Wann geht das Handwerk an die Börse?

Wann wird Handwerk weltweit gerecht bezahlt werden?

Wann wird das Handwerk weiblicher?

Wann machen wir Urlaub in einer Werkstatt?

Wird die Werkstatt der neue Meetingpoint?

Wird uns Handwerk zu besseren Menschen machen?

Bleibt Handwerk der Gegenentwurf zur Industrie, oder gehen beide auch Hand in Hand?

Kann durch Handwerk der Ressourcenverbrauch maßgeblich reduziert werden?

Wie werden sich industrielle und handwerkliche Fertigung in 20 Jahren voneinander unterscheiden?

Ist Handwerk Lebensglück?

Warum möchtest du auch in Zukunft handwerkliche Produkte kaufen?

Inwieweit wird Handwerk vom Kunsthandwerk, vom Design und von der Kunst unterscheidbar sein?

Werden wir alltägliche Dinge bald ausschließlich selber herstellen?

Kann Handwerk das Klima retten?

Werden Fußgängerzonen zu Handwerkszonen?

Gibt es authentisches Handwerk und durch wen wird es definiert?

Kann das Handwerk unsere Innenstädte beleben?

Schafft Handwerk Identität? Schafft Handwerk Heimat?

Wird Massenproduktion verschwinden?

Rettet Handwerk den ländlichen Raum?

Braucht Handwerk Denkmäler?

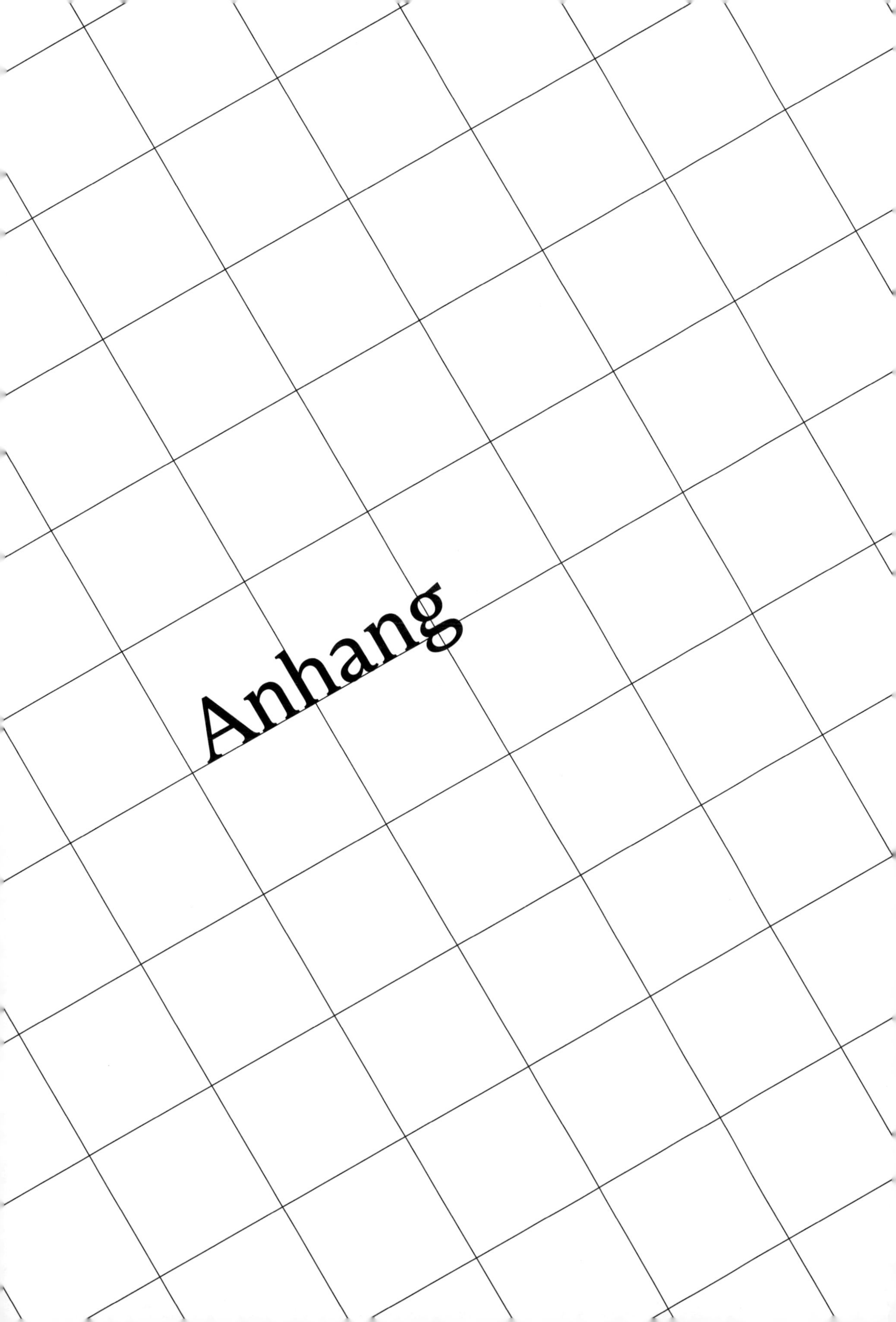

Anhang

Autor*innen

A

Theresia Anwander studierte Europäische Ethnologie und Germanistik an den Universitäten Innsbruck und Wien. Sie war Mitarbeiterin am Tiroler Landesmuseum Ferdinandeum. Seit 1989 ist sie in Vorarlberg als freischaffende Kuratorin zu den Themenbereichen Textil, Industriekultur, Mode und Alltagskultur tätig. Seit 2009 ist sie Kuratorin für den Fachbereich Europäische Ethnologie und Ausstellungsmanagerin am vorarlberg museum und übernahm die Co-Kuratierung, Projekt- und Produktionsleitung von zahlreichen Ausstellungen.

B

Martin Bleif ist promovierter Mediziner. In der Forschung hat er sich vor allem immunologischen und radiologischen Fragestellungen gewidmet. Studienaufenthalte führten ihn nach Luxemburg, Tel Aviv und Australien. Er ist Facharzt für Strahlentherapie und war lange als stellvertretender Ärztlicher Direktor an der Klinik für Radioonkologie in Tübingen tätig. Seit 2012 ist Bleif als Leitender Arzt an der Klinik für Radioonkologie in den Alb Fils Kliniken in Göppingen. Gemeinsam mit Marco Wehr verfasste er das Buch *Die Hand – Werkzeug des Geistes*, das mehrfach zu einem der besten Sachbücher gekürt wurde.

Renate Breuß ist Kunsthistorikerin und lebt in Rankweil, Vorarlberg. Sie arbeitet und forscht an den Schnittstellen zwischen Handwerk, Kochen und Kultur. Seit 1999 unterrichtet sie Kultur, Design und Wahrnehmung an der Fachhochschule Vorarlberg. Den Wettbewerb *Handwerk + Form* begleitete sie konzeptuell ab 2003, von 2008 bis 2016 als Geschäftsführerin des Werkraums Bregenzerwald. Sie publizierte unter anderem *Das Maß im Kochen*, Neuauflage 2019, Edition Löwenzahn.

Lieve Brocke studierte Kunstgeschichte und Germanistik an der Goethe-Universität in Frankfurt am Main und schloss den Masterstudiengang mit der transdisziplinären Arbeit *Homosexuelle Aspekte in ausgewählten Werken von Jeanne Mammen und Annemarie Schwarzenbach* ab. Zunächst als Projektmanagerin und kuratorische Assistentin am Museum Angewandte Kunst in Frankfurt am Main tätig, arbeitet sie dort aktuell als Volontärin im kuratorischen Bereich, Ausstellungs- und Sammlungswesen. Mit dem Audiorundgang *Angewandte Walk. Es braucht ein neues Museum* würdigen Lieve Brocke und ihre Kolleginnen das herausragende Schaffen der ehemaligen Direktorin Dr. Annaliese Ohm und machen so vergessene weibliche Geschichte sichtbar. Lieve Brockes Arbeitsschwerpunkt liegt auf feministischen Perspektiven.

C

Florian Coulmas hat den besseren Teil seines beruflichen Lebens an Universitäten und Forschungsinstituten in Japan verbracht, wo er sich unter anderem mit Chronoethnologie befasste, einem neuen Forschungsfeld, in dem es um die Kultur der Zeit geht. *Japanische Zeiten. Eine Ethnographie der Vergänglichkeit* ist sein Lieblingsbuch auf Deutsch. Gegenwärtig ist er Senior-Professor für Japanische Gesellschaft im IN-EAST Institut der Universität Duisburg-Essen.

Thomas A. Geisler ist Direktor des Kunstgewerbemuseums der Staatlichen Kunstsammlungen Dresden. Er ist ausgebildeter Keramiker, Produktgestalter und Kulturmanager. Nach intensiver Auseinandersetzung mit dem Lebenswerk Viktor Papaneks war Geisler an der Gründung der Viktor J. Papanek Foundation an der Universität für angewandte Kunst in Wien beteiligt, wo er bis 2010 in Lehre und Forschung tätig war. Er war Mitbegründer und Direktor der Vienna Design Week, bis er als Kurator und Leiter der Sammlung Design an das Österreichische Museum für angewandte Kunst (MAK) in Wien wechselte. 2016 bis 2019 arbeitete Geisler als Geschäftsführer des Werkraums Bregenzerwald in Vorarlberg an der Schnittstellen zwischen Handwerk, Design und Baukultur. Er profilierte sich international als Ausstellungsmacher und Autor, u. a. kuratierte Geisler die *26. Biennale für Design* (bio26) in Ljubljana und war mehrfach verantwortlich für den österreichischen und deutschen Beitrag zur *London Design Biennale*.

G

Hans-Joachim Gögl ist künstlerischer Leiter des Festivals *Montforter Zwischentöne* in Vorarlberg sowie Kurator der Ausstellungs- und Konzertreihe *INN SITU* im BTV (Bank für Tirol und Vorarlberg) Stadtforum in Innsbruck. Er beschäftigt sich seit vielen Jahren mit Handwerk, Meisterschaft und regionaler Entwicklung. Gemeinsam mit Clemens T. Schedler hat er den Band *Strategien des Handwerks*, Haupt Verlag, Bern 2005, konzipiert und gestaltet. www.goegl.com

Franziska Graßl studierte Kunstgeschichte, Germanistische Literaturwissenschaft und Klassische Archäologie an der Martin-Luther-Universität Halle-Wittenberg. 2005 war sie Assistentin, 2006/07 Volontärin am GRASSI Museum für Angewandte Kunst in Leipzig. Von 2008 bis 2021 war sie Mitarbeiterin des DAPHNE-Projektes der Staatlichen Kunstsammlungen Dresden im Kunstgewerbemuseum Dresden. Seit 2022 arbeitet sie als Mitarbeiterin für Inventarisierung am Archiv der Avantgarden der Staatlichen Kunstsammlungen Dresden.

H

Bernd Holtwick studierte Geschichte, Soziologie und Germanistik an der Universität Bielefeld. Dort promovierte er 1999 bei Prof. H.-U. Wehler. Die Dissertation erschien im Jahr 2000 unter dem Titel *Der zerstrittene Berufsstand. Handwerker und ihre Organisationen in Ostwestfalen-Lippe 1929–1953*. Holtwick arbeitete von 2000 bis 2005 als wissenschaftlicher Mitarbeiter am Haus der Geschichte Baden-Württemberg in Stuttgart. Von 2006 bis 2010 leitete er das Kultur- und Archivamt beim Landkreis Biberach und damit auch das Oberschwäbische Museumsdorf Kürnbach. Seit 2011 ist er stellvertretender Leiter der DASA-Arbeitswelt-Ausstellung in Dortmund, die zur Bundesanstalt für Arbeitsschutz und Arbeitsmedizin gehört.

Pascal Heß ist Kunsthistoriker, Kunstvermittler, Kurator, Dozent und freier Autor. Er studierte Architektur, Kunstgeschichte sowie Mittlere und Neue Geschichte. Seit 2006 hat er als Kunstvermittler an vielen bekannten Institutionen im Rhein-Main-Gebiet Besucher*innen Kunst- und Museumsobjekte nähergebracht. 2012/13 leitete er die Abteilung Bildung und Vermittlung am Museum Angewandte Kunst in Frankfurt am Main. Seit 2016 entwickelt er als selbständiger Kunsthistoriker digitale Strategien für Kunstvermittlung, Ausstellungs- und museumspädagogische Konzepte und begleitet internationale Projekte im Bereich Kunst. 2017 bis 2019 erstellte er das Konzept für das geplante Ökumenische Kirchenmuseum Frankfurt. Seit 2017 ist er zudem Dozent für Kunstgeschichte an der Frankfurter Akademie für Kommunikation und Design.

L

Katrin Lauterbach studierte Kunstgeschichte, Sächsische Landesgeschichte und Romanistik an der Technischen Universität Dresden und der Universidad de Córdoba/Spanien. Für die Staatlichen Schlösser, Burgen und Gärten Sachsen recherchierte sie Themen der sächsischen Landes- und Kulturgeschichte im Rahmen von Sonderausstellungsprojekten. Seit 2008 bearbeitet und fotografiert sie in den Staatlichen Kunstsammlungen Dresden innerhalb des digitalen Inventarisierungsprojektes DAPHNE vorwiegend die umfangreichen Keramikbestände des Kunstgewerbemuseums Dresden und seit 2022 des GRASSI Museums für Völkerkunde zu Leipzig.

Philipp Lorig hat in Trier und Amiens/Frankreich Soziologie und Philosophie studiert. Er promovierte 2017 mit einer Arbeit zu handwerklichen Dienstleistungen, die im Internet vermittelt werden. Seine Forschung fokussiert auf neue Formen von Arbeit in der digitalen Plattformökonomie, die gesellschaftstheoretische Analyse des Kapitalismus, Prekarisierung und soziale Ungleichheit sowie das Verhältnis von Arbeit und Subjektivierung. Er ist wissenschaftlicher Mitarbeiter am Arbeitsbereich Politische Soziologie der Friedrich-Schiller-Universität Jena im Projekt *Freiwilligkeit als Ressource im Gegenwartskapitalismus*.

M

Barbara Motter ist Historikerin. Sie studierte Wirtschafts- und Sozialgeschichte in Wien. Gemeinsam mit Barbara Grabherr-Schneider entwickelte sie Projekte zur Industriegeschichte Vorarlbergs, wie das Ausstellungsprojekt *Heimarbeit – Wirtschaftswunder am Küchentisch*. Sie war mehrere Jahre unter anderem für das Projekt *Museumsdokumentation* der Vorarlberger Kulturabteilung verantwortlich. Seit 2018 ist Barbara Motter im Stadtmuseum Dornbirn für die Kulturvermittlung zuständig.

Agnes Matthias ist Kunsthistorikerin mit den Arbeitsschwerpunkten Fotografie und Grafik des 19. bis 21. Jahrhunderts. Sie kuratierte Ausstellungen und Publikationen unter anderem für das Museum Folkwang Essen und das Kupferstich-Kabinett Dresden. Von 2011 bis 2014 leitete sie die Grafische Sammlung am Kunstforum Ostdeutsche Galerie Regensburg und war anschließend tätig an den Staatlichen Kunstsammlungen Dresden – unter anderem als Kuratorin für Fotografie an den Staatlichen Ethnographischen Sammlungen Sachsen. Seit Herbst 2021 ist sie Kuratorin des Archivs der Fotografen an der Deutschen Fotothek/Sächsische Landesbibliothek – Staats- und Universitätsbibliothek Dresden.

P

Julia Psilitelis begleitete die Ausstellung *Mythos Handwerk. Zwischen Ideal und Alltag* am Museum Angewandte Kunst in Frankfurt am Main als Juniorkuratorin. In eigenen kuratorischen Projekten beschäftigt sie sich unter anderem mit den Charakteren und der Gestaltung von privaten und öffentlichen Räumen, der Aufgabe von Museen als diskursiven Austausch schaffende Orte sowie weiblichen Netzwerken. Sie erhielt ihren Master of Letters in Curatorial Practice for Contemporary Art von der Glasgow School of Art und University of Glasgow/Schottland und arbeitet zurzeit für die Gesellschaft für Goldschmiedekunst in Hanau.

Bettina Reimers promovierte mit einer Arbeit über die Volkshochschulbewegung in der Weimarer Republik (2000) und absolvierte den Masterstudiengang Archivwissenschaften an der Fachhochschule Potsdam (2013). Nach wissenschaftlichen Tätigkeiten an den Universitäten Tübingen, Ulm und Augsburg übernahm sie 2008 die Leitung des Archivs der BBF Bibliothek für Bildungsgeschichtliche Forschung des DIPF Leibniz-Institut für Bildungsforschung und Bildungsinformation.

R

Anna-Lisa Reith studierte Deutsche Sprache und Literatur sowie Ethnologie an der Martin-Luther-Universität Halle-Wittenberg und der Universität Leipzig. Seit 2021 arbeitet sie als wissenschaftliche Volontärin an den Staatlichen Kunstsammlungen Dresden. Ihre bisherige Forschung konzentriert sich auf Dekolonialisierungsprozesse, Sammlungs- und Ausstellungsreflexion in der Museumsarbeit und die Kollaboration mit Expert*innen und Museumsbesucher*innen auf lokaler und globaler Ebene.

Franziska Schaaf forscht zu Arbeit, Gender und Kulturerbe und wurde mit einer Studie zu medialen Diskursivierungen von „altem Handwerk" und Do-it-yourself an der Universität Duisburg-Essen promoviert. Sie ist Referentin am Institut für Soziologie der Goethe-Universität Frankfurt. Zuvor war sie unter anderem wissenschaftliche Mitarbeiterin am Zentrum für Angewandte Kulturwissenschaft am Karlsruher Institut für Technologie und Kulturmanagerin am Ernst-Bloch-Zentrum, Ludwigshafen.

S

Joachim Scholz studierte Erziehungswissenschaft und Soziologie und promovierte mit einer Arbeit zur Reform der Lehrerbildung in Brandenburg um 1800. Er war wissenschaftlicher Mitarbeiter in Berlin und Wuppertal und leitete den Forschungsbereich der BBF Bibliothek für Bildungsgeschichtliche Forschung des DIPF Leibniz-Institut für Bildungsforschung und Bildungsinformation. 2019 erhielt er einen Ruf auf die Professur für Historische Bildungsforschung an der Ruhr-Universität Bochum.

Annika Sellmann ist freiberufliche Kunsthistorikerin mit Schwerpunkt Kulturerbe. Nach einem Magisterstudium der Kunstgeschichte, Kulturgutvermittlung und Soziologie an den Universitäten in Frankfurt am Main und Aix-Marseille, einem Aufbaustudium der Denkmalpflege in Bamberg mit dem Schwerpunkt Denkmalwissenschaften und einer vielfältigen Praxis im musealen und denkmalpflegerischen Umgang mit Kulturgütern, verfasst sie zurzeit ihre Dissertation über das Modellstadtprogramm des Europäischen Denkmalschutzjahres 1975.

Ruth Sonja Simonis studierte Ostasiatische Kunstgeschichte und Japanologie an der Freien Universität Berlin. Ihren Arbeitsfokus legte sie nach einem Praktikum im Kunstgewerbemuseum Dresden und einem Volontariat im Clark Center for Japanese Art and Culture (Hanford, Kalifornien) auf das japanische Kunsthandwerk. Seit 2016 ist sie wissenschaftliche Mitarbeiterin der Porzellansammlung der Staatlichen Kunstsammlungen Dresden. Ihre Forschungsschwerpunkte sind die Handelsstrukturen und Ankaufsnetzwerke von ostasiatischem Porzellan im Europa der Frühen Neuzeit.

Eva-Maria Seng hat den Lehrstuhl für Materielles und Immaterielles Kulturerbe an der Universität Paderborn inne. 2009/10 war sie Inhaberin des Chaire Alfred Grosser an der Sciences Po, Paris/Frankreich, Visiting Professor an der Tsinghua Universität Beijing/China 2017 und 2019 sowie Ehrenprofessorin der Henan University of Science and Technology/China 2019 und des Luoyang Institute of Science and Technology 2019. Ihre Forschungsschwerpunkte liegen in den Bereichen Handwerks- und Manufakturgeschichte, dem Städtebau und der Architekturgeschichte von der Frühen Neuzeit bis zur Gegenwart und dem Museums- und Ausstellungswesen sowie in der Diskussion und Reflexion der Themenkomplexe „Kulturelles Erbe", „Denkmalpflege", „Restaurierung", „Wiederaufbau", „Rekonstruktion", „Bewahren und Sammeln". Hinzu kommt die Beschäftigung mit Theoriefragen wie „Kanonbildung" und „Dekor".

Kerstin Stöver ist wissenschaftliche Mitarbeiterin im Kunstgewerbemuseum Dresden. Sie studierte an der Martin-Luther-Universität Halle-Wittenberg Kunstgeschichte und schrieb ihre Diplomarbeit zum historischen Bestand der Tapisserien im Dresdner Residenzschloss. Im Museum betreut sie wissenschaftlich den Sammlungsbestand Textil, Leder, Papier sowie die Lehrmittelsammlung, forscht und veröffentlicht zur Sammlungsgeschichte und zum Bestand der japanischen Färbeschablonen (Katagami).

T

Ute Thomas ist freie Kunsthistorikerin. Als einzige aus einer handwerklich-technisch geprägten Familie studierte sie – Kunstgeschichte und Deutsch als Fremdsprache in Dresden. 2012 schrieb sie ihre Magisterarbeit zur Kunst Jamaicas. Seit 2011 begleitete sie wissenschaftlich, kuratorisch, organisatorisch und redaktionell verschiedene Ausstellungsprojekte und absolvierte 2017/2018 ein wissenschaftliches Volontariat bei den Staatlichen Kunstsammlungen Dresden. Sie forscht zu transkulturellen Fragestellungen in der Kunst, besonders der Fotografie, zur Geschichte der Kunstgewerbeschule Dresden und zur Produkt- und Modefotografie.

Hilke Thode-Arora studierte Ethnologie in Hamburg. Sie ist Leiterin der Abteilung Ozeanien und Referentin für Provenienzforschung am Museum Fünf Kontinente in München. In Neuseeland, Samoa und Niue führte sie im Auftrag verschiedener Museen ethnologische Feldforschungen zu materieller Kultur und der Kontextualisierung historischer Fotos durch. Sie war Honorary Fellow und Affiliated Researcher an den Universitäten von Auckland und Wellington in Neuseeland. Sie ist Vorstandsmitglied der New Zealand Studies Association.

Daichō Tomohiro ist Kurator am National Museum of Modern Art in Kyoto/Japan. Zuvor war er am Keramikmuseum der Präfektur Aichi in Seto/Japan tätig. Seine Forschungsschwerpunkte sind die moderne und zeitgenössische japanische Keramik sowie das japanische Handwerk. Er kuratierte zahlreiche wichtige Ausstellungen zu Design und Handwerk in Japan, zuletzt *Moriguchi Kunihiko Yuzen/Design Crossroad of Creativity* (2020). Zurzeit bereitet er sowohl eine Retrospektive des Keramikers und Bildhauers Kiyomizu Kyubey vor als auch eine Ausstellung, die sich den Anfängen der Avantgarde-Keramik in Japan widmet.

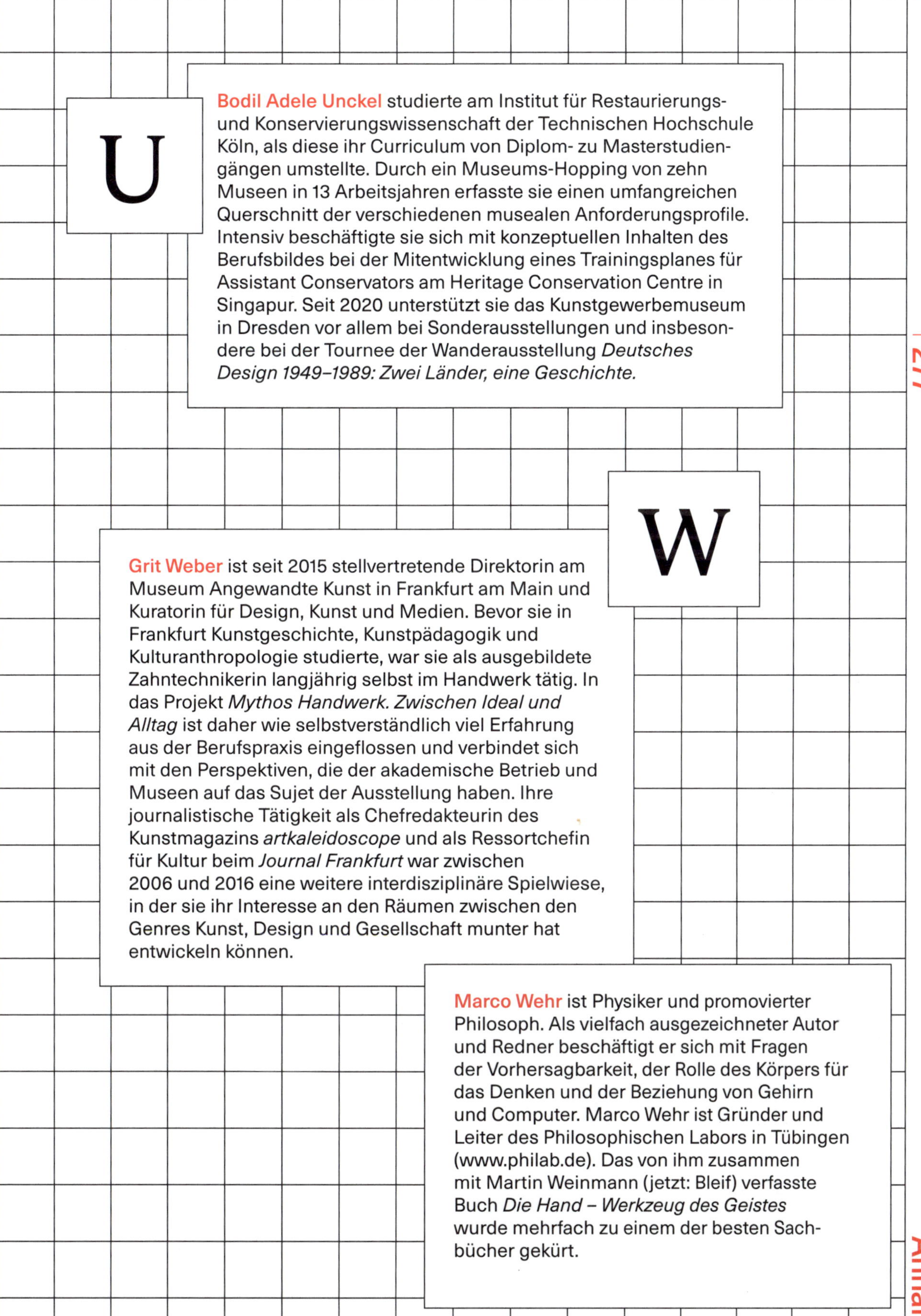

U

Bodil Adele Unckel studierte am Institut für Restaurierungs- und Konservierungswissenschaft der Technischen Hochschule Köln, als diese ihr Curriculum von Diplom- zu Masterstudiengängen umstellte. Durch ein Museums-Hopping von zehn Museen in 13 Arbeitsjahren erfasste sie einen umfangreichen Querschnitt der verschiedenen musealen Anforderungsprofile. Intensiv beschäftigte sie sich mit konzeptuellen Inhalten des Berufsbildes bei der Mitentwicklung eines Trainingsplanes für Assistant Conservators am Heritage Conservation Centre in Singapur. Seit 2020 unterstützt sie das Kunstgewerbemuseum in Dresden vor allem bei Sonderausstellungen und insbesondere bei der Tournee der Wanderausstellung *Deutsches Design 1949–1989: Zwei Länder, eine Geschichte.*

W

Grit Weber ist seit 2015 stellvertretende Direktorin am Museum Angewandte Kunst in Frankfurt am Main und Kuratorin für Design, Kunst und Medien. Bevor sie in Frankfurt Kunstgeschichte, Kunstpädagogik und Kulturanthropologie studierte, war sie als ausgebildete Zahntechnikerin langjährig selbst im Handwerk tätig. In das Projekt *Mythos Handwerk. Zwischen Ideal und Alltag* ist daher wie selbstverständlich viel Erfahrung aus der Berufspraxis eingeflossen und verbindet sich mit den Perspektiven, die der akademische Betrieb und Museen auf das Sujet der Ausstellung haben. Ihre journalistische Tätigkeit als Chefredakteurin des Kunstmagazins *artkaleidoscope* und als Ressortchefin für Kultur beim *Journal Frankfurt* war zwischen 2006 und 2016 eine weitere interdisziplinäre Spielwiese, in der sie ihr Interesse an den Räumen zwischen den Genres Kunst, Design und Gesellschaft munter hat entwickeln können.

Marco Wehr ist Physiker und promovierter Philosoph. Als vielfach ausgezeichneter Autor und Redner beschäftigt er sich mit Fragen der Vorhersagbarkeit, der Rolle des Körpers für das Denken und der Beziehung von Gehirn und Computer. Marco Wehr ist Gründer und Leiter des Philosophischen Labors in Tübingen (www.philab.de). Das von ihm zusammen mit Martin Weinmann (jetzt: Bleif) verfasste Buch *Die Hand – Werkzeug des Geistes* wurde mehrfach zu einem der besten Sachbücher gekürt.

Fachwortschatz

Anti-Design
Anti-Design ist eine aus Italien stammende und von 1966 bis 1980 andauernde Designbewegung, die auffällige Farben, Maßstabsverzerrungen sowie emotionale und ironische Aussagen für die Gestaltung nutzt. Zur Funktion des Objekts gehört auch, die Art und Weise, wie man über das Objekt bisher dachte, zu unterlaufen. Auch als Kritik an der Normierung industriell hergestellter Produkte und ihrer Gestaltung. In der Architektur wird diese Zeit auch als Radical Design bezeichnet.

Angewandte Kunst
Bezeichnet Disziplinen der Kunst, die sich mit der Gestaltung von (Alltags-) Gegenständen beschäftigen. Zu ihnen gehören neben der Architektur auch das Produkt-, Grafik- und Modedesign sowie das Kunstgewerbe. Im Gegensatz zu den „schönen Künsten" steht bei ihnen die Anwendung, das heißt ein Gebrauchswert im Vordergrund, der sich mit einem ästhetischen Wert verbindet.

Autoproteggazione
Buchtitel und Bezeichnung eines Projektes des Designers Enzo Mari, der 1973 neunzehn Möbelentwürfe zum Selberbauen veröffentlichte und damit Designgeschichte schrieb.

A

Artefakte
Bezeichnung in der Archäologie und Anthropologie für von Menschenhand hergestellte, meist handliche Objekte.

Authentizität
Authentizität meint Echtheit im Sinne von Ursprünglichkeit.

B

Bregenzerwälder Barockbaumeister
Gruppe von Baumeistern, Stuckateuren und Bauhandwerkern aus dem Bregenzerwald, die im 17. und 18. Jahrhundert in Süddeutschland, der Schweiz und dem Elsass an die 800 Barockbauten, meist Kirchen und Klöster, aber auch Schlösser, Palais und Bürgerhäuser errichteten.

Batik
Ursprünglich aus Indonesien stammendes Textilfärbeverfahren, siehe auch *Reservedruck*.

Binge oder Pinge
Künstliche keil-, graben- oder trichterförmige Vertiefungen, die durch Bergbautätigkeiten, oftmals auch Einsturz, entstanden sind.

Bethaus
Meist multifunktionales Gebäude, in dem die Bergleute vor Schichtbeginn ihr Gebet verrichteten und die Anwesenheit kontrolliert wurde.

Bin-Picking
„Griff in die Kiste"; bezeichnet eine Technologie der roboterbasierten Vereinzelung unregelmäßiger und ungeordneter Objekte mit Hilfe einer 3D-Kamera.

Braille-Schrift
Eine von dem Franzosen Louis Braille 1825 entwickelte Blindenschrift, die weltweit von Blinden und stark Sehgeschädigten verwendet wird. Sie besteht aus einem 6-Punkte-System, das auf der Rückseite des Papiers eingedrückt wird und somit auf der Vorderseite als Erhöhung ertastet werden kann.

Bologna-Prozess
Hochschulreform, die auf eine europaweite Vereinheitlichung von Studiengängen und Studienabschlüssen zielt.

C

Club of Rome
1968 als gemeinnützige Organisation gegründeter Zusammenschluss von Expert*innen verschiedener Disziplinen aus mehr als 30 Ländern; setzt sich unter anderem für eine nachhaltige Entwicklung und den Schutz von Ökosystemen ein. Seine Studien beruhen auf computergestützten Simulations- und Modellrechnungen.

CNC-Maschine
Werkzeugmaschinen (Fräsen), die durch den Einsatz von Steuerungstechnik Werkstücke mit hoher Präzision auch für komplexe Formen automatisch herstellen.

Craftista-Bewegung
Craftista ist die deutschsprachige Bezeichnung für Aktivist*innen, die ihre politischen Ziele mit handwerklichen Materialien und Mitteln des Selbermachens verfolgen.

Craftivism
Kunstwort aus „Craft“ und „Activism“, Form des Aktivismus, der Ideen des Antikapitalismus, des Umweltschutzes, der Solidarität und vor allem des Feminismus beinhaltet und sich damit an sozialen und gesellschaftlichen Diskursen beteiligt.

Craftwashing
Craft im Sinne von handwerklich hergestellten Produkten, Craftwashing als Missbrauch dieses Begriffes, um den Trend nach handwerklich hergestellten Industrieprodukten zu bedienen.

D

Design
Design steht für eine formgerechte und gleichzeitig funktionale Gestaltgebung eines Gebrauchsgegenstandes. Auch kann mit Design der Entwurf gemeint sein, der einer industriellen Fertigung vorausgeht.

Dilettantismus
Dilettantismus beschreibt die laienhafte Beschäftigung mit Wissenschaft und Kunst sowie laienhaft ausgeführte Tätigkeiten. In Bezug auf das Handwerk sind Dilettant*innen meist sogenannte Heimwerker*innen, die ohne handwerkliche Ausbildung Arbeiten ausführen.

DIY
Die Abkürzung DIY steht für „do it yourself“, „mach es selbst“.

DREGENO
Genossenschaft der Drechsler, Bildhauer, Holz- und Spielwarenhersteller in Seiffen im Erzgebirge, umfasst heute ca. 140 Handwerksbetriebe in und um Seiffen, dem sogenannten „Spielzeugwinkel“.

E

Entwurf
Schöpferische (Vor-)Leistung in Vorbereitung eines sich daraus entwickelnden Endergebnisses.

Expertic
Markenname eines DDR-Warenverbandes, der Produkte von Kunsthandwerksfirmen unter einem einheitlichen Logo vertrieb, ihre Interessen vertrat und Rechte schützte.

E.C.C.O-Richtlinien
European Confederation of Conservator-Restorers’ Organisations, 1991 gegründete internationale Restaurator*innenvereinigung.

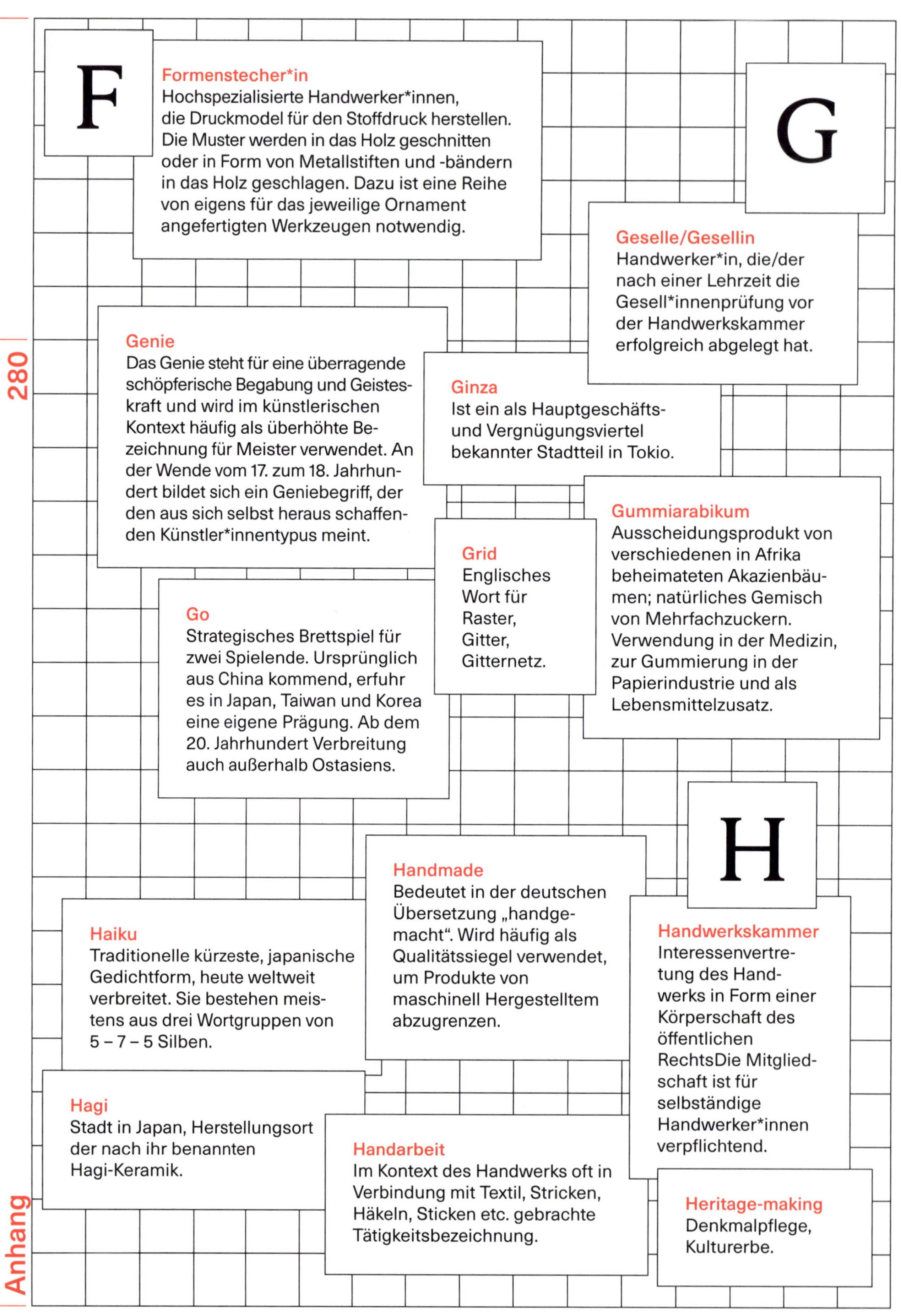

F

Formenstecher*in
Hochspezialisierte Handwerker*innen, die Druckmodel für den Stoffdruck herstellen. Die Muster werden in das Holz geschnitten oder in Form von Metallstiften und -bändern in das Holz geschlagen. Dazu ist eine Reihe von eigens für das jeweilige Ornament angefertigten Werkzeugen notwendig.

G

Geselle/Gesellin
Handwerker*in, die/der nach einer Lehrzeit die Gesell*innenprüfung vor der Handwerkskammer erfolgreich abgelegt hat.

Genie
Das Genie steht für eine überragende schöpferische Begabung und Geisteskraft und wird im künstlerischen Kontext häufig als überhöhte Bezeichnung für Meister verwendet. An der Wende vom 17. zum 18. Jahrhundert bildet sich ein Geniebegriff, der den aus sich selbst heraus schaffenden Künstler*innentypus meint.

Ginza
Ist ein als Hauptgeschäfts- und Vergnügungsviertel bekannter Stadtteil in Tokio.

Gummiarabikum
Ausscheidungsprodukt von verschiedenen in Afrika beheimateten Akazienbäumen; natürliches Gemisch von Mehrfachzuckern. Verwendung in der Medizin, zur Gummierung in der Papierindustrie und als Lebensmittelzusatz.

Grid
Englisches Wort für Raster, Gitter, Gitternetz.

Go
Strategisches Brettspiel für zwei Spielende. Ursprünglich aus China kommend, erfuhr es in Japan, Taiwan und Korea eine eigene Prägung. Ab dem 20. Jahrhundert Verbreitung auch außerhalb Ostasiens.

H

Handmade
Bedeutet in der deutschen Übersetzung „handgemacht". Wird häufig als Qualitätssiegel verwendet, um Produkte von maschinell Hergestelltem abzugrenzen.

Haiku
Traditionelle kürzeste, japanische Gedichtform, heute weltweit verbreitet. Sie bestehen meistens aus drei Wortgruppen von 5 – 7 – 5 Silben.

Handwerkskammer
Interessenvertretung des Handwerks in Form einer Körperschaft des öffentlichen RechtsDie Mitgliedschaft ist für selbständige Handwerker*innen verpflichtend.

Hagi
Stadt in Japan, Herstellungsort der nach ihr benannten Hagi-Keramik.

Handarbeit
Im Kontext des Handwerks oft in Verbindung mit Textil, Stricken, Häkeln, Sticken etc. gebrachte Tätigkeitsbezeichnung.

Heritage-making
Denkmalpflege, Kulturerbe.

Iga
Stadt und Provinz in Japan, Herstellungsort der nach ihr benannten Iga-Keramik.

Immaterielles Kulturerbe
Mündlich tradiertes, von Generation zu Generation weitergegebenes Wissen aus den Bereichen Handwerk, darstellende Kunst, gesellschaftliche Rituale und Feste sowie überliefertes Erzählgut.

Indigo
Tiefblaues, kristallines Farbpigment, ursprünglich gewonnen aus Färberwaid und der Indigopflanze. Ab Ende des 19. Jahrhunderts auch synthetische Herstellung.

I

Innovation
Geplante und kontrollierte Veränderung, Neuerung in einem sozialen System durch Anwendung neuer Ideen und Techniken.

Innung
Freiwilliger Zusammenschluss von Handwerker*innen eines Berufes/einer Branche auf einem bestimmen Territorium.

Inventar
Von lat. *inventarium*, „Gesamtheit des Gefundenen", meint im Rechnungswesen ein Bestandsverzeichnis.

Inklusion
Von lat. *inclusio*, „Einschluss", im soziologischen Verständnis ein Gesellschaftskonzept, in dem jeder Mensch akzeptiert wird und gleichberechtigt ist.

Jikan kiritsu
Japanische Bezeichnung für Zeitdisziplin.

K

Katagami
Japanische Papierschablonen zum Färben von Textilien.

Kaizen
Japanische Lebens- und Arbeitsphilosophie, beinhaltet das Streben nach unendlicher Verbesserung durch alle und jeden.

Kattun
Glattes Baumwollgewebe in Leinwandbindung.

Karatsu
Stadt in Japan, Herstellungsort der nach ihr benannten, dunkel glasierten Keramik.

Kintsugi
Traditionelle japanische Reparaturmethode für keramische Produkte mithilfe von Urushi-Kittmasse und Goldpulver.

Koku
Ist eine Volumeneinheit im japanischen Maßesystem sowie eine Vermögenseinheit.

Kizaemon
Berühmteste Teeschale Japans, von einem unbekannten Meister zu unbekannter Zeit in Korea hergestellt.

Kombucha
Gärgetränk aus gesüßtem Tee (z. B. Grüntee) versetzt mit einem Kombucha-Pilz, Alkoholgehalt variiert zwischen 0,5 und 2 %.

Krautstrunk
Glasbecher des 15. und frühen 16. Jahrhunderts aus zumeist grünem Glas mit aufgeschmolzenen, tropfenförmigen Noppen.

Kunstgewerbe
Gebiet der bildenden Kunst, das Entwurf und Herstellung von künstlerisch gestalteten Gebrauchsgegenständen und von Schmuck umfasst (siehe auch Angewandte Kunst).

Kunsthandwerk
Handwerkliche Herstellung von Gegenständen mit auch schmückender Funktion.

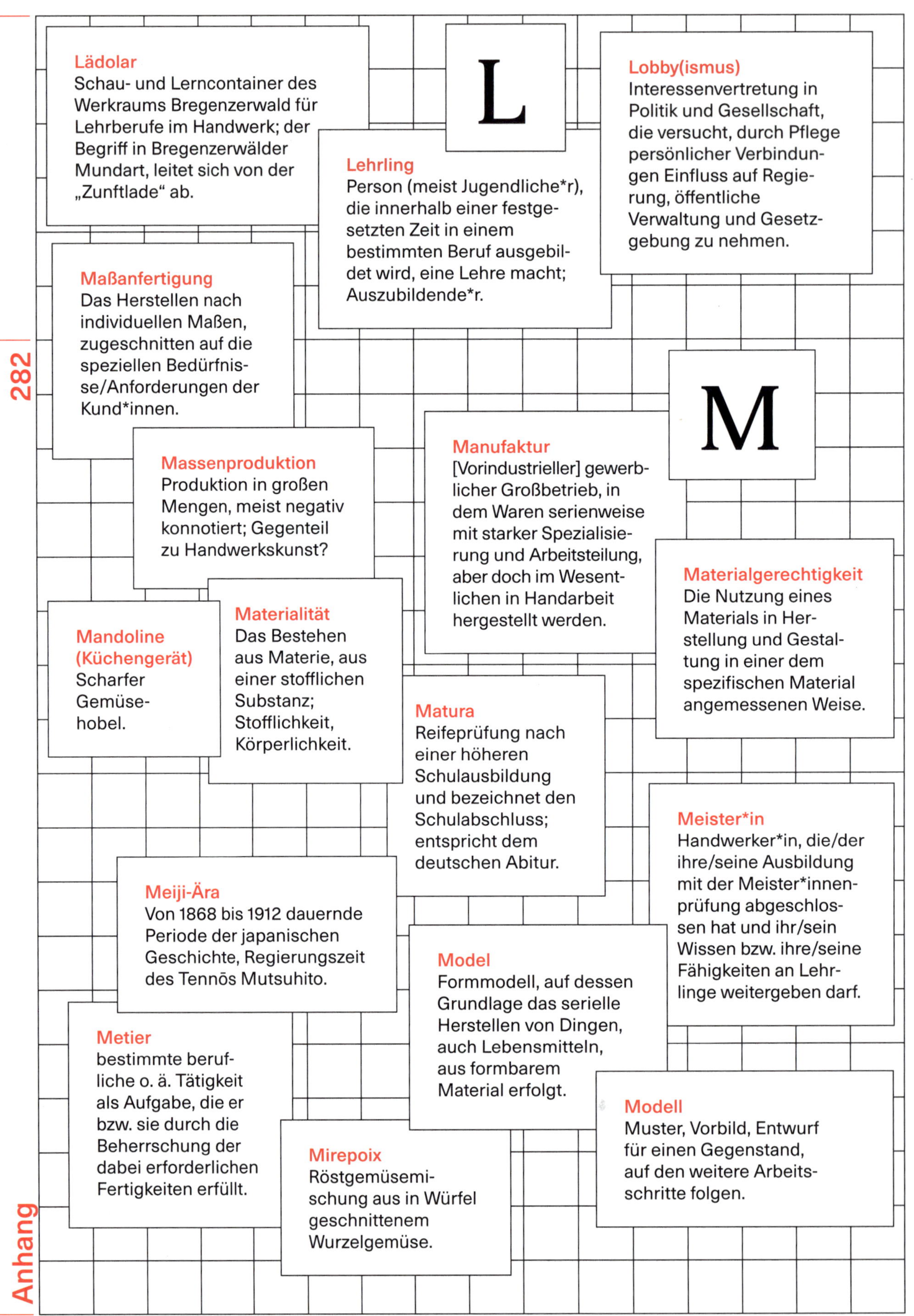

L

Lädolar
Schau- und Lerncontainer des Werkraums Bregenzerwald für Lehrberufe im Handwerk; der Begriff in Bregenzerwälder Mundart, leitet sich von der „Zunftlade“ ab.

Lehrling
Person (meist Jugendliche*r), die innerhalb einer festgesetzten Zeit in einem bestimmten Beruf ausgebildet wird, eine Lehre macht; Auszubildende*r.

Lobby(ismus)
Interessenvertretung in Politik und Gesellschaft, die versucht, durch Pflege persönlicher Verbindungen Einfluss auf Regierung, öffentliche Verwaltung und Gesetzgebung zu nehmen.

M

Maßanfertigung
Das Herstellen nach individuellen Maßen, zugeschnitten auf die speziellen Bedürfnisse/Anforderungen der Kund*innen.

Manufaktur
[Vorindustrieller] gewerblicher Großbetrieb, in dem Waren serienweise mit starker Spezialisierung und Arbeitsteilung, aber doch im Wesentlichen in Handarbeit hergestellt werden.

Massenproduktion
Produktion in großen Mengen, meist negativ konnotiert; Gegenteil zu Handwerkskunst?

Materialgerechtigkeit
Die Nutzung eines Materials in Herstellung und Gestaltung in einer dem spezifischen Material angemessenen Weise.

Mandoline (Küchengerät)
Scharfer Gemüsehobel.

Materialität
Das Bestehen aus Materie, aus einer stofflichen Substanz; Stofflichkeit, Körperlichkeit.

Matura
Reifeprüfung nach einer höheren Schulausbildung und bezeichnet den Schulabschluss; entspricht dem deutschen Abitur.

Meister*in
Handwerker*in, die/der ihre/seine Ausbildung mit der Meister*innenprüfung abgeschlossen hat und ihr/sein Wissen bzw. ihre/seine Fähigkeiten an Lehrlinge weitergeben darf.

Meiji-Ära
Von 1868 bis 1912 dauernde Periode der japanischen Geschichte, Regierungszeit des Tennōs Mutsuhito.

Model
Formmodell, auf dessen Grundlage das serielle Herstellen von Dingen, auch Lebensmitteln, aus formbarem Material erfolgt.

Metier
bestimmte berufliche o. ä. Tätigkeit als Aufgabe, die er bzw. sie durch die Beherrschung der dabei erforderlichen Fertigkeiten erfüllt.

Mirepoix
Röstgemüsemischung aus in Würfel geschnittenem Wurzelgemüse.

Modell
Muster, Vorbild, Entwurf für einen Gegenstand, auf den weitere Arbeitsschritte folgen.

M

Montage
Das Aufstellen, Zusammensetzen von Gegenständen, auch das Anschließen einer Maschine o. Ä.; Zusammenbau einzelner vorgefertigter Teile zu einer funktionsfähigen Maschine, technischen Anlage o. Ä.

Muster
a) Vorlage, Zeichnung, nach der etwas hergestellt, gemacht wird; kleines Stück, kleine Menge einer Ware, an der man die Beschaffenheit des Ganzen erkennen kann.
b) Ornament, Dekor, Schmuck; allgemein: sich wiederholendes ästhetisches Ereignis.

Mythos nach Roland Barthes
Ist eine spezifische Form des Sprechens: Er bezeichnet klar und deutet vage an, er schreibt eindeutig vor und gibt indirekt zu verstehen. Er ist in der Art einer zugleich wahren und irrealen Geschichte zu erfahren. Mythisch ist also nicht der Gegenstand, über den gesprochen wird, sondern die besondere Form, *wie* wir über ihn sprechen.

N

Neues Deutsches Design
Pluralistische Kunst- und Designbewegung der 1980er Jahre mit einer Abkehr von den bestimmenden (funktionalistischen) Regeln des Industriedesigns.

Neues Frankfurt
Architektur-, Wohnungsbau- und Gestaltungsprogramm in Frankfurt am Main nach dem Ersten Weltkrieg.

Normierung
Standardisierung, Vereinheitlichung, das Ausrichten an einer Normvorlage; auch: Vergleichbarmachung verschiedener Datenreihen.

O

Offshore
Aus dem Englischen, bedeutet wörtlich übersetzt „vor der Küste", verwendet vorrangig in Bezug auf Erdöl-, Erdgasgewinnung und Windparks auf dem Meer.

Orthesen
Äußerlich am Körper befestigte orthopädische Hilfsmittel.

P

Port
Abkürzung für Portkatheter, dauerhafter Venenzugang zur Verabreichung von Medikamenten, z. B. in der Krebsbehandlung.

Peak
Aus dem Englischen, bedeutet Gipfel, Spitze, Scheitelwert.

Prototyp
Folgt in Vorbereitung einer Serienproduktion auf Entwurf und Modell und enthält bereits erste technisch-funktionale Ausstattungen zur Erprobung.

Q

Qualitätssiegel
Grafische oder schriftliche Produktkennzeichnungen, die Auskunft über die Qualität, Sicherheitsanforderungen, Umweltverträglichkeiten etc. geben.

R

Radical Design
Strömung des italienischen Designs, die sich in den 1960er und 1970er Jahren von der Doktrin des Funktionalismus und des etablierten Geschmacks lossagt.

Raku
Spezielle keramische Brenntechnik aus Japan.

Reparatur
Arbeit zur Instandsetzung eines Gegenstandes, Wiederherstellung eines vorherigen Zustandes, Beseitigung eines Mangels.

Reservedruck
Indirektes Druckverfahren in der Textil- und Papierherstellung, bei dem das Muster mit Wachs oder anderen pastenartigen Substanzen aufgebracht wird und beim nachfolgenden Färbeverfahren das Eindringen der Farbe an diesen Stellen verhindert. Anschließend wird die Paste ausgewaschen.

Repliken
Nachbildung, ähnlich wie Kopie.

Rationalisierung
Steigerung der Effizienz eines Unternehmens oder einer Verwaltung, indem durch Technisierung, Automatisierung, Änderung der Arbeitsabläufe oder ähnliche Maßnahmen Kosten und Aufwand gesenkt werden.

Reliquien
Gegenstand oder Körperteil einer heiligen Person, Teil kultisch-religiöser Verehrung in allen Religionen.

S

Schlicker
Flüssiges, breiiges bis zähflüssiges Wasser-Mineralgemisch zur Herstellung von Keramikerzeugnissen.

Samurai
Dienender, Beschützender; westliche Bezeichnung für ein Mitglied des japanischen Kriegerstandes im vorindustriellen Japan.

Schablone
Ausgeschnittene, ausgestanzte Form, Vorlage zum (beliebig häufigen) Übertragen bestimmter Umrisse, eines Musters, einer Schrift o. Ä.

Semiologie
Allgemeine Lehre von sprachlichen und nichtsprachlichen Zeichen und ihrer Systematik.

Schmelga
Vorarlberger Dialektausdruck für Mädchen.

Standardisierung
Vereinheitlichung von Material, Verfahren, Maßen, Einheiten, z. B. DIN-Normen, ISO-Normen. Dient der Beschleunigung und Kostensenkung in der Herstellung.

Schnittmuster
Als Schnittmuster bezeichnet man in der Bekleidungsindustrie und Maßschneiderei die Papiervorlagen, nach denen Stoff von Zuscheider*innen zugeschnitten wird.

Serie
Bestimmte Anzahl oder Reihe gleichartiger, zueinanderpassender Dinge, die ein Ganzes, eine zusammenhängende Folge darstellen. Anzahl in gleicher Ausführung gefertigter Erzeugnisse der gleichen Art.

Schöpfung
Von Gott erschaffene Welt; vom Menschen geschaffenes (Kunst-)Werk.

Sinterverfahren
Verfahren zur Herstellung von Metall- oder Keramikteilen. Beim Pressen des pulverförmigen Ausgangsmaterials entsteht ein fein- oder grobkörniger sog. Grünkörper, der bei der anschließenden Temperaturbehandlung seine endgültige Form erhält und somit zu einem festen Werkstück wird.

Stoma
Künstliche Verbindung zwischen einem Hohlorgan des menschlichen Körpers und der Hautoberfläche, z. B. ein künstlicher Darmausgang.

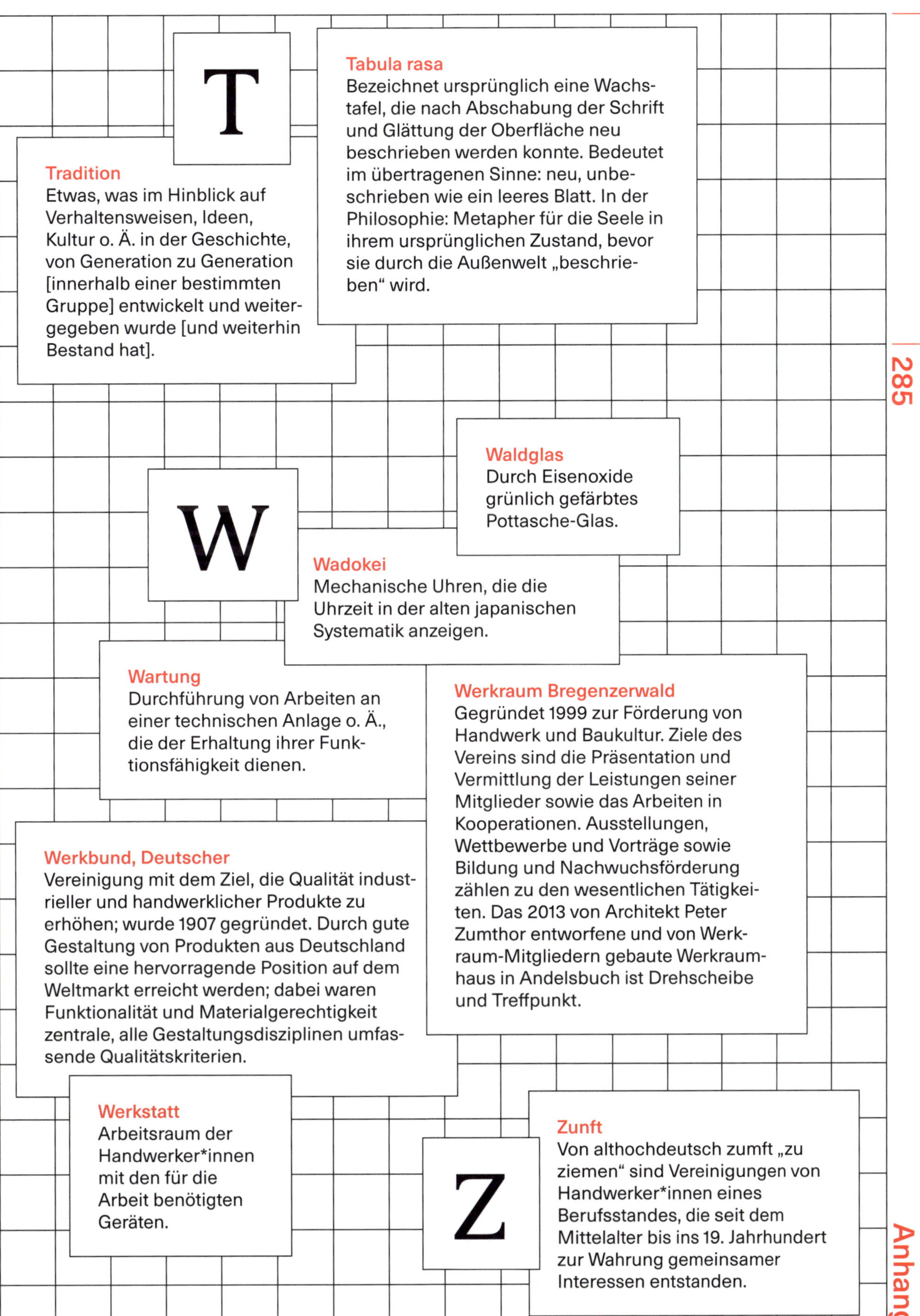

T

Tradition
Etwas, was im Hinblick auf Verhaltensweisen, Ideen, Kultur o. Ä. in der Geschichte, von Generation zu Generation [innerhalb einer bestimmten Gruppe] entwickelt und weitergegeben wurde [und weiterhin Bestand hat].

Tabula rasa
Bezeichnet ursprünglich eine Wachstafel, die nach Abschabung der Schrift und Glättung der Oberfläche neu beschrieben werden konnte. Bedeutet im übertragenen Sinne: neu, unbeschrieben wie ein leeres Blatt. In der Philosophie: Metapher für die Seele in ihrem ursprünglichen Zustand, bevor sie durch die Außenwelt „beschrieben" wird.

W

Waldglas
Durch Eisenoxide grünlich gefärbtes Pottasche-Glas.

Wadokei
Mechanische Uhren, die die Uhrzeit in der alten japanischen Systematik anzeigen.

Wartung
Durchführung von Arbeiten an einer technischen Anlage o. Ä., die der Erhaltung ihrer Funktionsfähigkeit dienen.

Werkraum Bregenzerwald
Gegründet 1999 zur Förderung von Handwerk und Baukultur. Ziele des Vereins sind die Präsentation und Vermittlung der Leistungen seiner Mitglieder sowie das Arbeiten in Kooperationen. Ausstellungen, Wettbewerbe und Vorträge sowie Bildung und Nachwuchsförderung zählen zu den wesentlichen Tätigkeiten. Das 2013 von Architekt Peter Zumthor entworfene und von Werkraum-Mitgliedern gebaute Werkraumhaus in Andelsbuch ist Drehscheibe und Treffpunkt.

Werkbund, Deutscher
Vereinigung mit dem Ziel, die Qualität industrieller und handwerklicher Produkte zu erhöhen; wurde 1907 gegründet. Durch gute Gestaltung von Produkten aus Deutschland sollte eine hervorragende Position auf dem Weltmarkt erreicht werden; dabei waren Funktionalität und Materialgerechtigkeit zentrale, alle Gestaltungsdisziplinen umfassende Qualitätskriterien.

Werkstatt
Arbeitsraum der Handwerker*innen mit den für die Arbeit benötigten Geräten.

Z

Zunft
Von althochdeutsch zumft „zu ziemen" sind Vereinigungen von Handwerker*innen eines Berufsstandes, die seit dem Mittelalter bis ins 19. Jahrhundert zur Wahrung gemeinsamer Interessen entstanden.

Literaturverzeichnis

Abkürzungen: Institut für Stadtgeschichte Frankfurt am Main (ISG), Sächsische Landesbibliothek – Staats- und Universitätsbibliothek Dresden (SLUB), Universitätsarchiv Frankfurt am Main (UAF)

Erster Rechenschafts-bericht, Vorarlberger Museums-Verein, 1859.
Erster Rechenschafts-Bericht des Ausschusses des Vorarlberger Museums-Vereins in Bregenz, Bregenz 1859.

Dritter Rechenschafts-bericht, Vorarlberger Museums-Verein, 1861.
Dritter Rechenschafts-Bericht des Ausschusses des Vorarlberger Museums-Vereins in Bregenz, Bregenz 1861.

Achter Rechenschaftsbericht, Vorarlberger Museums-Verein, 1865.
Achter Rechenschafts-Bericht des Ausschusses des Vorarlberger Museums-Vereins in Bregenz, Bregenz 1865.

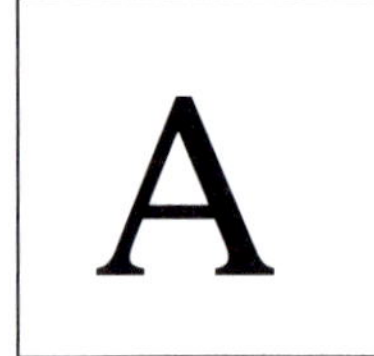

Adorno: Beitrag zur Ideologienlehre, 2003 (1954).
Adorno, Theodor W.: Beitrag zur Ideologienlehre (1954); in: Adorno, Theodor W.: Gesammelte Schriften in 20 Bänden, Bd. 8: Soziologische Schriften I, Frankfurt am Main 2003, S. 457–477.

Ahlswede: Blendwerk, 2015.
Ahlswede, Eva-Maria: Blendwerk, Master-Thesis, Fakultät der Sächsischen Hochschule Zwickau, Angewandte Kunst, Schneeberg 2015.

Aikawa-Faure: Excellence and authenticity, 2014.
Aikawa-Faure, Noriko: Excellence and authenticity. „Living National (Human) Treasures“ in Japan and Corea; in: International Journal of Intangible Heritage IJIH, 2014, URL: https://www.ijih.org/volumes/article/463 (zuletzt 25.02.2022).

Arnold: Vom Sofakissen zum Städtebau, 1993.
Arnold, Klaus-Peter: Vom Sofakissen zum Städtebau. Die Geschichte der Deutschen Werkstätten und der Gartenstadt Hellerau, Dresden/Basel 1993.

Assmann: Zeit und Tradition, 1999.
Assmann, Aleida: Zeit und Tradition. Kulturelle Strategien der Dauer, Köln/Weimar/Wien 1999.

Austin: Hei tiki, 2014.
Austin, Dougal Rex: Hei tiki. He whakamārama hōu, Masterarbeit, Victoria University of Wellington 2014, S. 31–38.

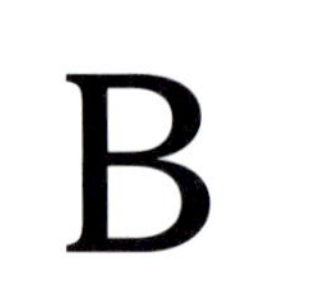

Bahl: Lebensmodelle in der Dienstleistungs-gesellschaft, 2014.
Bahl, Friederike: Lebensmodelle in der Dienstleistungs-gesellschaft, Hamburg 2014.

Barthes: Mythen des Alltags, 1970, 2015.
Barthes, Roland: Mythen des Alltags (1957), Frankfurt am Main 1970.

Barthes, Roland: Mythen des Alltags (1957), 3. Auflage, Berlin 2015.

Bauer: Europäisches und aussereuropäisches Glas, 1975, 1980.
Bauer, Margrit: Anhang; in: Museum für Kunsthandwerk (Hg): Europäisches und aussereuro-päisches Glas, C. und M. Pfoh-Stiftung, Frankfurt am Main 1975, S. 39–40.

Bauer, Margrit: Deutschland, Böhmen, Niederlande und England. Formgläser (ohne Schliff und Schnitt); in: Museum für Kunsthandwerk (Hg.): Europäisches und aussereuropäisches Glas, C. und M. Pfoh-Stiftung, 2. Aufl., Frankfurt am Main 1980, S. 96–97.

Baumgartner/Krueger: Krautstrünke, 1988.
Baumgartner, Erwin/Krueger, Ingeborg: Krautstrünke; in: Baumgartner, Erwin/Krueger, Ingeborg (Hgg.): Phönix aus Sand und Asche. Glas des Mittelalters, Ausstellungskatalog Rheinisches Landesmuseum Bonn, München 1988, S. 336–351.

Bieling: Arbeiten lassen, 2014.
Bieling, Simon: Arbeiten lassen. Handwerksmythen der Luxuswerbung; in: POP 3 (2) (2014), S. 46–51. DOI: 10.14361/pop-2014-0207.

Black/Burisch: From Craftivism to Craftwashing, 2021.
Black, Anthea/Burisch, Nicole: From Craftivism to Craftwashing; in: Black, Anthea/Burisch, Nicole (Hgg.): The New Politics of the Handmade. Craft, Art and Design, London 2021, S. 13–32.

Black/Burisch: The New Politics of the Handmade, 2021.
Black, Anthea/Burisch, Nicole (Hgg.): The New Politics of the Handmade. Craft, Art and Design, London 2021.

Blumenthal: Anspruch und Umsetzung der handwerklichen Ideale am Bauhaus, 2014.
Blumenthal, Yvonne: Handwerksmeister, Geselle, Lehrling – Anspruch und Umsetzung der handwerklichen Ideale am Bauhaus von 1919–1923; in: Breuer, Gerda/Oestereich, Christopher (Hgg.): seriell – individuell. Handwerkliches im Design, VDG Weimar 2014, S. 65–80.

Bock: Das Modell zwischen Denkbild und Werkzeug, 2005.
Bock, Wolfgang: Das Modell zwischen Denkbild und Werkzeug; in: Bauhaus Universität Weimar (Hg.): Das Modell als Denkbild. Jahrbuch der Fakultät Gestaltung, Heft 4, Weimar 2005.

Bögenhold: Der Gründerboom, 1987.
Bögenhold, Dieter: Der Gründerboom. Realität und Mythos der neuen Selbständigkeit, Frankfurt am Main/New York 1987.

Bönisch-Brednich: Der Manufactum-Katalog, 2002.
Bönisch-Brednich, Brigitte: Der Manufactum-Katalog. Museale Objekte und Modernes Einkaufen; in: Schweizerisches Archiv für Volkskunde 98 (1) (2002), S. 151–165. DOI: 10.5169/seals-118125.

Bonin/Krause-Pilatus/Rinne/Gehlen/Molitor: Selbstständige Erwerbstätigkeit in Deutschland, 2020.
Bonin, Holger/Krause-Pilatus, Annabelle/Rinne, Ulf/Gehlen, Annica/Molitor, Pia: Selbstständige Erwerbstätigkeit in Deutschland (Aktualisierung 2020): Kurzexpertise, Forschungsbericht / Bundesministerium für Arbeit und Soziales, FB 454, Berlin 2020.

Braun: Die Repräsentativitäts-probleme der UNESCO-Welterbeliste, 2007.
Braun, Nikola: Globales Erbe und regionales Übergewicht. Die Repräsentativitätsprobleme der UNESCO-Welterbeliste, Hamburg 2007.

Bühler: Sprachtheorie, 1992 (1934).
Bühler, Karl: Sprachtheorie. Die Darstellungsform der Sprache (1934), Stuttgart 1992.

Bühler: Die Aneignung des ländlichen Raums von Rechts durch gestaltende Strategien, 2018.
Bühler, Julian: Die Aneignung des ländlichen Raums von Rechts durch gestaltende Strategien, Bachelor-Arbeit im Studienschwerpunkt Design; in: Fezer, Jesko/Dr. von Borries, Friedrich (Hgg.): Denken über Design, Hamburg 2018, S. 7–75.

Bührmann/Pongratz: Prekäres Unternehmertum, 2010.
Bührmann, Andrea D./Pongratz, Hans J.: Prekäres Unternehmertum. Einführung in ein vernachlässigtes Forschungsfeld; in: Bührmann, Andrea D./Pongratz, Hans J. (Hgg.): Prekäres Unternehmertum. Unsicherheiten von selbstständiger Erwerbstätigkeit und Unternehmensgründung, Wiesbaden 2010, S. 7–25.

Bunkazai hogohō, Nr. 214, 30. Mai 1950, Artikel 1, Absatz 1.
Bunkazai hogohō, Nr. 214, 30. Mai 1950, Artikel 1, Absatz 1. URL: https://elaws.e-gov.go.jp/document?lawid= 325AC0 100000214 (zuletzt 07.01.2022).

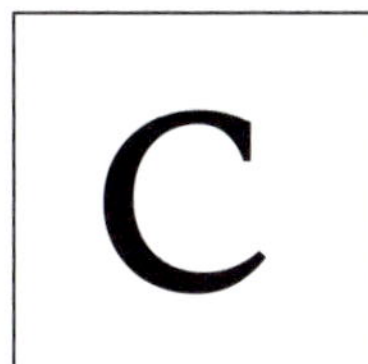

Cardoso: Auf Kriegsfuß mit der Maschine. Kunst, Handwerk und Design im frühen 20. Jahrhundert, 2017.
Cardoso, Rafael: Auf Kriegsfuß mit der Maschine. Kunst, Handwerk und Design im frühen 20. Jahrhundert; in: Bittner, Regina/Padt, Renée (Hgg.): Handwerk wird modern. Vom Herstellen am Bauhaus, Bielefeld/Berlin 2017, S. 42–54.

Caysa: Körperutopien, 2003.
Caysa, Volker: Körperutopien. Eine philosophische Anthropologie des Sports, Habilitationsschrift, Frankfurt am Main/New York 2003.

Chichi/Howard/Baines: Assessment of Consumer Preference in the Use of African Wax Prints in Ghana, 2016.
Chichi, Cynthia/Howard, Ebenezer Kofi/Baines, E.: Assessment of Consumer Preference in the Use of African Wax Prints in Ghana; in: International Journal for Innovation Education and Research, Bd. 4, Nr. 10, 2016.

Conze: Arbeit, 1972.
Conze, Werner: Arbeit; in: Brunner, Otto/Conze, Werner/Koselleck, Reinhart (Hgg.): Geschichtliche Grundbegriffe. Historisches Lexikon zur politisch-sozialen Sprache. Stuttgart 1972, S. 154–215.

Coulmas: Japanische Zeiten, 2000.
Coulmas, Florian: Japanische Zeiten. Eine Ethnographie der Vergänglichkeit, Reinbek 2000.

Cultural Properties Department, Agency for Cultural Affairs, Government of Japan: Intangible Cultural Properties, o. J.
Cultural Properties Department, Agency for Cultural Affairs, Government of Japan: Intangible Cultural Properties. URL: https://www.bunka.go.jp/english/policy/cultural_properties/introduction/intangible/ (zuletzt 07.01.2022).

Cultural Properties Department, Agency for Cultural Affairs, Government of Japan: Cultural Properties for Future Generations, 2015.
Cultural Properties Department, Agency for Cultural Affairs, Government of Japan: Cultural Properties for Future Generations. Outline of the Cultural Administration of Japan, Tokio 2015, S. 2. URL: https://www.bunka.go.jp/english/report/publication/pdf/pamphlet_en_03_ver04.pdf (zuletzt 11.01.2022).

Cultural Properties Department, Agency for Cultural Affairs, Government of Japan: Hito ga tsutaeru dentō no „waza" [Traditionelle „Fertigkeiten", die Menschen weitergeben], 2020.
Cultural Properties Department, Agency for Cultural Affairs, Government of Japan: Hito ga tsutaeru dentō no „waza". Jūyō mukei bunkazai. Sono „waza" o hoji suru hitobito [Traditionelle „Fertigkeiten", die Menschen weitergeben. Wichtiges immaterielles Kulturgut. Menschen, die diese „Fertigkeiten" bewahren], Tokio 2020, URL: https://www.bunka.go.jp/tokei_hakusho_shuppan/shuppanbutsu/bunkazai_pamphlet/pdf/pamphlet_ja_07.pdf (zuletzt 11.12.2021).

Cultural Properties Department, Agency for Cultural Affairs, Government of Japan: Policy of Cultural Affairs in Japan, 2018.
Cultural Properties Department, Agency for Cultural Affairs, Government of Japan: Policy of Cultural Affairs in Japan. Fiscal 2018, Tokio 2018, URL: https://www.bunka.go.jp/english/report/annual/pdf/r1394357_01.pdf (zuletzt 11.01.2022).

Cultural Properties Department, Agency for Cultural Affairs, Government of Japan, Bunkazai shiteitō no kensū [Anzahl der designierten wichtigen Kulturgüter], o. J.
Cultural Properties Department, Agency for Cultural Affairs, Government of Japan: Bunkazai shiteitō no kensū [Anzahl der designierten wichtigen Kulturgüter], URL: https://www.bunka.go.jp/seisaku/bunkazai/shokai/shitei.html (zuletzt 09.01.2022).

Cultural Properties Department, Agency for Cultural Affairs, Government of Japan: Mukei bunka isan bukai, o. J.
Cultural Properties Department, Agency for Cultural Affairs: *Mukei bunka isan bukai* [Unterausschuss für immaterielles Kulturerbe], URL: https://www.bunka.go.jp/seisaku/bunkashingikai/mukei_bunkaisan/ (zuletzt 09.01.2022)

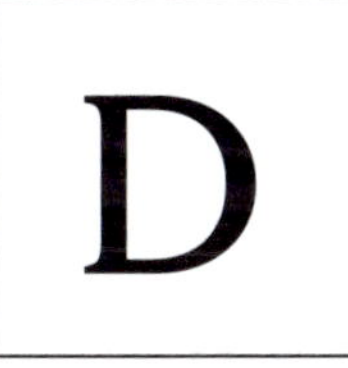

Dresdner Hausgerät. Preisbuch, 1910.
Dresdner Hausgerät. Preisbuch, VI. Auflage 1910. Deutsche Werkstätten für Handwerkskunst Dresden-Hellerau, München 1910.

Dillmont: Enzyklopädie der weiblichen Handarbeiten, 1893.
Dillmont, Thérèse: Enzyklopädie der weiblichen Handarbeiten, Dornach (Elsass) 1893.

Drummer: Der „Brunnen des deutschen Handwerks", 1995.
Drummer, Heike: Der „Brunnen des deutschen Handwerks". Ein Beitrag zum Selbstverständnis der Stadt Frankfurt am Main im Nationalsozialismus; in: Kritische Berichte, Bd. 23, 2 (1995), S. 58–65.

Dünser: Nuppenbecher, sog. Krautstrunk; Ausstellung *Sehen, wer wir sind. 100 Objekte aus der Sammlung des vorarlberg museums*, 2020.
Dünser, Kathrin; Nuppenbecher, sog. Krautstrunk; Ausstellung *Sehen, wer wir sind. 100 Objekte aus der Sammlung des vorarlberg museums*, 2020, URL: https://www.vorarlbergmuseum.at/ausstellungen/sehen-wer-wir-sind/top-100/ (zuletzt 06.12.2021).

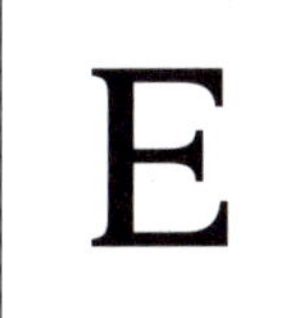

Egbringhoff: Ständig selbst, 2007.
Egbringhoff, Julia: Ständig selbst. Eine Untersuchung der alltäglichen Lebensführung von Ein-Personen-Selbständigen, München/Mering 2007.

Ehmer: Arbeitsdiskurse, 2016.
Ehmer, Josef: Arbeitsdiskurse im deutschen Sprachraum des 15. und 16. Jahrhunderts; in: Leonhard, Jörn/Steinmetz, Willibald (Hgg.): Semantiken von Arbeit. Diachrone und vergleichende Perspektiven, Köln 2016, S. 93–113.

Ehrlich: Erinnerungen 1927–1999.
Ehrlich, Peter: Erinnerungen 1927–1999, Manuskript, Nachlass im Kunstgewerbemuseum Dresden.

Elkar: Handwerk unterwegs in die Moderne, 2017.
Elkar, Rainer S.: Handwerk unterwegs in die Moderne; in: Hessische Vereinigung für Volkskunde/Schindler, Thomas/Sobik, Carsten/Windmüller, Sonja (Hgg.): Handwerk. Anthropologisch, historisch, volkskundlich, Hessische Blätter für Volks- und Kulturforschung, Bd. 51, Marburg 2017, S. 15–38.

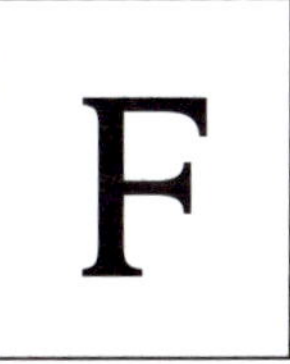

Falser: Transkulturelle Übersetzung von Architektur, 2013.
Falser, Michael: Transkulturelle Übersetzung von Architektur. Gipsabgüsse von Angkor Wat für Paris und Berlin; in: Falser, Michael/Juneja, Monica (Hgg.): Kulturerbe und Denkmalpflege transkulturell. Grenzgänge zwischen Theorie und Praxis, Bielefeld 2013, S. 81–100.

Farnung: Kulturpolitik im Dritten Reich, 2016.
Farnung, Sebastian: Kulturpolitik im Dritten Reich am Beispiel Frankfurter Museen, Studien zur Frankfurter Geschichte, Bd. 63, Frankfurt am Main 2016.

Felder: Reich und Arm. Eine Geschichte aus dem Bregenzerwalde, 1868.
Felder, Franz Michael: Reich und Arm. Eine Geschichte aus dem Bregenzerwalde, Leipzig 1868.

Felderer/Hummer: Der Ton macht die Musik, 2016.
Felderer, Brigitte/Hummer, Nik: Der Ton macht die Musik! Stimmen als künftige Sammlungsbestände des vorarlberg museums; in: Rudigier, Andreas/Winkler, Bruno (Hgg.): sichten. vorarlberg museum 2013 bis 2016, Bregenz 2016, S. 40–42.

Fitz: Die Frühindustrialisierung Vorarlbergs und ihre Auswirkungen auf die Familienstruktur, 1985.
Fitz, Arno J.: Die Frühindustrialisierung Vorarlbergs und ihre Auswirkungen auf die Familienstruktur, Dornbirn 1985.

Freihofer: Handarbeit, 1862.
Freihofer, Johann Georg: Handarbeit; in: Schmid, Karl Adolf (Hg.): Encyklopädie des gesammten Erziehungs- und Unterrichtswesens, Dritter Band, Göthe – Kindsmädchen, Gotha 1862, S. 255–263.

Frensch: Waechtersbacher Steingut, 1978.
Frensch, Heinz und Lilo: Wächtersbacher Steingut, Königstein i. T. 1978.

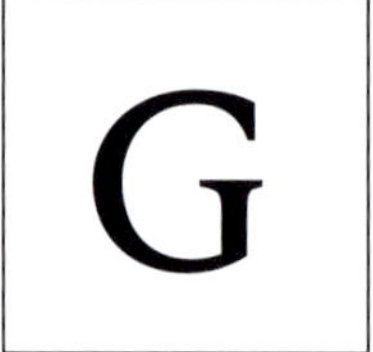

Geißler: Schulgeschichte in Deutschland, 2013.
Geißler, Gert: Schulgeschichte in Deutschland. Von den Anfängen bis in die Gegenwart, 2. Auflage, Frankfurt am Main/Berlin/Bern/Bruxelles/New York/Oxford/Wien 2013.

Georges: Handwerk und Interessenpolitik, 1993.
Georges, Dirk: 1810/11–1993: Handwerk und Interessenpolitik. Von der Zunft zur modernen Verbandsorganisation, Frankfurt 1993. Zugl.: Bielefeld, Univ. Diss, 1990.

Gier: Heimarbeit, 1920.
Gier, Adolf: (ohne Titel), Dissertation an der Wirtschafts- und Sozialwissenschaftlichen Fakultät der Universität Frankfurt am Main zum Thema der Heimarbeit, 1920 (Titel der Arbeit fehlte in der Kopie), Stadtarchiv Offenbach, SAO=/481/1.

Gnaiger/Stiller (Hgg.): möbel für alle, 2002.
Gnaiger, Roland/Stiller, Adolph (Hgg.): möbel für alle. Designinitiative Werkraum Bregenzerwald, Wiener Städtische Allgemeine Versicherung AG, Ausstellungszentrum im Ringturm Wien 2002, Salzburg 2002.

Greenhalgh: The History of Craft (1987), 2010.
Greenhalgh, Paul: The History of Craft (1987); in: Lees-Maffei, Grace/Houze, Rebecca (Hgg.): The Design History Reader, Oxford 2010, S. 333.

Greer: Craftivism, 2014.
Greer, Betsy: Craftivism. The Art of Craft and Activism, Vancouver 2014.

Grimm: Sicherheitsbedürfnisse von Grenzgängern am Arbeitsmarkt, 2010.
Grimm, Natalie: Sicherheitsbedürfnisse von Grenzgängern am Arbeitsmarkt; in: Soeffner, Hans-Georg (Hg.): Unsichere Zeiten. Herausforderungen gesellschaftlicher Transformationen, Verhandlungen des 34. Kongresses der Deutschen Gesellschaft für Soziologie in Jena 2008, Wiesbaden 2010, CD-Rom.

Groys: Über das Neue. Versuch einer Kulturökonomie, 1992.
Groys, Boris: Über das Neue. Versuch einer Kulturökonomie, München 1992.

Guleja: Svet drotárov, 1992.
Guleja, Karol et al.: Svet drotárov. Die Welt der Drahtbinder, Matica slovenská, Martin 1992.

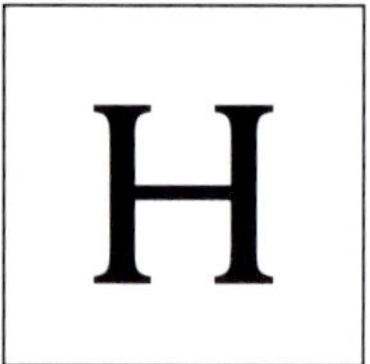

Hall: Rassismus und kulturelle Identität, 2017.
Hall, Stuart: Rassismus und kulturelle Identität, 7. Auflage, Hamburg 2017.

Hänisch: Dinge und Wissen in den Händen von Handwerkern, 2018.
Hänisch, Valerie: Dinge und Wissen in den Händen von Handwerkern. Oder wie die Ethnologie der Arbeit das Werkzeug gebrauchen kann; in: Hahn, Hans Peter/Neumann, Friedemann (Hgg.): Dinge als Herausforderung. Kontexte, Umgangsweisen und Umwertungen von Objekten, Edition Kulturwissenschaft, Bd. 182, Bielefeld 2018, S. 167–194.

Hansert: Bürgerkultur und Kulturpolitik in Frankfurt am Main, 1992.
Hansert, Andreas: Bürgerkultur und Kulturpolitik in Frankfurt am Main. Eine historisch-soziologische Rekonstruktion, Studien zur Frankfurter Geschichte, Bd. 33, Frankfurt am Main 1992.

Hennessey/Papanek: Nomadic Furniture 1, 1973.
Hennessey, James/Papanek, Victor: Nomadic Furniture 1, München 1973.

Hennig: Der „Rastelbinder“, 2001.
Hennig, Günther: Der „Rastelbinder“; in: Erzgebirgische Heimatblätter, 1/2001, S. 26–27.

Herzog: Tiki. Über Originale und Imitationen, 1990.
Herzog, Rolf: Tiki. Über Originale und Imitationen von Nephritobjekten der Māori-Kultur. Berlin 1990.

Himmelheber: Kleine Möbel, 1979.
Himmelheber, Georg: Kleine Möbel. Modell-, Andachts- und Kassettenmöbel vom 13.–20. Jahrhundert, München 1979.

Horkheimer/Adorno: Dialektik der Aufklärung, 2003.
Horkheimer, Max/Adorno, Theodor W.: Dialektik der Aufklärung. Philosophische Fragmente (1947); in: Adorno, Theodor W.: Gesammelte Schriften in 20 Bänden, Bd. 3: Dialektik der Aufklärung. Philosophische Fragmente, Frankfurt am Main 2003.

Humboldt: Der Königsberger und der Litauische Schulplan, 1969 (1809).
Humboldt, Wilhelm von: Der Königsberger und der Litauische Schulplan; in: ders.: Werke in fünf Bänden, Bd. IV: Schriften zur Politik und zum Bildungswesen, Darmstadt 1969 (1809), S. 168–195.

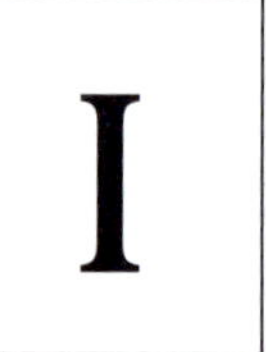

Interview mit Yanagi Sōri: Workshop Practice, März 1978, Ausstellungskatalog Sezon Museum of Modern Art, 1998.
„Interview mit Yanagi Sōri: Workshop Practice“ (Originaltitel: Yanagi Sôri ni kiku: Workshop [wâkushoppu] no jissen), *Design*, März 1978; in: *Yanagi Sōri Design*, Ausstellungskatalog, Sezon Museum of Modern Art, Tokio 1998.

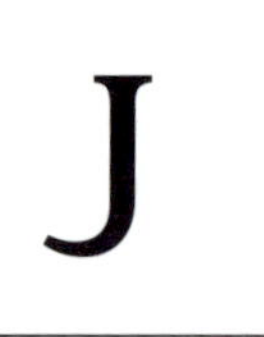

Jatzke: Vom Rastelbinder und dem umstrickten Topf, 2003.
Jatzke, Joachim: Vom Rastelbinder und dem umstrickten Topf; in: Heimatkalender für die Großenhainer Pflege, 7/2003, S. 127–129.

Jokilehto: Questions about authenticity, 1994.
Jokilehto, Jukka: Questions about authenticity; in: Larsen, Knut Einar (Hg.): Conference on Authenticity in Relation to the World Heritage Convention. Preparatory Workshop, Bergen, Norway, Bergen 1994, S. 9–35.

Juneja: Kulturerbe – Denkmalpflege: transkulturell, 2013.
Juneja, Monica: Kulturerbe – Denkmalpflege transkulturell. Eine Einleitung; in: Falser, Michael/Juneja, Monica (Hgg.): Kulturerbe und Denkmalpflege transkulturell. Grenzgänge zwischen Theorie und Praxis, Bielefeld 2013, S. 17–38.

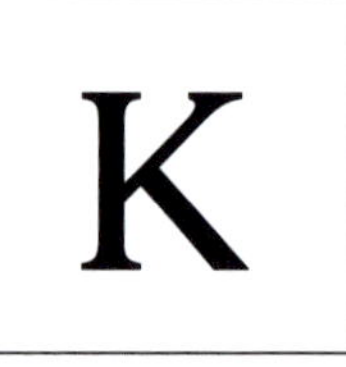

Kaeser: Kopf und Hand, 2011.
Kaeser, Eduard: Kopf und Hand. Von der Unteilbarkeit des Menschen, Waltrop/Leipzig 2011.

Kalteich: Die Anfänge des Kunstgewerbemuseums, 1997.
Kalteich, Ulrike: Die Anfänge des Kunstgewerbemuseums, Magisterarbeit am Institut für Kunstgeschichte der Universität Leipzig, Leipzig 1997.

Kammerer: Winterphotographie, 1930.
Kammerer, Hans: Winterphotographie. Ihre Technik und künstlerische Gestaltung, Photofreund-Bücherei, Bd. 19, Berlin 1930.

Keller: Die Geschichte meines Lebens, 2022 (1921).
Keller, Helen: Die Geschichte meines Lebens (1921), URL: https://www.gutenberg.org/files/62735/62735-0.txt (zuletzt 01.02.2022).

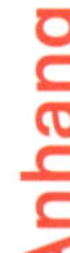

Kleinöder/Müller/Uhl: „Humanisierung der Arbeit", 2019.
Kleinöder, Nina/Müller, Stefan/Uhl, Karsten (Hgg.): „Humanisierung der Arbeit". Aufbrüche und Konflikte in der rationalisierten Arbeitswelt des 20. Jahrhunderts, Bielefeld 2019.

Kofler: Die Sterzinger Hornindustrie, 1924.
Kofler, Oswald: Die Sterzinger Hornindustrie; in: Der Schlern. Zeitschrift des Vereines für Heimatschutz, 5 (1924), S. 222–224.

Komlosy: Handwerk im Schatten der Fabrik, 2019.
Komlosy, Andrea: Handwerk im Schatten der Fabrik; in: Schallaburg Kulturbetriebsges.m.b.H. (Hg.): Der Hände Werk, Bd. III, Lebt und arbeitet im Handwerk, Ausstellungskatalog Schallaburg 2019, S. 13.

Kramer: Chronik von Sterzing, 1951.
Kramer, Hans: Beiträge zu einer Chronik von Sterzing und Umgebung von 1814 bis 1914; in: Veröffentlichung des Tiroler Landesmuseums Ferdinandeum, Innsbruck 1951, S. 455–491, URL: https://www.zobodat.at/pdf/VeroeffFerd_31_0455-0491.pdf (zuletzt 12.01.2022).

Kreis: Selbermachen, 2020.
Kreis, Reinhild: Selbermachen. Eine andere Geschichte des Konsumzeitalters, Frankfurt am Main/New York 2020.

Krumbholz: Anregungen und Vorschläge für eine Organisation zur Förderung des Geschmackes und zur Bildung gewerblicher Künstler, 1869.
Krumbholz, Karl: Mode oder Prinzip? Anregungen und Vorschläge für eine Organisation zur Förderung des Geschmackes und zur Bildung gewerblicher Künstler, Leipzig 1869.

Kurnitzky: Der heilige Markt, 1994.
Kurnitzky, Horst: Der heilige Markt. Kulturhistorische Anmerkungen, Frankfurt am Main 1994.

Kurz: Handwerk oder Design, 2015.
Kurz, Melanie: Handwerk oder Design. Zur Ästhetik des Handgemachten, Paderborn 2015.

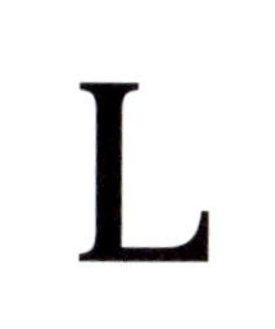

Larsen/Marstein/Preparatory Workshop: Summary Report, Conference on Authenticity in Relation to the World Heritage Convention, 1994.
Larsen, Knut Einar/Marstein, Nils/Preparatory Workshop: Summary Report; in: Larsen, Knut Einar (Hg.): Conference on Authenticity in Relation to the World Heritage Convention. Preparatory Workshop, Bergen, Norway, Bergen 1994, S. 127–138.

Larsen: Authenticity in the context of World Heritage: Japan and the Universal, 1994.
Larsen, Knut Einar: Authenticity in the context of World Heritage: Japan and the Universal; in: Larsen, Knut Einar (Hg.): Conference on Authenticity in Relation to the World Heritage Convention. Preparatory Workshop, Bergen, Norway, Bergen 1994, S. 65–82.

Larsen: Nara Conference on Authenticity. Conference de Nara sur l'Authenticité, 1995.
Larsen, Knut Einar (Hg.): Nara Conference on Authenticity. Conference de Nara sur l'Authenticité, Japan 1994, Trondheim 1995.

Leakey: The origin of humankind, 1995.
Leakey, Richard: The origin of humankind, 2. Auflage, London 1995.

Liesker: Webarbeiten, Spitzen, Stickereien, Leder, 1940.
Liesker, Richard: Webarbeiten, Spitzen, Stickereien, Leder; in: Fachamt „Das Deutsche Handwerk" in der Deutschen Arbeitsfront (Hg.): Gestaltendes Handwerk. Keramik, Glas, Metall, Holz, Flechtwerk, Spielzeug, Webarbeiten, Spitzen, Stickereien, Leder, Stuttgart 1940.

Lindner: Künstler schaffen für das Dritte Reich, 1938.
Lindner, E.: Künstler schaffen für das Dritte Reich. Der Bildhauer Professor Max Esser; in: Die Kunst im Dritten Reich, Jg. 2, 5 (1938), S. 158.

Lippert: Heimarbeit in der deutschen Schuhindustrie, 1916.
Lippert, Hermann: Die Heimarbeit in der deutschen Schuhindustrie unter besonderer Berücksichtigung der Lohn- und Arbeitsbedingungen der verschiedenen Arbeitszweige, Dissertation an der wirtschafts- und sozialwissenschaftlichen Fakultät der Königlichen Universität Frankfurt am Main, 1916.

Locke: Versuch über den menschlichen Verstand, 1872/73.
Locke, John: Versuch über den menschlichen Verstand. In vier Büchern (1690), Übersetzer: Julius H. von Kirchmann, Berlin 1872/73.

Lohse/Voigtsberger: Handwerk, Privatindustrie und Aufbau des Sozialismus, 1959.
Lohse, Eberhard/Voigtsberger, Siegfried: Handwerk, Privatindustrie und Aufbau des Sozialismus, VEB Deutscher Zentralverlag, Berlin 1959.

Lorig: Handwerk als prekäres Unternehmertum, 2018.
Lorig, Philipp: Handwerk als prekäres Unternehmertum. Soloselbstständige zwischen Autonomie und radikaler Marktabhängigkeit, Internationale Arbeitsstudien, Band 17, Frankfurt am Main 2018.

Lynch: Die Grenzen des Wachstums, 1972.
Lynch, Kevin A.: Die Grenzen des Wachstums. Bericht des Club of Rome zur Lage der Menschheit, Stuttgart 1972. (Limits to Growth. A Report for the Club of Rome's Project on the Predicament of Mankind, 1972).

Lynch: The Image of the City, 1960.
Lynch, Kevin A.: Das Bild der Stadt, Berlin 1965. (The Image of the City, 1960).

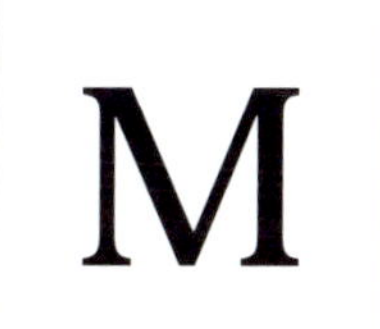

Mari: Autoprottegazione?, 1974.
Mari, Enzo: Autoprottegazione?, ohne Ort 1974.

Marx: Das Kapital, 1973.
Marx, Karl: Das Kapital, Bd. 1 (1867), Kap. 8; in: Marx, Karl/Engels, Friedrich: Werke, Bd. 23, 19. Auflage, Institut für Marxismus-Leninismus, Berlin, Ost (Hg.), Berlin 1973.

Mau: Stummer Zwang, 2021.
Mau, Søren: Stummer Zwang. Eine marxistische Analyse der ökonomischen Macht im Kapitalismus, Berlin 2021.

Meighörner: Tiroler Volkskunstmuseum, 2010.
Meighörner, Wolfgang (Hg.): Tiroler Volkskunstmuseum, Kurzführer Tiroler Landesmuseen Innsbruck, Innsbruck 2010.

Meixner: Entstehung Tiroler Volkskunstmuseum, 2020.
Meixner, Wolfgang: Zur Entstehung des Tiroler Volkskunstmuseums in Innsbruck, Innsbruck 2020.

Mitscherlich: Die Unwirtlichkeit unserer Städte, 1965.
Mitscherlich, Alexander: Die Unwirtlichkeit unserer Städte. Anstiftung zum Unfrieden, Frankfurt am Main 1965.

Motter/Grabherr-Schneider: Heimarbeit. Wirtschaftswunder am Küchentisch, 2019.
Motter, Barbara/Grabherr-Schneider, Barbara (Hgg.): Heimarbeit. Wirtschaftswunder am Küchentisch. Gesammelte Objekte und Erinnerungen, Dornbirn 2019.

Mushakoji: Ethno-politics in contemporary Japan, 2015.
Mushakoji Kinhide: Ethno-politics in contemporary Japan: The mutual-occlusion of Orientalism and Orientalism; in: ProtoSociology 32 (2015): S. 37–56.

Muthesius: Der Weg und das Endziel des Kunstgewerbes, 1905.
Muthesius, Hermann: Der Weg und das Endziel des Kunstgewerbes; in: Dekorative Kunst, Illustrierte Zeitschrift für Angewandte Kunst, Jg. 13 (1905), S. 181–190.

Mythos Hellerau. Ein Unternehmen meldet sich zurück. Ausstellungskatalog, Deutsches Architektur-Museum Frankfurt am Main 2002.
Straub, Fritz/Baginski, Rainer/Deutsche Werkstätten Hellerau/Deutsches Architekturmuseum (Hgg.): Mythos Hellerau. Ein Unternehmen meldet sich zurück, Ausstellungskatalog, Deutsches Architektur-Museum Frankfurt am Main, Dresden 2002.

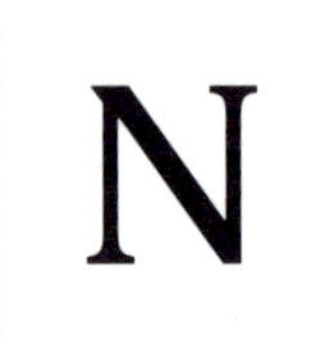

Nagel: What Is It Like to Be a Bat?, 1974.
Nagel, Thomas: What Is It Like to Be a Bat?; in: The Philosophical Review 83, 4 (1974): S. 435–450.

Negt/Kluge: Geschichte und Eigensinn, 1981.
Negt, Oskar/Kluge, Alexander: Geschichte und Eigensinn, Frankfurt am Main 1981.

Němečková/Stöver: Liberalität als Programm. Das Dresdner Kunstgewerbemuseum als interaktiver Ort, 2017.
Němečková, Klára/Stöver, Kerstin: Liberalität als Programm. Das Dresdner Kunstgewerbemuseum als interaktiver Ort; in: Dresdner Kunstblätter 3/2017, S. 34–43.

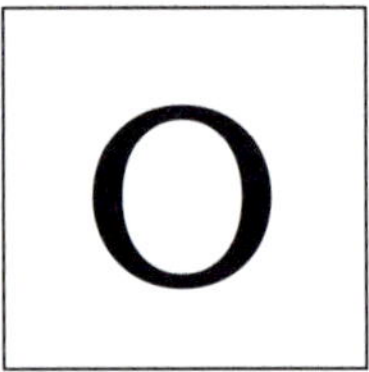

Ocejo: Masters of Craft, 2017.
Ocejo, Richard E.: Masters of Craft. Old Jobs in the New Urban Economy, Princeton/NJ 2017.

Oelkers: Eros und Herrschaft, 2011.
Oelkers, Jürgen: Eros und Herrschaft. Die dunklen Seiten der Reformpädagogik, Weinheim/Basel 2011.

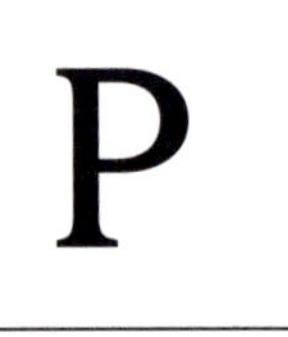

Pabstmann/Wiegand-Stempel: Am Küchentisch, 2020.
Pabstmann, Gabriele/Wiegand-Stempel, Barbara: Am Küchentisch. Heimarbeit & Hausindustrie im Wandel der Zeit, Niederfrohna 2020.

Pallat: Die Kunsterziehung, 1930.
Pallat, Ludwig: Die Kunsterziehung; in: Nohl, Herman/Pallat, Ludwig (Hgg.): Handbuch der Pädagogik, Bd. III, Berlin/Leipzig 1930, S. 408–428.

Pallat: Werkerziehung, 1930.
Pallat, Ludwig: Werkerziehung; in: Nohl, Herman/Pallat, Ludwig (Hgg.): Handbuch der Pädagogik, Bd. III, Berlin/Leipzig 1930, S. 429–443.

Pinther: Wenn die Ehe eine Erdnuß wäre ..., 1998.
Pinther, Kerstin: Wenn die Ehe eine Erdnuß wäre ..., Über Textilien und Fotografie in Afrika; in: Behrend, Heike/Wendl, Tobias (Hgg.): Snap me one! Studiofotografen in Afrika, München 1998, S. 36–41.

Polanyi: Implizites Wissen, 1985.
Polanyi, Michael: Implizites Wissen, Frankfurt 2016, 1. Aufl. 1985 (The Tacit Dimension, 1966).

Pongratz: Die Solo-Selbstständigen, 2020.
Pongratz, Hans J.: Die Solo-Selbstständigen – was sie trennt und verbindet; in: WISO 43, 2/2020, S. 11–34.

Programm für Deutschland. Das Grundsatzprogramm der Alternative für Deutschland, 2016.
Programm für Deutschland. Das Grundsatzprogramm der Alternative für Deutschland. Beschlossen auf dem Bundesparteitag in Stuttgart am 30.04./01.05.2016.

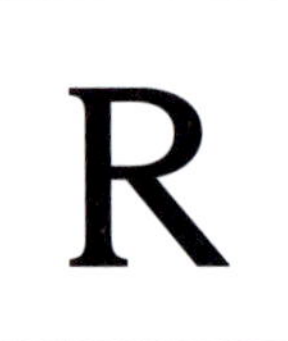

Rademacher: Der Krautstrunk, 1963.
Rademacher, Franz: Der Krautstrunk; in: Rademacher, Franz (Hg.): Die deutschen Gläser des Mittelalters, Berlin 1963, S. 111–115.

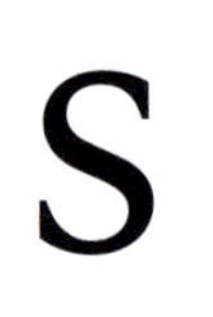

Saini/Schärer: Das Wissen der Hände, 2019.
Saini, Pierrine/Schärer, Thomas: Das Wissen der Hände. Die Filme der Schweizerischen Gesellschaft für Volkskunde 1960–1990, Münster/New York 2019.

Saldern: Originals, Reproductions, Fakes, 1972.
Saldern, Alex von: Originals, Reproductions, Fakes; in: Annales du 5e Congrès International d'Etude Historique du Verre, Liège 1972, S. 299–318.

Sand: UNESCO and the Strange Career of Multiculturalism, 2016.
Sand, Jordan: UNESCO and the Strange Career of Multiculturalism; in: Los Angeles Review of Books (LARB), August 28, 2016, S. 1–25.

Schaich/Baumgartner (Hgg.): Reine Formsache. Deutsches Formglas 15. bis 19. Jahrhundert, 2007.
Schaich, Dieter/Baumgartner, Erwin (Hgg.): Reine Formsache. Deutsches Formglas 15. bis 19. Jahrhundert. Sammlung Birgit + Dieter Schaich; Ausstellungskatalog Museum Kunst-Palast Düsseldorf/Glasmuseum Hentrich, München/Berlin 2007.

Schallaburg Kulturbetriebsges.m.b.H.: Der Hände Werk, Band I. Vieler Hände Werk, Ausstellungskatalog Schallaburg 2019.
Schallaburg Kulturbetriebsges.m.b.H. (Hg.): Der Hände Werk, Bd. 1–6, Ausstellungskatalog Schallaburg 2019.

Schinà: Die Nadeln des Aufstands, 2021.
Schinà, Katerina: Die Nadeln des Aufstands. Eine Kulturgeschichte des Strickens, Bad Herrenalb 2021.

Schriefers: Handform versus Industrieform?, 2018.
Schriefers, Thomas: Handform versus Industrieform?; in: Jahrbuch der Bayerischen Akademie der Schönen Künste, Bd. 32/2018, S. 109–124.

Schüler: Die Handwerksmeister am Bauhaus Weimar, 2013.
Schüler, Ronny: Die Handwerksmeister am Staatlichen Bauhaus Weimar, Weimar 2013.

Sekula: Der Handel mit Fotografien, 2002.
Sekula, Allan: Der Handel mit Fotografien (1981); in: Wolf, Herta (Hgg.): Paradigma Fotografie, Fotokritik am Ende des fotografischen Zeitalters, Bd. 1, Frankfurt am Main 2002, S. 255–290.

Seng: Kulturerbe zwischen Globalisierung und Lokalisierung, 2013.
Seng, Eva-Maria: Kulturerbe zwischen Globalisierung und Lokalisierung; in: Speitkamp, Winfried (Hg.): Europäisches Kulturerbe – Bilder, Traditionen, Konfigurationen, Stuttgart 2013, S. 69–82.

Seng: Made in Germany – The German Werkbund, 2019.
Seng, Eva-Maria: Made in Germany – The German Werkbund. Industrial Design, Architecture and Art School Reform in the early 20th Century, in: Zhuangshi 2019, 6, S. 72–86, engl.-chinesisch, übersetzt von Haoyu Wei.

Seng: Die internationale Kandidatur „Bauhüttenwesen" für das immaterielle Kulturerbe der UNESCO, 2020.
Seng, Eva-Maria: Die internationale Kandidatur „Bauhüttenwesen" für das immaterielle Kulturerbe der UNESCO; in: Bengel, Sabine/Fondation de l'Œuvre Notre-Dame/Europäische Vereinigung der Dombaumeister, Münsterbaumeister und Hüttenmeister – Dombaumeister e.V. (Hgg.): Europäische Bauhütten – Immaterielles Kulturerbe der Menschheit, Neulingen 2020, S. 29–39.

Seng: Authentizität und kulturelles Erbe, 2021.
Seng, Eva-Maria: Authentizität und kulturelles Erbe. Die Genese des Authentizitätsaspektes in den UNESCO-Konventionen zum materiellen Welterbe und zum immateriellen Kulturerbe; in: Saupe, Achim/ Samida, Stefanie (Hgg.): Weitergabe und Wiedergabe. Dimensionen des Authentischen im Umgang mit dem immateriellen Kulturerbe, Göttingen 2021, S. 35–52.

Seng/Göttmann: Das Forschungsprojekt Wesersandstein und die Tagung „Dokument, Objekt, Genese" im interdisziplinären Raum, 2021.
Seng, Eva-Maria/Göttmann, Frank: Das Forschungsprojekt Wesersandstein und die Tagung „Dokument, Objekt, Genese" im interdisziplinären Raum; in: dies. (Hgg.): Innovation in der Bauwirtschaft. Innovation in the Building Industry. Wesersandstein vom 16. bis 19. Jahrhundert. Weser Sandstone from the 16th to the 19th Century. Architektur und Digital Humanities, Architecture and Digital Humanities, Berlin/Boston 2021, S. 19–80.

Sennett: Craftsmanship, 2016.
Sennett, Richard: Craftsmanship. Vortrag im MAK Wien, 09.10.2016, Video unter URL: https://www.mak.at/vortrag_von_richard_sennett (zuletzt 15.01.2022).

Seymour: Vergessene Künste, 2018 (1984).
Seymour: Vergessene Künste. Bilder vom alten Handwerk, 2021, 3. Auflage der Sonderausgabe, Rottenburg 2018. (The Forgotten Arts, 1984).

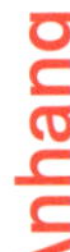

Siegenthaler: The ningen kokuhō, 1999.
Siegenthaler, Peter: The ningen kokuhō: a new symbol for the Japanese nation; in: Andon 62 (1999), S. 3–16.

Sparkassen-Kulturstiftung Hessen-Thüringen: Waechtersbacher Steingut, 2001.
Sparkassen-Kulturstiftung Hessen-Thüringen (Hg.): Waechtersbacher Steingut. Die Sammlung der Sparkassen-Kulturstiftung Hessen-Thüringen, Selecta 7, 2001.

Struck: Biographie und neue Selbständigkeit in Ostdeutschland, 1999.
Struck, Olaf: Biographie und neue Selbständigkeit in Ostdeutschland; in: Bögenhold, Dieter (Hg.): Unternehmensgründung und Dezentralität. Renaissance der beruflichen Selbständigkeit in Europa?, Opladen-Wiesbaden 1999, S. 175–194.

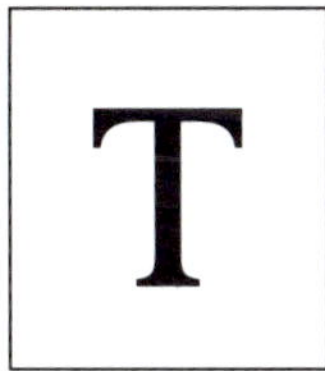

Te Aka Maori Dictionary.
Te Aka Māori Dictionary, URL: https://Māoridictionary.co.nz/ (zuletzt 17.01.2022).

Thapar, Romila: Tradition, 1998.
Thapar, Romila: Tradition; in: Dallmayr, Fred/Devy, G. N. (Hgg.): Between Tradition and Modernity. India's Search for Identity. A Twentieth Century Anthology. New Delhi 1998, S. 265–277.

Thode-Arora: Tikimania, 2020.
Thode-Arora, Hilke: Tikimania. Bernd Zimmer, die Marquesas-Inseln und der europäische Traum von der Südsee, Stuttgart 2020.

Tsunoyama: Tokei no shakaishi, 2014.
Tsunoyama Sakae: Tokei no shakaishi (Sozialgeschichte der Uhr) (1984); in: Yominaosu nipponshi (Geschichte Japans neu gelesen), Tokio 2014, o. S.

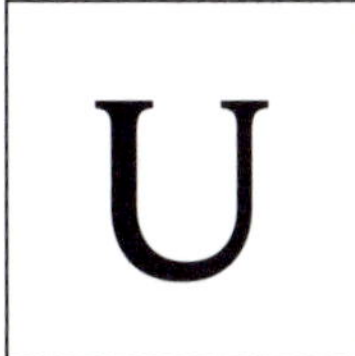

Überrück: Blaudruck – ein Handwerk mit einer langen christlichen Bildtradition, 2018.
Überrück, Angelika: Blaudruck – ein Handwerk mit einer langen christlichen Bildtradition. Die Bibel in der Kunst, Stuttgart 2018.

Uchida: Evolution of Seiko, 2000.
Uchida, Hoshimi: Evolution of Seiko 1892–1923, Tokio 2000.

UNESCO: WHC-98/Conf.203/12, Progress Report, Synthesis and Action Plan on the Global Strategy for a representative and credible World Heritage List, 1998.
United Nations Educational Scientific and Cultural Organization (UNESCO) (Hg.): WHC-98/Conf.203/12, Convention Concerning The Protection Of The World Cultural And Natural Heritage World Heritage Commitee, Item 10 of the Provisional Agenda: Progress Report, Synthesis and Action Plan on the Global Strategy for a representative and credible World Heritage List, Twenty-second session Kyoto, Japan, 30 November to 5 December 1998.

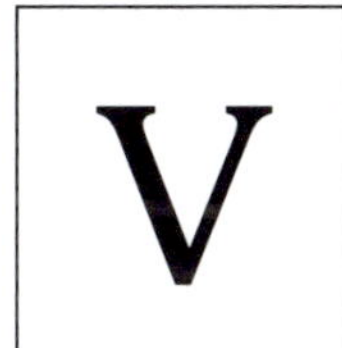

Vinken: Zones of Traditions, Places of Identity, 2021.
Vinken, Gerhard: Zones of Traditions, Places of Identity. Cities and Their Heritage, Bielefeld 2021, URL: https://www.transcript-verlag.de/978-3-8376-5446-2/zones-of-tradition-places-of-identity/ (zuletzt 02.02.2022).

Voges: Selbst ist der Mann, 2017.
Voges, Jonathan: „Selbst ist der Mann". Do-it-yourself und Heimwerken in der Bundesrepublik Deutschland, Göttingen 2017.

Voß: Zeitdiagnose, Arbeit, Wandel, 2006.
Voß, Günter G.: Zeitdiagnose, Arbeit, Wandel – Drei Begriffsdiskussionen; in: Dunkel, Wolfgang/Sauer, Dieter (Hgg.): Von der Allgegenwart der verschwindenden Arbeit. Neue Herausforderungen für die Arbeitsforschung, Berlin 2006, S. 221–229.

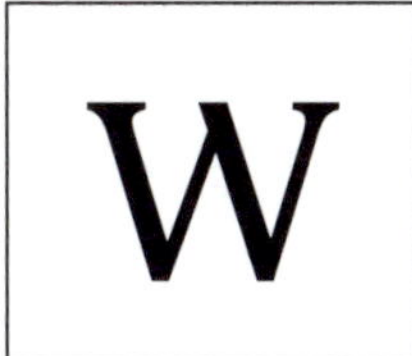

Wagner K: Das Kunstgewerbemuseum in Frankfurt am Main, 2019.
Wagner K, Matthias: Das Kunstgewerbemuseum in Frankfurt am Main (heute: Museum Angewandte Kunst); in: Klemp, Klaus/Sellmann, Annika/Wagner K, Matthias/Weber, Grit (Hgg.): Moderne am Main. 1919–1933, Stuttgart 2019, S. 132–139.

Wahl: Das Staatliche Bauhaus in Weimar, 2009.
Wahl, Volker (Hg.): Das Staatliche Bauhaus in Weimar. Dokumente zur Geschichte des Instituts 1919–1926, Köln 2009.

Waitz: Gig-Economy, unsichtbare Arbeit und Plattformkapitalismus, 2017.
Waitz, Thomas: Gig-Economy, unsichtbare Arbeit und Plattformkapitalismus. Über „Amazon Mechanical Turk"; in: ZfM – Zeitschrift für Medienwissenschaft 16, 1/2017, S. 178–183.

Wakayama: Seikō, 1992.
Wakayama, Saburō: Seikō ōkoku o kiyuita otoko [Der Mann, der das Königreich Seiko schuf], Tokio 1992.

Weber: Sterzinger Hornarbeiten, 2012.
Weber, Hans: Sterzinger Hornarbeiten, Holzkirchen 2012.

Wegweiser durch das königliche Kunstgewerbemuseum Dresden, 1907.
Berling, Karl/Königliches Kunstgewerbe-Museum Dresden: Wegweiser durch das königliche Kunstgewerbemuseum Dresden, Dresden 1907.

Wehr/Weinmann (Hgg.): Die Hand, 1997.
Wehr, Marco/Weinmann, Martin (jetzt: Bleif) (Hgg.): Die Hand. Werkzeug des Geistes, Heidelberg 1997.

Weiler: Lebendige Handwerkstraditionen, 2013.
Weiler, Katharina: Lebendige Handwerkstraditionen – ein transkultureller Mythos am Beispiel Indiens; in: Falser, Michael/Juneja, Monica (Hgg.): Kulturerbe und Denkmalpflege transkulturell. Grenzgänge zwischen Theorie und Praxis, Bielefeld 2013, S. 244–262.

Weiler/Weber: Geraubt. Gesammelt. Getäuscht, 2018.
Weiler, Katharina/Weber, Grit: Geraubt. Gesammelt. Getäuscht. Die Sammlung Pinkus/Ehrlich und das Museum Angewandte Kunst; in: Gekauft, Gesammelt, Geraubt? Vom Weg der Dinge ins Museum. Ausstellungskatalog Historisches Museum Frankfurt, Frankfurt am Main 2018, S. 46–53.

Werkraum Bregenzerwald (Hg.): Archiv der Formen, 2022.
Werkraum Bregenzerwald (Hg.): Archiv der Formen. Preisträger und Einreichungen von 1991–2018, online unter: https://www.werkraum.at/archiv/archiv-der-formen (zuletzt 15.01.2022).

Werkraum Bregenzerwald (Hg.): Wettbewerbsausschreibung Handwerk + Form, 2022.
Werkraum Bregenzerwald (Hg.): Wettbewerbsausschreibung Handwerk + Form 2022, Andelsbuch 2022.

Wick: Bauhaus. Kunst und Pädagogik, 2009.
Wick, Rainer: Bauhaus. Kunst und Pädagogik, Artificium: Schriften zu Kunst und Kunstvermittlung, Bd. 33, Oberhausen 2009.

Willenbrock: Der Aus-Aussteiger, 2021 (2011).
Willenbrock, Harald: Der Aus-Aussteiger; in: brand eins (12) (2011), URL: https://www.brandeins.de/magazine/brand-eins-wirtschafts magazin/2011/warenwelt/der-aus-aussteiger (zuletzt 20.11.2021).

Wronska-Friend: Batik of Java: global inspiration, 2019.
Wronska-Friend, Maria: Batik of Java: global inspiration; in: Proceedings of the Textile Society of America. From: 16th Biennial Symposium of the Textile Society of America, 19. bis 23. September 2018, Vancouver/Kanada 2019.

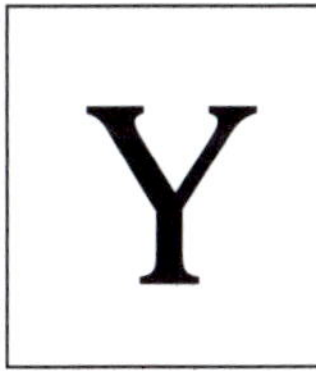

Yanagi: Die Betrachtung der Ido-Teeschale *Kizaemon*, 1931.
Yanagi Sōetsu, „Die Betrachtung der Ido-Teeschale *Kizaemon*" (Original: „Kizaemon ido" o miru); in: Kōgei, Nr. 5, Mai 1931, Nihon Mingei Kyōkai (Japan Folk Craft Association), Tokio.

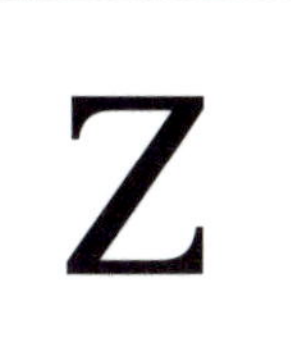

Zimmermann: Das Bauhaus, der Simplicissimus und die Philister, 2009.
Zimmermann, Hans: Das Bauhaus, der *Simplicissimus* und die Philister; in: Klassik und Avantgarde. Das Bauhaus in Weimar 1919–1925. Klassik Stiftung Weimar Jahrbuch 2009, Göttingen 2009.

Bildnachweis

Vorworte

S. 11 © Handwerk.de, Agentur Scholz & Friends

S. 13/14 © SKD, Kunstgewerbemuseum, Foto: Jürgen Karpinski

S. 17 © vorarlberg museum, Foto: Markus Tretter

Prolog

S. 21 © Handwerk.de, Agentur Scholz & Friends

S. 22 Links: © Landkreis Börde, Museum Wolmirstedt, Inv.-Nr. 3026a
Rechts: © Ventil Verlag

1

1.1

S. 27 © SKD, Foto: Estel/Klut

S. 28 Oben: © Museum Angewandte Kunst in Frankfurt am Main
Unten: Foto: Grit Weber

1.2

S. 30 © Sächsische Landesbibliothek – Staats- und Universitätsbibliothek (SLUB) / Deutsche Fotothek, Dresden

S. 33 © Vorarlberger Landesbibliothek, Foto: Oliver Benvenuti, Permalink: https://pid.volare.vorarlberg.at/o:146060

S. 34 © Sächsische Landesbibliothek – Staats- und Universitätsbibliothek (SLUB) / Deutsche Fotothek, Dresden

1.3

S. 36 © FHXB Friedrichshain-Kreuzberg Museum, Foto: Jürgen Henschel

S. 37 © Foto: privat

1.4

S. 39–40 Fachamt „Das Deutsche Handwerk" in der Arbeitsfront (Hg.): Gestaltendes Handwerk, Stuttgart 1940, S. III 20, III 37, IV 10.

S. 41 © Historisches Museum Frankfurt am Main, Foto: Hugo Schmölz

S. 42–43 © Museum Angewandte Kunst in Frankfurt am Main, Foto: unbekannt

1.5

S. 46 © Herrnhuter Sterne GmbH, Foto: Jan Gutzeit

S. 49–50 © Herrnhuter Sterne GmbH, Foto: unbekannt

S. 50 © Herrnhuter Sterne GmbH

1.6

S. 52–55 © vorarlberg museum, Foto: Sarah Mistura

1.7

S. 56 © Collection Nationaal Museum van Wereldculturen, Coll.no. (RV-1640-4), (RV-1640-5), (RV-1640-7)

S. 59 © Museum Fünf Kontinente, München (Inv.-Nr. L-893)

1.8

S. 61–64 © Walter Werner Kunsthandwerk, Seiffen

2

2.1

S. 69 © Museum Abteiberg Mönchengladbach, Foto: Achim Kukulies

S. 70 © Luisa Leuner, Repro: Torsten-Pieter Rösler

2.2

S. 72 © Johannes Fink für Werkraum Bregenzerwald

S. 73–74 © STUDIO KAI LINKE

S. 75 © Tischlerei Bereuter, Foto: Darko Todorovic

2.3

S. 76 © SKD, Kunstgewerbemuseum, Foto: Katarzyna Wieczorek

S. 81 © BECK / schneeschnee.cc

2.4

S. 84–86 © Olivier van Herpt, 2018

S. 87–89 © Oldtimerparts.de / Leipzig

2.5

S. 90 *Simplicissimus*, Jg. 19 (1914), Heft 18, S. 285, Zeichnungen: Karl Arnold

S. 93 © SKD, Kunstgewerbemuseum; © VG Bild Kunst, 2022

2.6

S. 94–97 © Adolf Bereuter für Werkraum Bregenzerwald

S. 98 © Adolf Bereuter

2.7

S. 101–102 © fotografie Sonja Schwarz

2.8

S. 104 Oben: © The Gotoh Museum, Tokio
Unten: © Yanagi Design Office, © Vitra Design

3

3.1

S. 111 © SKD, Museum für Sächsische Volkskunst

S. 112 © picture alliance / dpa / Oliver Killig

S. 113 © Foto: privat

S. 114 © Danner Verpackungen GmbH & Co. KG

3.2

S. 119–122 © Markus Faißt

3.3

S. 125 © Heimwerkerking, Fynn Kliemann

S. 126 © Fynn Kliemann, Foto: Jonas Neugebauer

S. 127–128 © Fynn Kliemann, Foto: Brian Jakubowski

3.4

S. 130/133 Unten: © Produktwerk Graupa

S. 133 Oben/Mitte: © Praunheimer Werkstätten GmbH

3.5

S. 138 © SKD, Kunstgewerbemuseum, Foto: Katrin Lauterbach

4

4.1

S. 144 © Sina Spielzeug GmbH, www.sina-spielzeug.de

S. 145 Seinig-Charlottenburg: Anweisungen zum werkunterrichtlichen Klassen-Betrieb im Rahmen der sog. Arbeitsschule, Bd. II: Materialprobensammlung, Halle/Berlin, 1912

S. 146–147 © DIPF/BBF/Archiv: REICH FOTO, 1054 (Abb. 2), 1052 (Abb. 3)

S. 148 © Huckepack Dresden e.V., Foto: Julius Günzel, www.filmpunktart.de

4.2

S. 151 © Werkraum Bregenzerwald, Foto: Marianna Moosbrugger

S. 152–153 © Werkraum Bregenzerwald, Foto: Roswitha Schneider

4.3

S. 154–155 © Museum Angewandte Kunst in Frankfurt am Main

S. 157 Oben: © Archiv, HfBK Dresden, Foto: unbekannt
Unten: © SKD, Kunstgewerbemuseum, Foto: Luisa Leuner

S. 158 © vorarlberg museum, Foto: Sarah Mistura

S. 159 © vorarlberg museum, Foto: Sarah Mistura

S. 161 © vorarlberg museum, Foto: Markmosman

4.4

S. 163–165 © Foto: Irmela Breidenstein, Berlin

S. 166 © Sächsisches Immobilien- und Baumanagement, Fotos: Blend3 Frank Grätz

4.5

S. 168–169 © SKD, Museum für Völkerkunde Dresden, Foto: Leuner/Vesper

S. 170 © SKD, Museum für Sächsische Volkskunst

S. 171 © SKD, Kunstgewerbemuseum, Foto: Torsten-Pieter Rösler

4.6

S. 174 © SKD, Kunstgewerbemuseum

S. 175 © MEISSEN

S. 176 © Henning Groett / Nidarosdom in Trondheim, 2015

4.7

S. 178 Sawada Taira: Wadokei. Edo no hai teku gijutsu. Kyoto: Verlag Tankosha, 1996, S. 49

S. 181 Gemeinfrei (CC-0)

S. 183 © Getty Images, Foto: The Asahi Shimbun

S. 185 © Seiko Museum

4.8

S. 186 © SKD, Museum für Sächsische Volkskunst Foto: Karsten Jahnke

S. 189 © Heimatmuseum Dohna, Foto: Katrin Lauterbach

4.9

S. 190 Dillmont, Thérèse de: Encyclopädie der weiblichen Handarbeiten, Dornach 1893, S. 18 (Abb. 41), S. 19 (Abb. 42, 43), S. 21 (Abb. 50, 51), S. 23 (Abb. 52, 53)

S. 194 Städel Museum, Frankfurt am Main, URL: https://sammlung.staedelmuseum.de/de/werk/am-fenster

5

5.1

S. 200 © Heidi Vogel-Hennig

S. 201–203 © Museum Angewandte Kunst in Frankfurt am Main

S. 204 oben/S. 205 © BRAUN P&G / Braun Archive Kronberg

S. 204 Unten: Heimat- und Geschichtsverein Obertshausen, Foto: unbekannt

5.2

S. 206 © vorarlberg museum, Foto: Markus Tretter

S. 209 Foto: Arbeiterkammer Vorarlberg

5.3

S. 212 Fürstlich Ysenburg- und Büdingen'sches Archiv, Büdingen

S. 216 © Archiv der Waechtersbacher Steingutfabrik, Zentrum für Regionalgeschichte des Main-Kinzig-Kreises, Reproduktion: Volker Kirchner

S. 215 © Bibliothek des Fürsten Ysenburg-Büdingen, Reproduktion: Volker Kirchner

5.4

S. 218–221 © FREITAG, Foto: Roland Tännler

5.5

S. 224 Foto: privat

5.6

S. 226 © Museum Angewandte Kunst in Frankfurt am Main

6

6.1

S. 233 Oben: © Museum Angewandte Kunst in Frankfurt am Main
Unten: © SKD, Kunstgewerbemuseum, © VG Bild Kunst Bonn, 2022

6.2

S. 237 © Photographische Sammlung/SK Stiftung Kultur der Sparkasse KölnBonn

S. 238 © SKD, Museum für Sächsische Volkskunst, Foto: Karsten Jahnke

6.4

S. 245–248 © Vincent Systems, Karlsruhe

S. 252 © Parastone

6.5

S. 255/257/259 © SKD, Kunstgewerbemuseum, Foto: unbekannt, Repro: Leonie Thorn

S. 254/256 © SKD, Kunstgewerbemuseum, Foto: Torsten-Pieter Rösler

6.6

S. 260–263 © AUF AUGENHOEHE, Fotos: Anna Spindelndreier

S. 264 © einzigNaht

Trotz intensiver Recherche ist es uns nicht gelungen, alle Rechteinhaber*innen der Abbildungen ausfindig zu machen. Sollte ein*e Rechteinhaber*in nicht berücksichtigt worden sein, bitten wir um Verständnis und Benachrichtigung: Staatliche Kunstsammlungen Dresden, Kunstgewerbemuseum, August-Böckstiegel-Straße 2, 01326 Dresden

Personen, Institutionen und Firmen

A

B

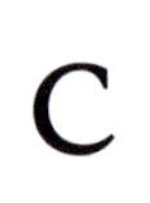

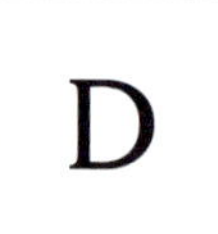

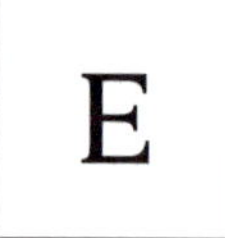

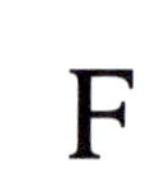

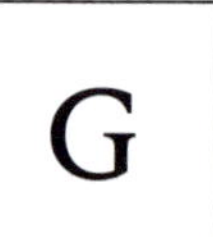

H

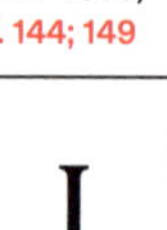

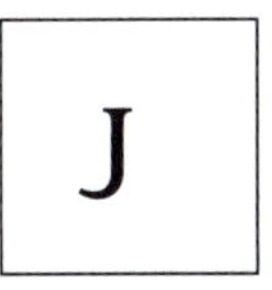

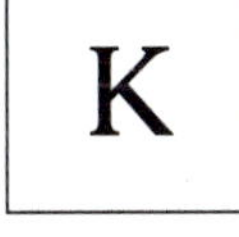

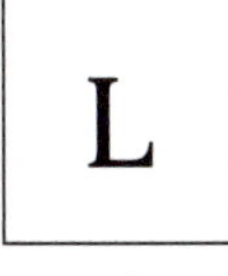

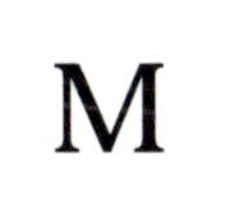

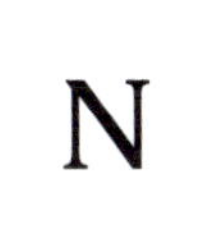

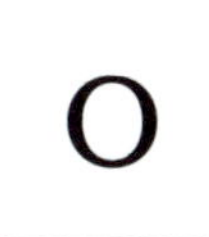

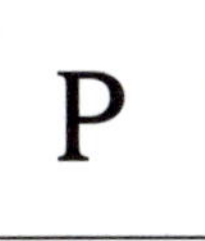

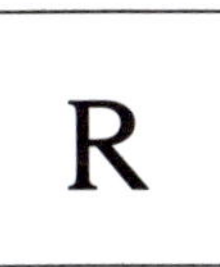

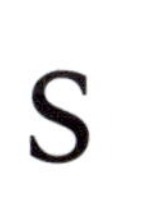

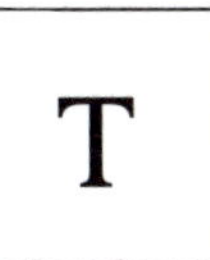

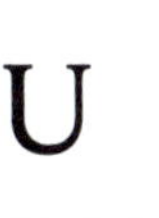

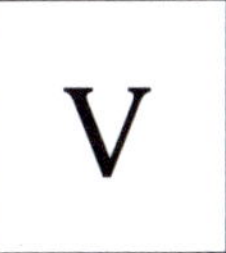

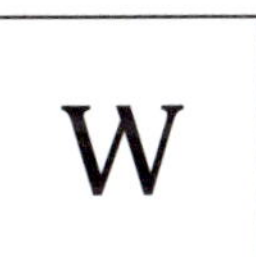

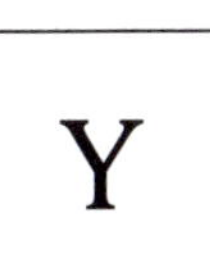

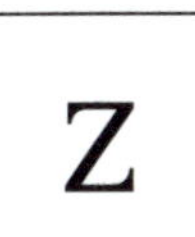

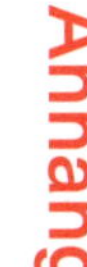
Anhang

Impressum und Dank

Diese Publikation erscheint anlässlich der Ausstellung *Mythos Handwerk. Zwischen Ideal und Alltag*, 2022–2024.

Eine Kooperation von:
Museum Angewandte Kunst in Frankfurt am Main,
Kunstgewerbemuseum, Staatliche Kunstsammlungen Dresden,
vorarlberg museum, Bregenz

Herausgeber*innen: Matthias Wagner K, Grit Weber (Museum Angewandte Kunst in Frankfurt am Main);
Thomas A. Geisler, Kerstin Stöver, Ute Thomas (Kunstgewerbemuseum, Staatliche Kunstsammlungen Dresden);
Andreas Rudigier, Theresia Anwander (vorarlberg museum, Bregenz)

Konzept: Grit Weber, Theresia Anwander, Thomas A. Geisler, Kerstin Stöver, Ute Thomas

Konzeptionelle Mitarbeit: Julia Psilitelis, Michael Griff, Tizian Holzbach, Isabelle von der Born

Autor*innen: Theresia Anwander, Martin Bleif, Renate Breuß, Lieve Brocke, Florian Coulmas, Daichō Tomohiro, Thomas A. Geisler, Franziska Graßl, Hans-Joachim Gögl, Pascal Heß, Bernd Holtwick, Katrin Lauterbach, Philipp Lorig, Agnes Matthias, Barbara Motter, Julia Psilitelis, Bettina Reimers, Anna-Lisa Reith, Franziska Schaaf, Joachim Scholz, Annika Sellmann, Eva-Maria Seng, Ruth Sonja Simonis, Kerstin Stöver, Hilde Thode-Arora, Ute Thomas, Bodil Adele Unckel, Grit Weber, Marco Wehr

Besonderer Dank: Nicole Hohmann

Redaktion: Ute Thomas, Kerstin Stöver

Redaktionelle Mitarbeit: Magdalena Venier

Bildredaktion: Ute Thomas, Kerstin Stöver

Lektorat: Michaela Alex-Eibensteiner, Anna Mirfattahi

Korrektorat: Torsten-Pieter Rösler

Infografiken: Michael Griff, Tizian Holzbach

Grafikdesign: Raphael Drechsel, Paul Jochum (Great Design Studio, Wien)

Publikationsmanagement: Julia Bromirski (Verlag für moderne Kunst, Wien)

Schrift: Neue Haas Unica Pro und ABC Arizona Mix

Papier: Munken Lynx Rough 120g

Druck: Holzhausen, die Buchmarke der Gerin Druck GmbH in 2120 Wolkersdorf

Erschienen im:
VfmK Verlag für moderne Kunst GmbH
Schwedenplatz 2/24
A-1010 Wien
hello@vfmk.org
www.vfmk.org

ISBN 978-3-903439-09-2

Vertrieb
Europa: LKG, www.lkg-va.de
UK: Cornerhouse Publications, www.cornerhousepublications.org
USA: D.A.P., www.artbook.com

Bibliografische Information der Deutschen Nationalbibliothek
Die Deutsche Nationalbibliothek verzeichnet diese Publikation in der Deutschen Nationalbibliografie; detaillierte bibliografische Daten sind im Internet über dnb.de abrufbar.

Wir, die Kuratorinnen Grit Weber, Kerstin Stöver, Ute Thomas und Theresia Anwander, bedanken uns herzlich für die gesamte Unterstützung, die uns innerhalb unserer Institutionen, von externen Expert*innen, von Freunden und Familie entgegengebracht wurde. Wir sind dankbar, dass wir uns in unruhigen Zeiten wie diesen der Kultur des Handwerks widmen können, und hoffen, dadurch einen Beitrag zum gegenseitigen Verstehen leisten zu können.

Mit freundlicher Unterstützung von:

Georg und Franziska Speyer'sche Hochschulstiftung

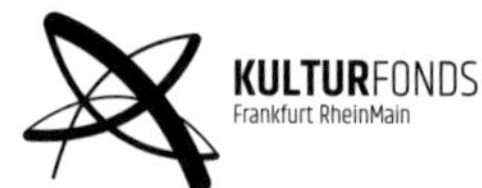

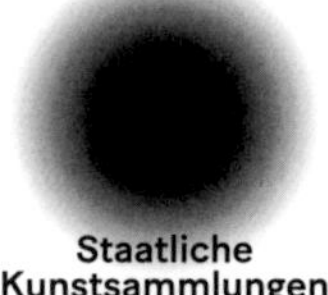

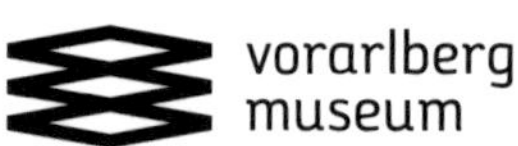

museum angewandte kunst

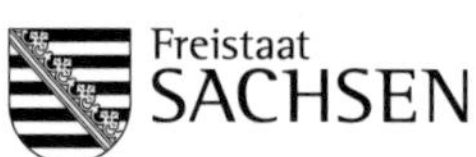

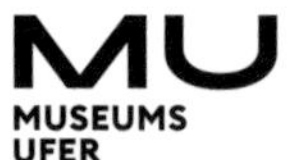